초등수학 개념사전 67

초등 수학 개념 사전 67

초등수학 개념사전 67

지은이 | 조안호
발행인 | 성계정

2025년 7월 7일 1판 1쇄 발행
2025년 7월 14일 1판 2쇄 발행
2025년 7월 21일 1판 3쇄 발행

이 책을 만든 사람들
책임기획 | 정광태
디자인 | 김나현
교　정 | 홍경수, 김지현

이 책을 함께 만든 사람들
제작 및 인쇄 | 대한프린테크

펴낸곳 | 폴리버스
출판등록 | 2021년 10월 8일. 제 2021-000050호
주소 | 대전 서구 문정로 22, 4층 ㈜폴리버스
전화 | 042-639-7749
홈페이지 | www.joanholab.com
문의(e-mail) | joanhocrew@gmail.com

ISBN 979-11-976207-6-8 (63410)

이 책은 저작권법에 따라 보호를 받는 저작물이므로 무단 전재와 무단 복제를 금지합니다. 이 책의 전부 또는 일부를 이용하려면 반드시 저작권자와 ㈜폴리버스의 서면동의를 받아야 합니다. 책값은 뒤표지에 있습니다.

도서출판 폴리버스는 성장하는 청소년들을 위한 지식과 지혜의 길을 만듭니다.
미래는 universe가 아닌 poliverse!

"세계 최고의 준비가
세계 최고의 교육"

〈프롤로그〉

초등 아이에게
수학개념사전이 있어야 하는 이유

우선 어머님들께 질문부터 해본다.

- 점은 동그랄까요, 네모 모양일까요?
- 점의 크기는 상관이 없나요?
- 같은 점은 무엇이고 다른 점은 무엇일까요?
- 점들을 이어서 선이 될 수 있을까요?
- 점은 도형인가요?

아이가 어머님께 위와 같은 질문을 하면 어떻게 대답하실 건가요? 아마 점의 정의를 아시는 분들은 잘 대답하셨을지도 모르지만 그렇지 않다면 알쏭달쏭하실 수도 있다. 이런 거 배우라고 학교나 학원에 보낸 건데 왜 나에게 묻냐고 받아칠 건가요? ㅎㅎ 초중고의 수학교과서에는 점의 정의가 나와 있지 않기 때문에 이를 가르치는 선생님은 거의 없어 보인다. 교과서가 가르치지 않는 것을 보니 배울 필요가 없을까? 점은 앞으로도 중고등수학을 거치며 좌표, 영역, 방향성, 벡터 등으로 확장해 가며 위 5개의 의문뿐만 아니라 학생들의 머릿속에 꼬리에 꼬리를 무는 의문들이 계속 생겨날 것이다. 그리고 모든 의문은 문제로 나온다. 초등학교에서 점의 정의를 반드시 배워야 한다는 말이다.

간혹 "개념은 스스로 깨우치거나 발견하도록 기다려 주어야 한다."는 분들도 있다. 수학의 개념은 속담처럼 경험의 산물이 아니다. 수학의 정의나 개념은 지난 3,000여 년간 천재 수학자들이 하나씩 만들어 온 것이지, 일반인이 만들 수 있는 것들이 아니다. 만약 일반인들도 만들 수 있었다면 부모님이나 선생님들이 수십 년을 보아왔으니, 학생보다 먼저 발견했어야 한다. 설사 점의 정의를 아시는 분들조차도 스스로 깨우친 것이 아니라 어디선가 배우신 까닭이다.

그렇다면 검색해 보면 되지 않냐고 하실지도 모르겠다. 안타깝게도 수학의 정의는 인터넷에 나와 있지 않고 대부분 인문학적 정의들만이 나와서 더더욱 혼동을 만든다. 직접 인터넷 사전을 검색해 보니 점은 "작고 둥글게 찍은 표"라고 나와 있다. 이 사전의 말을 기반으로 위 질문을 대답해 보면 점은 둥글고 작은 것이며 마치 크기가 같으면 서로 같은 점인 것으로 착각하기 쉽다. 또한 점들을 이어서 선이 될 수 있을 것만 같고 도형인 것만 같다. 이처럼 국어사전적 정의를 사용하면 위 5개의 질문에 대한 답은 모두 완벽하게 틀렸다. 만약 이렇게 생각하며 중고등수학을 하게 되면 혼란이 지속될 것이다. 그렇다면 올바른 답은 무엇일까? 수학의 모든 것은 정의를 기반으로 만들어진 학문이니 가장 먼저 올바른 수학적 정의가 무엇인지를 알고 그것을 기반으로 모든 생각을 출발해야 한다. 생각을 전개하다가 막히거나 어려워지면, 창의적으로 생각하는 것이 아니라 정의를 찾고 더 깊이 생각해야 올바른 답을 추출해낼 수 있다. 창의적으로 생각하면 창의적인 오답이 나오는 것이 수학이다.

올바른 점의 정의는 "길이, 넓이, 부피가 없고 위치만 존재하는 것"이다. 얼핏 보면 안 배워도 될 것처럼 보이고 이것을 배워서 무슨 실익이 있을까란 생각이 들 수도 있다. 그래서 수학의 정의는 초등학교에서 가르치기 어렵다거나 안 가르쳐도 된다고 생각하는 사람들이 그렇게 많은 것이다. 이 올바른 정의로 위 다섯 가지 질문의 답을 다시 해보겠다.

첫 번째와 두 번째 질문의 답; 크기가 없으니 우선 둥글다거나 작은 것이라는 기준에 대한 의문은 원천적으로 사라진다.
세 번째 질문의 답; 점은 위치만 존재하기 때문에 위치가 같은 점은 같은 점이고 위치가 다른 점은 서로 다른 점이라는 것을 알 수 있다.

네 번째 질문의 답; 선의 구성요소가 점인 것은 맞지만, 크기가 없는 점들을 이어서 선이 만들어진다는 것은 불가능하다. 따라서 선은 별도로 정의가 필요하다는 것을 알게 된다.

다섯 번째 질문의 답; 점은 모든 도형의 구성요소이지만 크기가 없음으로써 도형이 될 수는 없다. 참고로 도형의 정의는 "그림의 형태를 가지는 것"(조소장의 정의)이다.

별거 없어 보이는 단순한 정의로부터 이 많은 질문들의 답들이 모두 해결되는 것이 신기하지 않았나? 앞으로도 이 점의 정의로부터 더 많은 개념이 뻗어나갈 것이며 어디까지 뻗어갈지는 아무도 모른다. 점의 정의도 모르면서 도형을 공부한다는 것을 필자는 상상조차 할 수 없다.

학문은 질문하는 만큼만 발전한다. 그런데 안타까운 것은 대부분의 학생들이 수학의 혼동되는 것들에 관하여 질문하지 않는다는 것이다. 학생들이 질문하지 않는 이유는 여러 가지이겠지만 생각나는 것을 몇 가지 열거해 보겠다.

첫째, 모르는 것이 무엇인지 모르기 때문이다. 앎과 모름의 경계에서 배움이 일어난다. 초등과 중등의 아이들에게 교과서가 정의 등의 개념을 가르치지 않았기 때문에 생각의 경계가 없고 그래서 무엇을 모르는지를 알지 못한다. 그렇다고 아이가 모르는 것을 상식도 모른다며 윽박지르거나 발견하라고 강요해서는 안 된다. 초등은 바로 그 상식을 어른들이 가르쳐야 할 나이다. 그리고 수학의 개념은 천재 수학자들이나 발견하는 것인데, 수학교과서가 아이들보고 발견하도록 한다면서 책에 개념을 써놓지 않았기 때문이다.

둘째, 아이들은 모르는 것이 무엇인지 대부분 논리적으로 말할 수 없다. 논리적으로 질문을 잘할 수 있다면 이미 수학을 잘하는 사람일 것이다. 수학을 배우는 이유가 논리적으로 생각하기 위함이고 이것을 배우는 초등학생이 논리적으로 말하지 못하는 것은 당연하다. 가르치는 사람이 개념을 가지고 논리적으로 가르치는 모습을 보여야만, 가까스로 아이는 모방을 시작할 수 있다.

셋째, 처음 볼 때만 궁금하였다가 관련 문제가 풀리면 궁금함이 사라진다. 초등과 중등의 수학개념은 대부분 수식이나 용어의 정의 등에 있다. 그런데 이들이 계속 그것도 자주 나오기 때문에 익숙해지고 오히려 익숙해질수록 더 궁금하지 않게 된다. 특히 기술로 문제가 풀리면 더더욱 개념을 익힐 기회는 영원히 사라진다고 보아야 한다. 아이들을 수십 년을 가르친 선생님들조차도 개념을 모르는 이유이기도 하다. "익숙한 것에서 낯선 것을 발견하는 사람"을 우리는 예술가라고 부를 만큼 어려운 일이다.

넷째, 아이가 물어봐도 알려줄 사람이 없다는 것을 알기 때문이다.

선생님들도 모르거나 귀찮아서 개념이나 원리를 자세히 설명하는 대신에 "약속이다"라는 말을 많이 한다. 약속했으니 무조건 외우라는 것은 의도하지는 않았겠지만, 아이의 생각을 멈추게 할 수도 있다. 일상에서 무언가 <u>약속을 한다면 항상 약속하는 이유가 존재하듯이 수학의 개념도 모두 설명이 가능하고 또 해야 한다.</u>

다섯째, 물어봤다가 길게 설명하면 문제를 풀 시간만 손해 본다고 생각하기 때문이다. 많은 학부모님들이 수학은 문제를 많이만 풀면 된다고 생각해서 문제집과 하루 공부분량을 정해주는 경우가 많다. 그러면 아이가 하루 공부 분량에 집착한 나머지 개념을 잘 듣기보다는 빨리 푸는 기술에 마음이 가며 심지어는 개념공부를 거부하기까지 한다. 아이가 이런 마음의 상태라면 아무리 공부해도 소용이 없다. 아이가 개념을 공부하고 적용하는 데 시간을 사용할 여유를 갖추어야만 한다. **새로운 공부방법**을 제안한다. 시중의 대부분의 문제집들은 연산문제, 소위 응용문제와 문장제 문제를 한 문제집에 모두 섞어 놓는다. 한 방에 모든 것을 해결하겠다는 학부모의 마음을 반영한 것이다. 그렇게 하면 개념과 연산 훈련은 턱없이 부족하고, 생각해야 하는 문제는 너무 많아 시간이나 심적인 여유가 없게 된다. 그동안 아이에게 문제집을 많이 풀려도 수학이 잘 안되었던 이유이기도 하다. <u>개념을 이 책으로 공부시키세요. 그리고 연산훈련과 심화문제에 대한 훈련을 따로따로 시켜야 연산과 논리전개 능력이라는 각각의 실력들을 보다 올바르게 객관적으로 기르고 평가</u>

할 수 있게 된다.

국어 문해력이 좋아야 수학을 잘한다?

국어를 잘하면 수학도 잘한다는 말은 반은 맞고 반은 틀린 말이다. 국어, 영어, 수학이 모두 언어이고, 어렵고 깊이 있는 공부를 하다 보면 종국에는 모두 만난다. 그래서 고등에서는 국어의 깊이가 수학의 깊이라는 말을 한다. 이런 관점에서 국어를 잘하면 수학을 잘하는 것이 맞다. 그러나 이것은 최종적 입장이고 기본을 익히는 초등과 중등에서 국어를 잘하면 수학을 잘한다는 말은 마치 국어공부를 많이 하면 영어를 잘한다는 말처럼 허무맹랑하다. 사람들이 수학을 이리해도 저리해도 안 되어 올바른 방법을 찾아가는 과정에서 나온 말로 보인다. 국어능력을 키우는 것은 나중에 고등의 어려울 때를 대비하는 것이지 초중등의 수학을 위해서 공부하라는 말은 아니다. 필자는 국어 80점이면 수학 100점이 정상이라는 말을 한다. 글을 읽고 무슨 뜻인지를 안다면 수학 문장제의 문제를 이해하는 데는 전혀 지장이 없다. 어려운 문제를 풀지 못하는 본질적인 문제는 개념의 부족에 있다. 사람들은 개념을 막연하게만 생각하는 경향이 있는데, 간단히 말하면 주로 단어의 뜻이다.

언어를 잘하려면 기본적으로 각각의 정확한 단어들을 바탕으로 문장을 이해하고 나아가 문단을 장악하는 힘이 있어야 한다. 언어의 최소단위라고 할 수 있는 단어를 가지고 특성을 비교해 본다. 우선 국어나 영어는 이를 사용하는 국어문화권, 영어문화권이 존재하고 같은 단어라 할지라도 각각의 문화권에서 유사하거나 심지어 다른 뜻으로 통용될 수 있다. 따라서 단어가 서로 다른 뜻으로 사용된다 해도 어느 것이 맞고 틀리다는 말을 할 수 없다.

그러나 수학은 굳이 문화권을 들면 전 세계 문화권이다. 전 세계인이 사용하는 언어라는 말은 말이 서로 통하지 않는 아랍 문화권이든 동유럽 문화권이든지 모든 사람이 같은 단어를 같은 뜻으로 사용해야 함을 말한다. 따라서 수학에서 사용되는 수식이나 단어는 각각의 문화권에서 임의로 해석해서는 안 된다. 수학에서 사용되는 수식이나 단어의 뜻을 특별히 "정의"라 하고 전 세계인이 모두 같은 뜻으로 사용한다. 그래서 정의는 오류가 없도록 수학자들이 만들어가고, 또 혼동이 없도록 간결한 하나의 문장이어야만 한다. 정의를 쉽게 이해시키기 위한 다양한 노력은 얼마든지 가능하지만, 교과서처럼 쉽도록 정의 자체를 바꾸는 것은 절대 안 된다. 정의를 조금만 바꾸어도 나중에 걷잡을 수 없을 만큼 잘못된 결과를 가져오기 때문이다.

우리가 국어사전에서 어떤 단어를 찾는다는 것은 국어문화권에서만 사용되는 뜻을 의미한다. 사람 사는 거 다 비슷하니 단어의 뜻도 유사할 것이라는 생각이 들 수 있다. 그러나 수학은 일상생활의 경험으로 만들어진 학문이 아니라 오점이 없는 이상세계를 꿈꾸며 수학자들이 만들어가는 학문이다. 그래서 천재 수학자들도 기껏 평생 한두 개의 개념을 만들거나 아니면 그도 만들지 못하고 스러지는 것이다. 국어나 영어는 경험의 학문이라서 서로 유사성이 많지만, 수학은 이들 언어와는 단어의 뜻이 전혀 다른 것이 대부분이다. 즉 국어사전에서 수학의 정의를 찾아서 초중등의 수학문제에 적용한다면 수학의 뿌리부터 흔들릴 것이 우려된다.

수학의 개념은 이 책에 있다

그렇다면 수학적 정의는 어디에 있을까? 국어사전처럼 수학사전이 있어야 하지만 현실적으로 수학사전은 없다. 원래 수학사전은 수학자들이 만들어야 한다. 그러나 수학자들은 초등과 중등의 학생들을 가르치지 않기 때문에 만들 필요성이 없어서 만들지 않았다. 정작 초등과 중등수학을 직접 가르치며 필요성을 느껴야 하는 수학교육자는 개념을 직접 아이들에게 가르치기에는 아직 어리거나 너무 어렵다고 판단했다. 그래서 수학의 특성과는 반대로 일상의 수학적 경험이나 문제풀이를 통해서 간접적으로 개념을 발견할 수 있을 것이란 착각에 이른 것으로 보인다.

결국 초중등 수학교과서는 아이들보고 발견하라고 했으니 써놓을 수조차 없었다. 그나마 아이들이 수학을 이해하기 위해서 어쩔 수 없이 넣어야 하는 꼭 필요한 최소한의 개념도 아이들이 어렵다고 생각해서 **"쉽도록 정의를 고치는 치명적인 오류"**를 갖게 되었다. 그래서 필자는 교과서에 개념을 넣을 마음 자체가 없고 그나마 있는 것도 오류를 담고 있으며 대부분 기술에 치우쳤다는 비난을 하는 것이다. 수학교과서에 가장 많은 개념이 담겨있다고 생각하는 학부모들에게는 충격적일 것이다.

수학은 일상의 경험을 통해 개념을 얻는 학문이 아니라 수학자가 만들어가는 특이한 학문이다. 예를 들어 점을 일상에서 아무리 많이 보고 깊이 생각해 보는 경험을 한다 해도 "점은 길이, 넓이, 부피가 없고 위치만 존재하는 것"이라는 정의를 만들어 낼 수 없다는 것이다. 결국 수학자도 수학교육자도 초등과 중등수학에 필요한 개념을 알려주지 않게 된 것이다. 수학은 개념을 가지고 문제를 해결하는 학문인데, 그동안 개념을 알려주지 않아서 수많은 수학문제풀이의 효과가 없었던 것이다.

필자는 지난 30여 년간 초중고 학생들에게 거의 대부분 일대일로 수학을 가르쳐왔다. 특이한 점이라면 직접 문제풀이하는 것을 보여주는 대신 아이에게 필요한 연산과 개념만을 가르치고 문제풀이는 아이가 하게 했다는 것이다. 그런데 개념이 개념문제집이나 교과서

등의 어디에도 없었다. 심지어 시중의 개념사전이라고 명명한 책들에서도 교과서의 연장선이고 오류투성이였다. 결국 필자가 하나하나 개념들을 만들어가며 오늘에 이르렀다. 아이들에게 필요한 연산과 개념 등 부족한 부분을 가르쳤더니 대부분 괄목할 만한 성과가 나타나고 급기야는 전교 바닥권인 아이들이 전교 상위권에 도달하는 일이 많이 벌어졌다. 이에 자신감을 갖고 수학교육의 정의를 **"연산과 개념을 도구로 집요함을 길러가는 것"**이라고 내렸다. 이리저리 살펴보면 알겠지만, 초등과 중학의 올바른 개념은 대부분 제 책들에만 있을 것이다.

이 책을 활용하는 방법

필자를 익히 알고 있는 사람은 잘 알겠지만, 이 책을 처음 보는 사람들은 "수학도 사전이라는 것이 있네!"라는 반응일 것이다. 그만큼 수학의 특성대로 공부하고 있지 않다는 방증이다. 몇 가지 이 책의 특성을 밝힌다.

첫째, 개념의 출처를 밝혔다. 대부분의 학부모나 학생들은 교과서에 있는 것이 옳은 것 같고 아직 필자의 개념에 반신반의할 수 있다. 그래서 이 책은 교과서 관련 부분의 소개와 필자의 개념 그리고 개념을 만든 사람이 있는 경우는 그 이름을 적어놓았다. 어느 것이 올바른 정의인지 독자가 판단해서 사용하라는 의미이다.

둘째, 수학의 정의나 정리 등 개념은 모두 외워야 한다. 수학의 특성을 이해하지 못한다면 수학의 개념을 외워야 한다는 말이 국어사전을 외워야 한다는 말처럼 황당하게 들릴지도 모르겠다. 그러나 수학에서는 개념이 시작이고 끝이다. 그리고 <u>개념이 없다면 스스로는 한 발자국도 앞으로 나갈 수 없다는 특성</u>을 이해해야 한다. 대신 나머지 개념을 설명하는 부분은 말로 할 수 있는 정도이면 된다. <u>수학의 문제해결력은 풀어본 문제를 다시 푸는 것에 있지 않고 처음 보는 문제나 어려운 문제를 푸는 데 있다. 그런데 처음 보는 문제나 어려운 문제를 접근하는 방법은 개념으로 접근하는 방법이 유일하다.</u> 초중등 문제집들은 문제가 계속 돌기 때문에 처음 보는 문제를 찾기 어려울 정도다. 그러나 개념은 심화문제나 나중에 고등의 처음 보는 문제에 활용될 것이다. 따라서 중고등수학을 하면서도 이 책을 참고하기를 바란다.

셋째, 어려운 문제가 나오면 더더욱 이 책에 나와 있는 개념을 사용할 생각을 해야 한다. 그런데 <u>외워가는 중이라면 개념을 바로바로 꺼내쓰는 것이 어렵다</u>. 이럴 때는 해당 문제의 주위에 이 책의 관련 개념을 써놓고 문제를 이해하는 데 집중하기를 바란다. 문제가 이해가 되지도 않으면서 해답지를 보는 것은 무용지물이다.

넷째, 개념을 사용하여 문제를 푸는 과정을 보여주었다. 대부분 학부모나 학생들이 개념으로 문제를 풀어본 적이 없을 것이다. 따라서 각 개념들에 해당하는 문제를 싣고 풀이과정을 보였다.

다섯째, 모든 개념은 하나이고 한 줄이어야 한다. 초등과 중등수학에서 개념은 주로 수식과 단어의 뜻을 말하는 정의와 간단한 성질이 있고, 고등수학에서는 정의와 정의로부터 파생한 정리 그리고 성질 등을 배운다. <u>초중고 모두 개념은 전 세계인이 혼동의 여지가 없도록 하나이고, 모든 개념은 개념을 가지고 문제를 푸는 도구적 특성 때문에 한 줄(문장)이라는 특성을 갖는다.</u> 도구가 들기도 어렵게 크거나 불확실하다면 그 사용은 불가능하다는 것이다.

여섯째, 이 개념사전의 개념을 외웠을 때, 고등수학에 사용되는 개념과 충돌을 일으키지 않으니 맘 놓고 외워도 된다. 필자에게 배운 아이들은 대부분 초등 때부터 고등까지 계속해서 배웠다. 따라서 오류가 있었다면 그 아이들을 통해서 어느 정도 교정되었다고 생각한다.

일곱째, 어렵거나 혼동의 우려가 있을 때는 문답식으로 설명을 도왔다. 이 필자의 개념들을 외우면 그 누구보다도 많은 개념을 갖게 되어 자신감을 갖게 될 것이다. 나아가 고등수학에서 많은 친구들이 가질 개념의 빈틈을 채운다고 생각하기를 바란다.

필자의 연산과 개념을 익히면 수학을 잘한다고 하는 것이 아니라 제대로 된 수학을 시작할 수 있다는 것이다. 그런데 제대로 된 수학을 열심히 하고도 수학을 못 하는 경우를 필자는 본 적이 없다. 여러분의 건투를 빈다.

2025. 4. 19 서재에서
조안호

차례

〈프롤로그〉 초등 아이에게 수학개념사전이 있어야 하는 이유 • 7

1부
수: 수학은 수를 다루는 학문이다

1-1. 수학에서 '수'란 무엇인가?	• 29
1-2. 사과는 수인가?	• 33
1-3. 자연수: 자연에 있는 수	• 38
1-4. 수세기(1): 1씩 커지는 수들의 개수	• 45
1-5. 수세기(2): 1부터 출발하지 않으면 1부터 출발하도록 만든다	• 52
1-6. 수세기(3): 몇씩 커지는 수들의 개수	• 59
1-7. 자릿수, 자릿값, 자리에 있는 수, 자리에 있는 수가 나타내는 값	• 67
1-8. 가장 어렵고도 중요한 수: 0	• 80
1-9. 정수: 초등 4학년에서 가르치기를 추천한다	• 86
1-10. 짝수와 홀수	• 98
1-11. 자연수 중에 있는 소수	• 103

1-12. 분수의 뜻 · 114

1-13. 분수의 분모와 분자는 모두 자연수? · 127

1-14. 분수의 종류 · 131

1-15. 분수의 중요한 기준: 단위분수 · 137

1-16. 분수의 위대한 성질 · 147

1-17. 왜 기약분수로 만들어야 할까? · 154

1-18. 소수의 성질은 모두 분수로 설명하라 · 162

1-19. 7개의 소수만 외워라. · 171

1-20. 소수는 10, 100, 1000과 친해요 · 180

1-21. 미지수: 아직은 알지 못하는 수 · 186

2부
+, −, ×, ÷의 의미: 수학은 수만이 계산된다.

2-1. 수식이란 무엇인가? · 195

2-2. 더하기 기호(+): 모든 수는 기준이 같아야 계산된다 · 201

2-3. 분수의 덧셈: 역시 기준이 같아야 더한다 · 211

2-4. 빼기 기호(−): 자연수를 빼면 작아진다 · 230

2-5. 분수의 뺄셈: 안 빠지면 빠지게 하라 · 237

2-6. 곱하기(×): 같은 수의 더하기를 빨리 할 수 있는 방법은 무엇일까?　•242

2-7. 배수와 약수　•250

2-8. 배수판별법　•272

2-9. 분수의 곱하기: 곱하면 작아지는 수가 있다　•285

2-10. 거듭제곱: 이거 때문에 더하기와 곱하기가 헷갈린다　•294

2-11. 나눗셈(÷): 나누기의 정의를 모르고 문장제를 풀었다면
　　　모두 찍은 것이다　•304

2-12. 등분제와 포함제　•311

2-13. 분수의 나눗셈: 나눗셈을 곱셈으로 바꾼다　•330

2-14. 검산 대신 답을 예측하기　•337

3부
괄호와 사칙계산

3-1. 혼합계산 순서　•347

3-2. 괄호: 먼저 계산하라는 명령기호　•360

3-3. 약속에 의한 연산기호　•365

3-4. 많은 수의 더하기와 많은 수의 곱하기　•376

3-5. '합'과 '차이'의 관계　•384

3-6. 덧셈과 곱셈의 혼동 · 392

3-7. 미지수를 사용한 분수의 사칙계산: 사칙연산이 완료된
　　　초6 이상만 보라 · 397

3-8. 번분수: 분수의 나눗셈은 분모끼리 분자끼리 나누어도 된다 · 401

3-9. 부분분수: 한 분수를 두 분수의 차이로도 볼 수 있다 · 406

3-10. 가비의 이: 같은 비를 더해도 같다 · 412

4부
등호(=)와 부등호(>, <, ≥, ≤)

4-1. 등호(=): 수학에서 가장 중요한 기호 · 421

4-2. 등식의 종류 · 430

4-3. 방정식이란 무엇인가? · 438

4-4. 등식의 성질로 방정식 풀기 · 447

4-5. 복잡한 방정식을 푸는 순서 · 455

4-6. 방정식 만들기 · 460

4-7. 수직선 · 466

4-8. 부등호(>, <, ≥, ≤): 미지수가 들어간 부등식을 읽어라! · 477

4-9. 수의 분류 · 485

4-10. 어림수와 부등식의 종류 • 489

5부
수와 수식의 확장

5-1. 모든 것은 분수로 통한다 • 497

5-2. 비는 상대적 비교다 • 505

5-3. 여러 가지 비율 • 512

5-4. 비의 성질은 '분수의 위대한 성질'로 대체하라 • 516

5-5. 기준량과 비교하는 양의 관계_아이들이 어려워해요! • 521

5-6. 백분율: 기준이 100인 비율 • 525

5-7. 할푼리: 기준이 다른 여러 개가 모였다 • 534

5-8. 원리합계: (원금)+(이자) • 537

5-9. 비례식을 방정식으로 만들기 • 542

5-10. 비례의 반대는 반비례가 아니다 • 551

5-11. 연비: 3개 이상 연속된 비 • 558

5-12. 비례배분: 배분이 뭘까요? • 562

〈에필로그〉 수학에도 통역이 필요하다 • 570

개념은 수학을 보는 눈이요, 안경이다.

― 조안호 선생님 말씀 중에서

1부

수: 수학은 수를 다루는 학문이다

수학은 한마디로 수를 다루는 학문이다. 당연히 수의 특성을 배워야 한다. 그런데 수는 추상성이 강하고 아직 초등학생들은 어리다 보니 추상적인 수의 개념들을 이해하지 못할 것이라고 생각하고 가르치지 않는다. 그렇다면 아이가 어느 정도 큰 다음에 수의 개념을 가르칠 것 같지만, 현실은 중학교나 고등학교에서도 끝끝내 가르치지 않는다. 필자의 생각은 다르다. 수의 개념은 기본에 속하는 것으로 어렵더라도 최대한 가르치려고 노력해야 한다고 생각한다. 기본이 되는 개념이 없다면 스스로 공부하거나 확장할 수 없는 특이한 과목이 수학이다. 개념을 모방이나 경험을 통해서 스스로 깨치는 것은 불가능하다고 이미 서문에서 밝혔다. 개념을 도구로 문제를 해결하는 것이 수학이라는 과목만의 특징이며 이는 필자의 생각이 아니라 거의 모든 수학자들의 공통된 생각이다. 당연한 말이지만, 개념으로 공부하려면 개념이 있어야 한다. 다행히 필자가 지난 30년간 아이들을 가르치면서 하나하나 '한줄개념'을 만들어왔다. 만약 '한줄개념'에 오류가 있거나 설명이 어렵다면 순전히 필자의 능력 부족이다. 필자가 만든 개념들로 문제가 풀리지 않는다면 이는 필자의 능력 부족이지 잘못된 방법은 아니라는 말이다. 개념 중에 일부는 초등 저학년이 이해하기 어려운 부분도 있다. 그럴 때는 넘어갔다가 다시 고학년에서 다시 설명해 줘도 된다.

1-1
수학에서 '수'란 무엇인가?

＋ －×÷＝

수란 예를 들어 사과 3개, 배 3개, 복숭아 3개 등은 모두 3개라는 공통인 특징을 뽑아낸 상징적인 것을 '3'이라는 수라고 표현한다. 벌써 머리가 아프려고 한다고요? 그런데 이처럼 수가 갖는 상징성을 중심으로 학문적으로 접근하면 머리만 아플 테니 좀 더 실전적으로 접근해 본다. 초등학교에서 다루는 수는 자연수, 0, 분수, 소수이고 이것만이 수이다. 이들을 다루는데 거의 6년이란 긴 기간을 배우기에 오히려 아이들 입장에서는 정리의 기회가 적다. 그래서 1, 2, 3, 4, …와 같은 수를 많이 보았지만, 이들이 자연수라고 바로 이름이 떠오르지 않는 아이들이 많다. 또한 간과하기 쉽지만, 반드시 수만이 더하기 빼기 곱하기 나누기와 같은 연산을 할 수 있다는 사실이다. 이같은 사실이 구체적으로 어디에 쓰이는 것일까? 당장 1학년에서부터 '3＋4'라는 식이 사용되는 문장제 문제 등과 같은 것을 만들어오라고 하지 않았나요? 이처럼 알게 모르게 중고등학교를 거쳐서 계속 사용되어진다. 수를 '3이 수이구나!'라고 대수롭지 않게 넘어갔다가 어려운 문제를 만나서 비로소 개념이 필요해진다는 말이다. "점차 어려워지는 중고등수학을 대비하는 방법이 개념이구나!"라는 생각이 들라고 한 말이다. 초등 저학년에서 수를 배우다 보면 가장 먼저 숫자와 수를 혼동하면서 사용하는 경우가 있다. 우선 이 부분부터 시작해 보자. 앞으로 정의, 성질, 개념 등의 말이 나오는데 이는 모두 '한줄개념'이다. '한줄개념'은 반드시 외워야 하고 그에 따른 설명은 말로 할 수 있으면 된다.

〈조소장의 한줄개념 1〉

숫자는 0, 1, 2, 3, 4, 5, 6, 7, 8, 9이다.

우선 '숫자는 0, 1, 2, 3, 4, 5, 6, 7, 8, 9이다.'라는 말의 뜻을 알아보자. 이는 10개만이 숫자의 모든 것이고 다른 것이 숫자가 될 수는 없다는 뜻이다. 만약 10개 이외에 다른 것을 포함할 수 있다면 이 말은 거짓인 문장이 된다. 명확함을 생명으로 하는 수학의 정의이니만큼 앞에 낱말을 쓰고 그 뒤에 그 정의를 쓰는 방식을 택하고 있음을 확인하기를 바란다. 그에 반해 만약 거꾸로 '0, 1, 2, 3, 4, 5, 6, 7, 8, 9와 같은 것을 숫자라 한다.'라는 식으로 쓴다면, 10개 이외에 다른 것을 포함하고 있어도 틀리지 않는 문장이다. 신뢰성은 올라가지만, 유용성이 떨어지는 자칫 쓸데없는 말이 될 수 있다는 말이다.

〈조소장의 한줄개념 2〉
수는 숫자 또는 기호를 사용하여 나타낸 것이다.

수에 대한 정의를 읽고 말의 의미를 '숫자와 기호를 사용해서 나타낸 것'이라고 변형해서는 받아들이면 안 된다. 이것을 정의 중에 '또는'(372쪽 참조)이라는 말의 개념을 혼동해서 오는 일이다. 간단히 정리하면 '숫자 또는 기호'라는 말은 '숫자', '숫자와 숫자', '숫자와 기호', '기호', '기호와 기호'를 모두 포함하는 말이다. 예를 들어 3, 34, $\frac{3}{4}$, $\sqrt{3}$, π, $\sqrt{\pi}$ 등이 모두 수이다. 정리해 보자!

1) 0, 1, 2, 3, 4, 5, 6, 7, 8, 9만이 숫자이다.
2) 0, 1, 2, 3, 4, 5, 6, 7, 8, 9를 수라고도 할 수 있다.
3) 0, 1, 2, 3, 4, 5, 6, 7, 8, 9는 숫자도 되고 수도 된다.
4) 10, 11, 12, …등은 수이고 숫자라고 하면 안 된다.
5) 10, 11, 12, …, 99, $\frac{3}{4}$ 등은 숫자 2개를 사용하여 만든 수이다.

따라서 어른들이 간혹 착각하여 말하는 "나이는 숫자에 불과하다.", "두 자리의 숫자" 등은 모두 있을 수 없는 말이다. 그렇다고 다른 사람들이 틀렸을 때마다 지적하지 말고 자신에게는 엄격하고 남에는 관대함을 실천해 보자. 대신 문제에서는 나올 때는 매의 눈으로 숫자와 수를 구분하고 풀기를 바란다. 관련 문제는 너무 쉬우니 다른 개념과 섞어서 풀어보자!

1-2
사과는 수인가?

"사과는 수인가?"라고 묻는다면 아마도 되레 "사과가 어떻게 수냐?"라며 말도 안 되는 질문이라고 할 것이다. 사과는 수가 아닌 것은 맞지만, 정말 아이들이 헷갈리지 않는 걸까? 우선 다음 문장을 비교해 보면서 정리해 보자.

1) 사과가 있다.
2) 사과 3개가 있다.

첫째, "사과가 있다."라고 할 때, 사과가 몇 개 있는지를 생각해 봐야 한다. 그러나 일상적으로 '사과 1개'가 있을 때, 간편하게 1개라는 표현을 생략하는 경우가 많다. 예를 들어 일상에서 일십, 일백, 일천, 일만 등을 십, 백, 천, 만 등으로 사용하는 것이 수학적으로는 불명확한 표현이다. 그렇지만 문장제 문제에서는 일상적 표현이 들어올 수 있으니 이를 반영해서 생각하라는 말이다.

둘째, '사과'는 수가 아니지만, '사과 3개'는 수라고 생각하는 아이들이 있다. 조금만 생각해 보면 사과 3개도 사과들이니 수가 아니지만 조금도 생각해 보지 않은 탓이다. 계산이 필요할 때, 사과는 앞서 말한 것처럼 '사과'는 '사과 1개'를 의미한다. '사과'든지 '사과 1개'든지 수가 아니다.

<조소장의 한줄개념 3>
수에는 자연수, 분수, 소수, 정수, 유리수, 무리수, 실수, 허수, 복소수가 있다.
참고) 모두 '수'자로 끝나며 예외로 원주율(π/파이)이 있다.

초등학교에서 배우는 수에는 자연수, 0, 분수, 소수가 있다. 이후 중고등학교를 거치면서 정수, 유리수, 무리수, 실수, 허수, 복소수라는 것으로 발전할 것이다. 앞으로 배워야 할 수의 공통점은 모두 그 이름에 '수'자가 있다는 것이다. 물론 예외도 있는데 6학년에서 배우는 원주율 3.14…는 중학교에서 π(파이)라고 하는데 이 역시 수이다. 나중에 배워야 할 것을 무엇 하러 말하느냐고 할지 모르겠지만, π를 제외하고는 끝에 '수'가 들어간 것만이 수라고 생각하면 머리에서 정리가 깔끔해질 것이라서 언급한다.

〈조소장의 한줄개념 4〉
수만이 계산되고, 같은 종류의 수일지라도 기준이 같아야 계산된다.

초등학교에서는 위 수 중에서 자연수, 0, 분수, 소수만을 배운다. 중학교에서는 초등에서 배운 수에 "−(마이너스/부족하다)와 √ (루트)"라는 개념만 추가하면 정수, 유리수, 무리수, 실수까지 수가 확장된다. 그때 배우는 전체수를 '분수로 만들 수 있는 수'와 '분수로 만들 수 없는 수'라는 2가지로 구분하게 된다. 어렴풋하게나마 분수가 중요할 거라는 생각이 들지 않나요?

그런데 초등학교에서는 각도, 백분율, 할푼리 등도 배워서 수와 헷갈리는 학생들이 나온다. 각도, 백분율, 할푼리는 '수'자로 끝나지도 않고 예외에도 들어있지 않으니 수가 아니다. 이들은 수가 아니라서 계산도 할 수 없는데 왜 수학에서 나오고 있을까? 앞으로 하나하나 언급하겠지만 이들이 현재 수가 아니지만 수로 바꾸면 연산이 되기 때문이다. 연산을 하지 않는 수학문제를 보았습니까? 수가 아닌 것은 수로 바꾸어야 비로소 수학에서 다룰 수 있다는 사실을 꼭 기억해야 한다. 백분율이나 할푼리는 수로 바꾸어야 계산된다는 사실을 기억해야 한다. 또 각도는 중학교에서 기울기라는 수로, 다시 고등학교에서는 호도법이라는 수로 바꾸게 된다.

이제 기본적인 개념들을 익혔으니, 다음 두 개의 문장이 어느 것은 틀렸다고 하고, 또 어느 것은 왜 맞았다고 하는지를 보자!

1) 사과 3개와 배 4개를 더하면? (X)
2) 사과 3개와 배 4개가 있습니다. 과일은 모두 몇 개인가요? (O)

필자도 어렸을 때, '3+4'라는 식이 나오도록 하는 문장제 만들기 숙제를 1)처럼 해갔더니 선생님이 이해할 수 없는 말을 하면서 2)처럼 고쳐주셨다. 선생님 말씀이 이해는 안 되고 '무언가 길고 성의 있게 써야 하는가 보다!'라는 말도 안 되는 결론을 얻은 적이 있었다. 1)은 앞서 설명한 것처럼 사과 3개도 수가 아니고 배 4개도 수가 아니다. 따라서 수가 아닌 것을 더할 수 없으니 더하라는 문장 자체가 잘못된 것이다. 2)는 사과 3개와 배 4개를 더하라는 문장이 아니다.

위에는 몇 가지의 개념이 들어있으며 이를 정리해 본다. 첫째, 사과와 배는 수가 아니라서 더할 수 없다는 것이다. 둘째, 사과와 배를 포괄하는 기준인 '과일'이라는 말이 있어야 그들의 계산이 가능하다는 것이다. 항상 모든 문제에서도 기준이 같아야 더할 수도, 뺄 수도 있다. 셋째, 수학에서는 무엇이 있다고 한다면 나머지는 모두 없다고 생각해야 한다는 것이다. 문제에서는 말하지 않았어도 다른 과일이 있을 수 있다는 등의 생각을 해선 안 된다. 역으로 무엇이 없다면 없는가 보다가 아니라 언급하지 않은 것은 모두 있다고 생각해야 한다. 어떤 눈으로 문제를 바라보느냐는 작은 차이가 아니라 보이지 않는 큰 차이이다.

1-3
자연수: 자연에 있는 수

가장 먼저 배우는 수는 자연수이다. 보통 부모님들이 다짜고짜 아이에게 한 개는 1, 두 개는 2, 세 개는 3, …등을 알려주고 1, 2, 3, 4, 5, …를 헤아리게 하는 것으로 출발한다. 이후 계산을 하게 된다. 잘못했다는 것이 아니라 그러다 보니 "1, 2, 3, …"가 자연수라는 이름을 갖는다거나 그 수가 갖는 의미를 알려주는 타이밍을 놓치는 경우가 많다. 그래서 "1, 2, 3, …"가 이름이 자연수이고 이들이 숫자를 사용해서 만드는 것이며 이들이 어떤 의미를 가지는지 틈틈이 알려주어야 한다고 생각한다.

〈수학교과서〉

1, 2, 3과 같은 수를 자연수라고 합니다.

〈조소장의 한줄개념 5〉

자연수는 자연에 있는 수로 1부터 시작하여 1씩 무한히 커지는 수이다.

자연수(또는 아라비아수)는 "1, 2, 3, …"처럼 1씩 무한히 커지는 수이다. 자연수는 자연스러운 수라는 뜻으로, 한마디로 말하면 자연에 있는 수이다. 이 말을 역으로 하면 자연수가 아닌 모든 수는 자연이 아닌 인간이 만들었다는 의미이기도 한다. 학교에서 자연수를 배우면서 자연수를 정의하지 않고 자연수가 아닌 0을 같이 다룬다. 그래서 0도 자연수라고 생각하는 아이가 많다.

🧑 자연수가 뭐야?
🧑 "자연에 있는 수로 1부터 시작하여 1씩 무한히 커지는 수"요.
🧑 가장 작은 자연수는 뭐야?
🧑 1이요.
🧑 1보다 작은 자연수는 뭐야?
🧑 0이요.
🧑 가장 작은 자연수가 1이라면서?
🧑 그러네. 0이 자연수가 아닌 것을 아는 데도 속았네요.
🧑 자연수와 0을 같이 배워서 모두 자연수 같아서 그래.
🧑 그런데 자연에는 진짜 0이 없는 거예요?
🧑 응. 자연에 뭐가 0이니?

🧒 그렇게 물어보니 할 말이 없네요.
👨‍🏫 그리고 자연수는 1부터 시작하여 1씩 커지는 것이라고 했잖아. 그래서 1을 기초수 또는 단위수라고도 해.
🧒 기초수라는 것은 알겠는데, 왜 단위수라는 거예요?
👨‍🏫 1이 단위수라는 말은 모든 자연수는 1들의 합으로 되어있다는 말이야.
🧒 그러네. 아무리 큰 수들도 귀찮기는 하지만, 1들의 합으로 나타낼 수 있겠네요.

자연에 있는 수는 너무나 익숙해서 오히려 설명이 어려우니 반대로 자연에 없는 수를 생각해 보는 것이 쉬울 것 같다. 자연수가 아닌 수에는 0, 분수, 소수 등이 있으며 이들은 인간의 필요에 따라 만든 수이기에 자연스럽지 않고 인공적이며 인간의 의도가 담겨진 수라는 말이다. 분수나 소수가 자연스럽지 않은 수라는 것은 금방 알 수 있는데 이 자연수가 아니라는 데는 선뜻 동의하기가 어려울 수 있는데 이것은 다시 0의 의미를 통해서 다시 설명한다.

〈조소장의 한줄개념 6〉
모든 수는 양의 의미와 순서의 의미를 가진다.

유치원 아이들에게 어떤 물건이 몇 개인지를 물어보면 아이는 '하나, 둘, 셋, 넷, 다섯'이라고 세어보고는 '5개요.'라는 대답을 한다.

다섯까지 세어본 것과 전체의 개수가 다섯 개라는 데에는 어떤 관계가 있는가? 아이는 의문이 들지만 조리 있게 물어볼 수 없고, 또 설명해 주어도 받아들이기 어렵기 때문에 곧 스스로 '같다.'라고 단정케 된다. 여기에는 두 가지 의미가 담겨져 있다.

$$5 \begin{cases} 5\text{개 (양의 의미)} \\ 5\text{번째 (순서의 의미)} \end{cases}$$

첫째, 어떤 것의 개수를 알려면 1,2,3, …으로 직접 차례로 헤아려야 한다.
둘째, 다섯(5)에는 다섯 개라는 양의 의미와 다섯 번째라는 순서의 의미를 동시에 가지고 있다.
셋째, 자연수에 한정되는 것이 아니라 모든 수에는 양의 의미와 순서의 의미를 가진다.

$$x \begin{cases} x\text{개 (양의 의미)} \\ x\text{번째 (순서의 의미)} \end{cases}$$

당연한 것을 왜 이렇게 거창하게 설명하냐고요? 원래 모든 개념은 당연한 것이고 상식처럼 보이며 배우지 않아도 될 것처럼 보인다. 그러나 개념은 쉬운 것이 아니라 중요한 것이다. 개념은 늘 쉽지만 쉬워 보이는 개념이 몇 개만 뭉치면 이해하기가 어려울 정도로 어려워 보인다. 중고등학교의 소위 킬러문제라는 극강의 난이도의 문제는 어려운 개념을 사용해서 어려운 것이 아니라 쉬운 개념 10~20개가 한 문제에서 사용되기 때문이다. 필자의 머릿 속에서 미지수나 함숫값과 같은 수가 양과 순서의 의미를 서로 넘나들면서 중고등학생들을 무척 난처하게 하는 것이 보인다. 그러나 초등부터 개념을 하나하나 튼튼히 잡아가면 어렵지 않을 문제들이다.

Q 10이 3이면 몇일까요?

① 13 ② 30 ③ 103 ④ 310 ⑤ 101010

답: ②

필자가 초등 2학년 때 수학교과서에 "10이 3, 1이 7이면 37입니다."와 같이 쓰여있었다. 더하기밖에 몰랐던 필자는 '10이 3'이면 더해서 13이라고 하고 싶었지만, 30으로 외웠던 기억이 있다. '10이 3'에서 3은 3개라는 양의 의미를 가졌기 때문이다. 그래서 '10이 3'은 '10이 3개'로 받아들여야 한다. 그런데 여전히 문제가 있다. '10이 3개'는 '10+10+10'인지 아니면 '10×10×10'인지를 구분할 수 없다는 것이다. 위 보기에는 30밖에 없으니 논란의 여지가 없겠지만, 만약 보기에 1000이 있었다면 답이 2개일 수도 있다는 말이다. 이런 필자의 생각이 지나치다고 생각할 수도 있지만 그렇지 않다. 여전히 많은 초등학생들이 '$\frac{1}{7}$이 3이면'을 $\frac{4}{7}$라고 하고 싶어 한다. 또한 많은 중학생들이 어떤 수 3개가 더해져 있거나 곱해져 있거나를 구분하지 않고 무조건 3개가 있다고 한다. 이 말은 중학생들이 더하기와 곱하기를 구분하지 못해서 대부분의 오답이 나오고 있다는 말이고, 그 오답의 시작이 초등이었음을 말하고 있는 것이다.

원래 어떤 수는 상황에 따라 기수(양), 서수(순서), 이름수라는 3가지의 의미를 가진다. 그런데 이 중에서 이름수는 어렵거나 혼동되지 않는다. 양과 순서의 의미를 정확하게 구분하면 큰 어려움은 없겠지만. 그래도 자연수 203이라는 수를 통해서 상황에 따라 간단하게나마 정리해 보자!

기수(집합수): 양이나 개수를 나타내는 수

예를 들어 203개, 203묶음, $203cm$ 등과 같이 단위가 붙어있다면 양을 의미한다는 것을 알 수 있지요? 집합수라는 말이 좀 어려운데 간단하게만 말하면 '어떤 기준에 의하여 묶음이 될 수 있는 수' 정도로 이해하면 될 것이다.

서수(순서수): 순서를 나타내는 수

자연수의 가장 큰 특징 중의 하나는 1씩 커진다는 것이다. 그래서 1층, 2층, 3층 등과 같이 순서를 나타내게 되는 것이다. 예를 들어 203번째처럼 '~번째'라는 말이 주로 쓰인다.

이름수: 양이나 순서가 아니라 서로 다르다는 것을 구분하기 위해 사용되는 수

203이 아파트의 외벽에 쓰여 있다면 이것은 아파트의 동을 의미하며 이름이라고도 할 수 있다. 이와 같은 종류에는 전화번호나 주민등록번호 등이 있다.

1-4
수세기(1): 1부터 1씩 커지는 수들의 개수

보통 수세기는 학교가 아니라 집에서 부모님들이 가르친다. 만약 학부모나 유치원에서 1부터 10까지를 가르치지 않고 초등학교를 보낸다면 아마도 한글을 가르치지 않고 학교를 보낸 만큼이나 어려움에 처할 것이다. 양과 순서의 호환이 별거 아닌 것처럼 보이지만 이것을 족히 1년은 연습해야 하는 대상이다. 이 책의 집필 목적은 아니지만, 수학의 첫출발조차 못할까 우려되어 잠깐 수세기 연습순서를 언급한다.

수세기 연습

첫째, 1부터 10까지를 빠르게 연속으로 셀 수 있어야 한다. 이것이 잘 안되는 특수 아이라면, 몇 년이 걸려서라도 끝까지 연습해야 한다. 한 마디에 해당하는 10까지를 연속으로 셀 수 없다면, 이후의 진전을 이루기 어렵기 때문이다. 잘하는 아이라면 카운트다운을 연습하는 것도 좋다.

둘째, 그냥 큰 수로의 확장이 가능하다면 그냥 해도 되지만, 만약 아이가 혼동을 일으킨다면 다음 방식으로 연습시킨다.

 십
 일
 십
 이
 십
 삼
 십
 사
⋮
 이십
 일
 이십
 이
 이십
 삼

 이십
사
⋮

셋째, 확장이 잘되었다면 1~30, 10~40, 20~50, ⋯해서 보통 필자는 230까지 빠르게 연습시켰다. 잘하다가도 백부터 헷갈릴 우려가 있다.

 백
 일
 백
 이
 백
 삼
 백
 사
⋮
 백
 십
 백
 십일
 백

 십이
 백
 십삼
　　⋮

넷째, 딱 한 번만 1000까지 수세기를 한다.

바로 앞의 수와 바로 뒤의 수

바로 앞의 수와 바로 뒤의 수는 1~2학년에서 주로 문제가 나왔는데, 고학년 학생들은 물론이고 심지어는 어른들도 헷갈리는 경우가 많다. '9 바로 앞의 수'를 8이 아닌 10으로 잘못 말하는 경우가 많다. 그것은 1, 2, 3, 4, 5, …와 같이 헤아려갈 때, 진행의 방향성이 앞의 수처럼 생각되기 때문이다. 진행 방향이 아니라 이미 씌여 있는 수들 1, 2, 3, 4, 5, …를 보면 왼쪽이 앞이라는 생각이 들 것이다. 이것도 안 되면 이것을 세로로 써보면 어디가 앞인지 구분된다.

| 1 |
| 2 |
| 3 |
| 4 |
| 5 |
| 6 |
| 7 |
| 8 |
| 9 |
| ⋮ |

이제 9 바로 앞의 수가 8인 것이 보이나요?

〈조소장의 한줄개념 7〉
1, 2, 3, …에서 마지막 수가 총개수이다.

앞서 모든 수는 양의 의미와 순서의 의미를 가진다고 했다. 수세기를 조금 어렵게 표현하면 순서수의 의미를 가지는 수를 양의 의미의 수로 바꾸는 것이다. 즉 1부터 1씩 커지며 순서대로 나열되어 있는 순서수의 마지막 수가 다시 양의 의미를 가지는 개수가 되는 것이다.

우리가 어떤 것의 개수를 세기 위해서는 1, 2, 3, 4, 5, …라고 반드시 헤아릴 수 있어야 하고 또 이 방법대로 헤아리는 방법 이외에는 없다. 수학이 수천 년 발전하여 현대에 이르러 다양한 수세기가 꼭 있을 것 같지만, 수를 세는 방법은 다소 원시적이라고 보이는 수세기밖에 없다는 사실이 놀랍다. 즉 문제가 "몇 개니?"라고 묻는다면, 중고등수학문제도 수세기를 사용해야 한다는 말이고 이를 잊어서는 안 된다.

1부터 시작하여 1씩 커지는 자연수의 개수

1, 2, 3, …, 27의 수들이 있다면, 수세기의 정의에 따라 마지막 수인 27이 순서수이면서도 양의 의미를 가지니 27개가 되는 것은 이제 이해할 수 있겠지요?

Q 1, 2, 3, …, 37의 수들이 있습니다. 수는 몇 개인가요?

답: 37개

수세기의 정의에 따라 1, 2, 3으로 시작하였고 마지막 수가 37이니 수는 총 37개이다.

Q 47까지의 자연수가 있습니다. 수는 몇 개인가요?

답: 47개

자연수의 정의에 따라 47까지 늘어놓으면 1, 2, 3, …, 47이다. 수세기의 정의에 따라 1, 2, 3으로 시작하였고 마지막 수가 47이니 수는 총 47개이다.

Q 1, 2, 3, …, x의 수들이 있습니다. 수는 몇 개인가요?

답: x개

수세기의 정의에 따라 1, 2, 3으로 시작하였고 마지막 수가 x이니 수는 x개다. 그런데 x가 어떤 수인지 모르니 몇 개인지 모른다고요? 그렇습니다. 그런데 굳이 개수를 나타낸다면 x개라고 할 수 있나요? x가 사용되는 때는 중학교이니 이 문제는 중학교에서 배워야겠지만 현실적으로 가르치지 않으니 한 번쯤 생각해 보아야 한다. 내친김에 학생들이 많이 헷갈려하는 것을 하나만 더 언급한다. x가 어떤 수도 될 수 있으니 무수히 많다는 데로 생각이 흘러가면 안 된다. x가 어떤 수도 될 수 있지만 그 수까지의 개수이니, x개는 무한개가 아니라 유한개라는 말이다. 참고로 무한에서 한(限)은 '끝'을 의미하기 때문에 무한은 끝이 없다는 뜻이고, 유한은 끝이 있다는 뜻이다.

1-5
수세기(2): 1부터 출발하지 않으면 1부터 출발하도록 만든다

잘 모르는데 어쩌다 나오면 짜증 나는 거 알죠? 바로 간단한 것 같은데 헷갈리는 것이 바로 '수세기'다. 초등학교의 문제들에서 개수를 물어볼 때, 기껏 3~4개를 하나하나 직접 헤아리면 되는 문제들이 출제되는 경우가 많다. 그래서 학부모님들이 아이보고 하나하나 직접 헤아리라고 하는데 아이가 대충하다가 빼먹었다고 혼나는 경우가 많다. 이것을 교과과정에서는 한 번도 제대로 다루어 본 적이 없어서 문제가 점점 복잡해지면서 짜증나는 유형으로 학생들에게 자리매김하는 경우가 많다. 중고등학교에서 필요한 수세기는 최소 몇백 개에서 몇천 개를 묻기 때문에 직접 헤아릴 수는 없고 연습이 필요하다. 간혹 출제가 되며 귀찮게 하다가 고등의 〈수열〉이라는 단원에서 피크를 이룬다. 헷갈리는 것들을 하나하나 살펴보자!

1부터 출발하지 않는 자연수의 개수

1부터 시작하지 않는 자연수의 경우, 각각의 수들에 변형을 주어서 수세기의 정의에 부합하는 수들의 순서가 되도록 만들면 된다. "안 되면 되게 하라!"라는 말이 있지요?

Q 5, 6, 7, …, 365인 수들이 있습니다. 수는 몇 개인가요?

답: 361개

마지막의 수를 읽으며 답을 365개라고 한 아이가 있었나요? 마지막 수가 총개수가 되려면 정의에 따라 1, 2, 3, …으로 시작해야 한다. 즉 1부터 출발하지 않으면 1부터 출발하는 수로 바꾸면 된다는 말이다. 그렇게 하려면 5는 1이, 6은 2가, 7은 3이, …이 되어야 한다. 규칙을 찾았나요? 이렇게 하려면 5, 6, 7, …, 365의 각각의 수에서 4씩을 빼면 된다. 따라서 (5−4), (6−4), (7−4), …, (365−4) 즉, '1, 2, 3, …, 361'이니 정의에 의하여 총개수는 361개이다. 이때 아이들의 머릿속에 2가지의 의문이 들 수 있다. 첫째, "왜 같은 수를 빼고 있느냐? 다른 수를 빼면 안 되냐?"라는 생각이 든다. 물론 얼마든지 서로 다른 수를 더하거나 빼도 되지만, 정의에 맞춰서 1, 2, 3, …으로 시작하기 위해서는 각각의 수에서 4를 빼는 방법밖에 없기 때문이다. 둘째, "각각의 수에서 4를 빼면 전체의 개수

<u>가 달라지지 않나요?"라는 의문이다.</u> 이 의문을 해결하기 위해서 다소 황당한 문제를 풀어보자!

Q 5명의 사람이 있습니다. 각각의 사람에게서 1,000원씩을 달라고 해서 받았다면 몇 사람인가요?

답: 5명

문제를 잘 안 읽고 5,000원이라고 답한 사람이 있나요? 5명의 사람에게서 얼마를 받든 주든 사람의 수는 변하지 않듯이 나열한 수들에 어떤 수를 더하거나 빼도 총개수는 변하지 않는다. 마찬가지로 각각의 수에 어떤 수를 곱하거나 나누어도 총개수는 변하지 않는다.

Q 30과 36 사이에 있는 자연수의 개수는 몇 개인가?

답: 5개

많은 3~4학년의 아이들이 6개라는 잘못된 답을 쓴다. 아이가 36에서 30을 빼서 답을 쓴 것이다. 그러면 보통 부모님들은 30과 36 사이의 자연수인 31, 32, 33, 34, 35를 직접 쓰게 하고 세어보게 한다. 물론 바른 자세와 '이상, 이하, 초과, 미만'(481쪽 참조)이라는 개념을 알려주기 위해서는 필요한 과정이다. 그런데 점차 이렇게 몇 개인지 세어 볼 정도의 적은 개수가 아닌 많은 개수들로 옮겨가게 된다. 예를 들어 위처럼 지도했다고 해도 5부터 127까지의 자연수의 개수를 묻는 질문에 많은 학생들이 여전히 122개(이것은 127에서 5를 빼서 만들어낸 오답이다.)라고 말하게 된다. 너무 많아서 일일이 쓰고 셀 수 없었기 때문이다. 이것을 교과서에는 없지만 일부 선생님들이 '5부터'라는 말은 5를 포함시켜야 하는데 127에서 5를 빼면 5라는 숫자도 빠지기 때문에 다시 1을 더해주어야 맞는 답이 된다고 설명해 주시는 분들도 있다. 즉 $127-5+1=123$으로 계산해야 올바른 답이 된다는 것이다. 그런데 이 같은 설명에 많은 학생들이 '더하기 1'을 해주어야 하는 이유에 대해 정확한 이해가 안 되고, 그냥 1을 더해야 한다는 식으로 외우다가 잊어버려서 잦은 오답을 일으킨다. 그렇다고 큰 수에서 작은 수를 빼고 1을 더한다는 식의 기술을 알려주라는 것이 아니다. 말 그대로 이것은 기술이라서 확장성이 떨어지니 필자의 정의에 따라 연습해 주라고 하는 말이다.

수세기의 정의대로 푸니 좋다는 분들도 있고 무척 번거롭다고 푸념하시는 분들도 있을 것이다. 처음에는 '끝의 수에서 처음 수를 빼고 1을 더하는 기술'보다 귀찮다. 처음에는 익숙하지 않아서 번거롭다는 생각이 들지 모르지만 처음의 수가 1이 되게 하는 것과 마지막 수에만 집중하면 곧 암산이 될 수 있게 된다. 수학에서 어느 한 가지가 개발되면 후속으로 엄청나게 많은 것들에 영향을 미치게 된다. 앞으로도 필자의 책으로 개념을 잡아나간다면 예를 들어 나중에 배수의 개수, 음의 정수나 미지수의 개수를 구하는 것에서도 동일한 방법이 적용된다. 또한 역으로 어느 수에서 몇 번째 수라는 것들도 구할 수 있는 방법이 만들어진다.

0부터 1씩 커지는 자연수의 개수

초등학생이니 0과 자연수의 문제가 나오는 것이다. 만약 중고등학생이라면 어떤 음의 정수부터 1씩 커지는 수의 개수도 구하게 된다.

Q 0, 1, 2, …, 37인 수들이 있습니다. 수는 몇 개인가요?

답: 38개

몇 개인지를 알려면 항상 수세기의 정의에 따라서 1, 2, 3, …으로 시작해야 한다. 각각의 수들에 1씩 더하면 1, 2, 3, …, 38이니 총개수는 38개이다.

이런 문제는 주로 4학년의 '어느 도로의 한쪽 편의 $10m$에 $1m$ 간격으로 가로수를 심을 때, 필요한 가로수의 개수는 최대 몇 개까지 심을 수 있는가?'와 같은 문제에서 사용된다. 이것은 0, 1, 2, 3, 4, 5, …, 10에서 수의 개수는 몇 개인가를 묻는 것과 동일하다. 각 수에 1씩 더하면 1, 2, 3, 4, 5, …, 11로 총 11개다. 0부터 출발해야 하는 시간 문제나 1층부터 출발해야 하는 엘리베이터나 달력 문제들이 혼동을 일으킨다. 재미로 문제를 풀 수도 있겠지만, 출발점이 0이냐 1이냐로 구분하는 것을 생각해 보았으면 한다.

이번에는 수세기의 정의를 사용하지 않으면 진짜 짜증 나는 문제를 하나 풀어보자.

Q 37, 38, 39, …인 수들이 있습니다. 45번째의 수는 무엇일까요?

답: 81

수세기를 모르는 학생이 이 문제를 풀라고 하면, 십중팔구 손가락을 하나씩 접으며 37, 38, 39, …을 중얼거린다. 아니면 종이를 가져다가 수를 38부터 45개를 적어나간다. 어떤 방법을 택하든 짜증이 날 것이다. 아마도 37에 45를 더한 82이 근처에 답이 있을 것이기에 찍고 싶은 유혹에 빠질지도 모른다. 그나마도 문제가 45번째라고 하니 해보는 것이고 만약 456번째를 물었다면 위와 같은 시도조차 하지 않았을 것이다. 어려울수록 정의를 생각해야 한다. 수세기의 정의를 사용하면 문제는 간단히 풀린다. 우선 45번째의 수를 □라 하고 그 아래 나란히 수세기의 정의에 따라 1, 2, 3, …, 45를 늘어놓아 보자.

37	38	39	…	□
1	2	3	…	45

자. 이제 답이 보이지 않는가? 1이 37, 2가 38, 3이 39, …등이 되려면 각각의 수에서 36을 더하는 규칙이 보인다. 따라서 45에 36을 더하면 □의 값이 된다. 쉽지 않은가? 수세기의 정의를 거꾸로 활용한 것이다. 만약 초중등의 학생들이 문제의 해결 방법을 보고 시큰둥한 학생들이 있을지도 모르겠지만, 만약 고등학생이 보았다면 너무나 좋아했을 내용이다.

1-6
수세기(3): 몇씩 커지는 수들의 개수

우리가 여러 개인 물건의 개수를 세다가 보면, 하나 둘 셋…을 세는 것이 아니라 빨리 세기 위하여 둘, 넷, 여섯, 여덟, …이거나 3, 6, 9, 12, …등을 이용하여 센다. 이런 배수들도 수세기를 기반으로 하고 있기 때문에 여전히 수세기의 정의대로 풀 수 있다.

1배부터 출발하는 배수들의 개수를 구할 때

Q 3, 6, 9, …, 72인 수들이 있습니다. 수는 몇 개인가요?

답: 24개

혹시 답을 72나 70으로 했나요? 72는 마지막 수만 보고 답을 말한 것이고, 70이라 했다면 첫수를 1로 만들기 위해서 2를 빼면서 나온 오답이다. 수의 규칙은 최소한 3개가 있어야 한다. 각각의 수에 2씩 빼면 1, 4, 7, …로 수세기의 정의대로 1, 2, 3, …로 시작하지 않는다. 3, 6, 9, …를 보고 3의 배수라고 하는 용어를 알려면 5학년이 되어야 하지만, 구구단 3단으로 나누기를 배웠다면 이 수들이 모두 3으로 나누어지는 것을 알 수 있을 것이다. 이 수들의 개수를 구하려면 어떻게 할까? 모르겠다고요? 그럼 생략된 수들을 일일이 쓰고 직접 세어보세요. 힘들어 봐야 이 방법이 좋은 줄 아는데, …. 해보았다고 보고 설명할게요. 첫 수인 3을 1로 만들려면 작아지는 것이니 빼기나 나누기가 될 것이다. 그러니 각각의 수들에서 2를 빼거나 3을 나누어주는 방법이 있다. 그러나 수세기의 정의대로 1, 2, 3, …으로 시작하려면 앞서 본 것처럼 2씩 빼는 방법이 아닌 3으로 나누는 방법을 사용해야 한다. 그러면 1, 2, 3, …, 24로 24개인 것을 알 수 있다.

Q 1부터 100까지의 자연수 중에 3의 배수의 개수는?

답: 33개

이런 문제에 대한 답지에는 "100을 3으로 나누면"처럼 풀이방법을 알려주는 경우가 많다. 그런데 이것은 이유를 설명하지 않은 기술이다. 1부터 100까지의 자연수에 있는 3의 배수를 '3, 6, 9, …, 99' 처럼 적는 것이 먼저이다. '3, 6, 9, …, 99'를 적었다면 각각의 수를

3씩 나누어서 '1, 2, 3, …, 33'라는 답을 찾고 이해하는 것이 어렵지 않을 것이다. 그리고 이것을 여러 번 하다 보면 100을 3으로 나누라는 기술도 이해할 수 있을 것이다. 그렇지 않으면 무작정 나누다가 '반올림'을 적용해서 틀리는 등의 오답을 많이 보인다. 사실 수세기의 정의를 알고 문제가 요구하는 수들을 늘어놓을 수만 있다면 쉬운 문제이다. 그러나 아이들이 마지막 수를 찾는 것을 어려워한다. 이 문제의 경우 <u>100을 넘지 않으면서 가장 큰 3의 배수인 99(마지막 수)를 찾는 것이 어렵다는 것이다.</u> 2가지 방법이 있다. 첫 번째, 나눗셈을 이용하여 구하는 방법이다. $100 \div 3 = 33 \cdots 1$ ⇨ $(100-1) \div 3 = 33$으로부터 99를 찾아낼 수 있다. 두 번째는 "3의 배수+3의 배수는 3의 배수"(273쪽 참조)라는 개념을 이용하는 방법이다. 90이 3의 배수인 것을 알고 있으니 여기에 다시 3의 배수 3, 6, 9를 더해가면서 99를 찾는 방법이다.

이제 4의 배수, 5의 배수 등 다른 배수들의 나열되어도 그 개수를 구할 수 있겠지요? 4의 배수들이 나오면 모두 4로 나누어주고, 5의 배수들이 나오면 5로 나누어주면 1씩 커지는 자연수 규칙이 된다. 보통 이런 문제는 5학년의 배수와 약수에서 주로 나오고 중학교는 보통 순환소수 등에서 사용된다. 수의 나열에 대해 정식으로 배울 때는 고등학교 수열이고 그때도 수세기의 정의는 가르치지 않는다. 그러나 수열에서 수세기의 정의는 더 유용할 것이다. 왜냐하면 개념은 어려워질수록 더 큰 위력을 발휘하기 때문이다.

1배부터 출발하지 않는
배수들의 개수를 구할 때

첫수가 4가 아닌 4의 배수이고 이후에 4씩 커진다면 모든 수는 4의 배수가 된다. 왜냐하면 4의 배수에 4의 배수를 더 하면 4의 배수가 되기 때문이다. 4의 배수라면 모두 4로 나누어지고, 이때의 수들은 1부터 시작하지 않는 자연수가 된다.

Q 24, 28, 32, …, 124인 수들이 있습니다. 수는 몇 개인가요?

답: 26개

먼저 수들의 규칙을 보면, 4씩 커지고 첫수가 4의 배수이다. 각각의 수를 4로 나누면 6, 7, 8, …, 31이다. 다시 각각의 수들에서 5씩을 빼면 1, 2, 3, …, 26으로 수세기의 정의에 따라 총개수는 26개이다.

Q 100과 301 사이에 있는 7의 배수의 개수는?

답: 28개

'100과 301 사이'라는 말은 100과 301을 포함하면 안 된다는 말이다. 문제의 조건에 맞는 수들을 늘어놓으려면 '100보다 크면서 가장 작은 7의 배수'와 '301보다는 작으면서 가장 큰 7의 배수'를 구해야 한다. 101과 300을 7로 나누면서 구하는 방법이 있지만, 감각과 개념 연습을 위해 (7의 배수)+(7의 배수)=(7의 배수)라는 개념을 이용하기를 권한다. 7의 배수인 70에 7의 배수인 35를 더하면 '100보다 크면서 가장 작은 7의 배수'인 105를 구할 수 있다. 7의 배수인 280에 7의 배수인 14를 더하면 '301보다 작으면서 가장 큰 7의 배수'인 294를 구할 수 있다. 따라서 문제가 말하는 수들은 105, 112, 119, …, 294이다. 각각의 수들을 7로 나누면 15, 16, 17, …, 42이고 다시 각각의 수들에서 14씩 빼면 1, 2, 3, …, 28이다.

모든 문제의 풀이는 개념으로 푸는 방법과 기술로 푸는 방법이 존재한다. 아마 많은 문제집들은 필자처럼 풀지 않고 {(300÷7)의 자연수 몫}−{(100÷7)의 자연수 몫}이라는 기술로 간단하고도 빠른 방법을 제시할 것이다. 맞다. 거의 대부분 개념으로 푸는 것이 기술로 푸는 것보다는 느리다. 그럼에도 불구하고 개념으로 풀어야 하는 이유는 첫째, 기술이 실력이 아니고 개념이 실력이다. 기술은 풀어본 문제에서만 적용이 가능하기 때문이다. 둘째, 처음 보는 문제는 개념으로만 풀린다. 개념은 확장력이 있지만, 기술은 확장력이 없기 때문이다. 셋째, 어려운 문제는 많은 개념을 사용하기 때문에 기술로는 풀 수 없기 때문이다.

몇씩 커지는 수들의 개수를 구할 때

아이들은 3씩 커진다고 하면 그 수들이 모두 3의 배수인 줄로만 안다. 예를 들어 아이들에게 '13, 16, 19, 22, …'라는 수들을 보고 "이 수들은 어떤 규칙이 있어?"라고 물어보면 "3씩 커져요."라고 말한다. 그다음에 "이 수들은 3의 배수지?"라고 물어보면 거의 대부분의 아이들이 "그렇다."고 말한다. 3씩 커진다고 하더라도 첫수가 3의 배수가 아니라면 이후의 모든 수들은 3의 배수가 아니다.

Q 13, 16, 19, …, 124인 수들이 있습니다. 수는 몇 개인가요?

답: 38개

이 수들은 3씩 커지고 있지만 첫수가 3의 배수가 아니기 때문에 모두 3의 배수가 아니다. (3의 배수)+(3의 배수)=(3의 배수)라고 했다. 따라서 3의 배수가 아닌 수에 3의 배수들을 더한다고 3의 배수가 되는 경우는 없다. 3의 배수가 아니면, 3의 배수가 되도록 만들어 주면 된다. 각각의 수에서 1씩을 빼면, '12, 15, 18, …, 123'라는 3의 배수가 된다. 이제 각각을 3으로 나누어준 4, 5, 6, …, 41에 3씩 빼면 1, 2, 3, …, 38이다. 각각의 수들을 3번을 계산하니 귀찮을 것이다. 좀 더 실력이나 심적인 여유가 되면 13, 16, 19, …, 124의 첫수부터 3의 1배가 되도록 10씩을 빼면 3, 6, 9, …, 114이다.

이 정도면 연습을 통해서 암산으로도 답을 구할 수 있다.

하지만 여기까지 가는데 초등학생이라면 너무너무 귀찮다고 생각할 수 있다. 위 방법들을 초등학생에게 알려주면 대부분 귀찮아하고, 중학생에게 알려주면 '쓸모가 있겠네요.'라는 무덤덤한 반응을 보인다. 그런데 고등학생에게 알려주면 그동안의 고생을 푸념하며 진작 알았으면 더 좋았을 거라는 반응이다. 글쎄 여러분의 반응은 어떤가요? 그런데 지금 수세기를 배워서 연습하지 않는다면, 나중에 고등학교에 가서 더더욱 귀찮은 계산식에 시달리거나 어렵다고 아예 손놓을까를 걱정하는 것이다. 중고등학교에서 수세기가 어떻게 쓰이는가가 궁금하다면 필자의 유튜브 동영상을 참고하기를 바란다.

수세기의 정의를 거꾸로 사용하는 방법

몇 년 전 환경캠페인에서 "쓰레기는 반드시 돌아온다"라는 말을 들었다. 수학에서도 마찬가지다. 2와 3을 합했으면, 5를 2와 3으로 가를 수 있어야 한다. 더하기를 공부했다면 빼기를 할 수 있어야 하고, 곱하기를 했다면 이를 나누기에 활용해야 한다. 지금까지 주어진 문제를 수세기의 정의에 맞도록 변형했다면, 거꾸로 수세기의 정의로부터 문제의 조건에 맞도록 수를 변형할 수도 있어야 한다.

33, 37, 41, …의 수들이 있습니다. 57번째의 수는 무엇일까요?

답: 257

주어진 수의 규칙은 33부터 시작하여 4씩 커지는 규칙이다. 구하려는 57번째의 수를 □라고 놓고 늘어놓아 보자. 이제 적당히 한 줄 정도를 띄고 다음처럼 수세기의 정의를 써보자.

	33	37	41	…	□
①					
	1	2	3	…	57

수의 규칙이 4씩 커지는 것이었으니 수세기의 정의에 맞는 수에 각각 4를 곱해서 ①에 쓰면 4, 8, 12, …, 228이다. 이제 4, 8, 12, …이 33, 37, 41, …되는 규칙을 찾아보자. 각각의 수들에 29를 더하면 되니 □는 228+29 즉 257이다.

1-7
자릿수, 자릿값, 자리에 있는 수, 자리에 있는 수가 나타내는 값

아이에게 '4567'와 같은 수를 읽어보라 해서 '사천오백육십칠'처럼 읽을 수 있다면 아이가 알아야 할 것은 다 아는 것이다. 다만 자신이 알고 있는 것을 정확히 표현하지 못하는 것이니 이를 각각 연습시켜 주어야 한다. 그렇지 않으면 '자릿수, 자릿값, 자리에 있는 수, 자리에 있는 수가 나타내는 값'이라는 4가지를 묻는 문제들에서 초등 1학년부터 끝끝내 계속된 혼동을 가져오게 된다. 모른다면 어쩔 수 없지만, 아는 것을 혼동해서 틀리는 것은 억울하지 않은가? 우선 자릿수부터 하나하나 튼튼히 알아보자.

 두 자릿수가 뭐야?

 '자리가 두 개인 수'가 아닐까요?

 '아닐까요?'는 뭐니? 정확하게 말해!

🧑 '자리가 두 개인 수'요.

👨 0.3은 두 자릿수야?

🧑 0이 있으면 안 되지 않을까요?

👨 그럼, 3.4는 두 자릿수야?

🧑 소수는 아니지 않을까요?

👨 $\frac{2}{3}$는 두 자릿수야? 분모와 분자라는 2개의 자리를 가지고 있잖아.

🧑 분수도 아닌 것 같아요.

👨 넌 느낌으로 공부하니? 만약 두 자릿수의 정의가 '자리가 두 개인 수'가 맞다면 0.3, 3.4, $\frac{2}{3}$도 모두 두 자릿수이어야 해. 그렇다면 네가 생각하는 확실하게 두 자릿수가 뭐니?

🧑 10부터 99까지의 수인 것 같아요.

👨 그럼, 그 사이에 있는 23.4도 두 자릿수니?

🧑 이제 알겠어요. 두 자릿수는 '자리가 두 개인 자연수'이군요.

👨 맞았어. 두 자릿수가 무엇인지 모르고 경험을 통해서는 알아낼 수 없다는 것을 보여주려고 일부러 물어봤어. 수학은 정의나 개념을 먼저 안 뒤에 문제를 푸는 것이야.

🧑 아, 제가 두 자릿수도 모르면서 문제를 풀고 있었군요!

〈조소장의 한줄개념 8〉

n 자릿수의 정의는 자리가 n개인 자연수이다.

많은 사람들이 두 자릿수를 '자리가 두 개인 수'라고 알고 있다. 그러면서도 자리가 2개인 0.3, 3.4, $\frac{2}{3}$ 등은 상식적으로 두 자릿수가 아니라고 한다. 상식을 운운하는 것은 수학을 경험의 학문으로 알고 있는 것이다. 알고 있던 정의대로 문제를 풀어서 틀렸다면, 알고 있는 정의가 틀렸다고 생각해야 한다. 원래 정의가 틀릴 일은 거의 없지만, 시중에 틀리게 나와 있는 국어사전적 정의가 판치고 있어서 기준을 언급하는 것이다.

Q 다음 중 두 자릿수는 무엇인가?

① 01　② 011　③ 010　④ 10.1　⑤ 10

답: ⑤

두 자릿수는 '자리가 2개인 자연수'라는 정의대로 답을 찾았다면 어렵지 않았을 것이다. 혹시 ②나 ③도 답이라고 생각했나? ①~③은 수가 아니다. 각각을 1, 11, 10으로 바꾼다면 수가 맞지만, 현재 01, 011, 010은 수가 아니다. 전자시계 등에서 많이 보았기 때문에 익숙한 것이지 수가 아닌 것이 확실하다. ④ 간혹 "8.7, 9.8 등 성장률의 경제지표가 한 자릿수에 머무르다가 10.1라는 두 자릿수의 성장률을 갖게 되었다." 등의 보도를 접한다. 마찬가지다. 어림해서 그렇다는 것이지 10.1은 두 자릿수가 아니다. 일반적인 언어와 수학의 언어를 구분하기 위해서라도 정의를 철저히 외워야 한다.

🧑‍🦳 두 자릿수 중에서 가장 작은 수는?

🧒 10이요.

🧑‍🦳 두 자릿수 중에서 가장 큰 수는?

🧒 99요.

🧑‍🦳 두 자릿수의 개수는?

🧒 90개요.

🧑‍🦳 세 자릿수 중에서 가장 작은 수는?

🧒 100이요.

🧑‍🦳 세 자릿수 중에서 가장 큰 수는?

🧒 999요.

🧑‍🦳 세 자릿수의 개수는?

🧒 900개요.

🧑‍🦳 네 자릿수 중에서 가장 작은 수는?

🧒 1000이요.

🧑‍🦳 네 자릿수 중에서 가장 큰 수는?

🧒 9999요.

🧑‍🦳 마지막 질문이야. 한 자릿수는 어디서부터 어디까지야?

🧒 1부터 9까지요.

🧑‍🦳 *Good job!*

Q 두 자릿수는 몇 개인가?

답: 90개

두 자릿수는 자리가 2개인 자연수이다. 따라서 이를 나열하면 10, 11, 12, …, 99이다. 각각의 수에서 9씩 빼면 1, 2, 3, …, 90으로 수 세기의 정의에 의하여 총개수는 90개이다.

Q 두 자릿수에서 사용한 숫자는 몇 개인가?

답: 180개

두 자릿수는 10, 11, 12, …, 99으로 90개이고 각각의 수들은 숫자를 2개씩 사용하고 있다. 따라서 사용한 개수는 $2+2+2+\cdots+2$ (2는 90개)$=2\times 90=180$(개)이다.

Q 1, 2, 3, …, 337인 수들이 있습니다. 숫자는 몇 개인가요?

답: 903개

수의 개수가 아니라 숫자의 개수를 묻고 있다. 따라서 1, 2, 3, …, 337의 수들은 한 자릿수, 두 자릿수, 세 자릿수로 분류하고 각각의 숫자의 개수를 구해야 한다.

1) 한 자릿수: 1, 2, 3, …, 9로 숫자의 개수는 9개
2) 두 자릿수: 10, 11, 12, …, 99는 수는 90개이지만 숫자는 180개
3) 세 자릿수: 100, 101, 102, …, 337

문제에서 사용된 세 자릿수의 개수를 구하려면 각각의 수에서

99씩을 빼면 1, 2, 3, …, 238로 수는 238개이고 숫자는 714 (238×3)개이다.

그러므로 문제가 물어본 숫자의 개수는 9+180+714=903(개)이다.

<조소장의 한줄개념 9>

수학에서 자릿값, □의 값, 최솟값, 함숫값 등 '~ 값'이라고 하면 모두 '정해진 값을 가지는 수'(상수)이다.

참고) 상수는 자연수, 분수, 소수 등으로 다른 값으로 선택할 수 없는 수이다.

"□+2=5를 만족하는 '□의 값'은 무엇인가요?"라는 문제에서 '□의 값'은 정해진 수를 묻는 것이다. 그래서 3이라는 답을 말해야 한다. 만약 '□의 값'이 상수가 아니어도 된다면, 이 문제의 답을 '□+2=5를 만족하는 □의 값'이라고 길게 써도 틀렸다고 할 수 없는 것이다. 앞으로 수학문제에서 x의 값, 극한값, 극값 등 '~의 값'이라고 하면 문제가 요구하는 구체적인 수를 구해야 한다는 것을 기억하기를 바란다.

🧑 345를 읽어봐라.

🧑 '삼백사십오'요.

🧑 잘했다. 그런데 왜 3을 3백으로 읽었어?

🧑 백의 자리라서요.

🧑 그래. '자리가 사람을 만든다.'는 말이 있어. 너는 지금 남자야, 학생이야?

🧑 남자이기도 하고 학생이기도 하죠.

🧑 맞아. 그런데 너는 지금 나에게 배우는 중이잖아. 그렇게 본다면 남자로서 배우는 거니, 학생으로서 배우는 거니?

🧑 당연히 학생이죠.

🧑 그렇다면 네가 엄마 앞에 간다면?

🧑 당연히 자식이죠.

🧑 그래, 너는 남자, 학생, 자식, 손님 등 네가 어디에 있느냐에 따라 그 역할이 달라질 수 있어.

🧑 그러니까 3이 백의 자리에 있으니 3백이라는 말이죠?

🧑 그래. 345에서 3은 어느 자리에 있니?

🧑 3백의 자리요.

🧑 3백의 자리라는 것은 없어.

🧑 아~, 백의 자리요.

🧑 3이 나타내는 수는 뭐니?

🧑 3이 뭘 나타내요?

🧑 네가 300이라고 안 읽었니?

🧑 그게 그 뜻이에요?

🧑 네가 백의 자리에 3이 있으니, 3이 나타내는 수를 300으로 알고 삼백으로 읽었던 것이야.

🧑 제가 그랬나요? ㅎㅎ

🧑 3이 있는 자릿값은 뭐니?

🧑 백의 자리요.

🧑 3이 있는 자리가 어디냐고 묻는 것이 아니고 3이 있는 자리의 자릿값을 묻는 거야.

🧑 무슨 차이가 있어요?

🧑 자릿값은 수니, 아니니?

🧑 수예요.

🧑 '백의 자리'는 수니, 아니니?

🧑 수가 아니지요.

🧑 다시 물을께. 3이 있는 자리의 자릿값이 뭐야.

🧑 아~, 100이요?

🧑 네가 다 아는 건데. 묻는 말이 무엇인지를 헷갈려서 그래. 정리해 줄 테니 여러 번 연습해라.

🧑 옛설!

345에서   1) 3의 자리: 100의 자리

2) 3의 자릿값: 100

3) 3이 나타내는 수: 300

4) 백의 자리에 있는 수: 3

숫자는 0, 1, 2, 3, …, 9를 말하는 것이고, 수는 숫자 또는 기호를 사용하여 나타내며 크기나 순서의 의미 등을 나타낸다. 그런데 2학년부터 3학년과 4학년에 이르기까지 수가 커지고 있다. 수가 커지면 자연수와 소수는 당연히 십진기수법의 접근이 이루어진다. 그러나 초등수학에서는 아이들이 어려워할까 봐서 십진법의 접근을 배제한 채 문제만을 다루기 때문에 한 번 혼동을 시작한 아이는 계속해서 혼동하는 것으로 보인다.

학교에서는 십진기수법을 배우지 않으니 적당한 시기에 다음을 한두 번 알려주었으면 좋겠다. 예를 들어 십진법이란 '567'는 $500+60+7$로 이해하고 다시 $5\times100+6\times10+7\times1$로 보이게 하는 것이다. 여기에 거듭제곱을 배우게 되면 다시 $5\times10^2+6\times10^1+7\times10^0$ 으로 연결시키고자 하는 것이다. 아이들이 혼동하는 것은 '567'가 세 자릿수이고, 백의 자리의 숫자(수)는 5이고, 5가 나타내는 수는 500이다. 또 5의 자리는 100의 자리고, 5의 자릿값은 100이다. 이 다섯 개가 무수히 많은 문제로 출제되어 나오고 있다. 정확하게 이해하는 아이는 계속해서 자신있게 대처하겠지만 한 번 혼동을 일으킨 아이들에게는 계속된 혼동과 위축을 가져온다. 이를 틀렸을 때, 대충한다고 혼내는 경우가 많다. 아이가 아예 모르는 것이 아니라 용어의 혼동 때문에 대충하는 것이니 자릿수, 자릿값, 자리의 수가 나타내는 수, 자리의 숫자를 정확하게 깨달을 수 있도록 해주는 것이 더 필요한 것이다. ==자릿수, 각 자릿값, 각 자리의 수가 나타내는 수, 각 자리의 수 등 여러 개라서 정신이 없을지도 모르지만 34567을 '삼만 사천오백육십칠'이라고 읽는==

다면 아이가 필요한 것은 모두 아는 것이다. 다만 구분지어서 연습이 필요할 뿐이다. 10진기수법의 연습은 최소 세 자리 수 이상으로 해야 하며 좀 더 큰 수로 하는 것이 더 좋다. 최소한 세 개 이상이어야 규칙을 찾을 수 있으며 숫자가 다양하니 여러 문제가 있는 것 같지만, 근본 개념은 많지 않으니 개념을 잡으려면 그냥 몇 문제만 선정해서 집중해서 연습해도 된다. 중요한 것은 반복의 횟수와 주기의 문제이지 한 자리에서 많이 푸는 것이 능사는 아니다.

예를 들어 34567를 보여주고 물어보자!

- 몇 자리 수이니? (자릿수)
- 다섯 자릿수요.
- 한 번 읽어볼래? (읽기)
- 삼만 사천오백육십칠
- 왜, 3을 삼만이라고 읽었어? (자리의 수가 나타내는 수)
- 만의 자리이기 때문에
- 3의 자릿값은 뭐야? (자릿값)
- 10000이요.
- 4가 나타내는 수는 뭐니? (자리의 수가 나타내는 수)
- 4천이요.
- 백의 자리의 수는 뭐니? (자리의 숫자)
- 5요.

위 대답을 잘했으면 좋겠지만 많은 아이들이 바르게 대답하지 못할 것이다. 4학년인데 위 대답을 잘못하면 그동안 용어의 혼동으로 많은 문제에서 오답을 내었던 아이다. 잘 대답을 못 한다면 그냥 자연스럽게 여러 번 알려주면 된다. 큰 수를 접할 때 가장 먼저 해주어야 하는 것은 읽기이다. 큰 수를 오른쪽에서부터 4자리씩 끊고 5, 9, 13번째 자리 위에 만, 억, 조를 써놓고 읽으면 된다. 이때 대부분 아이들은 더 큰 수는 무엇이냐고 묻는다. 만, 억, 조, 경, 해, 자, 양, 구, 간, 정, 재, 극, 항아사, 아승기, 나유타, 불가사의, 무량대수 등이 각각 만 배씩 커진다는 것을 보여주기만 하면 된다. 위 4가지 중에 중고등학교까지 아이를 괴롭히는 것은 '자릿수'와 '자리의 수가 나타내는 수'이니 몇 개만 연습해 보자! 필자는 아래의 질문을 거의 6개월에 걸쳐 일주일에 한 번씩 20회 이상 물어본다.

🧑‍🦱 만에는 0이 몇 개 있니?

🧑 4개요.

🧑‍🦱 만은 몇 자릿수이니?

🧑 다섯 자릿수요.

🧑‍🦱 만은 0이 4개에다가 1이라는 수가 있어서 5자릿수야. 그럼 억에는 0이 몇 개 있니?

🧑 8개요.

🧑‍🦱 억은 몇 자릿수이니?

🧑 아홉 자릿수요.

조에는 0이 몇 개 있니?
 12개요.
 조는 몇 자릿수이니?
열세 자릿수요.

위 질문은 읽기를 잘하는 아이에게 당장 전체적으로 수의 크기를 알게 해주고 나중에 고등학교의 로그에서 지표와 진수와의 관계에 도움이 되는 내용이다. 그다음으로 아이가 연습해야 하는 것은 '두 자릿수', '세 자릿수'와 같은 자릿수이다.

위와 같은 연습을 하게 되면 자연스럽게 아이들에게 자리라는 말이 무엇을 의미하는지 알게 된다. 그러면 각 자리의 수라는 말을 받아들일 수 있게 된다. 아직 '347의 각 자리 수의 합은?'의 답이 나오지 않는다면 '각 자리'라는 말을 가르쳐야겠지요? 347의 자리에는 100의 자리, 10의 자리, 1의 자리가 있으며 '각 자리 수'가 3, 4, 7이다. 문제가 요구하는 것은 이것들의 합이니 3+4+7=14로 답은 14이다. 그런데 설명해 주었는데 '각 자리 수'라는 말이 무엇을 말하는지가 혼동을 일으킨다면 아이는 '이들을 왜 더하냐?'는 쓸데없는 의구심까지 들게 된다. 그래도 대답해 보면 문제에서 더하라니까 더한다. 자릿값은 중학교에서 '십의 자리의 수를 x라 하고 일의 자리수를 y라 할 때 이 두 자릿수는? 답: $10 \times x + y$'처럼 나오게 된다.

Q 백의 자리의 수가 3이고 일의 자리의 수가 7인 세 자릿수가 있습니다. 만들 수 있는 세자릿수 중에서 두 번째로 작은 수에서 각 자리의 수들의 합을 구하여라.

답: 11

백의 자리의 수가 3이고 일의 자리의 수가 7인 세 자릿수는 10의 자리의 수를 모르기 때문에 3□7라고 할 수 있다. □에 넣을 수 있는 숫자는 10개로 두 번째로 작은 수는 1이니 문제가 요구하는 세 자릿수는 317이고 각 자리의 수들의 합은 3+1+7=11이다.

1-8
가장 어렵고도 중요한 수: 0

'0은 수일까? 아닐까?'라고 물으면 0은 당연히 수이지 무슨 바보 같은 질문이냐고 할 것이다. 그런데 간혹 중고등학생들 중에는 0은 수가 아니라 기호라고 하는 학생들도 있다. 물론 다른 기호들과 혼동을 하기 때문이지만 한 번도 0에 관하여 깊이 생각해 보지 않는 것이 주요 원인이라고 생각해서 하는 말이다. 또한 초등학생뿐만 아니라 중학생들조차도 0을 자연수라고 생각하여 문제를 틀리는 경우가 많다. 그 이유는 초등학교 때 아무런 언급 없이 0과 자연수를 함께 배웠기 때문이다. 가장 먼저 0이 자연수가 아니라는 것을 확실히 해야 한다. 0을 한마디로 없다는 것을 나타내는 수쯤으로 간단히 처리하기에는 너무나 확장이 넓고 중요한 수이다. 0은 깊고 다양한 곳에서 사용되기 때문에 중고등수학을 거치면서 어려운 문제는 모두 0과 관련된다고 할 만큼 중요하다.

어렵다고 하니 초등 때는 대충 넘어가고 나중에 다루자고 할지도 모르겠다. 또 "없는 것이 없는 거지 무얼 따지냐?"라고 할지도 모르겠지만, 0에 대하여 깊이 생각하지 않으면 앞으로 이유도 모르는 수많은 암기에 시달리게 된다. 현 초중고의 수학교육과정에서 0과 관련된 것은 한결같이 모두 약속이라고 마치 공식처럼 외우게 시킨다. 정의가 없기 때문이다. 즉 어떤 설명도 없이 모두 암기하는 형태로 진행하기에 많은 중고등학생들이 암기한 것을 잊어서 많은 혼동과 오답을 일으키게 된다. 이유도 모르는 암기가 얼마나 잘 잊어버리는 지는 학부모님도 잘 알 것이다. 게다가 배우지 못한 곳은 공란으로 남는 것이 아니라 잘못된 개념으로 자라서 걷잡을 수 없게 된다. 특히 0과 '생략'과의 혼동이 중고등학생들에게 끝까지 오답과 어려움의 근원으로 남는다. 수학은 어려운 것일수록 정의로부터 출발하지 않으면, 한 발자국의 진전도 이룰 수 없다는 말을 기억하기를 바란다.

〈초등수학교과서〉

아무것도 없는 것을 0이라 쓰고 영이라고 읽습니다.

〈조소장의 한줄개념 10〉

0은 있다가 없는 것을 수로 나타낸 것이다.

〈조소장의 한줄개념 11〉
생략은 있는데 쓰지 않는 것이다.

0에 대해서 아무 언급이 없다가 최근 수학 교과서에 위와 같은 말을 실어놓았다. 그런데 아이러니하게도 중고등학생들이 0과 관련하여 틀리는 대부분의 이유가 바로 '아무것도 없는 것을 0'이라고 생각해서이다. 아이들의 오류를 맞다고 정식으로 인정한 모양새다. 아무것도 없는 것이 아무것도 없는 것이지 왜 0인가? 최소한 '아무것도 없는 것을 수로 나타낼 때 0'이라고는 해야 했다.

필자가 고민해 본 결과, '없다.'라는 것은 현재이고 미래는 알 수 없다. 그렇다면 '과거에도 없다가 현재도 없는 경우'와 '과거에는 있다가 현재는 없는 것'으로 나눌 수 있다. 그런데 과거에도 현재에도 없다는 것은 원래부터 없는 것이고 원래부터 없는 것은 인간이 인지하는 것에 제한이 있다. 즉 원래부터 없는 것은 신(god)의 영역으로 보인다. 그러니 수학에서 사용되는 0은 대부분 '있다가 없는 것을 나타내는 경우'이고 또 '수로 나타낼 필요가 있는 경우'라는 결론에 도달하였다. 그런데 일상적인 상황과 비교하여 학생들이 가장 혼동스러운 경우는 '있는데 쓰지 않은 생략'과 혼동을 일으킨다는 것이다. 그래서 구분을 위해서 생략도 정의를 내렸다. 사실 0과 생략은 완전히 반대의 상황이다. 0은 없는데 쓰는 것이고, 생략은 있는 데 쓰지 않는 것이기 때문이다. 결국 '없다'라는 것은 세 가지 상황 즉 '원래부터 없다는 것'과 '있다가 없어졌다는 것' 그리고 '생략되어 없는 것'으로 구분된다. 이것을 하나하나 구분해야겠지만, 대부분의 수학문제에서는 '원래부터 없는 경우'는 많지 않기 때문에 0의 정의를 '있다가 없는 것을 수로 나타낸 것'이라고 한 것이다.

🧑‍🦱 '4−4='에서 오른쪽(우변)에 0을 써야 할까?

🧑 네.

🧑‍🦱 왜? 4에서 4를 빼면 없는 것이니 안 써도 되는 것이 아닐까?

🧑 저도 그렇게 생각했지만, 안 쓰면 틀려요.

🧑‍🦱 그러니까 안 쓰면 왜 틀리냐고?

🧑 소장님의 정의에 의하면, '0은 있다가 없는 것'이니까요?

🧑‍🦱 내가 언제 0의 정의가 '있다가 없는 것'이라고 했니?

🧑 알았어요. '0은 있다가 없는 것을 수로 나타낸 것'이요. 참 깐깐하세요.

🧑‍🦱 '있다가 없는 것'에는 차감, 생략, 대여 등 다양한 경우가 있어. 그런데 왜 하필 수로 나타냈어야 할까?

🧑 그러게요. 왜 그럴까요?

🧑‍🦱 왼쪽(좌변)이 수이니 오른쪽(우변)도 수이어야 하기 때문이야. 왼쪽이 수인데 오른쪽이 수가 아닌 것과 같을 수 있겠니?

🧑 와, 정말 정의에서 있는 말은 하나도 그냥 나온 것이 없네요.

🧑‍🦱 맞아. 그러니 정의를 하나 만들려면 고려해야 할 것들이 너무

많단다.

 세상에 쉬운 게 없군요

0을 헷갈려하는 것은 주로 중고등수학을 거치면서다. 좀 더 깊은 내용은 필자의 중고등학교의 책들에서 다루겠지만, 중학교에서 대표적인 것으로 2^0과 2를 구분하지 못하거나 0과 나누기의 의미를 몰라서 2^0, 2 등의 처리를 이해하지 못하는 경우가 많다. 그 밖에도 간혹 없다는 것에 깊이 생각하지 않은 중학생들이 생략된 것은 모두 0이라고 생각하여 $\frac{x}{x}$를 없어졌다고 생각하거나 $3x-3x=x$, $x+4x=4x$, $x+4x=4x^2$과 같은 무수히 많은 오답을 일으키기도 한다. 없어서 안 쓰는 경우도 있지만 있는데도 생략하는 경우가 더 많다는 생각을 해야 한다. 고등수학의 미적분에서는 다시 영과 무한소를 헷갈려한다.

처음으로 0이 만들어진 것은 바로 수의 빈자리를 채우는 것을 뜻하는 말로 사용되어졌다. 그러나 그 안의 숨은 의도가 점차 드러나게 되어 여러 가지 의미를 담게 되었다. '아는 만큼 보인다'는 말이 0에서도 적용된다는 말이다.

첫째, 수의 빈자리를 나타내는 것으로 사용된다.
34와 304, 0.5와 0.05가 서로 다른 것은 바로 빈자리를 0이 채워주어 각 숫자가 다른 자릿값을 갖게 되었기 때문이다. 이 부분은 아이들이 잘 이해하니 더 이상 설명이 필요가 없겠지요?

둘째, 시작점이나 기준점을 의미한다.

앞서 수세기에서 "0부터 출발하냐 1부터 출발하냐?"라는 것을 다룬 적이 있다. 만약 12시부터 시간을 잰다면 그 시간은 12시 0분 0초라는 것이고, 만약 달리기를 한다면 달리기를 출발하는 그 지점이 $0m$로 다시 이를 기준으로 움직인 거리를 재게 된다. 또한 나중에 배우겠지만 0보다 큰 수를 양수, 0보다 작은 수를 음수라고 한다. 바로 양수와 음수를 가르는 분기점이 된다.

셋째, 있다가 없다는 것을 의미한다.

일반적으로 수로써 0은 원래부터 없는 것이 아니라 있다가 없는 것이 0이다. 예를 들어 밑도 끝도 없이 책상 위에 왜 돈이 없냐고 하면 말도 안 되는 황당한 소리가 된다. 그러나 책상 위에 돈을 올려놓았다가 치우면서 왜 돈이 없느냐고 묻는다면 "치웠으니 0원이다."라는 말을 사용할 수 있다. 바로 이것이 있다가 없는 0이다. 또 한 가지 예를 더 들면 서울의 남산에 가서 남산 보고 "너는 왜 파인애플 나무가 없니?"라고 물어 볼 수 없다. 이처럼 자연에는 0이 존재하지 않기에 0은 자연에 있는 수 즉 자연수가 아니다.

위 구분에서 시작점은 0이 생략된 것이다.

1-9
정수: 초등 4학년에서 가르치기를 추천한다

지금 다루려는 정수는 중학교의 과정이니 초등학교에서 가르치거나 안 가르치는 것은 부모님의 선택이다. 그러나 필자는 초등 4학년에서 소수(素數), 정수, 거듭제곱, 소인수분해, 약수, 배수, 약분 등을 가르치고 연습시키는 것을 강력하게 추천한다. 여의치 못하다면 적어도 초등 6학년 즉 중학교에 입학하기 6개월 전부터는 소수, 정수, 거듭제곱, 소인수분해 등을 충분히 연습해야 한다. 이것들은 이해하는 것에 그치는 것이 아니라 몸에 체화될 때까지 연습이 필요하다. 이런 것들을 연습하면 중1부터 수감각을 살릴 수 있다. 그런데 수감각은 배우자 마자 생기는 것이 아니다. 수감각은 타고나는 것이 아니라 연습을 통해서 길러가는 것이고 충분히 연습하려면 충분한 시간도 필요하다. 초4에서부터 충분히 연습하였을 때, 중학교에서 아이들이 자신감 넘치게 학습하는 것을 오랫동안 지켜보았다.

아이가 중학교에 올라가자마자 자연수, 정수 등 2달 남짓하는 기간에 정신없이 배우고 곧바로 중간고사에 들어간다. 이 안에 소수, 소인수분해, 거듭제곱, 정수와 유리수의 사칙계산, 절댓값 등을 배우자마자 수감각과 심화문제까지 요구받는다. 아이들의 입장에서 보면 어렵고 분량이 많다. 게다가 이들 단원 안에는 중학교에서 배워야 하는 중요한 개념이 모두 안에 들어가 있다. 필자가 중학교 3년 동안 배워야 하는 핵심개념을 4개(부호의 의미, 절댓값, 거듭제곱, 등식의 성질)로 꼽는데, 등식의 성질을 제외한 나머지 3개가 모두 이들 기간 안에서 이루어지는 것이다. 개념은 철저히 해야 하고 연산은 수감각을 살려야 하는데, 시간이 턱없이 부족하다. 이 기간에 자칫 삐끗하면 중학교의 첫 단추를 잘못 끼우는 불상사가 이뤄진다. 시간이 없고 당장 시험을 잘 봐야 한다면 개념이 아니라 나올만한 문제들을 푸는 것이 현실적이라는 생각 때문이다. 이렇게 해서 많은 학생들이 중고등학교 내내 문제만 푸는 잘못된 습관에 젖어드는 것이다. 올바른 수학의 공부방법은 수감각을 살릴 정도로 충분한 연산 훈련과 정확하게 개념을 잡으면서 하나하나 논리를 세워가는 것임을 분명히 하기 바란다. 그러기 위해서 중학교에 올라가기 전에 수감각을 살릴 시간을 확보하고 아이들의 어려움을 분산시키고 중요한 개념을 튼튼히 하겠다는 생각이다.

그럼에도 불구하고 중학교의 수학내용을 초등학교에서 가르쳐도 되는가란 학부모들의 우려를 불식시킬 몇 가지를 언급한다.

첫째, 수학의 계통에 맞다. 정수는 자연수에서 확장된 수이다. 초3까지 자연수의 사칙계산을 마쳤으니 4학년의 큰 수로의 확장을 최소화하고 다양한 확장 중에 정수를 하자는 것이다.

둘째, 머리 발달상 초4에서 정수를 가르쳐도 된다. 머리로는 우리나라의 아이들이 세계적인데, 정수를 미국도 초4에서 가르친다. 정수를 중학교에서 가르치는 것은 머리발달 때문이 아니라 분수 이후로 가르치겠다는 등 과정상의 이유이다. 초등학교에서 정수를 가르쳤을 때, 어려워하는 아이들은 거의 없었다.

셋째, 정수를 가르치면 초등 5~6학년에 나와 있는 약수, 배수, 소수 등의 수학의 정의를 올바르게 가르칠 수 있다. 게다가 분수를 거치면서 저절로 연습까지 된다. 초등수학에서 생긴 오류로 중학생들이 0, 음의 배수, 음의 약수 등을 생각하지 못하는 것을 일정 부분을 막을 수 있다.

넷째, 초4에서 정수의 연산을 시키는 것이 부담된다면, 이때는 정의 만을 가르치고 연산은 중학교에서 시켜도 된다. 다만 소수, 소인수분해, 거듭제곱, 약수, 배수, 약분 등은 초5를 올라가기 전부터 충분히 연습을 해주기를 바란다.

〈조소장의 한줄개념 12〉

정수는 자연수끼리 빼서 나온 수들을 정리한 수이다.

🧑‍🦳 자연수끼리 더하면 항상 자연수가 나오니?
🧒 네.
🧑‍🦳 자연수끼리 곱하면 항상 자연수가 나오니?
🧒 네.
🧑‍🦳 그럼 자연수끼리 빼면 항상 자연수가 나오니?
🧒 항상 그런 건 아니지요.
🧑‍🦳 직접 해보자. 5에서 3을 빼면 몇이야?
🧒 2요.
🧑‍🦳 2는 자연수니?
🧒 네.
🧑‍🦳 그럼 5에서 5를 빼면 몇이야?
🧒 0이요.
🧑‍🦳 0은 자연수니?
🧒 아니요.
🧑‍🦳 2에서 5를 빼면 몇이야?
🧒 못 빼요.
🧑‍🦳 왜 못 빼는데?

🧒 빼는 수보다 빼지는 수가 더 적어요.

👨 얼마나 적은데?

🧒 3이 적어요.

👨 잘했어. '3이 적어요'를 수로 나타내면 '−3'(마이너스 3)이야.

🧒 오호 쉬운데요.

👨 '−3'은 자연수니?

🧒 아니요.

👨 이렇게 자연수끼리 나온 수들을 정리해서 '정수'라고 한 거야. 그래서 정수에서 정(整)이 정리한다는 뜻이야.

🧒 진짜요? 저는 '정수'의 정자가 바를 정(正)자인 줄 알았어요.

👨 정수에서 '−'(마이너스)가 붙은 것을 음의 정수라고 하고, 0은 그대로 0, 자연수는 양의 정수라고 하나의 이름이 추가되었어.

🧒 음~. 정수가 자연수끼리 빼다가 나왔군요.

온도계를 오른쪽으로 뉘면 곧바로 …, −3, −2, −1, 0, +1, +2, +3, …라는 수직선(수가 있는 직선)을 설명할 수 있을 것이다. 가장 먼저는 정수의 종류를 여러 번 알려주는 것이다. 정수는 자연수끼리의 빼기를 하면서 자연수를 벗어나는 수의 필요성 때문에 생겼다. 같은 자연수끼리 빼면 0이 되고, 작은 자연수에서 큰 자연수를 빼면 음의 정수가 만들어진다.

🧑 정수의 종류에는 어떤 것이 있어?

🧑 양의 정수, 0, 음의 정수가 있어요.

🧑 양의 정수는 무엇하고 같아?

🧑 자연수요.

🧑 여기서 문제 들어간다. 1보다 작은 자연수는 뭐야?

🧑 0이요. 아니 없어요.

🧑 0은 왜 자연수가 아니야?

🧑 자연에는 0이 없으니까요.

🧑 와, 기억하는구나! 그 이유 말고는?

🧑 모르겠는데요.

🧑 자연수는 양의 정수와 같다고 했는데 양의 정수 밖에 0이 있잖아?

🧑 0이 양의 정수가 아니라서 그렇다고요?

🧑 그래. 하나만 더 물어보자. 음이 아닌 정수가 뭐야?

🧑 양의 정수요.

🧑 틀렸어.

🧑 틀렸다고요? 맞는데.

🧑 양의 정수도 있지만 0도 있어.

🧑 정수의 종류를 다 외웠는데도 당했네요.ㅎ

🧑 그러니 생각나는 대로 하지 말고 항상 전체를 생각해야 오류를 막을 수 있단다.

🧑 알았어요.

🧑 0을 0의 정수라고 말하는 아이도 있는데 수학에서 이름을 바꾸는 것은 절대 안 된다.

🧑 정말 그런 아이도 있어요?

🧑 그렇단다. 그리고 0에는 +도 −도 붙이는 것이 의미가 없단다.

🧑 넵.

부호의 의미

중학생들 중에는 부호가 뭐냐고 물으면 부등호를 드는 황당한 경우도 있다. 양의 정수와 음의 정수에 있는 +와 −를 부호라 하고, 각각 '플러스', '마이너스'라고 읽는다. 초등학교에서는 이것을 더하기와 빼기로 읽었는데, 중학생이 되면 이처럼 영어로 읽는 것은 무엇 때문일까? 중학생이 되면 좀 더 아는 체를 하기 위한 것이 아니다. +와 −에 더한다는 뜻과 뺀다는 뜻이 아닌 다른 뜻이 담겨있는데 이것을 포함하는 말로 표현하기 위함이다.

〈조소장의 한줄개념 13〉

+(플러스)부호에는 더한다는 의미와 남는다는 의미가 있고,
−(마이너스)부호에는 '뺀다'는 의미와 '모자르다'의 의미가 있다.

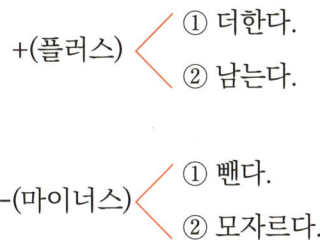

+와 −에는 그동안 초등학교에서 사용되었던 '더한다'와 '뺀다'는 뜻 이외에 각각 '남는다'와 '모자르다'의 의미를 가지고 있다. 물론 이 뜻을 교과과정에서 직접적으로 다루는 것은 아니다. 정수를 한참 다루다 보면 저절로 들어간다고 생각하고 다루지 않는 것 같다. 그런데 이 의미를 가르치지 않으면 자칫 정수의 연산도 외우는 경우가 많고 이 과정을 거친 한참 뒤에나 이 뜻을 깨닫게 되는 경우가 많다. 그래서 필자는 이것을 직접적으로 가르치고 '정수의 덧셈과 뺄셈을 의미 있게 읽기'를 시도한다.

정수의 덧셈과 뺄셈을 의미있게 읽기

자연수의 뺄셈에서 '5-2'를 '5에서 2를 빼면'이라고 이라고 읽었듯이, '2-5'를 '2에서 5를 빼면'이라고 읽어야 한다고 생각한다. 정수의 덧셈과 뺄셈도 자연스럽게 수식의 의미를 살려서 연습해야 비로소 수학이 언어로써의 의미를 다 할 것이다. 그런데 중학교 수학교과서에서는 부호의 의미를 살려서 읽지 않고 기술에 치우쳐있다. 아래를 외워서 문제를 풀라고 하는 것이겠지만, 실제로는 이렇게 풀고 있는 학생은 없어 보인다.

<중학수학교과서에서 소개한 정수의 덧셈과 뺄셈>
① 부호가 같은 두 수의 합은 두 수의 절댓값의 합에 공통인 부호를 붙인 것과 같다.
② 부호가 다른 두 수의 합은 두 수의 절댓값의 차에 절댓값이 큰 수의 부호를 붙인 것과 같다.
③ 두 수의 뺄셈은 수의 부호를 바꾸어 덧셈으로 고쳐서 계산한다.

<조소장의 덧셈과 뺄셈>
'더한다, 남는다, 뺀다, 모자르다'의 개념으로 읽기를 해서 수감각을 살린다.

중학수학교과서에 나온 덧셈과 뺄셈을 소개하면 학부모들이 "진짜 그렇게 나온 것이 맞냐?"며 경악을 금치 못한다. 저걸 다 외우라는 것도 말도 안 되고 또 설명도 없이 완전히 기술로 문제를 풀라고 한 것이기 때문이다. 설사 아이에게 절댓값을 알려주고 나서 교과서가 말한 대로 풀라고 했을 때조차 잘 안된다. 그래서 아이들이 교과서 대로 하지 않는 것이다. 그래서 학부모들도 학창 시절 똑같이 배웠건만 기억조차 나지 않는 것이다.

'2-5'를 교과서의 설명대로 해보면 |2|-|-5|=-(-5)=5로 틀린 답이 나온다. 사실 아이들은 위 교과서의 말들이 이해가 안된다. 절댓값을 배웠다고 생각하고 설명한다. 첫째, 정수를 배울 때, 아이가 '항'을 아직 배우지 않았다. 예를 들어 항을 배우지 못하면 2-5을 2와 -5로 가르지 못하고 아이 눈에는 2와 5만 보인다. 둘째, 차와 차이를 구분하지 못한다(232쪽 참조). 셋째, 초등 6년간 배운 수의 양의 의미를 살리지 못하고 있다. 설사 어떻게 해서든지 위 방법을 외워서 문제를 푼다고 해보자. 이것은 기술이라서 '정수' 라는 본연의 수감각을 살리려면 훨씬 더 많은 연산을 해야 한다. 그래서 필자는 다음처럼 정수의 의미를 살리는 읽기를 시도한다.

 +5가 무슨 뜻이야?
 '5개가 남는다.'란 뜻이요.
 이때 +는 '더한다.'가 아니라 '남는다.'란 뜻이야 더할 데가 없는데 더할 수는 없겠지? 그런데 초등학교에서 사용하던 것처럼 더할 데가 있으면 여전히 더하기란 뜻이 사용되는 거야.

🧒 예.

👨 그럼 +5+7는 무슨 뜻이야?

🧒 '5개가 남는데 거기에 7개를 더한다.'란 뜻이요.

👨 그럼 어떻게 되는 데?

🧒 +12 즉 12개가 남아요. (+12=12이니 12개가 있다고 해도 된다.)

👨 −5가 무슨 뜻이야?

🧒 '5개가 모자르다.'란 뜻이요.

👨 이때 −는 '뺀다.'가 아니라 '모자르다.'란 뜻이야 역시 뺄 데가 없는데 뺄 수는 없겠지? 그럼 −5−7는 무슨 뜻이야?

🧒 '5개가 모자르는데 거기에서 7개를 뺀다.'란 뜻이요.

👨 그럼 어떻게 되는 데?

🧒 −12 즉 12개가 모자라요.

👨 잘했어. −5−7의 답을 +12, +2, −2라고 하는 중학생들이 많아.

🧒 쉬운데 왜들 그래요.

👨 나중에 곱하기를 배울 때 헷갈려서이기도 하지만 정확한 의미를 모르고 외우다가 그러는 거야. 헷갈리지 않기 위해 하나만 더 물어보자! 거지에게서 돈을 빼면 어떻게 될까? ①번, 부자 된다. ②번, 덜 거지 된다. ③번, 더 거지 된다.

🧒 당연히 ③번 '더 거지 된다.'가 답이에요.

👨 한 문제만 더해보자! +5−7은 무슨 뜻이야?

🧑 '5개가 남는데 거기에서 7개를 뺀다.'란 뜻이요.

🧑 그럼 어떻게 되는데?

🧑 －2 즉 2개가 모자르게 돼요.

🧑 그래 ＋5－7는 5개에서 7을 빼는 것인데 5개를 빼고도 두 개가 모자르게 되지?

🧑 두 번 빼기랑 비슷하네요.

1-10
짝수와 홀수

 예전에 짝수와 홀수는 5학년에 배웠었는데, 필자가 저학년에서 했으면 좋겠다고 해서 바뀌었는지 새 교육과정에서는 초1에서 배운다. 놀이가 없는 요즘 아이들은 초등 5학년에서조차 그 쉬운 짝수와 홀수의 개념을 알려주는 데만도 한참이 걸렸었다. 필자는 미취학 시기에 '홀짝'과 '이츠니쌈' 등의 놀이를 통해서 수세기와 수감각을 익혔던 기억이 난다. 학습지나 문제집도 없던 시절이라서 이런 놀이마저도 없었다면 수학을 시작도 못했을 거란 생각이 든다. 그래서 기회가 되는 학부모라면 바둑돌과 같은 것으로 홀짝 놀이를 미취학 시기나 아니면 저학년에 해주었으면 좋겠다는 생각에 했던 말이다. 그런데 초1의 수학교과서에 홀짝의 개념을 넣다 보니 아래처럼 임시방편이 되었다. 그렇다면 배수를 배운 초5에서 다시 짝수와 홀수의 정의를 하나 써놓으면 될 텐데, 수학교과서는 잘했든지 못했든지 한 번 다룬 개념을 다시 언급하는 경우는 거의 없다. 따라서 학부모님께서는 초5에서 다시 올바른 짝수와 홀수의 정의를 가르치기를 바란다.

〈초등수학교과서〉

2, 4, 6, 8, 10과 같이 둘씩 짝을 지을 수 있는 수를 짝수라고 합니다.

1, 3, 5, 7, 9와 같이 둘씩 짝을 지을 수 없는 수를 홀수라고 합니다.

〈예전의 초등수학교과서〉

2, 4, 6, …과 같은 수를 2의 배수라고 한다.

2로 나누어떨어지는 수를 2의 배수라고 한다.

짝수는 2의 배수이고, 홀수는 짝수가 아닌 수이다.

〈조소장의 한줄개념 14〉(253쪽 참조)

2의 배수는 2로 나누어떨어지는 정수이다.

〈조소장의 한줄개념 15〉

짝수는 2의 배수이고, 홀수는 짝수가 아닌 정수이다.

짝수를 '둘씩 짝을 지을 수 있는 수'라고 외우게 되면, 0과 음의 짝수를 배제하게 된다. 그래서 많은 중고등학생들이 0은 짝수도 홀수도 아니라고 생각하고 또 음의 배수도 있다는 사실에 놀란다. 아이들에게 짝수가 2의 배수라고 알려주고 배우지 않은 상태에서 홀수가 무엇이냐고 물어보면 많은 아이들이 '3의 배수' 또는 '1의 배수'라고 말한다. 그때 3의 배수를 말해보게 하거나 1의 배수를 말해보게 한다. 3의 배수가 홀수가 아니라는 것과 더불어 1의 배수가 곧 자연수라는 것을 알려주기 위해서이다. 이렇게 뜸을 들이다가 홀수가 무엇인가의 배수가 아니라 '짝수가 아닌 정수'라고 답을 말하면 허탈해한다. 감정이 들어가면 더 적은 반복으로 같은 효과가 있다는 것을 알고 있지요?

정수를 배웠다고는 하나 초등학생이면 아직은 익숙해지지 않았을 것이기에 정의만으로 이해하기 어려우니 아래와 같이 연습해도 좋을 것이다. 좀 더 자세한 것은 나중에 배수를 다루면서 언급하겠다.

(A) 2, 4, 6, …과 같은 수를 2의 배수라고 한다. (×)
(B) 2의 배수는 2로 나누어떨어지는 정수이다. (○)
(C) 2의 배수는 2부터 시작하여 2씩 커지거나 작아지는 수이다. (○)
(D) 2의 자연수 배수는 2, 4, 6, …이다. (○)

Q 짝수와 홀수를 통틀어서 무엇이라고 하나요?
① 자연수 ② 모든 수 ③ 짝홀수 ④ 홀짝수 ⑤ 정수

답: ⑤

가장 먼저 알아야 하는 것은 모든 정수가 홀수와 짝수로 분류된다는 사실이다. 아마 많은 아이들이 답을 자연수라고 하겠지만 답은 정수이다. ② 수학에서 '모든 수' 또는 '수'라고 지칭하면 일반적으로 실수(*Real number*)를 의미한다. 그리고 ③과 ④ 수학에서 사용하는 용어는 전 세계인이 공유해야 하기 때문에 어느 개인이나 단체가 '짝홀수', '홀짝수' 등처럼 만들어 사용하면 안 된다.

먼저 홀수와 짝수 간의 더하기와 곱하기를 한 결과가 어떤 수가 되는가부터 보자!

$$(짝수)+(짝수)=(짝수)$$
$$(짝수)+(홀수)=(홀수)$$
$$(홀수)+(짝수)=(홀수)$$
$$(홀수)+(홀수)=(짝수)$$
$$(짝수)\times(짝수)=(짝수)$$
$$(짝수)\times(홀수)=(짝수)$$
$$(홀수)\times(짝수)=(짝수)$$
$$(홀수)\times(홀수)=(홀수)$$

왜 빼기와 나누기를 다루지 않았냐고 하겠다. 빼기는 더하기와 규칙이 같기 때문에 다루지 않았다. 혹시 빼기에서 작은 수에서 큰 수를 빼면 음의 짝수나 음의 홀수가 나오는데 이때도 당황하지 말고 짝수와 홀수를 받아들여야 한다. 그리고 나누기는 정수를 벗어나는 수 즉 분수가 나올 수 있기 때문에 다루지 않았다. 위와 같은 것이 문제의 보기에 들어가 있으면 수감각이 적은 아이들은 그냥은 풀 수 없고, 직접 홀수 대신에 1을, 짝수 대신에 2를 대입하여 계산해서 홀수인지 짝수인지 확인해 볼 것이다. 이때 추가로 0도 짝수(99쪽 참조)라는 것을 알려준 다음 짝수 대신에 0을 사용하는 연습도 한다면 더 좋겠다. 아니면 나중에 배수에서 알려주어도 좋다. 그런데 두 정수의 곱셈 결과가 홀수가 되는 것은 홀수와 홀수의 곱일 때밖에 없다는 것은 종종 중, 고등학교에서도 문제풀이 방법으로 사용되니 반드시 기억해야 한다.

1) 정수는 모두 짝수와 홀수로 나뉜다.
2) 0은 짝수이다.
3) 두 정수의 곱이 홀수이면 두 수는 모두 홀수이다.
   나아가 많은 정수들의 곱이 홀수라면 모든 정수가 홀수였음을 의미한다.
4) 두 정수의 곱이 짝수이면 적어도 하나는 짝수이다.

1-11
자연수 중에 있는 소수

자연수를 통해서 수가 갖는 양과 순서의 의미를 알아보았고 이제 다시 자연수의 연산을 통해서 기초적인 연산능력을 다룬다. 자연수 연산의 목표는 자연수 연산 자체에만 있는 것이 아니라 보다 상위인 목표가 있는데, 그것은 수를 자유자재로 운행하는 능력이다. 보통 이를 뭉뚱그려 사람들은 수감각이라고 한다. 이 운행 능력을 위해서 하는 여러 가지 방법 중에 앞서 언급한 짝수와 홀수도 하나의 수단이다. 무엇인가를 자세히 알아보려면 이것을 분해하고 다시 재합성하는 과정을 거치는 것이 일반적이다. 자연수의 덧셈, 뺄셈을 통하여 1단위, 10단위, 100단위의 수를 만들어볼 수 있다. 또 다른 분해로는 곱셈, 나눗셈을 통하여 자연수를 수들의 곱으로 표현할 수 있다. 자연수를 곱으로 표현하는 것을 원활하게 하기 위해서 우리는 몫창, 배수, 약수 등을 배운다. 그런데 곱으로 분해할 때, 자연수의 성질을 벗어나지 않는 최소의 알갱이라고 할 수 있는 것이 바로 소수이다. 자연수를 소수들의 곱으로 표현함으로써 최소단위가 직접 눈에 보이니 직관적으로 수의 특성을 알아낼 수 있게 되는 것이다. 그러기 위해서는 소수가 무엇인지도 알아야 하고 기본적인 소수를 외워야 한다. 우선 자연수를 분류하면, 자연수의 최소단위인 1과 소수 그리고 소수들을 합성한 수인 합성수가 있다.

자연수를 자연수의 성질을 유지하면서 합으로 분해하면, 1부터 시작하여 각각이 1씩 더해져 만들어져 있으니 모두 1들의 합이 된다. 그래서 1을 기초수 또는 단위수라고 하지만 너무 단순해서 별로 다루지 않는다. 그에 반해 자연수의 성질을 유지하면서 곱으로 분해하면 더 이상 나누어지지 않는 알갱이와 같은 수와 마주하게 되는데 이를 소수라고 한다. 즉 자연수를 곱으로 분해하는 최소단위가 소수인 것이다. 소수는 원래 중1에서 배우는 것인데 소수를 교과서는 '약수가 2개인 수'로 정의하고 곧장 소인수분해를 하기에 급급해서 연습할 시간적인 여유가 없다. 그래서 필자는 초등학교에서 이 소수를 가르친다. 소수를 초등학생에게 가르치고 분수의 연산 과정을 거치면서 얻는 몇 가지 장점이 있다.

첫째, 분수를 거치며 자연스럽게 자연수를 분해하는 연습을 하게 되어 수의 운행 능력에 도움이 된다.

둘째, 최대공약수나 최소공배수를 구하는데 뿐만 아니라 약분의 계산에서 약분이 되는 수와 되지 않는 수를 구분하는 데 도움이 된다.

셋째, 13, 17, 19와 같이 구구단을 벗어난 수로 분해하는 데 도움을 준다. 특히 분수의 곱하기나 나누기에서 큰 소수의 배수가 나오는 경우, 소수를 배우지 못한 아이들은 거의 틀릴 수밖에 없게 된다.

넷째, 소수의 연습을 통해서 큰 소수를 외우면, 중학교의 소인수분해를 작은 수를 나누기는 과정을 생략한 채 큰 소수를 중심으로 대부분 암산해서 쓸 수 있다.

〈중학수학 교과서〉

약수가 2개인 수를 소수라고 한다.

〈중학수학 교과서〉

1도 소수도 아닌 수를 합성수라고 한다.

〈조소장의 한줄개념 16〉

소수는 1보다 큰 자연수 중에 양의 약수가 2개인 수이다.

〈조소장의 한줄개념 17〉

합성수는 소수들의 곱으로 나타낼 수 있는 수이다.

소수(素數)를 '약수가 2개인 수'라고 하거나 '1과 자신의 수로만 나누어지는 수'라고 말하는 경우가 많다. 이렇게 정의를 내리면 소수에 1을 포함시키거나 음의 약수를 포함하는 오류를 갖게 할 우려가 있다. 그래서 필자는 소수의 정의를 '1보다 큰 자연수'와 '양의 약수가 2개인 수'라는 2개의 조건을 갖도록 만든 것이다. 특히 소수를 '1과 자신의 수로만 나누어지는 수'와 '양의 약수'라는 두 조건을 갖추었을 때는 소수에 1을 포함해야 한다. 왜냐하면 자신의 수에 1이 아니라는 조건이 없기 때문이다. 어떤 두 수가 있다고 할 때, 두 수는 같을 수도 있고 다를 수도 있다.

Q 합성수 24를 소수들의 곱으로 나타낸 수가 아닌 것을 찾으면?

① $3 \times 2 \times 2 \times 2$ ② $2 \times 2 \times 2 \times 3$ ③ $2^2 \times 3 \times 2$

④ $1 \times 2^3 \times 3$ ⑤ 3×2^3

답: ④

소수의 곱으로 나타낼 때, 거듭제곱으로 나타낼 수도 있고 곱하는 순서는 상관없다. 거듭제곱으로 나타낼 수 있다는 말은 나타내지 않아도 된다는 말을 한다. 소수의 곱으로 나타내라고 했는데, 1은 소수가 아니라서 답은 ④이다. 그런데 왜 소수에 1을 제외하게 되었을까? 만약 1을 소수로 받아들인다면, 24를 소수들의 곱으로 나타낼 때 다음이 모두 성립한다.

$$24 = 1 \times 2^3 \times 3$$
$$= 1^2 \times 2^3 \times 3$$
$$= 1^3 \times 2^3 \times 3$$
$$= 1^4 \times 2^3 \times 3$$
$$\vdots$$

나중에 24와 같은 합성수를 소인수분해(합성수를 소수들의 곱으로 나타내는 것)를 하라고 할 때, 위 여러 개의 식 중에 무엇을 선택해야 할 때 난감하게 된다. 그래서 소수에서 1을 제외하게 되었다.

이제 소수를 찾는 방법을 배워보자!

어느 고등학생과의 대화다. '선생님, 0.5 이런 것을 소수라고 하지요?' '음, 그래.' '그런데요, 선생님. 자연수 보고 소수래요. 이 문제 틀렸지요?' '너, 죽을래!!!'

소수는 소수점 아래의 수를 표현하는 1보다 작은 수도 있지만 자연수 중에도 있다. 그런데 소수의 정의는 외웠나요? 소수는 2나 3과 같이 '1보다 큰 자연수 중에 양의 약수가 2개인 수'이다. 그런데 소수는 무한히 많으며, 지금 소개하려는 '에라토스테네스의 체'의 방법 외에는 일률적으로 구하는 방법이 없다. 고대 그리스 수학자 유클리드는 소수는 무한이 많이 존재하고 $12=2\times2\times3$, $15=3\times5$ 와 같이 모든 자연수는 소수의 곱으로 표현된다는 것을 증명했다.

1	2	3	4	5	6	7	8	9	10
11	12	13	14	15	16	17	18	19	20
21	22	23	24	25	26	27	28	29	30
31	32	33	34	35	36	37	38	39	40
41	42	43	44	45	46	47	48	49	50
51	52	53	54	55	56	57	58	59	60

기원전 200년경 그리스의 에라토스테네스는 소수를 쉽게 찾아내는 방법을 제시했다. 다음은 '에라토스테네스의 체'를 시행하는 방법이다. 위 60까지의 자연수들에 직접 다음처럼 시행해 보자. 직접 몸으로 노가다(?)를 해봐야 감각이 산다.

(1) 1은 소수가 아니다. 1에 ×표를 한다.
(2) 2는 소수이니 ○표를 하고, 2를 제외한 2의 배수는 모두 ×표를 한다.
(3) 3는 소수이니 ○표를 하고, 3을 제외한 3의 배수는 모두 ×표를 한다.
(4) 5는 소수이니 ○표를 하고 5를 제외한 5의 배수는 모두 ×표를

한다.

⑸ 계속 같은 방식으로 소수를 찾고 그 소수의 배수를 전부 ×표를 해 나간다.

위 과정에서 살아남은 수는 2, 3, 5, 7, 11, 13, 17, 19, 23, 29, 31, 37, 41, 43, 47, 53, 59(17개)인데 제대로 나왔나요? 외워야 합니다. 그런데 이 과정을 지속한다면 보다 큰 자연수에서도 소수를 찾을 수 있겠지요?

수천 년간 수학이 발전한 디지털세계에서 이렇게 하나하나 아날로그의 감성을 살리는 것이 믿기지가 않죠? 그러나 '에라토스테네스의 체'의 방법 외에는 발견된 것이 없다. 몇 년 전에 새로운 소수를 발견했다는 신문 기사를 본 적이 있다. 옛날이나 오늘날이나 소수는 여전히 중요한 수이다. 메르센연구소라고 소수를 찾는 연구소도 있다. 컴퓨터는 모든 것을 수로 기억하고 있고 비밀번호도 역시 수인데 이 비밀번호를 다른 사람들이 찾을 수 없는 수인 소수로 해야 찾기 어렵겠지요. 못 찾는 것이 아니기에 자꾸 새로운 소수를 필요로 하게 된다.

그렇다면 소수의 개수는 왜 무한개인가? 유클리드는 소수의 개수가 무한히 많다는 것을 증명하였다. '소수의 개수가 유한하다고 하고 이 모두의 곱에 1을 더한 수를 생각해 보면 이는 새로운 소수이다. 따라서 소수의 개수는 유한일 수 없다.'라는 논리다. 모든 소수는 2를 제외하면 모두 홀수이니 2로 나누면 나머지는 항상 1이다. 만약 소수가 유한이라면 소수를 모두 써놓는다면 2, 3, 5, …, p라고 쓸 수 있다. 만약 이들을 모두 곱한 수에 1을 더한 수를 A라고 하면 $A=2\times3\times5\times7\times\cdots\times p+1$이다. 이때 A는 기존의 모든 소수로 나누어도 나누어떨어지지 않는 새로운 소수가 된다. 따라서 이런 식으로 무한이 지속될 수 있기 때문에 소수는 무한개이다. 어렵나요? 필자도 이 증명을 중학 시절에 들었는데, 혼자 이해하다가 이해가 안 되었던 기억이 있다. 당장 이해하지 못한다 해도 머릿속에 계속 의문을 가지고 있다가 보면 어느 순간 깨닫게 되는 순간이 온다.

소수는 곱의 기본단위이기에 2, 3, 5, 7, 11, 13, 17, 19, 23, 29, 31, 37, 41, 43, 47, 53, 59 등을 반드시 외워야 한다. 외우면 좋겠지만 외우는 것이 어렵다면 적어도 수를 보고 소수인지 아닌지를 구분할 수 있어야 한다. 그다음은 13, 17, 19의 배수를 100전까지 다음과 같이 직접 몇 번 써보아야 한다. 그래야 이들의 배수가 분수에 나와도 어렵지 않게 약분할 수 있게 된다.

13의 배수: 13, 26, 39, 52, 65, 78, 91
17의 배수: 17, 34, 51, 68, 85
19의 배수: 19, 38, 57, 76, 95

60보다 더 큰 소수를 외우고 싶은가?

60전까지의 소수를 확실하게 외우라고 하면, 60보다 큰 소수를 더 외우면 안 되겠느냐고 묻는 사람이 많다. 수학은 외우는 것을 최소한으로 하고 대신 몸에 체화가 될 수 있도록 외워야 한다. 기회에 한마디 한다. 필자가 30년간 수학에 관한 실험을 하고 학생들에게 필요로 하는 것들을 최소화해서 40여 권의 책들에 써놓았고 지금까지 수백만 권이 팔렸다. 웬만한 수학관련자들은 대부분 필자의 책을 소장하고 있을 것이다. 24 이하의 두 자릿수와 한 자릿수의 암산, 두 자릿수와 한 자릿수의 곱셈, 두세 자리와 한 자릿수의 나눗셈, 소수(분수와 교환되는) 7개 등을 책에 모두 써놓았다. 그랬더니 많은 학습지, 학원, 문제집 등에서 필자가 가르쳐야 된다는 것을 받아들였지만, 의도와는 달리 큰 수까지 시켜서 부작용을 유발시키는 경우가 있다. 시키는 사람은 쉽지만, 막상 매일 해야 하는 학생으로서는 죽을 맛이다. 구구단을 확실하게 외우라고 하면 19단을 외우게 하고, 20까지의 제곱수를 외우라고 하면 100의 제곱까지 외우게 시킨다. 큰 수의 연산은 할 수만 있으면 되지 많이 할수록 독이 된다. 19단의 장점은 13, 17, 19의 배수를 외우는 것으로 대체하면 된다. 그리고 23의 제곱, 77의 제곱 등 20을 넘어가는 제곱수는 고등에서 단 한 개도 사용하지 않는다. 많이 외우게 시키면서 아이는 아이대로 고생시키고 경제적 편취만 일으키며 부작용만이 있다. 많이만 먹는다고 건강한 것이 아니다. 기회에 학부모들은 필자가 외우라는 것 이상의 큰 수를 연습하지 않도록 하기 바란다.

최근 한 유튜브에서 댓글로 소수를 60전까지만 필자가 외우라고 한 이유를 물어봐서 밝힌다. 소수를 외우는 가장 큰 이유는 소인수분해를 직관적으로 하기 위함이다. 그리고 60까지의 소수를 외우면 3600까지의 수를 분해하는 데 지장이 없고 지금까지 3600보다 더 큰 수를 소인수분해를 하라는 문제를 본 적이 없다. 충분하다는 말이다. 이제 60전까지의 소수를 알면 3600까지의 수를 분해하거나 소수를 찾는 것이 가능한 이유를 설명한다.

예를 들어 60보다 큰 수인 83이 소수인지 아닌지를 알아보기 위해 어떻게 해야 할까? 얼핏 생각하기에 83보다 작은 소수를 하나씩 나누어가는 것으로 생각되어질 수 있다. 그렇지 않다. 제곱수가 83과 유사한 수를 찾아보면 $9 \times 9 = 81$이니, 만약 곱해서 83이 된다면 곱하는 수 중에 반드시 하나는 9보다 크고 하나는 9보다 작을 것이다.

이 말이 이해가 되는가? 모든 수에서 이런 일이 벌어질 것이다. 곱하는 큰 수는 몰라도 작은 수를 구할 수 있다면 소인수분해에 지장이 없다. 그리고 9보다 작은 소수는 2, 3, 5, 7뿐이다. 그런데 83은 2, 3, 5, 7로 나누어지지 않으니 소수인 것이 분명하다. 이런 관점에서 10×10=100이고 10보다 작은 소수는 여전히 2, 3, 5, 7이다. 따라서 100 이하의 모든 수는 2, 3, 5, 7로 나누어지지 않으면 소수이다. 지금 당장은 여전히 2, 3, 5, 7로 나눠보는 것이 귀찮을지는 몰라도 배수판별법(272쪽 참조)을 배우고 나면 웬만하면 직접 나누지 않아도 구별할 수 있다. 이런 방식으로 보면 60×60=3600이니 60까지의 소수를 안다면 3600까지의 수를 분해하거나 소수인지를 구분할 수 있다는 것이다. 아직도 60보다 큰 소수들을 외우고 싶은가?

1-12
분수의 뜻

중고등학교를 거치면서 수에는 자연수, 분수, 소수, 정수, 유리수, 무리수, 실수, 허수, 복소수가 있다. 많은 종류의 수가 있는 것 같지만, 알고 보면 그 근본에는 자연수와 분수가 전부다. 자연수가 어렵고 귀찮았던 이유가 큰 수 때문이었는데 상대적으로 중고등학교에서는 큰 수들을 많이 다루지 않는다. 그렇다면 ==수학이 점점 어려워진다고들 하는 데 자연수가 어렵지 않다면 결국 0과 분수가 수학을 어렵게 한다는 말이다. 그래서 초등학교에서 분수의 개념과 사칙연산 등을 튼튼히 해야 한다는 말에는 아무리 강조해도 지나침이 없다.== 분수의 사칙연산은 물론이고 분수에서 사용되는 개념은 계속해서 수학의 어려움으로 남게 되니 튼튼히 잡아서 계속함으로써 점차 쉬워질 수 있도록 하는 방법이 최선이 된다.

〈초등수학 교과서〉

$\frac{1}{2}$, $\frac{2}{3}$와 같은 수를 분수라고 합니다.

〈조소장의 한줄개념 18〉

분수란 분모만큼 나누어 분자만큼 표시한 수이다.

자연에는 모든 것이 한 개씩 있어서 단위수가 1이다. 예를 들어 사과 1개를 반으로 가르면 자연에서는 2개가 된다. 그런데 본래 자르기 전의 사과 1개와 비교해 보면 잘린 사과 1개는 2개 중의 1개라는 의미인 $\frac{1}{2}$이 만들어진다. 이것이 새로운 수인 분수가 필요한 이유이다.

Q 36의 $\frac{5}{9}$는 얼마인가?

답: 20

분수란 '분모만큼 나누어 분자만큼 표시한 수'라고 정의한 것은 분수의 여러 가지 의미 중에 주된 의미인 전체와 부분을 담았다. 분모만큼 나누면 $36 \div 9 = 4$에서 나누기는 같은 수의 빼기이니 같은 수인 4가 분자인 5개만큼의 양으로 표현된다. 따라서 '36의 $\frac{5}{9}$'를 정의대로 푼다면 $36 \div 9 \times 5 = 20$이다(이 정도의 설명으로는 이해되지 않을까 봐 아래에 문답식의 설명을 덧붙였다). 초등 3학년의 아이가 이것을 이해하려면 36개의 반 구체물을 그리고 이것을 9등분을 해야 간신이 이해할 수 있다. 그런데 모든 문제를 그림으로 그려가면서 풀라고 하기 어려워서 어렵다고 한 것이다. 이런 문제들을 아이들이 어려워하는 것은 위 문제에 나누기, 단위분수, 양의 의미 그리고 6학년에서 배워야 하는 비의 의미 등의 개념이 모두 녹아있기 때문이다. 이처럼 분수에서 전체와 부분의 의미를 완전하게 알기 위해서 족히 3~4년의 시간이 걸린다. 때문에 부득이 필자는 초등분수의 정의를 만들어 외우고 문제를 풀게 시킴으로 그 의미를 앞당겨 알게 시키려 하는 것이다. 분수가 갖는 여러 가지의 의미들을 살펴보자.

분수가 갖는 여러 가지 의미

1) 전체에 대한 부분의 의미
2) 양의 의미와 순서의 의미(수 자체로써의 의미)
3) 몫의 의미
4) 비(기준량에 대한 비교하는 양)의 의미

분수의 의미를 다시 하나하나 살펴보기 전에 먼저 전체적인 것을 보자! 1)은 3학년 교과서에 나오는데, 반드시 길러주어야 하는 가장 중요하면서도 어려운 것이다. 논리적인 머리가 4학년에서부터 자라기 때문에 3학년에서 분수를 가르쳤을 때, 어려워하는 아이가 무척 많은 것이다. 3학년이니 분수를 가볍게 다루고 나중을 기약하는 것이 아니라 정식으로 가르치는 것이다. 아이가 어려워한다면 지나간 것이라고 생각하지 말고 초4~6까지 지속해서 가르쳐야 할 만큼 중요한 것이다. 아이러니한 것은 정작 초등 4학년에서는 동분모의 계산처럼 쉬운 것을 한다는 것이다. 무엇 때문에 어려운 분수를 초등 3학년으로 내렸는지를 알 수 없다. 필자가 보기에 학생들에게 분수를 가르치는 것에 실패했기 때문에 더 오래 가르칠 요량으로 보인다. 2)는 4학년과 5학년에 걸쳐서 하는 계산에 해당한다. 그중에 4학년은 분모가 같은 분수의 계산이 이루어지니 쉽다고 할 것이 아니라 초3에서 배운 단위분수를 가지고 의미 있는 읽기를 시켜야 할 것이다. 3)과 4)는 6학년에서 다루며 1)의 확장에 해당한다. 따라서 1)의 의미가 4~6학년을 지나면서도 계속 상기시켜야 할 것이다. 4학년이 되기 전에 곱셈과 나눗셈 그리고 분수의 개념을 확실하게 잡고 작은 자연수의 사칙계산을 능란하게 해야 한다. 특히 자연수의 연산에서 3~4개의 암산이 되지 않으면, 5~6개의 암산이 이루어지는 5학년 분수의 사칙계산에서 무척 지루하고 힘든 한 해가 될 것이다. 힘들고 어려운 것이 문제가 아니라 분수는 중고등학교의 수의 근간이기에 수학 전체가 어려워질 수 있다는데 그 문제의 심각성이 있다.

전체에 대한 부분의 의미

분수의 의미는 제일 먼저 전체에 대한 부분으로써의 의미를 가르쳐야 한다. 분수의 근본적인 개념과 맞닿아 있는 부분으로 먼저 등분할을 이해해야 한다. '분수란 분모만큼 나누어 분자만큼 표시(색칠)한 수'라는 정확한 개념이 정립되어야 한다. 다음은 필자가 분수를 처음 배우는 학생에게 가르치는 방법이다.

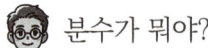 분수가 뭐야?

 ???

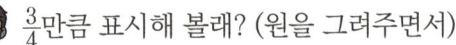 $\frac{3}{4}$만큼 표시해 볼래? (원을 그려주면서)

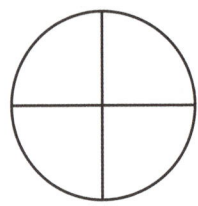

잠깐, 왜 이렇게 나누었어?

원래 똑같게 나누는 거예요.

아니, 왜 4개로 나누었냐고?

분모를 보고요.

 '분모만큼 나누어, ~' 그다음은?

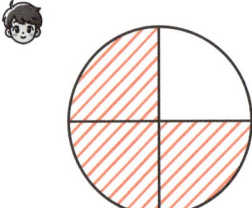

 왜, 3개를 색칠했어?

 분자보고요?

 그래서 분수란 '분모만큼 나누어 분자만큼 표시(색칠)한 수'라고 한 것이야. 그렇다면 문제를 하나 풀어보자! 20의 $\frac{3}{4}$은 얼마야?

 ???

 분수란?

 '분모만큼 나누어 분자만큼 표시한 수'요.

 분모만큼 나누라잖아.

 20÷4요?

 그래, 그다음은?

 분자만큼 색칠해야 하는 데 이제 어떡해요?

 '같은 수의 더하기'는 '곱하기'잖아. 그러니 곱해야지.

 20÷4×3요?

 그래. 이것은 다음처럼 빗금 친 부분에 5씩 있게 되기 때문이야. 왜 나누고 왜 곱하는지 잘 이해해야 돼.

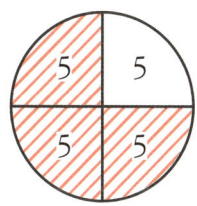

 예.

답은 $20 \div 4 \times 3 = 15$이다. 이와 같은 문제는 아이들이 가장 어려워하는 문제로 4학년부터 6학년까지 지속적으로 나오게 된다. 5학년에서 분수의 곱셈을 배우면 '20의 $\frac{3}{4}$'을 무조건 $20 \times \frac{3}{4}$과 같다고 보통 학원강사들이 기술로 가르친다. 그러나 귀찮고 어렵더라도 정의로 접근하는 것이 좋다. 이 부분은 다시 '단위분수'(135쪽 참조)를 통해서 다시 접근해보려 한다.

양의 의미와 순서의 의미

앞서 자연수를 배우면서 5는 5개라는 양의 의미와 5번째라는 순서의 의미를 갖는다고 했다. 그런데 양의 의미와 순서의 의미를 갖는 것은 모든 수가 갖는 특성이다. 그렇다 해도 '개'나 '번째'라는 단위는 정수에서만 사용하는 것이라서 분수 $\frac{2}{3}$를 '$\frac{2}{3}$개'나 '$\frac{2}{3}$번째'라고 하지는 않는다. 분수의 양의 의미와 순서의 의미를 별도의 단위로 표현할 수는 없지만 그 의미가 있음을 알아야 한다. 그나마 분수의 크기나 순서를 나타낼 수 있는 것은 수직선이다. 모든 수는 양의 의미와 순서의 의미가 있다는 것은 중고등을 거치면서 무척 중요한 말이니 반드시 기억하기를 바란다.

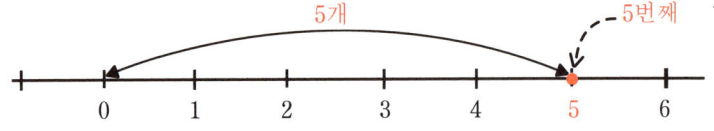

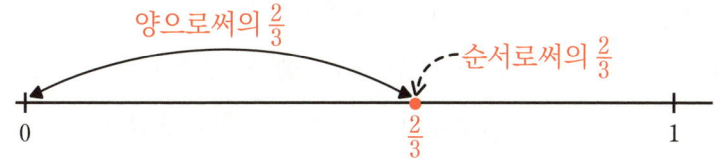

자연수나 소수처럼 크기 순서대로 나열할 수 없어 처음의 분수의 크기는 아이들에게 많은 혼동을 일으킨다. 양의 의미를 가르치는 방법으로는 보통 처음에는 수 막대를 사용하다가 점차 수직선에 나타낼 수 있어야 한다. 이때 자연수에서 형성된 개념들이 많은 아이들에게 혼동이 되는 원인이 된다. 예를 들어 $\frac{1}{2}$, $\frac{1}{3}$이 있을 때 2나 3에 갖고 있는 자연수의 개념이 $\frac{1}{2}$보다 $\frac{1}{3}$이 크다고 한다는 것이다. 이때 분자가 같을 때 분모가 작은 분수가 크다든지, 아니면 분모가 같을 때 분자가 큰 분수가 더 크다고 외우게 시키는 경우가 많다. 그렇게 하기보다는 $\frac{1}{2}$, $\frac{1}{3}$과 같은 분수를 원 등에 자주 표시하게 해 보는 것이 더 필요하다. 그런데 사실 이런 연습들은 귀찮고 오래 걸려서 많이 하기는 어렵다. 대신 다음 몫의 의미(6학년의 내용)에서의 설명처럼 분수를 나눗셈으로 바꾸어서 연습해 보는 것이 더 빠르다.

몫의 의미

나눗셈식에서 몫을 나타내는 방법(321쪽 참조)은 세 가지이다. 그중에 분수는 나눗셈의 몫의 역할을 한다. 예를 들어 1÷3이라는 나눗셈이 곧 몫을 의미하는 분수 $\frac{1}{3}$로 만들 수 있어야 한다. 또한 역으로 $\frac{1}{3}$을 나눗셈인 1÷3로 만들 수 있어야 한다. 그렇지 않으면 실제로 나누어 소수점 아래까지 구하려 한다든지 문제가 요구하지 않는 상황으로 생각이 흘러가게 된다.

🧑‍🏫 $\frac{1}{2}$을 나눗셈으로 바꾸면 뭐야?

🧑 1÷2요.

🧑‍🏫 그럼 사과 1개를 2명이 똑같이 나누어 먹으면 한 사람이 얼마만큼 먹니?

🧑 에이, 똑같잖아요. $\frac{1}{2}$요.

🧑‍🏫 그럼 다시 물어볼게. 똑같이 나누어 먹는다고 할 때, 사과 1개를 2사람이 나누어 먹는 것과 3사람이 나누어 먹는 것 중에 어느 편이 많이 먹을까?

🧑 장난하세요? 당연히 두 사람이 나누어 먹는 것이 많이 먹지요.

🧑‍🏫 그럼 $\frac{1}{2}$과 $\frac{1}{3}$ 중에 어느 것이 더 크니?

🧑 $\frac{1}{2}$요.

🧑‍🏫 나누기로 바꾸어 생각해 보면 더 정확하지 않니?

🧑 원래 어느 것이 더 큰 지는 알고 있었지만 나누기로 생각하니 더 확실해지는 느낌이에요.

6학년에서 자연수의 몫으로써 분수를 가르친다. 예를 들어 2÷3과 2÷5를 $\frac{2}{3}$과 $\frac{2}{5}$로 만드는 것이다. 4학년의 과정은 아니지만 3학년에서 배운 나누기는 모두 분수로 바꿀 수 있다는 것과 다시 역으로 분수를 나누기로 바꾸는 것을 알려주면 좋다. $\frac{2}{3}$나 $\frac{2}{5}$와 같은 분수를 2÷3과 2÷5로 바꾸어 "사과 두개를 3명이 나누어 먹는 것과 5명이 나누어 먹는 것 중에 어느 쪽이 더 많이 먹을까?"란 문제로 변신시키면 아이가 무척 쉽게 생각한다. 분모가 같을 때는 덜 헷갈리겠지만, $\frac{2}{5}$, $\frac{3}{5}$도 위와 같이 나누기로 바꾸어서 말로 해보면 좀 더 확실해진다. 4학년의 과정이 아니라니까 안 가르칠 우려가 있어서 한 마디만 더한다. 가분수를 대분수로 고치는 과정에서 이를 사용하니 반드시 가르쳐야 한다고도 볼 수 있다.

비(기준값에 대한 비교하는 양)의 의미

15와 20이라는 두 수가 있다고 보자! 앞서 20의 $\frac{3}{4}$을 계산하면 20÷4×3=15라는 계산을 하였다. 이 15와 20 사이에서 20을 기준으로하고 여기에 $\frac{3}{4}$을 곱하면 15라는 수가 된다. 또 15를 기준으로해서 $\frac{4}{3}$를 곱하면 20이라는 수가 된다. 이처럼 두 수 사이에서 어떤 수를 기준으로 하면 나머지 수는 비교하는 양이 된다. 이것을 상대적인 비교라고 한다. 정확하게 이해하는 것은 분수의 곱셈과 비를 이해해야 좀 더 정확하게 이해가 될 것이지만 이것은 모두를 배운 6학년에서 길러주면 된다.

5, 6학년에 배운 분수는 6학년에 배우는 소수와의 관계, 비례배분 등의 6학년은 물론이고 앞으로 중고등학교에 배우는 모든 것에 녹아 들어가게 된다. 분수의 개념과 사칙연산을 충실히 해서 혼동이 전혀 없는지를 반드시 확인해야 한다. 그다음에 6학년의 다양한 수학과정들은 분수와의 관계에 집중하면 모두 쉬워진다. 그런데 6학년의 많은 부분에 대한 것을 분수와 연결을 시키지 않고 무조건 외우게 하는 우를 범하는 경우가 많다. 앞으로 좀 더 언급하겠지만 분수 이전에 배운 것들이 모두 분수에서 사용되어지고 대부분 분수로 귀결된다는 사실을 기억해야 한다. 그런데 그렇게 중요하고 학교의 과정으로는 4년이나 배우는데도 분수의 정확한 개념은 고사하고 중학생의 절반 이상이 분수의 사칙계산을 자유자재로 사용하지 못하고 있다. 분수에 대한 연산을 하지 못하는 중학생은 학원이고 과외고 모두 소용이 없게 된다. 그런데 오랫동안 배우는 데도 학생들이 분수를 어려워하는 이유는 뭘까?

첫째, 분수의 개념을 잡는 데에 가장 방해가 되는 것은 자연수에서 가지고 있던 개념이다.
둘째, 분수의 개념들을 배우지 못했다.
셋째, 실생활에서 분수의 사용을 많이 하지 않는다.
넷째, 분모와 분자라는 두 개의 수를 가지고 만들어짐으로써 그 크

기가 바로 인식되지 않는다.
다섯째, 분수계산에서 개념을 모르면 계산방법도 금방 잊게 된다.
여섯째, 암산하는 훈련을 하지 않았다.
일곱째, 분수는 혼자서 사용되지 않고 항상 비교의 대상이 존재한다.

4학년에서 분모가 같은 분수의 덧셈과 뺄셈이 중요한 것이 아니라 분수자체의 의미와 성질을 중점적으로 공부시켜야 한다. 차차 나아지겠지만 많은 아이들이 분수의 분모와 분자의 수가 각각이 보여서 분수 자체가 단일한 수로 인식되지 않는다. 분수란 자연수와 달리 2개의 숫자로 되어있다. 물론 분수의 분모는 전체를 분자는 부분을 의미한다. 왜 2개의 숫자가 모여 하나의 숫자가 되었을까? 어떤 것을 똑같이 나눌 때에는 전체를 나타내는 수와 부분을 나타내는 수가 필요하고, 비를 나타낼 때에도 기준이 되는 수와 비교하는 수가 필요하다. 또, 나눗셈의 몫을 구할 때도 나누는 수와 나누어지는 수 등 항상 두 부분이 있어야 하기 때문이다. 이처럼 단일의 수로 표현되는 자연수와는 달리 항상 비교 대상이 존재한다. 따라서 분수는 두 수 또는 세 수의 주의를 기울이면서 구조에 정통해야만 하는 데 그 어려움이 있다. 이들의 관계는 실질적으로 약수와 배수들의 관계로 압축되고 다시 이들은 연습을 통하여 수감각이라는 상위목표로 진행된다.

이 책이 아닌 필자의 다른 책에서 분수의 사칙계산에 대해서 많이 강조를 하였다. 적어도 5학년 한 해는 분수의 연산에 쏟아야 한다. 오랫동안 분수의 연산을 하는 이유는 절차로써가 아니라 수자체로 인식하고 연습하기 위함이다. 그런데 학교교육은 분수계산에 절차적인 기능을 강조하여 긴 과정의 식을 쓰게 하고 중간식을 생략하면 심지어는 틀렸다고 한다. 아이의 입장에서 생각해 보자! 분수의 연산과정을 이해하기 어려운 것은 아니지만 길게 써야 한다는 부담감은 몹시 크다. 아이는 귀찮으니 할 수 있다며 자꾸 등한시하고 연습을 안 하게 된다. 긴 과정을 계속해서 써야 한다면 필자도 계속하기는 싫을 것 같다. 개념을 이해하기 위해 과정을 알려 주어야겠지만, 계산의 알고리즘을 강조함으로써 수식이 길어지고 정작 길러줘야 할 기본적인 것은 그 속에 묻혀 버리는 것이다. 대부분 분수의 연습을 많이 시키지 않는 이유는 단순한 수의 계산으로만 파악하기 때문이다. 사칙계산의 연습은 사칙연산 자체로서도 의미를 갖겠지만 뿐만 아니라 최대공약수와 최소공배수가 직관적으로 나올 수 있도록 수감각을 연습할 수 있는 곳이 이곳밖에 없기 때문이다. 분수가 잘 안되는 중학생은 예외 없이 모두 수학을 포기하게 될 것이라는 말을 초등학교 졸업까지는 반드시 기억하고 잡아주어야 다음을 기약할 수 있게 된다.

1-13
분수의 분모와 분자는 모두 자연수?

분수는 $\frac{(분자)}{(분모)}$의 꼴을 가지고 있는데 이런 형태를 가지고 있으면 모두 분수인가? 많은 아이들이 분모와 분자만 있으면 분수라고 하거나 아니면 정리해서 분수가 아니게 된다면 분수가 아니라는 등 다양한 오답들을 만들어낸다. 정의를 모르면 다양하고 창의적인 오답이 나오게 된다. 정수를 배웠으니 중등 분수의 정의를 배울 수 있다. 초등학생들이 창의적인 오답을 만들어내기 전에 중등 분수의 정의를 알아보자.

〈조소장의 한줄개념 19〉
분수란 분모와 분자가 정수인 수이다.
(단, 분모는 0이 아니다.)

초등에서는 분수 자체의 의미를 연습할 필요가 있었다면, 중학교에서 분수는 이제 형식적인 정의가 필요하게 된다. 우선 분수가 만들어지는 과정부터 보자. 자연수끼리 더하거나 곱하면 항상 자연수가 나온다. 그런데 자연수끼리 뺐더니 자연수가 아닌 수가 나오는 경우가 있고 이것을 정리한 수를 정수라고 한다고 했다. 앞으로 배우겠지만, 정수들끼리 더하거나 빼거나 곱해도 정수가 나온다. 그런데 (정수)÷(정수)를 하면 $\frac{(정수)}{(정수)}$가 되고 여기에 분모가 0이 아니기만 하면 이것을 분수라고 한다.

Q 다음 중 분수인 것은?

① $\frac{0.2}{0.3}$ ② $\frac{1}{1\frac{2}{3}}$ ③ $\frac{1\frac{2}{3}}{1}$ ④ $\frac{3}{1}$ ⑤ $\frac{\frac{1}{2}}{\frac{1}{3}}$

답: ④

우리는 정수를 배웠고 정수의 종류까지 배워서 자연수가 양의 정수라는 것을 알고 있을 것이다. 혹시 답이 ③라는 아이가 있었나요? 아마 이런 아이라면, "①은 분모와 분자에 10씩 곱하면 분수다.", "④는 분모가 1이라서 분수가 아니라 3이라는 자연수다.", "②와 ⑤는 잘 모르겠지만 ③은 확실히 답이다."라고 생각한 것이다. 모든 생각이 틀렸다. 정식으로 설명한다. ① $\frac{0.2}{0.3}$에서 분모와 분자에 10을 곱하면 분수가 되는 것은 맞지만, $\frac{0.2}{0.3}$은 분수가 아니다. 왜냐하면 정의에 따라 분모와 분자가 모두 정수가 아니기 때문이다. 그래도 이해가 안 되는 아이에게는 "네가 앞으로 70년 후가 되면 할아버지가 될 것이지? 그러니 지금부터 할아버지라고 불러줄까? 지금 분수냐고 물었지 바꿨을 때 분수가 되냐고 물을 것은 아니다."라고 말해주면 된다. ②는 분자는 정수이지만 분모가 정수가 아니라서 분수가 아니다. ③ 분모는 정수이지만 분자가 정수가 아니라서 분수가 아니다. ④ 분모와 분자가 모두 정수이고 분모가 0이 아니라서 분수가 맞다. 간혹 ②, ③, ⑤는 번분수(번잡한 분수)이니 분수라는 사람도 있는데, 번분수도 정의에 따라 분수가 아니다. 그럼 뭐냐고요? 나중에 유리수를 '분수로 만들기 유리한 수'라고 정의되니 유리수라고 해도 되지만, 아직은 가르치기가 어려울 수 있으니 그냥 '분수꼴'이라고 해도 좋다. 하나만 더 풀어보자.

Q 다음 중 분수인 것을 찾으면?

① $\dfrac{0.3}{1}$ ② $\dfrac{3}{0}$ ③ $\dfrac{\sqrt{2}}{1}$ ④ $\dfrac{0}{0}$ ⑤ $\dfrac{0}{3}$

답: ⑤

분수의 분모와 분자에는 정수가 와야 하니 소수나 분수가 오면 모두 분수가 아니다. 그래서 ①도 분수가 아니지만 여전히 $\dfrac{0.3}{1}$ =0.3= $\dfrac{3}{10}$ 라며 분수라고 하는 아이는 없겠지요? ②와 ④는 분모와 분자가 정수이지만, 분모가 0이면 안 된다는 조건에 위배되어 분수가 아니다. 그럼 $\dfrac{3}{0}$ 나 $\dfrac{0}{0}$ 는 뭐냐고 묻는 학생도 있다. 수가 아니다. ③ $\dfrac{\sqrt{2}}{1}$ 의 분자에 있는 √2가 무엇인지 모르기 때문에 풀 수 없다는 학생도 있다. 맞다. 아직 안 배운 것이다. 그런데 $\sqrt{2}$가 양의 정수, 0, 음의 정수의 어느 것에도 속하지 않는다는 것을 모르겠다는 말인가? 문제를 못 푸는 이유는 아직 안 배운 것보다 배운 것을 잘 모르거나 확실하게 몰라서 문제를 못 푸는 것이 많다는 것을 알아야 한다. ⑤는 분모와 분자가 정수이며 분모가 0이 아니어서 분수가 맞다. 분수의 분자에는 0이 와도 된다. 특히 어떤 경우에도 분모에 0이 와서는 절대 안 된다는 것을 기억해야 하며 이것은 매년 대학 시험에서 다룰 만큼 중요한 내용이다. 그런데 $\frac{0}{3}$이 어디에 쓰이느냐고 묻는 아이도 있다. $\frac{2}{3} - \frac{2}{3}$에 대한 답을 같은 것을 뺐으니 0이라고 하면 되지만 자칫 분자끼리 뺀다는 생각에 $\frac{0}{3}$이라는 답이 나올 수도 있다. 이런 경우 $\frac{0}{3}$을 $0 \div 3 = 0$이라는 과정을 거치면 $\frac{0}{3} = 0$이라는 결과를 가져올 수 있다. 역으로 0을 분수로 못 바꾸거나 바꿀 수 없다는 아이도 있다. $0 = \frac{0}{1} = \frac{0}{2} = \frac{0}{3} = \cdots$이니 0은 분수로 바꿀 수 있는 유리수이다.

1-14
분수의 종류

분수의 종류에는 진분수, 가분수, 대분수가 있다. 이에 대한 설명으로 학교에서는 진분수는 분모가 분자보다 큰 것, 가분수는 분자가 분모보다 크거나 같은 것, 대분수는 자연수와 진분수가 있는 것으로 가르친다. 그런데 이것은 분수의 생김새를 말한 것이지 뜻을 말한 것이 아니다. 필자의 책에서 진분수는 '진짜분수', 가분수는 '가짜분수', 대분수는 '자연수와 진분수를 묶은 분수'라고 말한 뒤로 요즈음은 새로이 나온 대부분의 수학책에서 이들 사용하고 있어서 많은 사람들이 알고 있을 것이다.

〈수학교과서〉

$\frac{1}{4}$, $\frac{2}{4}$, $\frac{3}{4}$과 같이 분자가 분모보다 작은 분수를 진분수라고 합니다.

$\frac{4}{4}$, $\frac{5}{4}$와 같이 분자가 분모와 같거나 분모보다 큰 분수를 가분수라고 합니다.

$1\frac{1}{4}$과 같이 자연수와 진분수로 이루어진 분수를 대분수라고 합니다.

〈조소장의 한줄개념 20〉
진분수는 진짜분수, 가분수는 가짜분수, 대분수는 자연수＋진분수이다.

분수의 종류에서도 마찬가지지만 용어의 풀이를 뜻에 맞게 별도로 설명하는 것은 기억에 많이 남지 않는다. 어떻게 해서든 용어에서 사용하고 있는 말을 그대로 사용하려고 해야 장기적으로 기억에 남기 때문이다. $\frac{1}{2}$과 $\frac{2}{3}$같은 진분수는 1보다 작은 분수의 의미에 합당한 '진짜분수'이고, $\frac{5}{5}$, $\frac{6}{5}$과 같은 가분수는 실제 생활에서 쓸 수 없어서 '가짜분수'라고 한다. 가(假)자에 '임시의'라는 뜻도 알고 있는 학생이라면 '임시의 분수'라고 해도 무방하다. '가짜의' 또는 '임시의'라는 뜻을 가진 가분수를 대분수로 고치게 함으로써 수의 크기를 가늠하고 나눗셈과의 연계를 훈련시키려고 한 것이다. 참고로 이런 훈련이 필요치 않다고 생각하는 중고등수학에서는 대분수로 바꾸지 않고 가분수인 채로 사용한다. 뜻을 설명할 때 가장 어려운 것은 대분수이다. 대분수에서 대(帶)는 띠대 자로 '띠를 두르다'라는 말이니 '허리띠'를 생각하면 좀 더 쉬울 수 있다. 한 마디로 자연수와 실제로 쓸 수 있는 진분수와 연대했다는 뜻이다. 어찌 되었든 간에 대분수는 (자연수)와 (진분수)를 +(더하기)로 묶은 분수로 +를 생략해서 쓰지 않는다. 중고등학교를 거치면서 ×는 모두 생략의 과정을 거치게 되어 필자가 '생략된 것은 모두 곱하기'라고 가르친다. '더하기'가 생략되는 유일한 예외가 바로 대분수이다. 이처럼 용어 자체로부터 그 뜻이 들어가도록 가르쳐야 기억이 오래간다.

🧑 분수의 종류에는 무엇이 있어?
🧑 진분수, 가분수, 대분수요.
🧑 진분수가 뭐야?
🧑 진짜분수요.
🧑 가분수가 뭐야?
🧑 가짜분수요.
🧑 엄마가 '얘야, 사과 $\frac{5}{5}$만큼 가져와라.'란 말을 써, 안 써?
🧑 안 써요.
🧑 이처럼 실생활에서 쓰지 않는다 해서 가짜분수라고 한 거야. 그런데 만약 엄마가 '사과 $\frac{5}{5}$만큼 가져와라.'하면 얼마만큼 갖고 가니?
🧑 상자에 있는 사과 전체인지 아니면 사과 한 개를 의미하는지 그때그때 달라요.
🧑 잘했어. 대분수가 뭐야?

🧑 **자연수 플러스 진분수요.**

👨 $\frac{2}{3}$ 더하기 600은 얼마야?

🧑 $600\frac{2}{3}$요.

👨 앞으로 5~6학년에서 이거 헷갈리지 마라. 그리고 앞으로 '더하기'가 생략되는 유일한 경우이니 생략된 것도 모두 곱하기라는 것을 잊지 마라.

🧑 **알았어요.**

👨 옛날 선생님이 초등학교 때, 친구들이 나를 가분수라고 놀렸는데.

🧑 **아, 선생님이 머리가 커서 그렇군요.**

👨 그래. 그런데 이제는 아니야. 대신에 이제는 가분수가 아니라 대분수야.

🧑 **왜요?**

👨 이제는 배가 나왔거든.

아이들에게 피자를 3명이 나누어 먹으려면 어떻게 해야 하느냐고 물어보면 못 한다는 아이들도 있다. 피자가 보통 8등분이 되어 오기 때문이다. 또 '사과 3개 반'을 $3\frac{1}{2}$이라고 표현하지 못하는 아이들이 많다. 대부분 가르칠 때도 대분수를 '자연수와 진분수로 이루어진 분수'라고 대충 가르치기 때문이다. 대충이라고 표현한 이유는 자연수와 진분수 사이에 '더하기'로 연결되어진 것이며 이것을 의미 있게 가르치지 않기 때문이다. 많은 중학생들이 $3 + \frac{1}{2}$을 $3\frac{1}{2}$

이라고 바로 쓰지 못하고 3을 가분수로 고쳐서 계산한 $\frac{6}{2}+\frac{1}{2}$을 쓰는 번거로움을 거치는 경우가 많다. 더하려면 통분(214쪽 참고)해야 한다고 외웠기 때문이다. 오래 걸렸다는 것이 문제이지 답과는 상관은 없겠지만 실생활과 연결 짓지 못했기 때문이라는 것이다. 물론 실생활에서 아이에게 도움이 되도록 분수를 사용하는 집은 거의 없다. 그러면 모든 것은 문제집으로 가르쳐야 하는 데 그것은 아이들이 훨씬 어렵게 공부하는 방법이다. 정히 어렵다면 기회가 될 때마다 시켜주셨으면 한다. 이 외에도 1보다 작은 분수, 1보다 큰 분수, 1보다 크거나 같은 분수가 무어냐고 분수를 구분할 수 있도록 물어보면 좋다. 항상 진분수는 1보다 작은 분수이고, 항상 대분수는 1보다 큰 분수다.

'600의 $\frac{2}{3}$'와 '600과 $\frac{2}{3}$'는 구분하나요?

두 문제는 '의'와 '과'라는 차이밖에 없지만 다른 계산 결과를 가져온다. 600의 $\frac{2}{3}$는 앞서 배운 '분모만큼 나누어 분자만큼 표시한 수'로 $600 \div 3 \times 2 = 400$이다. '600과 $\frac{2}{3}$'에서 '과'는 더하기를 뜻하는 말로 $600 + \frac{2}{3}$이다. 대분수의 뜻에 따라 $600 + \frac{2}{3} = 600\frac{2}{3}$이다. $600\frac{2}{3}$를 읽으면 다시 '600과 $\frac{2}{3}$'가 된다.

가분수를 대분수로 고치기

3학년에서 분수의 뜻과 종류를 가르치고 다음으로 길러주어야 할 것은 분수가 갖는 수의 크기이다. 분수는 자연수와 달리 한 눈에 크기를 비교할 수 없다는 특징을 갖고 있다고 하였다. 보통 가분수는 대분수와 교환시키고 자연수가 큰 대분수가 더 크며 자연수 부분이 같다면 그다음으로 진분수의 크기 비교를 함으로써 크기 비교를 하게 된다. 항상 자연수 부분이 더 큰 대분수가 더 큰 이유는 어떤 진분수도 1보다 크지 않기 때문이다. 가분수를 대분수로 고치는 과정에는 다음처럼 나누기가 사용된다.

$\dfrac{25}{3}$ ⇨ $25 \div 3 = 8(몫) \cdots 1(나머지)$ ⇨ $\dfrac{25}{3} = 8(몫)\dfrac{1(나머지)}{3}$

$25 \div 3 = 8 \cdots 1$ ⇨ $3 \times 8 + 1 = 25(검산)$의 방법으로 $8\dfrac{1}{3}$ ⇨ $\dfrac{25}{3}$

그래서 이것에 선행해서 '몫의 의미'를 알려주어야 한다고 했지요? 나눗셈과 검산을 통한 가분수와 대분수의 상호교환은 나눗셈이 잘 된 아이는 어려워하지 않을 것이다.

1-15
분수의 중요한 기준: 단위분수

말이나 글 그리고 무슨 생각을 하건 간에 처음에는 무엇인가 있어야 하는데, 바로 무언가가 되는 것이 기준이다. 기준이 있어야 분류도 할 수 있는 것이다. 수학의 공부를 위해서 가장 먼저 개념을 잡아야 하는 이유가 수학의 기준이 공리, 정의, 정리 등의 개념이기 때문이다. 이 기준에 살을 붙여서 나가는 것이 좀 더 논리정연한 생각으로 발전할 수 있게 된다. 단위 분수도 분수의 여러 가지 개념을 설명하기 위해서 하나의 '기준'으로써 중요한데 다른 것에 비해서 소홀히 하는 듯해서 별도로 다룬다.

〈수학교과서〉

분수 중에서 $\frac{1}{2}, \frac{1}{3}, \frac{1}{4}, \frac{1}{5}$, …과 같이 분자가 1인 분수를 단위분수라고 합니다.

〈조소장의 한줄개념 21〉

단위분수는 분자가 1이고 분모가 1보다 큰 자연수로 이루어진 모든 분수다.

〈조소장의 한줄개념 22〉

분수의 기준에는 1, 분모, 단위분수가 있다.

자연에는 모든 것이 1이고 분수는 이 1을 가르면서 생겨났다. 따라서 분수는 아무 말이 없으면 그 전체를 1이라는 기준으로 본다. 그리고 어떤 1개의 무언가를 쪼갰을 때 만들어질 수 있는 크기는 무한개로 많다. 이 무한히 많은 크기를 표현해야 하기 때문에 만들어진 단위분수도 무한히 많을 수밖에 없다. 1과 단위분수가 외부의 무언가를 나타내기 위한 기준이었다면 분수 자체 내의 기준도 필요하다. 분수의 안에는 분모와 분자라는 2개의 수가 있는데, 이 둘 사이에도 기준은 존재해야 하고 그 기준은 분모이다. 그리고 분수와 분수 사이의 기준은 단위분수다.

기준이라는 것이 왜 필요한지를 잠깐 생각해 보자. 예를 들어 '3개에 600원인 어떤 물건의 7개의 값은 얼마인가?'라는 문제가 있다고 보자! 이런 문제는 4학년의 혼합계산에서 많이 나오는 문제유형인데, 많은 아이들이 이런 문제를 처음 접하면 '3개에 600원이니 6개면 1,200원이고, ~'이라며 생각을 전개하다가 막히곤 한다. 문제가 요구하는 것은 7개의 값인데 만약 한 개의 값을 구한다면 7개든 100개든 물건의 값은 모두 구할 수 있다는 데로 생각이 흘러가야 한다. 이처럼 문제를 풀기 위해서는 가장 먼저 구해야 하는 것이 한 개의 값이다. 한 개의 값을 먼저 구해야 하는 이유는 한 개 즉 1이 자연수의 기준이기 때문이다. 자연수의 기준이 1이라면 분수의 크기는 $\frac{1}{2}, \frac{1}{3}, \frac{1}{4}, \frac{1}{5}$, …와 같은 각각의 단위분수가 모두 기준이 된다. 단위분수는 아이들에게 무척 쉽게 느껴진다. 그러나 이를 쉽다고 아이에게 생각해 보게 하지 않는 것은 분수의 첫 단추를 잘못 끼우는 것과 같다. 분수의 의미는 가장 기초적인 것이 전체와 부분의 의미이다.

 원이 몇 개니?

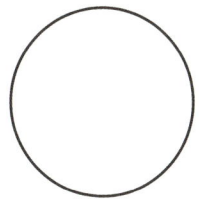

 장난하세요? 한 개지요.

 한 개 즉 1을 4개로 똑같이 나누면 하나하나의 조각은 $\frac{1}{4}$이야.

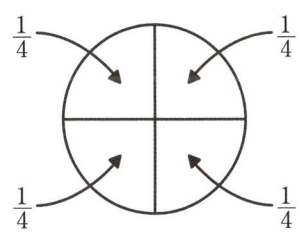

🧒 알고 있어요.

👨 그럼 이거는 뭐니?

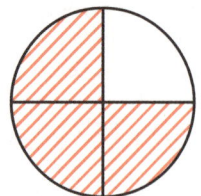

🧒 당연히 4개로 나눈 것 중에 3개이니 $\frac{3}{4}$이지요?

👨 그래. 분수의 뜻에 맞게 잘 얘기했어. 그런데 $\frac{1}{4}$이 3개이니 $\frac{1}{4}+\frac{1}{4}+\frac{1}{4}$이고 이것을 $\frac{3}{4}$이라고 볼 수도 있다는 거야.

🧒 분모가 같으면 분자끼리 더하면 된다는 것을 배웠어요.

👨 분모가 같으면 왜 분자끼리 더하는지를 알려주려는 거야. 거꾸로 $\frac{3}{4}$이 $\frac{1}{4}$을 세 번 더한 거라는 생각이 드니?

🧒 그렇게 볼 수도 있겠네요.

👨 그런데 $\frac{1}{4}+\frac{1}{4}+\frac{1}{4}$를 보면 생각나는 거 없니?

🧒 아뇨?

👨 '같은 수의 더하기'는 곱하기라는 거 생각나지 않아?

🧒 그럼 $\frac{1}{4}+\frac{1}{4}+\frac{1}{4}$을 $\frac{1}{4} \times 3$이라고 바꿀 수 있다는 거예요?

👨 분수든 뭐든 같은 것의 더하기는 모두 바꿀 수 있어? 그럼 $\frac{1}{4} \times 3$는 뭐니?

🧒 $\frac{3}{4}$요.

👨 와, 대단한데. 너는 지금 5학년의 분수의 곱하기를 한 거야.

분모가 같은 분수의 덧셈과 뺄셈은 아이들이 무척 쉬워하지만, 그렇다고 아는 것이라고 하기에는 아직 이르다. '$\frac{5}{8}$는 $\frac{1}{8}$이 몇인가?'라는 질문에 4라는 대답을 하였다면 분수의 그림을 그리게 하는 연습이 부족해서이다. 이 상태로 분수의 덧셈 등 진도만 나가서는 안 된다. $\frac{3}{4} + \frac{2}{4}$에서 $\frac{3}{4}$은 $\frac{1}{4}$이 3개고 $\frac{2}{4}$는 $\frac{1}{4}$이 2개이니 합하면 $\frac{1}{4}$이 5개가 된다는 것을 이해하여야 한다. 그래서 분수의 더하기는 분모가 같지 않으면 할 수 없다는 데에 이르러야 한다. 그다음 '분모가 만약 다르다면 어떻게 하지?'라고 물어보자! 그러면 '모르는 것은 아는 것으로 바꾼다.'라는 수학에서의 중요한 원리에 도달할 수 있다. 분모가 다르면 계산할 수 없으니 '분모가 다르면 같게 하면 된다.'며 분모가 다른 5학년의 분수셈도 쉽다고 하면 자신감을 계속 유지할 수 있다.

1을 분수로 나타내기와 전체를 1로 보기

분수와 자연수의 접합점은 바로 1이다. 1을 분수로 나타낼 수 있어야 다른 자연수도 모두 분수로 나타내게 된다. 1을 보는 관점에는 무엇이든 전체를 하나 즉 1로 보는 것과 단위분수의 분모의 개수만큼 있어야 1이 된다는 관점으로 이분된다. 이중 단위분수의 분모의 개수만큼 있어야 1이 된다는 관점이 4학년에서 주종을 이룬다면, 점차 5~6학년에서는 전체를 1로 생각해야 문제를 푸는 경우가 많다. 전체를 1로 보는 것은 간단하지만 이것을 생각하지 않으면 올바른 비를 만든다든지 하는 곳에서 문제를 야기한다. 먼저 분수가 1이 되는 것을 알아보자!

🧑 사과 한 개를 똑같이 3개로 나누어서 모두 먹었다면 몇 개를 먹은 것일까?

🧑 1개요.

🧑 사과 한 개를 100개로 나누어서 모두 먹으면 몇 개를 먹은 것일까?

🧑 $\frac{100}{100}$이니 1이요. 분모와 분자가 같으면 1인거 저도 알아요.

🧑 어떻게 알았지. 그럼 거꾸로 1을 분수로 바꾸었을 때 $\frac{1}{1}$, $\frac{2}{2}$, $\frac{3}{3}$, …, $\frac{176}{176}$, …등 어떤 것으로도 바꿀 수 있다는 것도 안단 말이야?

🧑 알아요.

🧑 그럼 좋아. $\frac{x}{x}$는 뭐야?

🧑 1이요.

🧑 와, 중학교 것도 맞추다니 너는 천재야. 많은 중학생이 $\frac{x}{x}$는 모르는 것을 모르는 것으로 나누었으니 역시 모르는 x라고 대답하는 학생도 많아.

🧑 그럴 리가요.

🧑 진짜야. 정확하게 생각해 놓지 않으면 수학은 항상 새로이 배우는 것들 때문에 혼동이 되는 거지. 그럼 $\frac{1}{3}$이 1이 되려면 몇

개 있어야 하니?

🧒 3개요.

🧑 $\frac{1}{100}$이 1이 되려면 몇 개 있어야 하니?

🧒 100개요. 아니까 그만해요.

🧑 알았어.

단위분수와 관련된 문제에서 아이들이 어려워하는 것은 '어떤 수의 $\frac{1}{3}$이 2일 때 어떤 수는 무엇인가?'와 같은 문제이다. 어떤 수를 1로 보고 1이 되기 위해서 필요한 단위분수의 개수를 알아야 문제를 풀 수 있다. 이것이 머릿속에서 이루어지지 않는다면 직접 그림을 그려야 한다. 가장 먼저 원을 그려서 분모의 수만큼 똑같이 나누어 각 부분의 $\frac{1}{3}$만큼의 2를 써 놓음으로써 더하기를 하도록 해주면 된다. 그런데 '같은 수의 더하기'이니 곱셈으로 아이 스스로 연결시킬 수 있게 도와주어야 한다. 그런데 이런 분모가 작은 단위분수는 아이에게 별 감동을 주지 못한다. 오히려 분모가 아주 큰 단위분수(그러나 곱하기 쉬운 수로)를 몇 번 해주는 것으로 훨씬 효과를 높일 수 있다. 예를 들어 '어떤 수의 $\frac{1}{300}$이 7일 때 어떤 수는 무엇인가?' 란 문제에서 큰 원을 그리고 300개로 나누는 시늉만 하고 몇 개에 7을 써놓으면 된다. 아이가 알아차리고 그림을 다 그리기 전에 아이가 2100이란 답을 말할 것이다. 210이라고 했다면 분수의 부족이 아니라 수감각 문제이다. 위 문제는 기본 문제이지만 아이들이 쉬워해서 금방 넘어갔을 것이다. 하지만 확장을 위해서는 중요한 문제이다. 단위분수가 되었다면 다른 개념과 섞여서 쓰이는 문제를 두 문제만 풀어보자!

Q 어떤 수의 $\frac{2}{3}$가 20이라고 합니다. 어떤 수는 얼마인가요?

답: 30

$\frac{2}{3}$를 보고 기준이 되는 단위분수인 $\frac{1}{3}$을 떠올리고 구해야 문제를 풀 수 있다. $\frac{2}{3}$는 $\frac{1}{3}$이 2개 더해진 것이니 어떤 수의 $\frac{1}{3}$은 10이 된다. 따라서 어떤 수는 30이 된다. 물론 분수의 의미인 '분모만큼 나누어 분자만큼 표시한 수'로 할 수도 있다. 위 문제에서 어떤 수를 □로 놓고 분모인 3으로 나누고 분자인 2만큼 곱해서 20을 만들 수도 있다. 즉, □÷3×2=20를 만들고 문제를 풀 수도 있다. 그러나 이는 기준인 단위분수로 고쳤다가 푸는 것보다 좀 더 번거로운 작업이다. 물론 둘 다 연습해야 한다. 조금만 더 진전해 보자.

Q 어떤 수의 $\frac{3}{7}$이 15입니다. 어떤 수의 $\frac{2}{5}$는 얼마인가요?

답: 14

먼저 문제가 '어떤 수의 $\frac{2}{5}$'를 구하라는 데 어떤 수를 모르니 '어떤 수의 $\frac{3}{7}$이 15'라는 부분을 통해서 어떤 수를 구할 수 있다는 생각을 해야 한다. 여기에서도 역시 단위분수인 $\frac{1}{7}$을 떠올려야 어떤 수를 구할 수 있다. 어떤 수의 $\frac{3}{7}$이 15이니 $\frac{1}{7}$에 해당하는 수는 5이다. 전체인 어떤 수는 35이니 어떤 수의 $\frac{2}{5}$는 $35 \div 5 \times 2 = 14$이다.

대분수와 관련한 단위분수

진분수와 관련한 단위분수를 잘 풀다가도 '35의 $1\frac{3}{7}$'처럼 대분수만 나오면 모른다는 학생이 많다. 물론 대분수를 가분수로 고치라는 힌트만 주면 잘 푼다. 그렇다고 '네가 할 수 있는 것은 다 해봐라.' 는 등 윽박지르거나 힌트를 매번 줄 수는 없다. 이것은 분수가 수로서 갖는 의미가 잘 들어와 있지 않은 까닭이니 무조건 가분수로 고쳐서 풀라고 외우게 시키는 것보다는 수의 의미를 강화시키는 기회로 생각하는 것이 좋다.

🧑 $\frac{1}{6}$이 몇 개 있으면 1이 될까?
👦 6개요.
🧑 그럼 $\frac{1}{6}$이 몇 개 있으면 2가 될까?
👦 12개요.
🧑 그럼 $\frac{1}{6}$이 몇 개 있으면 3이 될까?
👦 18개요.
🧑 그럼 $\frac{1}{6}$이 몇 개 있으면 $3\frac{1}{6}$가 될까?
👦 ???
🧑 $3\frac{1}{6}$이 $3 + \frac{1}{6}$인 거 모르는구나?

 알아요?

그럼 뭐야.

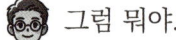 19개요.

위 대화는 '$3\frac{1}{6}$은 $\frac{1}{6}$의 몇 배인가?'와 같은 문제를 아이가 못 풀 때 하는 대화이다. 많은 아이들이 3배라고 하는 데 그것은 자연수와 진분수 사이에 +가 존재한다는 것을 잊었기 때문이다. 많은 사람들이 이런 문제를 가르칠 때, 당장 가분수로 바꾸어서 $\frac{19}{6}$를 만들어 풀어보라고 한다. 이렇게 하면 당장의 문제는 해결되겠지만 제대로 된 가르침은 아니다. 어렵더라도 항상 개념과 원리로 가르쳐야 한다. 배는 곱하기이고 곱하기는 같은 수의 더하기이다. '$\frac{1}{6}$이 3이 되려면 몇 개를 더해야 할까?'라는 질문까지는 잘하다가도 '$\frac{1}{6}$이 $3\frac{1}{6}$이 되려면 몇 개를 더해야 할까?'란 질문에 "3개"라는 황당한 오답이 많다. 대분수는 자연수와 진분수 사이에 '더하기'가 생략되었다는 것을 잊어버렸기 때문이다. 정식으로 가르치면 가분수로 바꾸어 푸는 기술은 가르치지 않아도 저절로 알아차린다.

1-16
분수의 위대한 성질

수학에서 기호와 용어가 있다면 대부분 그에 따른 정의, 정리, 성질 등이 있고 이것을 주로 개념이라고 한다. 분수가 있다면 당연히 정의가 있고 다양한 정리와 성질이 있다. 이 중에 분수의 성질이 가장 중요하다.

〈수학교과서〉

분모와 분자에 각각 0이 아닌 같은 수를 곱하면 크기가 같은 분수가 됩니다.
분모와 분자에 각각 0이 아닌 같은 수를 나누면 크기가 같은 분수가 됩니다.

〈조소장의 한줄개념 23〉
분수의 위대한 성질은 한 분수의 분모와 분자에 0이 아닌 같은 수를 곱하거나 같은 수를 나누어도 분수의 크기는 같다는 것이다.

1) 배분적 성질: 분모와 분자에 0이 아닌 같은 수를 곱해도 그 크기는 변하지 않는다.
2) 약분적 성질: 분모와 분자에 0이 아닌 같은 수를 나누어도 그 크기는 변하지 않는다.

필자가 20여 년 전부터 '분수의 위대한 성질'이란 이름을 붙이고 아이들에게 외우게 시켜오고 있었다. 최근 수학교과서가 필자의 의견을 받아들였는지 위처럼 기술하고 있는데, '분수의 성질'이라는 이름까지 붙였으면 좋겠다. 원래는 '분수의 성질'이라고 하였어야 하는데, '분수의 위대한 성질'이라고 이름을 붙이고 아이들에게 외우게 시킨다. 보통 '위대한'이라는 말에 아이들이 재미있어하면서도 한편으로는 '그게 뭐가 위대하다는 거예요?'라며 거부반응을 보인다. 필자가 '위대한'이란 말도 붙이고 또 이것을 외우게 시키는 이유는 무엇일까? 수학의 개념에서 '위대한'과 같은 형용사를 사용해서는 안 된다. 그러나 당장 초등학교에서는 분수와 관련되는 약분과 통분, 분수의 사칙계산, 비의 성질 등 분수와 관련되는 대부분이 이 개념과 맞닿아 있을 뿐만 아니라 중고등학교를 거치면서 계속해서 사용해야 하기 때문이다. 예전에 '배분'은 4학년에, '약분'은 5학년에 가르치면서 충분한 연습을 하였지만, 요즈음은 그 연습을 조금밖에 시키지 않아서 분수의 기본을 그만큼 소홀히 대하는 것으로 보인다. '배분'이라는 용어는 교과서에는 제시되지 않는 용어이지만, 중요한 성질이고 또 나중에 비례배분이라는 말에 있어서 어차피 가르쳐야 될 용어라고 판단하여 가르치고 있다.

분모와 분자에 0이 아닌 같은 수를 곱해도 그 크기는 같다는 배분은 다음과 같은 유형의 문제들로 연습하게 된다.

Q 다음 □안에 알맞은 수를 써넣으시오.

(1) $\frac{2}{3} = \frac{10}{□}$ (2) $\frac{3}{5} = \frac{□}{10}$ (3) $3 = \frac{□}{5}$ (4) $\frac{2}{7} = \frac{□}{21} = \frac{10}{□}$

답: (1) 15 (2) 6 (3) 15 (4) 6, 35

배분의 성질을 외우고 나서 (1)을 설명할 때 분자에서 2가 10이 되기 위해서 5를 곱했으니 분자인 3에도 5를 곱하면 15가 된다고 알려주면 (1)과 (2)는 잘하지만 (3)과 (4)는 여전히 어려워한다. 배분뿐만 아니라 다른 성질이 추가되었기 때문이다. (3) 배분의 성질은 분모와 분자에 같은 수를 곱하는 것인데 3은 분모와 분자로 되어있지 않다. 분모와 분자만 있는 수로 바꾸면 $3 = \frac{3}{1}$이니 $\frac{3}{1} = \frac{□}{5}$으로 (1), (2)와 같은 유형이 된다. (4)은 아이들이 $\frac{2}{7} = \frac{6}{21} = \frac{10}{□}$으로 써놓고 다음 □를 못 채우는 경우가 많을 것이다. $\frac{2}{7} = \frac{6}{21} = \frac{10}{□}$에서 아이들 눈에 $\frac{6}{21} = \frac{10}{□}$만 보이기 때문이다. $A=B=C$에서 $A=B$, $B=C$, $A=C$(삼단논법)가 만들어진다는 것을 알려주면 아이가 $\frac{2}{7} = \frac{10}{□}$을 알아차릴 것이다. 배분의 연습이 비록 단순하지만 많은 연습이 이루어져야 5학년의 분수의 통분(두 개 이상의 서로 다른 분수에서 분모를 배분의 성질로 같게 해주는 것) 등에서 도움을 받게 된다.

약분

약분은 분수의 연습 중에서 가장 많이 연습해야 한다. 약분의 정의도 잘 알아야겠지만 약분자체를 잘해야 하고 더 나아가 어떠한 약분도 잘할 수 있는 실력을 길러야 한다. 다소 설명이 길더라도 하나하나 정리하고 외울 것을 외우며 충분한 연습을 해야 한다.

〈초등수학 교과서〉
분모와 분자를 공약수로 나누어 간단한 분수로 만드는 것을 약분한다고 합니다.

〈조소장의 한줄개념 24〉
약분이란 분모와 분자를 공약수로 나누어 간단한 분수로 만드는 것으로, 공약수는 최대공약수의 약수들이다.

우선 아래 문제부터 풀어보자!

Q $\frac{12}{24}$를 약분하여 나타낼 수 있는 분수를 모두 써 보세요.

답: (아래 문제의 설명 참조)

$\frac{12}{24}$를 2, 3, 4 등으로 약분해 볼 생각을 했나? 그렇게 약분을 하나하나 꼼꼼히 빠짐없이 다했다고 보자. 어렵지 않은 문제이니 조금만 꼼꼼한 아이라면 모두 맞추었을 것이다. 아이가 이 문제가 요구하는 분수들을 다 쓴 뒤에, "절대 틀리지 않을 자신이 있니?"라고 한 번 물어보기를 바란다. 아마 답이 맞은 아이조차도 자신 있게 맞았다고 하지 못할 것이다. 왜 아이들은 자신의 풀이에 자신감이 없는 걸까? 이것을 설명하기 위해 같은 문제를 아래처럼 다르게 물어봤다.

Q $\frac{12}{24}$를 약분하여 나타낼 수 있는 분수의 개수는 몇 개인가요?
① 2개　② 3개　③ 4개　④ 5개　⑤ 6개

답: ④

약분하라는 것이 아니라 약분해서 만들 수 있는 분수의 개수만 물어보고 있다. 따라서 직접 약분을 할 필요까지는 없고 개수만 알면 된다. 그래도 위 문제처럼 꼼꼼히 하나하나 약분이 되는 것을 찾고 이를 세어보겠다는 생각이 드나요? '$\frac{12}{24}$를 약분하는 것'은 정의에 의하여 분모 24와 분자 12의 공약수로 나누는 것이고 정의대로 공약수가 2, 3, 4 등 직관적으로 떠오르니 하나하나 약분하는 것이 정의대로 하는 것만 같다고 생각한다. 만약 이렇게 생각할 때, 아이가 빼먹는 것이 있다면 연습이 부족하다거나 꼼꼼하지 않다고 아이를 비난할 가능성이 높다. 부모님이 완전히 틀렸다고 할 수는 없겠지만, 정의대로 공부하는 것이 아니다. 필자가 생각하는 '정의대로 공부하는 방법'을 소개한다. $\frac{12}{24}$를 무조건 약분부터 하려고 하지 말고 정의대로 보자. 약분이란 분모와 분자의 공약수로 나누는 것이고 공약수는 최대공약수의 약수들이다. 참고로 많은 아이들이 공약수를 최대공약수를 통해서 구한다는 것을 모르거나 잊어버리는 경우가 많아서 약분의 정의에 반영했다. 당연히 최대공약수도 연습을 해야겠지만 직관적으로 나와야 한다. 분수와 관련된 것은 어느 하나 허투루 다뤄서는 안 된다. 24와 12의 최대공약수 12의 양의 약수는 1, 2, 3, 4, 6, 12로 분모와 분자를 나누면 된다. 그런데 간단하게 만들어야 하니 6개 중에서 1을 제외하면 5개가 답이다. 구체적으로 약분한 분수를 구하라고 하면 2, 3, 4, 6, 12로 분모와 분자를 나누어서 '$\frac{6}{12}, \frac{4}{8}, \frac{3}{6}, \frac{2}{4}, \frac{1}{2}$'를 쓰면 된다. 만약 바로 앞 문제에 대한 답을 아이가 이 5개를 썼다고 해보자. 이렇게 풀었다면 "절대 틀리지 않을 자신이 있니?"라는 물음에 아이는 자신 있게 "네, 이것이 틀림없이 정답이에요."라고 할 것이다. 이렇게 해야 개념으로 공부하는 것이다. 큰 차이가 없다고 하시는 분들도 있겠지만, 향후 어마어마한 차이로 벌어질 것이다. 학생들이 뭔가 내가 모르는 무언가가 있을 것이란 불안감에 사로잡혀 있다면 개념으로 공부하는 것이 아니라고 생각하기를 바란다.

1-17
왜 기약분수로 만들어야 할까?

약분은 5학년에 배우는데, 이때 '기약분수'라는 용어를 배우면서 약분의 개념과 다소 혼동한다. 먼저 기약분수부터 정리하고 약분을 정리해 보자!

　〈초등수학 교과서〉
　분모와 분자의 공약수가 1뿐인 분수를 기약분수라고 합니다.

　〈조소장의 한줄개념 25〉
　기약분수는 이미 약분을 다한 분수다.

교과서에 있는 대로 '분모와 분자의 공약수가 1뿐인 분수를 기약분수'라고 외워도 오류가 있지는 않다. 그런데 이렇게 외웠을 때 나중에 중학교에서 '기약분수'와 '진분수'와 헷갈리는 등의 부작용이 나타나는 것을 볼 수 있었다. 물론 기약분수의 뜻을 잊어버린 탓이지만 용어 자체로부터 의미를 이끌어내지 않아서 그렇다는 생각을 지울 수 없다. 필자는 기약분수에서 기가 이미기(旣)자로 '이미 약분을 다한 분수'라고 알려준다. 그리고 나서 "이미 약분을 다한 분수는 약분이 될까 안 될까?"라고 물어보면 아이들이 "안 돼요."라는 대답이 나온다. 이어 "왜?"라는 질문에 "이미 약분을 다했으니까요?"라며 아이들이 빨리 쉽게 이해하였고 기억도 오래갔다. 이 개념을 만나면서 아이들이 약분의 개념이 약간 흔들리기 시작한다. 사실 분수의 성질에는 자연수로만 나누라는 제약이 없다. 다만 분모와 분자를 나누었을 때, 분모와 분자에 자연수가 아닌 것이 나오면 분수가 아니라서 안 될 뿐이다(127쪽 참조). 또 분모와 분자를 같은 공약수로 나누는 것이 약분이기에 약분한 것이 반드시 기약분수가 되는 것도 아니다. 그래서 '약분하라는 말'과 '기약분수로 만들라는 말'은 다른 말이고 그래서 대부분의 문제집에서는 '~을 기약분수로 만들라.'고 주문한다. 기약분수가 되기 위해서 약분할 때는 기약분수가 될 때까지 계속 나누거나 분모와 분자의 최대공약수로 나누어 한 번에 나누는 것만이 있을 뿐이다.

약분은 보기에 어른도 아이에게도 참 시시해 보인다. 그래서 기껏 풀었다 해도 문제를 풀었다는 성취감을 얻기 어렵기에 지속적인 연습이 어려운 곳이기도 하다. 그러나 약분은 분수의 모든 연산에서 사용되며 수 감각을 요구하는 곳이기도 하다. 잘하는 아이라 할지라도 최소한 2달 이상은 약분 연습을 충분히 해야 한다. 대신에 약분이 잘된다면 분수의 곱셈과 나눗셈에서 이 시간을 보상해 줄 것이다. 약분이 잘되는 아이는 그만큼 분수의 곱셈과 나눗셈에서 덜 연습해도 되기 때문이다. 3학년에서 나눗셈을 철저히 하지 않은 아이들에게 약분은 어렵거나 무척 귀찮은 존재이다. 감각이 떨어지는 아이들은 약분을 할 때에 2나 5 또는 3으로 여러 번 나눈다. 그러니 할 수 없는 것이 아니라 귀찮은 것쯤으로 여겨진다. 큰 수로 약분을 했으면 좋겠지만, 잘 떠오르지 않고 약분을 안 하면 틀렸다고 하니 연습할 때는 안 하더라도 시험 때는 꼭 하겠다고도 한다. 그러나 실제 시험에서도 약분을 안 해서 틀리는 것은 비단 초등학생의 문제가 아니라 많은 중학생들에게서도 일어나는 흔한 일이다.

기약분수로 만들지 않으면 틀리는 이유

주로 나눗셈의 실력 부족과 연습 부족이 원인이지만, 하기가 어렵고 싫으며 귀찮을수록 피해 가는 것이 인지상정이다. 약분이 하기 싫은 아이들이 "같으면 아무거나 써도 되는 것이지 왜 틀리냐?"고 항변하기도 한다. 약분을 안 하면 틀리는 이유를 알려주어야 한다. $\frac{2}{4} = \frac{1}{2}$에서 $\frac{2}{4}$와 $\frac{1}{2}$는 같다는 기호로 연결되어 있으니 '같다.'는 아이의 주장은 일리가 아주 없는 주장은 아니다. 그러나 첫째, $\frac{1}{2} =$

$\frac{2}{4} = \frac{3}{6} = \cdots$에서 $\frac{1}{2}$은 대푯값으로써의 의미를 갖는다. 예를 들어 $\frac{88}{176}$을 기약분수로 만들면 $\frac{1}{2}$인데 어느 것이 더 분명해 보이나요? 둘째, $\frac{2}{4}$와 $\frac{1}{2}$의 크기로 보면 같지만, 비율(512쪽 참조)이라는 관점에서 보면 다른 수이다. $\frac{2}{4}$은 4개 중에 2개라는 뜻이고 $\frac{1}{2}$은 2개 중에 1개라는 뜻에서는 다른 수이다. 정확한 것은 초등학교의 6학년에서 비율에 관하여 배워야 좀 더 정확하게 이해하겠지만, 그때도 정확한 이유는 어차피 알려주지 않으니 지금이라도 알려주면 된다. 약분을 안 하면 초등학교뿐만 아니라 중고등학교에서도 모두 틀린다.

'배분과 약분'이 혼동되는 경우

'한 분수의 분모와 분자에 0이 아닌 같은 수를 곱하거나 같은 수를 나누어도 분수의 크기는 같다.'라고 한 '분수의 위대한 성질'을 설명하면서 두 가지에 대한 설명을 하지 않았다. 첫째는 '한 분수'라는 말을 명기하고 있는 이유이다. 이것은 한 분수에서 이루어지는 것이 당연하니 쓸데없는 사족이지만 아이들이 혼동하기에 미연에 방지하고자 붙인 것이다. 대표적인 예를 들어보면 $1\frac{4}{8}$를 약분하라고 하면 간혹 먼저 가분수인 $\frac{12}{8}$로 고치고 나서 약분하여 $\frac{3}{2} = 1\frac{1}{2}$이라는 긴 과정의 답을 내는 학생들이 있다. $1\frac{4}{8} = 1 + \frac{4}{8} = 1 + \frac{4 \div 4}{8 \div 4} = 1 + \frac{1}{2} = 1\frac{1}{2}$로 분모와 분자에 같은 수로 나누는 것에 위배되지 않는다. 또 사칙연산을 모두 배운 6학년에서 '$\frac{2}{5} + \frac{3}{4}$를 잘 못 약분하여 $\frac{1}{5} + \frac{3}{2}$'로 나타내는 아이들이 심심치 않게 발생한다. 약분은 한 분수에서 이루어지는 것으로 서로 다른 분수의 분모와 분자는 절대 약분할 수 없다. 이런 설명에 $\frac{2}{5} \times \frac{3}{4}$의 계산에서는 서로 다른 분수에서 약분이 이루어지지 않느냐고 생각할 수도 있다. $\frac{2}{5} \times \frac{3}{4}$은 $\frac{2 \times 3}{5 \times 4}$라는 중간 과정을 거치는데 $\frac{2 \times 3}{5 \times 4}$은 하나의 분수이다. 따라서 $\frac{2 \times 3}{5 \times 4} \div \frac{2}{2}$라는 약분을 할 수 있기 때문이다. 이런 과정을 모두 하게 되면 분수의 곱하기가 무척 번거롭기 때문에 미리 약분하도록 알고리즘을 만든 것이다. 둘째, 왜 0으로 곱하거나 나누면 안 되느냐는 설명을 하지 않았다. 0으로 나누면 안 되는 이유는 326쪽에 설명하였다. 분모와 분자에 0을 곱하면 분모가 0이 되어 분수(127쪽 참조)가 되지 않기 때문이라고 간략하게 설명하면 된다. 물론 이 개념은 중고등학교를 거치면서 '부정과 불능'이라는 개념으로 계속 발전하는 것으로 중요한 것이기는 하나 당장은 아이에게 설명이 어렵기에 여기에서 멈춘다. 이러한 것들은 나중에 배우는 등식의 성질과 혼동하여 많은 중고생들이 오답을 일으키곤 한다. 등식의 성질에 따라 양변에 같은 수를 나누는 것을 약분이라고 한다든지, 분수계수의 방정식의 양변에 최소공배수를 곱하는 과정을 통분이라고 하는 것이 대표적인 것이다. 용어만 혼동되지 푸는 것은 같다고 할지도 모르겠지만, 이것은 학생이 불안을 지속하게 하는 또 하나의 원인이 된다. 또한 등식의 성질에는 양변에 0을 곱해도 되지만, 분수의 위대한 성질에서는 분모와 분자에 0을 곱해서는 안 된다. 수학에서 가장 중요한 '등식의 성질'이 혼동되게 하면 곤란하다.

약분의 최종 정리

약분을 잘하기 위해서는 가장 기본적으로 초등 3학년에서 나눗셈을 암산이 되도록 충분히 해야 한다. 그런데 나눗셈을 아무리 잘해도 초5에서나 중고등학교에서 약분을 못 하는 일이 벌어진다. 아이가 못 배운 개념이 있어서다. 약분은 쉬운 것인데, 귀찮을 뿐이지 그런 문제가 어디 있냐고 반문하실지도 모르겠다. 그럼 학부모님이 두 분수 $\frac{26}{65}$, $\frac{2025}{2028}$를 직접 약분해보라. $\frac{26}{65}$를 약분하지 못했다면 당장 분수의 곱하기에서 아이가 이런 문제에서 약분을 못해서 틀릴 것이다. 앞서 60전까지의 소수를 외우게 하고 13의 배수를 외우게 했던 이유다. 초등에서 소수를 배우지 않았지만, 문제는 나오고 있다. 또 $\frac{2025}{2028}$와 같이 큰 수를 약분하라는 문제가 중고등학교에서 나올리 없다고 생각할지 모르겠다. 물론 약분만 하라는 중고등문제는 없다. 예를 들어 "~한 수를 $\frac{q}{p}$(단 p, q는 서로소)할 때, 상수 $p+q$의 값을 구하여라."와 같이 문제의 일부분으로 큰 수의 약분이 나온다. 물론 초중등에의 어느 과정에서도 큰 수의 약분은 연습한 적이 없다. 아마 배수판별법을 배운 학부모는 $\frac{2025}{2028} = \frac{675}{676}$까지 해놓고

$\frac{675}{676}$이 약분이 되는지 여부를 고민하고 계실지 모르겠다. 그래서 약분을 연습했다면 다음과 같은 순서로 약분하였을 때, 모든 약분을 할 수 있다.

첫째, 공약수로 구구단을 생각하고 될 수 있으면 큰 구구단으로 나누려고 해야 한다. 예를 들어 2로 세 번 나눌 것이 아니라 8로 나누어야 한다. 또 2로도 나누어지고 3으로도 나누어지면, 3으로 나누는 것이 아니라 6으로 나누어야 한다.

둘째, 구구단으로 안 되면 소수로 나눌 생각을 해야 하는데, 특히 13, 17, 19의 배수를 우선 생각한다.

셋째, 분모와 분자가 세 자릿수 이상의 큰 수들이라면 '서로 다른 두 수를 빼도 최대공약수가 보존된다.'는 개념으로 푼다. G를 최대공약수라고 할 때, $\frac{b \times G}{a \times G}$를 기약분수로 한다는 것은 최대공약수를 찾아서 분모와 분자를 나누는 것이다. 이런 관점에서 $a \times G - b \times G = (a-b) \times G$처럼 서로 다른 두 수를 빼서 나온 수에 여전히 없어지지 않고 최대공약수가 보존되어 있다는 것이다. $\frac{2025}{2028}$의 문제에서 $2028 - 2025 = 3$으로 최대공약수를 찾고, $\frac{675}{676}$에서 $676 - 675 = 1$로 약분이 안 되는 것을 쉽게 알아낼 수 있다는 것이다. 필자가 초등학교에서 분모와 분자를 빼서 이런 일이 벌어지는 것을 보았는데, 그때는 우연인 줄로만 알았었다. 그런데 초등학생들에게 가르치기가 어렵다고 아우성치는 소리가 들리는 것 같다. 필자가 이 개념을 만들어내는데 10년이 넘게 걸렸고 중고등학교의 문제를 풀려고 만들었다. 이해가 안 되었다 해도 괜찮다. 필자의 중고등학교의 책에서 다시 언급할 것이고, 어차피 큰 수의 약분은 초등에서 나오는 것이 아니라 중고등학교에서 나오는 것이다. 만약 이것을 이해했다면 실질적으로는 분모와 분자가 두 자릿수인 초등에서 연습해도 좋을 것이다.

1-18
소수의 성질은 모두 분수로 설명하라

아이들은 알게 모르게 이미 많은 지식을 갖고 있다. 그런데 어떤 지식은 정확하지만 그렇지 않은 지식도 있다. 확실하게 형성된 지식은 계속해서 지식을 쌓는데 촉진제 역할을 하지만 부족하거나 오개념들은 오히려 학습을 방해한다. 정확성을 기반으로 하지 않는 교육 방법이 지속되면 아이는 자신의 답이 정답인지를 확신하지 못하고 "선생님, 이거 답 맞아요?"라며 답지나 선생님의 말에만 의지하게 된다. 초등학교에서 대부분 외워서 해결하는 대표적인 것이 아마 '소수와 관련된 것'이 아닌가 싶어서 하는 말이다.

16세기 네덜란드 수학자 시몬 스테빈에 의해 발명된 소수는 십진기수법과 찰떡궁합이다. 너무도 잘 만들어서 많은 연습이 필요가 없다. 연습이 그래서 소수 자체에 대한 이해는 자연수의 자릿값을 알려주는 연속선상에서 자연스럽게 가르치면 된다. 특히 소수의 덧셈과 뺄셈은 자연수의 자릿값을 맞추는 것으로 많은 연습이 필요가 없다. 그럼에도 불구하고 교과서가 많은 연습을 시키는 이유는 부족한 자연수의 사칙계산을 훈련시키기 위한 목적으로 보인다. 다만 소수의 곱셈과 나눗셈을 교과서가 기술로 알려주면서 아이들이 혼동을 겪는다. 모든 유한소수(소수점 아래의 수가 끝이 있는 소수)는 분모를 10의 거듭제곱으로 하는 분수로 바꿀 수 있다. 따라서 모든 소수의 곱셈과 나눗셈은 분수의 곱셈과 나눗셈으로 바꿀 수 있다. 설사 소수의 곱셈과 나눗셈의 계산 기술은 그 원리가 모두 분수의 셈으로부터 나온다. 따라서 아이에게 소수의 곱셈과 나눗셈을 분수로 바꿔서 계산해도 된다는 것을 알려준다면 소수의 계산 원리를 잊어버려도 된다.

⟨수학교과서⟩

$\frac{1}{10}, \frac{2}{10}, \frac{3}{10}, \cdots, \frac{9}{10}$를 0.1, 0.2, 0.3, ⋯, 0.9라 쓰고 영 점 일, 영 점 이, 영 점 삼, ⋯, 영 점 구라고 읽습니다. 0.1, 0.2, 0.3과 같은 수를 소수라고 하고 '.'을 소수점이라고 합니다.

분수 $\frac{1}{100}$은 소수로 0.01이라고 쓰고, 영 점 영일이라고 읽습니다.

분수 $\frac{1}{1000}$은 소수로 0.001이라고 쓰고, 영 점 영영일이라고 읽습니다.

〈조소장의 한줄개념 26〉

소수 두 자릿수는 소수점 아래의 수가 2개인 수이다.

'두 자리 수'와 '두 자릿수'를 두고 수학교과서와 한글맞춤법 간의 혼동이 있는데, 필자가 보기에 구분의 실익이 없다. 세 자릿수는 '자리가 세 개인 자연수'이고, 소수 세 자릿수는 소수점 아래의 수가 3개인 수이다. 따라서 자연수 부분에 대한 말이 없으니, 자연수 부분은 자연수의 정의 요건만 갖춘다면 자연수의 자릿수와는 상관이 없다는 말이다.

Q 다음 소수 두 자릿수를 찾아라.

① 0.3 ② 02.03 ③ 12.3 ④ 12,03 ⑤ 12.30

답: ⑤

소수 두 자릿수는 소수점 아래의 자리가 2개인 수이니 ②, ④, ⑤라고 착각할 수 있는데, 잘 보면 ④는 점(.)이 아니라 콤마(,)이다. ②에서 자연수 부분 02가 수가 아니니 '02.03'는 수가 아니다. ⑤는 12.30가 12.3과 같으니 소수 한 자릿수라고 생각하면 안 된다. 12.3는 소수 한 자릿수이고 12.30는 소수 두 자릿수다.

소수의 자릿값

소수의 수 자체에 대한 이해를 높이려면 소수의 자릿값을 가르쳐야 한다. 그런데 규칙을 가르치려면 작은 수에서가 아니라 오히려 큰 수를 가지고 해야 한다. 만일 3456.789라는 소수가 있다면 소수점의 왼쪽의 수는 자연수이고 오른쪽의 수는 1보다 작은 소수부분이니 3456＋0.789로 분리할 수 있다. 이것을 읽을 때 자연수 부분은 그대로 '삼천사백오십육'이라고 읽고, 소수점 아래 부분은 하나씩 끊어 읽어서 '칠팔구'라고 읽는다. 따라서 3456.789는 '삼천사백오십육 점 칠팔구'라고 읽는다. 그런데 소수에서 중요한 것은 자릿값이다.

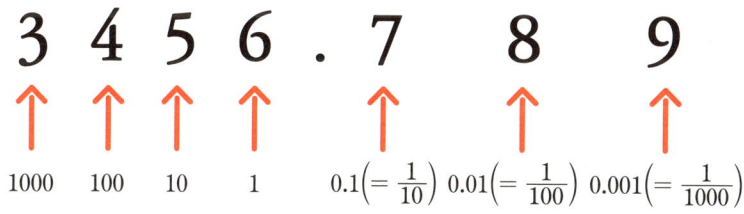

여기에서 중요한 것은 자연수 부분이나 소수부분이나 똑같이 왼쪽으로 수가 이동하면 자릿값이 10배씩 커진다는 사실이다. 거꾸로 오른쪽으로 갈수록 $\frac{1}{10}$(÷10)로 작아진다. 아이들이 소수를 쉬워하는 것은 바로 자연수와 같은 원리이기 때문이다. 그럼에도 혼동의 우려가 있어서 필자는 다음처럼 물어본다.

 0.01이 0.07이 되려면 몇 개 있어야 되니?
 7개요.

🧑‍🦱 0.01이 0.27이 되려면 몇 개 있어야 되니?

🧒 27개요.

🧑‍🦱 0.01이 1.27이 되려면 몇 개 있어야 되니?

🧒 127개요.

🧑‍🦱 0.01이 10.27이 되려면 몇 개 있어야 되니?

🧒 1027개요.

🧑‍🦱 0.01이 1이 되려면 몇 개 있어야 되니?

🧒 100개요.

🧑‍🦱 0.01이 10이 되려면 몇 개 있어야 되니?

🧒 1000개요.

🧑‍🦱 하산하거라.

〈조소장의 한줄개념 27〉

소수는 소수끼리, 분수는 분수끼리 계산된다.

"수만이 계산되고, 같은 수일지라도 기준이 같아야 계산된다."라고 하였다. 따라서 분수와 소수의 계산이 있다면 당연히 '소수와 소수' 또는 '분수와 분수'의 계산으로 바꿔야 한다. 그런데 이 중에 어느 것이 더 좋으냐를 판단해야 한다. 그러려면 각각의 장단점 알아야 한다.

자연수와 소수가 소수점으로 분리되지만 그 체계는 연속성을 갖는다. 그래서 소수의 크기 비교는 자연수처럼 앞 자릿수가 큰 수가 크다. 소수의 덧셈과 뺄셈도 자연수처럼 같은 자릿값끼리 더하고 빼면 되기 때문에 모처럼 쉬운 것이 나왔다고 아이들이 좋아할 것이다. 그런데 문제는 소수의 곱셈과 나눗셈이다. 그래서 어떤 방법으로 이해하고 계산해야 하는지에 대한 판단이 속도와 오답을 좌우한다.

1) '소수끼리'가 '분수끼리'보다 수의 크기를 비교하기 좋다.
2) 덧셈과 뺄셈에서 '소수끼리'가 '분수끼리'보다 계산이 편하다.
3) 곱셈과 나눗셈은 '소수끼리'보다 '분수끼리'가 편한 경우가 더 많다.
4) '소수끼리'의 곱셈과 나눗셈의 기술에 대한 원리가 모두 분수의 계산으로부터 나온다.

소수의 계산에서 틀린 아이들이 가장 많이 하는 말이 "소수의 연산은 쉬운데 간혹 헷갈려서 틀릴 뿐이에요."이다. 그래서 아이들 중에는 분수보다 무조건 소수가 좋다는 아이들도 많다. 소수가 좋은 것이 아니라 상대적으로 분수가 싫은 것이다. 그만큼 분수의 실력이 부족하다는 신호로 알고 분수의 사칙계산에 대한 실력을 높여야 한다. 덧셈과 뺄셈이나 크기 비교 등은 소수끼리의 계산이 편하지만, 곱셈과 나눗셈은 분수끼리의 계산이 편하다. 설사 소수끼리의 곱셈과 나눗셈을 하더라도 그 원리를 위해서는 '소수끼리의 계산'

과 '분수끼리의 계산'을 비교하게 시켜야 할 것이다.

소수의 곱셈과 나눗셈

0.3×0.2의 답은 0.06인데, 0.6이라고 했다면 아이는 제대로 공부하고 있는 것이 아니다. 1보다 작은 수를 곱하면 더 작아진다는 것을 모르는 아이에게 '화를 꾹 참고 생각보다 답이 너무 큰 것 같은데, …'라고 해봤자 아이는 이 답에 대해서 아무런 생각이 없다. 아이가 혼동하고 있는 것은 0.3+0.2=0.5처럼 소수점의 자리를 맞추어서 답을 쓴 것이다. 교과서는 20쪽에 걸쳐서 (소수)×(자연수), (자연수)×(소수), (소수)×(소수)를 배우고 소수의 곱셈에서 소수점의 위치에 관한 규칙을 발견하라고 한다. 규칙을 발견하지 못했으니 이 과정을 다시 공부한다 해도 사실 별소용이 없다. 그래서 보통 소수의 곱셈을 가르칠 때, 소수점 아래의 숫자만큼 이동하여 소수점을 찍으라고 가르친다. 이것은 소수점을 이동하는 원인은 모르고 푸는 방법을 알려주는 알고리즘에 불과하다. 훈련과 연습을 아무리 많이 한다고 해도 수학적 의미를 깨닫게 되지 못할 가능성이 더 높다. 이해 없이 알고리즘만 알려주면 절차적 지식만 쌓이는데 이유를 모르기에 이런 상태로 많은 문제만 푼다고 해결되지는 않는다. 새로운 지식을 발견하기를 바라거나 그냥 그렇게 외우라는 식으로 가르치면 안 된다. 완전히 새로운 지식은 없다. 대부분은 아이

가 이전에 배운 지식으로 연결할 수 있는 통로가 있다. 대부분 소수와 관련된 것은 분수로부터 개념을 가져오는 경우가 많다. 위와 같은 문제도 단순히 분수로만 바꾸어 $0.3 \times 0.2 = \frac{3}{10} \times \frac{2}{10} = \frac{6}{100} = 0.06$이라고 몇 번만 풀면서 소수점이 이동하는 원인을 이해만 했어도 그렇게 많은 아이들이 혼동하지는 않을 것이다.

소수의 나눗셈도 마찬가지다. 교과서는 두 단원(44쪽의 분량)에 걸쳐서 (소수)÷(자연수), (자연수)÷(자연수), (소수)÷(소수)를 배우고 소수점의 이동에 대해서 발견하라고 한다. 이런 거 중고등수학에서 나오지도 않는다. 재미도 없고 쓰임새도 없는 이런 불필요한 연산을 왜 오랫동안 가르치는지 이해할 수가 없다. 설사 나온다 해도 간단한 (소수)÷(자연수)이 나올 뿐이고 이런 경우 분수로 바꾸면 해결된다. 안 가르쳐도 된다는 말이다. 특히 '7.92÷0.66'과 같은 큰 (소수)÷(소수)를 자꾸 시키는 이유는 초등 4학년에서 아이들이 어려워했던 (세 자릿수)÷(두 자릿수)를 또 시키려는 의도로 보인다. '7.92÷0.66'와 '792÷66'는 근본적으로 같은 문제이다. 초등 4학년의 (세 자릿수)÷(두 자릿수)는 중요한 것이 아니니 설사 못하더라도 괜찮다고 하였고 그 이유는 분수로 만들면 되기 때문이다. '792÷66'와 같은 (세 자릿수)÷(두 자릿수)를 못해도 되는 이유는 이것을 분수로 바꾸고 '분수의 위대한 성질을 이용하면 될 뿐이다. (세 자릿수)÷(두 자릿수)를 못하는 초등생이 많지만, 중고등수학에서 이것 때문에 문제가 되었다는 학생을 본 적이 없다.

$792 \div 66 = \frac{792}{66} = \frac{132}{11} = 12$처럼 분수로 처리하면 되고, 소수의 나눗셈도 $7.92 \div 0.66 = \frac{7.92}{0.66} = \frac{792}{66} = \frac{132}{11} = 12$처럼 똑같이 분수로 처리하면 된다.

Q 다음 계산을 하고 그 답을 소수로 나타내어라.

(1) $4.8 \div 0.3$ (2) $19.6 \div 4$ (3) $6.25 \div 2.5$ (4) $5 \div 1.25$

답: (1) 16 (2) 4.9 (3) 2.5 (4) 4

분수와 (분수)÷(분수)의 두 가지 방법 중 편해 보이는 방법으로 풀겠다. 분수의 나눗셈이 어렵다면, 소수의 나눗셈은 초등 6학년의 과정이니, 분수의 나눗셈을 하고 풀기를 바란다. (1) $\frac{4.8}{0.3} = \frac{48}{3} = 16$
(2) $\frac{19.6}{4} = \frac{196}{40} = \frac{49}{10} = 4.9$ (답을 소수로 나타낼 때는 분모가 10, 100 등이 나오면 그만 약분하는 것이 좋다.)
(3) $6\frac{1}{4} \div 2\frac{1}{2} = \frac{25}{4} \div \frac{5}{2} = \frac{25}{4} \times \frac{2}{5} = \frac{5}{2} = 2\frac{1}{2} = 2.5$
(4) $\frac{5}{1} \div 1\frac{1}{4} = \frac{5}{1} \div \frac{5}{4} = \frac{5}{1} \times \frac{4}{5} = 4$

1-19
7개의 소수만 외워라

필자가 만든 초중고의 수백 개의 학습지 중에 소수는 단 4권에 불과하다. 그중에서 2권은 지금 가르치려고 하는 소수 7개와 그에 따른 확장과 관련된 문제들이다. 왜 소수를 7개만 외우라고 했는지 그리고 7개로 얼마나 확장되는지를 알아보는 것도 하나의 관전 포인트다.

앞서 (소수)×(소수)에 대한 이해를 분수로 하라고 했다. (분수)×(소수)의 셈은 어떻게 해야 할까? 분수를 소수로 또는 소수를 분수로 고쳐서 같은 수의 계산인 (소수)×(소수)나 (분수)×(분수)로 해야 한다. 대부분 (분수)×(분수)의 계산이 편하겠지만 결국 소수와 분수의 교환이 잘되어야 한다는 말이다. '그 많은 소수와 분수를 어떻게 교환시키냐?'라는 생각이 들지도 모르겠다. 먼저 분모가

10 이하인 단위분수를 생각해 보자! $\frac{1}{2}, \frac{1}{3}, \frac{1}{4}, \frac{1}{5}, \frac{1}{6}, \frac{1}{7}, \frac{1}{8}, \frac{1}{9}, \frac{1}{10}$ 중에 소수점 아래의 수가 딱 떨어지는 소수(유한소수)가 되는 것은 $\frac{1}{2}$, $\frac{1}{4}, \frac{1}{5}, \frac{1}{8}, \frac{1}{10}$이고 나머지는 소수점 아래의 수가 무한히 반복되는 소수(무한소수)이다. 분수를 무한소수로 바꿔서 소수끼리 계산할 수는 없다. 따라서 무한소수로 만들어지는 분수를 당연히 소수로 요구하지도 않는다. 결국 문제가 되는 것은 유한소수로 바꿀 수 있는 것들인데 이 중에 $\frac{1}{5}$과 $\frac{1}{10}$은 쉽고 이미 알고 있다. 그렇다면 $\frac{1}{2}$, $\frac{1}{4}, \frac{1}{8}$ 계열의 소수 즉, $\frac{1}{2}, \frac{1}{4}, \frac{3}{4}, \frac{1}{8}, \frac{3}{8}, \frac{5}{8}, \frac{7}{8}$의 7개만 정확히 알면 대다수의 소수와 분수의 교환은 이루어진다. 분모가 더 큰 분수는 어떻게 하느냐고요? 중고등학교에서 큰 수가 많이 나오지도 않으며 더군다나 큰 소수의 곱은 나오지 않는다. 설사 나온다 해도 이 7개의 확장으로 거의 대부분 해결된다. 대신 이 7개만큼은 많은 시간을 들여서라도 가르쳐야 된다. 이들 7개의 분수와 소수의 상호교환을 거의 2달가량을 연습시키는데, 시기적으로는 연속성을 위해 분수의 덧뺄셈의 중간부터 분수의 곱셈을 연습하기 전까지 어느 정도 확실하게 나오게 연습해야 한다. 7개의 소수만 확실히 잡으면 당장 5~6학년도 도움이 되겠지만 중고등학교를 거쳐도 소수 때문에 거의 더 이상의 문제가 되지는 않는다. **외워야 하는 7개의 분수**는 $\frac{1}{2} = 0.5, \ \frac{1}{4} = 0.25, \ \frac{3}{4} = 0.75, \ \frac{1}{8} = 0.125, \ \frac{3}{8} = 0.375, \ \frac{5}{8} = 0.625,$ $\frac{7}{8} = 0.875$다.

필자가 6학년 때 학교선생님이 교실의 학생들에게 0.625가 분수로 무엇이냐고 물어본 적이 있었다. 필자가 $\frac{625}{1000}$를 적고 분모와 분자를 5로 나누려는 참인데, 어떤 아이가 $\frac{5}{8}$라는 답을 말하고 선생님이 "맞았다."라는 말을 하셨다. 이후 $\frac{625}{1000}$를 약분할 의욕을 잃었던 기억이 있다. $\frac{625}{1000}$가 $\frac{5}{8}$로 약분되기 위해서는 분모와 분자를 5로 나누는 작업을 6번을 해야 한다. 이 7개는 매번 나올 뿐만 아니라 확장의 폭도 넓다. 계속 나오기로 되어있는 이런 것들을 어설프게 외워서는 안 된다. 이 7개 중에서도 기본이 되는 것은 $\frac{1}{2}$, $\frac{1}{4}$, $\frac{1}{8}$이다. 이것부터 해결해 보자.

의 반이 뭐야?

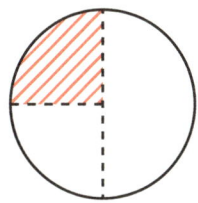

뭐라고, 이게 이라고? 아니야.

역시 아니지요. 모르겠어요.

내가 선 하나만 그려도 금방 알텐데. 이렇게 하면 알겠니?

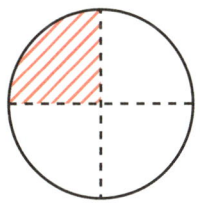

🧒 이제 알아요. $\frac{1}{4}$이지요.

👨 (이때 등분을 다시 알려주어도 된다). $\frac{1}{4}$의 반이 뭐야?

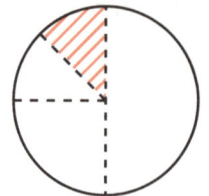

🧒 $\frac{1}{8}$요.

👨 $\frac{1}{8}$의 반은 안 물어본다.

🧒 에이, 알아요. $\frac{1}{16}$이죠?

👨 그래. 그런데 안 물어본다고 했지.

(위의 질문들은 한꺼번에 여러 번 연습시키기보다는 다음 질문에서 잘 대답을 못할 때만 물어보아도 충분하다.)

👨 $\frac{1}{2}$이 소수로 뭐야?

🧒 알아요. 0.5요. (아이가 알지 못하면 $\frac{1}{2} = \frac{5}{10} = 0.5$로 알려주거나 6학년에서 알려주는 방법대로 직접 세로셈으로 소수점 아래까지 나누기를 하면 된다.)

👨 $\frac{1}{4}$은 소수로 뭐야?

🧒 그걸 어떻게 알아요?

👨 $\frac{1}{2}$의 반이 $\frac{1}{4}$이 잖아. 그럼 0.5의 반은 뭐야?

🧒 못 나누어요.

👨 0.5는 0.50과 같지. 그럼, 50의 반은 뭐야?

🧑 25이니까, 0.25요.

🧑 $\frac{1}{8}$은 소수로 뭐야?

🧑 이것도 어려운데요.

🧑 마찬가지로 0.25의 반이겠지. 0.250의 반이 뭐야?

🧑 잠깐만요. 나누어봐야 해요.

🧑 직접 나누지 않고도 할 수 있어. 250원이 있다면 먼저 100원씩 나누어 갖고 나머지 50원도 반으로 나누면 되잖아.

🧑 125니까 0.125요.

🧑 $\frac{1}{2}=0.5, \frac{1}{4}=0.25, \frac{1}{8}=0.125$를 확실하게 외워야 해!

이 세 개를 확실하게 외울 때까지 계속 물어보다가 나머지 4개를 차례로 알려준다. $\frac{3}{4}$은 $\frac{1}{4}$이 3개 더해진 것이니 $0.25 \times 3 = 0.75$, $\frac{3}{8}$은 $\frac{1}{8}$이 3개 더해진 것이니 $0.125 \times 3 = 0.375$, $\frac{5}{8}$은 $\frac{1}{8}$이 5개 더해진 것이니 $0.125 \times 5 = 0.625$, $\frac{7}{8}$은 $\frac{1}{8}$이 7개 더해진 것이니 $0.125 \times 7 = 0.875$를 만들어 보게 한다. 그런데 $\frac{5}{8}$와 $\frac{7}{8}$은 암산이 버겁다. $\frac{5}{8}$는 0.625라서 "이거 못 외울 때면 항상 머리에 전쟁(625전쟁) 난다."며 노트 등으로 머리를 살짝 때리는 시늉만 해도 안 맞으려고 잊어버리지 않아 재미있게 외울 수 있다. $\frac{7}{8}$은 분모와 분자의 수인 8과 7의 관계 속에서 0.'87'5을 외우게 시키면 쉽게 기억하게 된다. 물론 소수를 다시 분수로 바꾸는 연습을 해야 한다. 이 부분만 충실히 해도 소수는 충분하다. 고등학교까지 사용할 것이니 항상 그렇듯이 이 부분을 할 줄 안다고 넘어가서는 안 된다.

가장 먼저는 더해서 100, 1000이 되는 수들과 7개 분수와의 관계를 연관시키는 것이다. 7개 이외의 확장을 7개가 확실히 외워진 아이들은 어려워하지 않는다. 그리고 대부분 분모가 10 이상인 분수는 대부분 10의 배수나 5의 배수라서 그냥 만들어 써도 큰 문제 없다. 확장의 연습을 하면서 다음처럼 추가로 물어보면 도움이 된다.

🧑 1000의 반이 뭐야?

🧑 500요.

🧑 500의 반이 뭐야?

🧑 250요.

🧑 250의 반이 뭐야?

🧑 125요.

🧑 1000을 한꺼번에 나누어서 125가 되려면 무엇으로 나누어야 하나?

🧑 8요.

🧑 1000 나누기 8이 뭐야?

🧑 125요.

🧑 1000 나누기 125가 뭐야?

🧑 8요.

🧑 와, 네 자릿수 나누기 세 자릿수도 잘하네.

🧑 ㅎㅎ

🧑 125를 3번 더하면 얼마야?

- 375요.
- 125를 5번 더하면 얼마야?
- 625요.
- 125를 7번 더하면 얼마야?
- 875요.
- 125를 8번 더하면 얼마야?
- 1000이요.
- 좋아. 125×16이 얼마야?
- 2000이요.
- 125×8×2=1000×2를 한 거야?
- 그럼요. 그 정도는 해요.
- 5×5는 뭐야?
- 25요.
- 5×5×5는 뭐야?
- 125요.
- 5×5×5×5는 뭐야?
- 625요. 오! 그렇군요.
- 5을 4번 곱하면 얼마야?
- 625요. 안다니까요?

그 밖에도 100과 20과의 관계, 100과 25와의 관계를 "25가 100이 되려면 얼마를 곱해야 하나?" "4가 100이 되려면 얼마를 곱해야 하나?" 등 위처럼 물어보면 수 감각이 많이 올라가게 된다. 7개가 잘 된다고 생각되면 그다음으로 $0.05 = \frac{1}{20}$의 계열을 알려준다. '$0.5 = \frac{1}{2} \Rightarrow 0.05 = \frac{1}{20}$'의 관계를 알려주고 다음을 물어보면 아이가 약간 머뭇거릴 수는 있지만 모두 대답할 수 있을 것이다.

🧑‍🦰 0.05가 분수로 뭐야?

🧑 $\frac{1}{20}$이요.

🧑‍🦰 0.15가 분수로 뭐야?

🧑 $\frac{3}{20}$이요.

🧑‍🦰 0.25가 분수로 뭐야?

🧑 $\frac{5}{20}$요.

🧑‍🦰 틀렸어.

🧑 아차차. $\frac{1}{4}$요.

🧑‍🦰 아직 소수 7개가 확실하지 않은 거야.

🧑 그러네요.

⋮

$0.05 = \frac{1}{20}$, $0.15 = \frac{3}{20}$, $0.35 = \frac{7}{20}$, $0.45 = \frac{9}{20}$, $0.55 = \frac{11}{20}$, $0.65 = \frac{13}{20}$, $0.85 = \frac{17}{20}$, $0.95 = \frac{19}{20}$

'$0.5 = \frac{1}{2} \Rightarrow 0.05 = \frac{1}{20}$'의 관계를 알려주었으니 잘 사용하지는 않으나 $0.025 = \frac{1}{40}$, $0.075 = \frac{3}{40}$, $0.0125 = \frac{1}{80}$, $0.0375 = \frac{3}{80}$, $0.0625 = \frac{5}{80}$,

$0.0875 = \frac{7}{80}$이 된다. 그다음은 자연수 부분이 있는 소수(대소수)를 대분수로 바꾸는 것이 연습 대상이다.

🧑 1.5가 분수로 뭐야?

🧑 $\frac{3}{2}$이요.

🧑 왜?

🧑 이잖아요.

🧑 1.5가 1+0.5이고, 0.5가 $\frac{1}{2}$인 것을 열심히 연습한 사람이 그렇게 할 필요가 있을까?

🧑 그러네요.

🧑 6.25가 분수로 뭐야?

🧑 $6\frac{1}{4}$요.

🧑 8.75가 분수로 뭐야?

🧑 $8\frac{3}{4}$요.

🧑 20.05가 분수로 뭐야?

🧑 $20\frac{1}{20}$요.

1-20
소수는 10, 100, 1000과 친해요

7개를 외우면 간단한 분수를 소수로 만들기나 소수를 분수로 만들기는 어려워하지 않는다. 만약 외우지 않는다면 0.375를 $\frac{375}{1000}$로 놓고 최대공약수인 125로 나누어 $\frac{3}{8}$로 나왔으면 좋겠지만, 이것은 외운 사람들이나 하는 것이다. 외우거나 연습하지 않았다면 5로 분모와 분자를 6번을 나누는 과정에서 오답이 나오거나 짜증을 유발하는 경우가 많다. 소수를 분수로 만드는 것은 초등에서 소수점 아래의 수가 많아야 4개 정도이니 분모에 소수점 아래의 개수를 보고 10, 100, 1000, 10000을 쓰면 된다. 필자도 "소수점 아래의 개수만큼 분모에 0을 쓰고 1을 붙여준 수이니 어렵지 않다."고 생각해서 넘어 갔다가 최근 중고등학생들이 헷갈리는 것을 알았다. 아이들이 소수점 아래의 개수와 10, 100, 1000, 10000를 규칙이 아니라 일대일로 외웠던 것이다. 이런 하찮은 규칙도 정리해 두지 않으면 중고등학생들이 큰 수에서 혼동을 겪는 것이다. 어떻게 헷갈려 하는지 보자. '0.1234567를 분수로 나타내어라.'라는 문제가 있다고 보자. 그러면 아이들이 소수점 아래의 개수가 7개이니 손가락을 헤아리며, 일, 십, 백, 천, 만, 십만, 백만이라고 말하고 $\frac{1234567}{1000000(백만)}$라는 틀린 답을 쓰는 것이다. 분모는 10^7(8자릿수/천만)이다.

〈조소장의 한줄개념 28〉

모든 유한소수의 분모는 소수점 아래의 개수만큼 거듭제곱을 한 수이고, 분자는 소수점 아래의 수다.

참고) 분수로 나타낼 수 있는 소수 $\begin{cases} 유한소수 \\ 순환하는 무한소수 예) 0.333\cdots \end{cases}$

유한소수가 만들어지는 분수의 분모는 모두 10의 거듭제곱으로 되어있다. 그리고 곱해지는 각각의 수인 10을 소수들의 곱으로 나타내면 모두 2와 5의 곱으로 되어 있다. <mark>역으로 "분모를 소수들의 곱으로 나타내어서 2나 5의 곱들로만 만들어져 있다면, 직접 소수로 나타내는 수고를 하지 않아도 모두 유한소수가 된다는 것을 알 수 있다.</mark>"는 말이다. 이 말이 중요하지만 아이들에게 곧바로 이해되지는 않는다.

 $10 \times 10 \times 10$은 얼마니?

 1000요.

🧑‍🦱 2×5×2×5×2×5는 얼마니?

🧑 1000요.

🧑‍🦱 2×2×2×5×5×5는 얼마니?

🧑 1000요.

🧑‍🦱 8×125는 얼마니?

🧑 1000요.

🧑‍🦱 이렇게 큰 수를 어떻게 빨리 계산할 수 있니?

🧑 에이, 다 같잖아요.

10은 자연수라는 성질을 잃지 않으면서 곱으로 분해하는 최소단위 즉 소수들의 곱인 2×5로 되어 있다. 100도 소수들의 곱으로 분해하면 10×10이니 2×5×2×5로 2 두 개, 5 두 개가 곱해지고 있다. 마찬가지로 1000은 10×10×10이니 2×5×2×5×2×5로 2 세 개, 5 세 개인 수의 곱으로 되어있다. 그렇다면 10000에서 2가 몇 개 곱해져 있을까요? 당연히 2도 5도 모두 10을 나타내는 0의 개수만큼 즉 4개씩 곱해져 있는 수라는 것을 알 수 있다.

그렇다면 10의 거듭제곱은 아래 2개의 특징을 갖고 있다.

첫째, 2나 5가 아닌 수들의 곱으로 10의 거듭제곱을 만들 수 없다. 2나 5가 아닌 다른 소수 즉 3이나 7과 같은 다른 소수들에 어떤 수를 곱하든 10이나 100, 1000, 10000, 100000 등의 수로 나타낼 수 있는가를 생각해 봐야 한다. 결론은 안된다는 것을 알고 있겠지만 생각해 보라는 말이다.

둘째, 10의 거듭제곱이 되려면 2와 5의 곱해진 개수가 같아야 하고 그 개수는 거듭제곱의 수이다. 예를 들어 10^2은 $2^2 \times 5^2$, 10^3은 $2^3 \times 5^3$, 10^4은 $2^4 \times 5^4$, …등이다.

실제 문제는 다음처럼 나온다. 다음 문제들이 비록 소수와 관련하여 나오기는 하였지만 실제로는 십의 거듭제곱을 강화하여 수감각을 높이려는 의도에서이다.

Q 다음 중 분모가 100인 분수로 나타낼 수 없는 것은?

① $\frac{3}{4}$ ② $\frac{3}{5}$ ③ $\frac{8}{10}$ ④ $\frac{2}{9}$ ⑤ $\frac{4}{25}$

답: ④

한 분수에서 분수의 분모와 분자에 0이 아닌 같은 수를 곱해도 크기는 변하지 않는다는 것을 알고 있지요? 하지만 이 문제는 단순히 분모를 100인 수로 만들기 위한 것이니 분모와 같은 수를 분자에 곱해주면 되기에 분모에 곱할 수만 찾으면 된다. 그런데 100은 10^2이니 2가 두 개, 5가 두 개 곱해져야 한다. ①에서 분모 4는 2×2니 5×5인 25를 곱해주면 된다. ②에서 분모는 5가 한 개가 있으니 100이 되기 위해 곱해야 하는 나머지의 수는 5×2^2이다. ⑤에서 분수의 25는 5×5이니 추가로 분모에 2를 두 개 곱해주면 된다. 그런데 ④에서 분모 9는 3×3으로 어떤 수를 곱하여도 100을 만들 수 없다. 그러니 이 문제는 분모를 소수들의 곱으로 나타내서 그 소수가 2나 5만으로 되어 있느냐를 묻는 문제였다.

Q 분수를 소수로 고쳤을 때, 소수 두 자릿수는?

① $\frac{3}{10}$ ② $\frac{3}{8}$ ③ $\frac{24}{25}$ ④ $\frac{19}{40}$ ⑤ $\frac{13}{125}$

답: ③

이 문제는 풀기 위해 각 분수를 직접 나누어 풀어도 된다. 물론 처음에는 그렇게 해야 개념의 중요성을 인식할 수 있다. 그러나 점차 개념으로 풀어야 한다. 소수 두 자릿수는 소수점아래의 자릿수가 2개인 수이니 분모가 10^2 즉 100인 분수로 만들 수 있느냐는 문제로 변모시킬 수 있다. 그러면 답 ③이 보일 것이다. ②와 ⑤의 분모는 각각 $8 = 2^3$과 $125 = 5^3$이다. 게다가 두 수가 모두 약분이 되지 않는 분모이니 각각에 5^3과 2^3을 곱해주어야겠지만, 분모가 10^3 즉 1000이 되어 소수 세 자릿수이다. ④의 분모 40을 소수들의 곱으로 나타내면 $2^3 \times 5$이다.

Q 다음 분수를 소수로 나타낼 때, 소수점 아래의 자릿수가 가장 많은 것은?

① $\frac{11}{25}$ ② $\frac{7}{8}$ ③ $\frac{3}{16}$ ④ $\frac{17}{20}$ ⑤ $\frac{47}{50}$

답: ③

아직도 이런 문제를 직접 나누어 소수로 고쳐서 풀려는 아이는 없지요? 한두 번 해보는 것은 괜찮지만, 그런 식으로 계속 풀면 수학 자체가 점차 싫어지게 된다. 먼저 확인해야 하는 것은 약분이다. 보기의 분수 중에 약분되는 분수는 없다. 이제 분모를 소수 2 또는 5들의 곱으로 나타냈을 때, 2나 5의 거듭제곱의 개수가 많은 것이 소수점 아래의 자릿수가 많은 것이 된다. 16이 2를 4번 곱해서 만들어진 수라는 것을 알면 금방 풀었겠지만 그렇지 않다면 몹시 어려워할 수 있는 문제이다. 분모가 2나 5만의 곱들로 이루어진 분수는 유한소수이고, 그렇지 않다면 역으로 이는 중2의 순환소수를 찾는 문제가 된다. 왜냐하면 분수를 소수로 나타낼 때, 유한소수이거나 순환하는 무한소수밖에 없기 때문이다. 중2에 연결되는 문제를 지금 다룬 이유는 중학생 때도 연습할 기회는 많지 않기 때문이다. 특히 10의 거듭제곱은 고등학교의 상용로그로 이어지는 것이니 기회가 닿을 때 튼튼히 하는 것이 좋다.

1-21
미지수: 아직은 알지 못하는 수

초등학교에서는 모르는 수를 □, △, ○ 등이나 ㉮, ㉯, ㉰ 등을 사용하였는데, 중학교에 가면 이것들 대신에 x, y, z 또는 a, b, c 등을 사용하게 된다. 그런데 많은 사람들이 □, △, ○과 같은 것 대신에 x, y, z라는 문자로 쓴다는 한마디의 말로 끝낼 수 있다고 생각하는 것 같다. 미지수의 사용은 생각하는 것 이상으로 아이들이 받아들이기가 쉽지 않다. 여기에서 미지수가 갖는 의미를 몇 가지를 생각해 보자고 다루었다.

〈중학수학교과서〉
다양한 상황을 문자를 사용한 식으로 나타낼 수 있다.

〈조소장의 한줄개념 29〉

미지수는 '아직 알지 못하는 수' 즉 '모르는 수'이다.

미지수가 '아직은 알지 못하는 수'라고 했더니 나중에는 아는 수라고 생각하는 듯하다. 그런 문제가 많아서 생기는 오류다. 미래는 알 수 없으니 '아직은 알지 못하는 수'에 방점이 있는 것이 아니라 '모르는 수'에 방점이 있다.

미지수 x는 수인가? 알파벳 x는 본래 문자였으나 미지'수'라고 하였으니 수이거나 정황상 수로 다루어진다면 역시 수이다. 예를 들어 '$x+3$'이라고 하였다면, 알파벳에 3을 더할 수 없고 수만이 더해지기 때문에 이때의 x를 미지수로 받아들여야 한다. 물론 어떤 수인지 모르니 이 수가 자연수인지 정수인지 유리수인지는 아이가 좀 더 다양한 수를 받아들이면서 미지수가 될 수 있는 수가 점차 넓어질 것이다. 자칫 "모르는 수를 미지수로 사용한다고 해서 뭐가 달라질까?"라는 생각이 들 수 있다. 초등학교의 저학년에서 '어떤 수에 3을 더하면, ~'이라는 것이 나오면 아이들이 모르는 것에 3을 더해도 여전히 모르니 쓸 필요가 없다고 생각해서 식을 세우지 못하는 경우가 많았다. 그러다가 점차 '어떤 수' 대신에 □를 써야만 식을 세울 수 있었듯이 중학교에서도 모르는 것을 모르는 수인 x를 써야만 역시 식을 만들 수 있게 된다. 식이 만들어져야만 비로소 '등식의 성질'이든 '분수의 성질'이든 그동안 연습해서 아는 것들을 다시 사용할 수 있는 기반이 마련된다. 이처럼 모르는 것을 알아가는 학문이라고 하면 오버인가? 이처럼 수 대신에 문자를 사용하는 수학을 '대수'라고 하며, 대수가 중고등수학의 90% 이상을 차지하는 중요한 것이니 하나하나 잘 이해해 보자. 중고등학생도 받아들이기 어려워하는 것들이 있으니 쉽지 않을 수 있다는 점을 미리 밝힌다.

미지수 x와 y는 같은 수인가 다른 수인가?

- x와 y는 같은 수니, 다른 수니?
- 다른 수이지요. 벌써 문자부터가 다르잖아요.
- 틀렸어.
- 말도 안 돼요. 그럼 같은 수란 말이에요?
- 같은 수라고 해도 틀려.
- 같은 수도 아니고 다른 수도 아니고 그럼 뭐예요?
- 내가 언제 같은 수도 아니고 다른 수도 아니라고 했니?
- 예?! 무슨 말이에요?
- 만약 사과의 개수를 x, 배의 개수를 y라 하면 사과와 배의 개수가 같을 수도 있고 다를 수도 있지 않겠니?
- 그래서요.
- 같을 수도 있고 다를 수도 있는데, 네가 같다고 해도 틀리고 다르다고 해도 틀린다고 한 것이야.

🧑 그러네요. 그렇다고 해도 꼭 그렇게 매정하게 틀렸다고 해야 돼요.

🧑 응, 틀린 것을 맞았다고 할 수는 없잖아.

🧑 알았어요.

🧑 그래서 x와 y는 같은 수니, 다른 수니?

🧑 같을 수도 있고 다를 수도 있어요.

🧑 빙고!

$x+x$에서 두 x는 같은 수인가?

많은 중학생들에게 '$x+3$, $x+y$, $x+x$ 중에 계산이 되는 것은 무엇이니?'라고 물어보면 $x+x$만이 계산된다고 말한다. 틀렸다. 위 어느 것도 계산이 되지 않는다. 모르는 수와의 계산이 되는 것이 있겠는가? 하나하나 보자! $x+3$은 모르는 수 에 3을 더했으니 당연히 더하지 못한다. 그럼에도 $x+3$나 $x+y$을 해보라고 강제하면 많은 아이들이 $3x$, xy라고 한다. 틀렸다고 하고 하나하나 설명하면, 비로소 못 더하는 것을 아는데 왜 더하라고 해서 헷갈리게 하느냐고 한다. 이 정도에 헷갈리면 문제를 풀다가 얼마든지 오답으로 갈 수 있기 때문이다. 되는 것을 아는 것도 필요하지만, 안 되는 것을 왜 안 되는지 생각해 보지 않았기 때문이다. 수학에서 설명하지 않는 것은 대부분 당연하기 때문이고 조금만 생각해 보면 알 수 있는 것들이다. $x+x$처럼 한 문제에서 사용하는 동일한 문자는 같은 것을 나타내는 미지수이다. 같은 문자라 할지라도 모르는 수이니 여전히 더할 수는 없다. 다만 '같은 수의 더하기'이니 곱으로 표현할 수는 있다. 그래서 $x+x$를 $x\times 2$로 표현한 것은 더하기란 계산을 한 것이 아니라 좀 더 간단하게 정리한 것일 뿐이다.

〈조소장의 한줄개념 30〉
모든 수는 변수가 아니면 상수이다.

〈조소장의 한줄개념 31〉
변수는 '변하는 범위의 정해지지 않은 어떤 수'이고, 상수는 '정해진 값을 가지는 수'이다.
참고) 미지수는 변수인지 상수인지 모르기 때문에 미지수가 나오는 문제마다 출제자가 모두 지정해 주어야 한다.

우리가 배우고 있는 자연수, 분수 등 정해진 값을 가지며 변하지 않는 수를 상수라고 한다. 여기까지는 이해할 것이다. 그런데 변수가 이해하기가 까다롭다. 많은 사람들이 변수는 변하는 수라고 잘못 알고 있다. 수학에서 어떤 수이든지 변하는 수는 없다. 예를 들어 미지수 x가 변수라고 지정이 되었을 때, 주어진 범위 내에서 1이 될 수도 있고 2가 될 수도 있다는 것이지, 1에서 2로 변해가는 것이라고 생각하면 안된다는 것이다. 생각해 보면 당연한 것이지만, 대충 생각하면 혼동의 소지가 많다. 이런 말을 하면, 그렇다 하더라도 변수가 변하지 않는 수라고 하는 것이 무슨 실익이 있느냐고 반문하는 사람들이 있다. "틀린 개념을 몇 개 가지고 있어도 괜찮지 않겠느냐."라는 말로 들린다. 앞으로 방정식, 함수, 수열, 극한, 미적분 등에 나오는 모든 문제의 미지수를 변수인지 상수인지를 구분해야 한다. 중고등수학의 문제에서 미지수가 나오지 않는 것을 찾기가 어려울 정도로 많다. 만약 변수와 상수를 구분하지 못하면서 문제를 푼다면, 어떤 문제도 개념으로 수학공부를 하고 있다고 보고 어렵다. '미지수를 변수와 상수로 분류하는 것'이 학창 시절에 배운 바가 없었기 때문에 낯설게 느껴지는 학부모들이 많을 것이다. 그러나 이 책에서 앞으로 '변수가 있는 등식'을 다룰 예정이라서 부득이 다루었다.

연산을 잘하면서 수포자는 없습니다.

―조안호 선생님 말씀 중에서

2부

수학은 수만이 계산된다

수와 수에 대한 특성들을 배웠으니 이제 이 수들을 가지고 가장 먼저 +, −, ×, ÷ 등의 계산을 한다. 사람들이 계산이라는 말을 했다가 연산이라는 말을 하는데, 계산보다 연산이 보다 폭넓은 개념이다. 연산은 +, −, ×, ÷와 같은 계산뿐만 아니라 집합의 연산 등 +, −, ×, ÷를 사용하지 않으면서 새로운 무언가를 만들어내는 것을 모두 포함하는 말이다. 그래서 연산이라는 말을 하면서도 사칙계산에만 국한하여 사용할 때는 사칙연산이라고 한다. 우리는 2부에서 자연수, 분수 그리고 미지수의 사칙연산에 대해서 다루면서 +, −, ×, ÷의 의미도 함께 알아보려고 한다.

2-1
수식이란 무엇인가?

숫자는 0, 1, 2, 3, ,4, 5, 6, 7, 8, 9이고, 수는 숫자 또는 기호를 사용해서 나타낸 것이라고 했다. 또 앞으로 하나하나 다루겠지만 +, −, ×, ÷, =, >, <, ( ) 등과 같은 기호를 배우게 된다. 그러면서 아무런 설명도 없이 "식으로 나타내어라." 또는 "수식으로 나타내어라."와 같은 말을 듣는다. 그러면 눈치껏 "이런 건가 보다."하며 예측하는데, 잘못 아는 경우가 허다하다.

〈조소장의 한줄개념 32〉

수식은 수 또는 기호를 사용하여 의미 있는 덩어리를 만든 것이다.

수학에서 식은 수식을 의미한다. 수학은 수를 다루는 학문이니 당연하지 않은가? 그런데 많은 아이들이 3+2=5, (3+2)×4=20처럼 '등호가 있는 식'만을 식으로 알고 있거나 많이 알고 있다는 아이들이 기껏 '수나 문자를 계산기호와 연결한 수'라고 생각한다. 알려주지 않으면 모든 곳에서 오류 생겨날 가능성이 있는 것이 수학이다. 우선 한 문제부터 풀고 설명을 이어가겠다.

Q 다음 중 수식의 개수는?

> (가) 3   (나) 3+   (다) 3+2
> (라) 3+2=5   (마) 3+2=6   (바) 3<6

① 1개   ② 2개   ③ 4개   ④ 5개   ⑤ 6개

답: ④

'(나) 3+'를 제외하고 모두 식이라서 답은 5개다. 수학책에서 보는 것은 모두 식이라고 생각해도 무방할 정도이다. 아마 2개라고 한 아이는 등호가 있는 것을 식이라고 생각해서일 것이다. 1개라고 한 아이는 등호가 있는 식 중에서 틀린 식인 '3+2=6'를 뺐기 때문이다. 틀린 식도 식이다. 3<6를 배제한 것은 계산한 과정이 없기 때문이기도 하고, 이런 것을 부등식이라는 것을 모르기 때문이다. 답이 4개라고 한 아이는 (다), (라), (마), (바)를 생각했을 것이다. 아마 이 오답이 가장 많을 듯하다. '수'가 하나만 있어도 수식이다. 372쪽에서 보듯이 '또는'이라는 말에는 수만도 수식이 될 수 있다. 다만 '(나) 3+'는 무슨 뜻인지를 모르기 때문에 사용도 하지 않을 뿐만 아니

라 '의미 있는 덩어리'라는 말에 위배되어 수식이라고 할 수 없다.
다음과 같은 종류의 것들이 모두 식이다.

3
3+2
3+2=5
3+2<6
(3+2)×4=20
(3+2)×4<21

이제 수식이라는 것이 무엇인지를 알았으니 하나하나 수식을 구성하고 있는 계산 기호 등을 알아보자. +, −, ×, ÷, =, >, <, ( )와 같은 기호들을 잘 이해하고 또 어떤 시각으로 바라보느냐는 무척 중요한 것이다. 그래서 필자는 이 기호들을 이해하는 것이 초등학교에서 길러야 할 기초개념이라고 하고 있다. 그러나 이 뜻을 생각해 보는 경우는 드물고 거의 대부분 연산에만 치우치게 된다.

초등학교에서 연산은 중요하고 그 무엇보다도 충실히 잡아야 되는 것에는 틀림없다. 다만 이들 기호를 생각해 보는 과정이 생략되어 있음을 말하는 것이다. 이들 기호를 생각하게 해주는 것이 오래 걸리거나 힘들지는 않으니 아이와 함께 한 번 그 의미를 생각해 보는 계기가 되었으면 하는 바람이다. 그냥 가볍게 생각하기에는 "+는 더하기, -는 빼기, ×는 곱하기, ÷는 나누기이다. =은 같다는 것이고 ( )는 먼저 계산하라는 정도" 밖에 없을 것이다. 학부모의 입장에서 하나하나의 깊은 의미는 그것을 배우는 학년의 학교나 학원의 선생님들이 어련히 잘 가르쳤겠지라고 생각할 수도 있다. 그런데 실상은 이것을 많이 보기는 하여 익숙하지만 그 의미를 따져 본 적은 없었다. 처음에 배울 때는 나이가 어려서 어려우니 나중에 배울 것으로 생각하고 나중이 되어서는 예전에 배웠다고 생각하기 때문이다. 게다가 수학은 예전에 배운 것을 안다고 생각하지 모른다고 생각하며 진행하는 과목이 아니다. 아이가 못하는 것은 수학에서 항상 그야말로 개인적인 문제이니 개인이 해결해야 할 문제로 계속 남는다.

초등학교 단순 계산의 문제들에서는 이런 기호의 의미를 잘 아느냐 그렇지 않으냐란 것이 별문제가 되지 않아 보일 수 있다. 현실적으로 문제가 되는 것은 이러한 기호들을 가져다 써야만 하는 문장제 문제에서나 보통 부족 부분이 드러나게 된다. 문장제 문제는 언어의 마지막 단계인 쓰기이다. 수학도 언어이니 듣기, 말하기, 읽기, 쓰기가 있지만 듣기, 말하기 부분이 취약해서 결국 읽기와 쓰기만 남는다. 대다수 초등수학의 수와 수식을 다루는 문제는 읽고 답하는 것이 대부분이다. 그런데 문장제는 이제 쓰기를 요구하는 것이다. 문장제는 문제를 읽고 문제가 요구하는 바를 +, -, ×, ÷, =, >, <, ( ) 와 같은 기호를 사용하여 수식으로 나타내야 하는 것

이다. 읽기까지는 개념이 다소 부족하더라도 연산훈련으로 해결하였지만, 다시 연산기호를 꺼내 쓰는 일은 기호의 개념이 머릿속에 있을 때나 가능하다. 문장제 문제를 해결하기 위해서는 가장 먼저 문제를 파악하기 위해 '끊어 읽기'와 '그림 그리기'를 하는 경우가 대부분이다. 여기까지 하고 만다면 여전히 개념으로 문장제 문제를 풀고 있다고 할 수 없다. 문제에 나와 있는 개념들을 문제의 옆에다 써 놓고 풀어야 한다. 그런데, +, −, ×, ÷, =, >, <, ( ) 와 같이 매번 나오는 기호의 정의까지 써 놓는다면 그것은 과해 보인다. 이런 기호들의 정의는 머릿속에 있어야 할 것이다.

수학을 전체적으로 보면 초등학교는 수와 연산의 훈련, 중학교는 기본적인 수식의 개념, 고등학교는 중학개념의 확장과 새로운 개념의 습득 그리고 논리적 전개를 하는 과정을 거치게 된다. 연산의 과정이 끝난 중고등학교에서는 수식의 의미가 점차 더 중요해진다는 것을 말하고자 함이다. 예를 들어 중학교에서 항이라는 개념을 배우면 빼기를 의미하는 −는 없어진다. 그리고 ÷는 ×로 바뀌고 다시 ×는 생략된다. 그렇게 되면 항과 항 사이에 +만이 보이는 식이 된다. 이처럼 축약되고 없어짐으로 +, −, ×, ÷ 중에 문자와 +만이 남아서 식은 간단해지지만 이해하기는 점차 더 어려워진다. 눈에 보이지는 않지만 수식에서 그 의미가 사라지는 것은 아니기 때문이다. 수식을 이해하지 못하는 학생에게서 수학은 자칫 풀리지 않는 암호나 외계어처럼 보일 수 있게 된다. 초등학교에서는 생략되지 않은 상태로 +, −, ×, ÷, =, >, <, ( ) 와 같은 기호가 사용된다. 이때 의미를 확실하게 해놓지 않으면 생략되고 축약되어 있는 수식에서 그 의미를 생각해 내는 것은 점점 더 어려워진다. 대신에 다행인 것은 많이 어려워한다는 고등학교의 문제들조차도 수식을 말로만 설명하면 초등학생이 모두 이해할 만한 내용이라는 것이다. 수식을 정확하게 이해하는 과정이 병행된다면 고등학교의 수학도 두려워할 이유가 없다. 초등학교는 연산에 집중하는 단계이지만 거기에 병행해서 연산 기호들의 의미를 아이가 생각하도록 해주어야 한다. 그러나 연산기호들의 의미를 가르치는 것은 부모도 아이에게도 귀찮은 일이 될 것이다. 그래서 필자는 수학은 어려운 과목이 아니라 귀찮은 과목이라고 말한다. 물론 귀찮다고 하지 않거나 미루면 점차 어려운 과목이 된다.

2-2
더하기 기호(+): 모든 수는 기준이 같아야 계산된다

학부모가 아이의 수학을 가르칠 때, 가장 먼저 수세기를 시킨다. 그 다음으로 가르친 것은 더하기이다. 수가 갖는 순서의 의미와 양의 의미를 가르친 것이다. 그런데 처음부터 "더하기(+)란 무엇이다."라고 설명하면서 가르치는 사람은 없다. 왜냐하면 더하기의 정의가 없기 때문이고 필자도 만들지 못하겠다. 다만 아이에게 양의 의미를 심어주기 위한 다양한 노력을 한다. 수세기, 반구체물인 도트훈련, 10의 보수, 분할 등의 훈련을 병행하면서 더하기의 문제들을 풀린다. 아이가 무수히 많은 문제를 풀면서 스스로 +가 '모으기'와 같은 것이라는 생각을 갖게 되었다는 말이다. 자연수의 더하기는 교육과정상 유치원부터 시작하여 점차 수를 크게 하면서 4학년에 이르기까지 최소 5년을 가르친다. 그런데 아이러니하게도 중고등학교에서 학생들이 가장 많이 틀리는 것은 작은 수의 덧뺄셈이다. 작은 수의 연산을 충분히 훈련하지 않았다는 방증이다. 간혹 실력이 안 되는 아이들을 위한 편법이나 기술을 가르치는 선생님들이 보인다. 작은 수의 덧·뺄셈만을 한다면, 수세기, 반구체물인 도트훈련, 10의 보수, 분할 등의 정식의 훈련을 병행해도 2년이면 된다. 자연수의 덧·뺄셈은 평생을 써야 하기 때문에 직관적으로 나와야지 기술에 의존해서는 안 된다.

더하기의 의미를 가르치는 것은 연산이 아니라 문장제 문제를 풀리면서이다. 문장제가 요구하는 식을 만들어내면서 '커진다.', '합하면', '모두'와 같은 말이 있으면 자연스럽게 +라는 기호를 써서 식을 만들게 되었다. 다시 설명하지 않는다 해도 이제 이것의 의미를 대부분 알고 있겠지만 그래도 정리를 한 번 해보자!

〈조소장의 한줄개념 33〉
더하기(+)는 '더하라.'는 명령기호이다.

더하기에 더한다는 표현이 있으니 정의가 아니다. 그리고 +, −, ×, ÷, =, >, <, ( ) 등은 약속기호가 아니라 좀 더 의미가 담기도록 명령기호로 인식하는 것이 좋다. 예를 들어 2+3은 '2에다가 3을 더하라!'라는 명령이고 이것을 수행하면 5라는 수가 된다는 것이다. 이런 생각이 무슨 의미가 있냐고요? 답을 구한다는 데는 아무런 의미가 없을지도 모르지만, 식을 보는 눈이 달라질 거라는 생

각이다. 참고로 그런 사람은 없겠지만, 모든 계산 기호들은 왼쪽에서 오른쪽으로 무언가를 하라는 것이지 거꾸로 생각해서는 안 된다. 예를 들어 2+3을 '3에다 2를 더하라.', 2-3을 '3에서 2를 빼라.'로 하면 안 된다는 것이다. 기술 중에는 거꾸로 빼는 기술도 있는데 이런 기술들은 절대로 사용하면 안 된다.

- 4+3은 뭐야?
- 7요.
- 왜 7이라고만 생각해? 4+3=6+1이나 4+3=5+2라고 적으면 안 돼?
- 글쎄요. 한 번도 그렇게 적어본 적이 없는데요.
- 그런데 만약 4+3=6+1이나 4+3=5+2라고 적었다면 선생님이 틀렸다고 할 거야.
- 왜요? 같잖아요.
- 이때 +는 명령기호라서 '4에다가 3을 더하라!'라는 명령인데 명령을 수행해서 7이라고 해야 하는데, 수행하지 않고 엉뚱한 것을 적는다면 틀린다는 거야. 만약 4+3=6+1나 4+3=5+2들이 답이 된다면 그냥 4+3=4+3이라고 하면 되니 더하기 연습을 하나도 하지 않아도 되었을 텐데 말이다.
- 그러게요.
- +뿐만 아니라 다른 연산기호들도 모두 명령기호라고 생각하고 명령을 잘 수행해야 한단다.

예.

<조소장의 한줄개념 34>

덧셈은 더하기 기호(+)를 사용한 연산이고, 덧셈식은 덧셈 중에서 더하라는 명령을 수행한 식을 말한다.

앞서 4, 4+3, 4+3=7 등 모든 것이 식이라고 하였다. 그런데 이름을 붙이면 4+3과 4+3=7가 모두 '덧셈'이고 이 중에 '4+3=7'만이 덧셈식이다. 즉 문제가 덧셈식으로 나타내라고 하였다면 4+3=7처럼 답까지 써서 나타내야 한다. 미루어 짐작하겠지만 4−3과 4−3=1은 뺄셈, 그중에 뺄셈식은 4−3=1이다. 4×3과 4×3=12는 곱셈, 4×3=12는 곱셈식, 4÷3과 4÷3= 1…1은 나눗셈, 4÷3=1…1은 나눗셈식이다.

계속 같은 덧셈식을 사용하거나 단위가 같은 쉬운 문장제 문제는 배제하라

저학년의 문장제일수록 나오는 수의 종류가 같고 서로 계산될 수 있도록 배려 되어있다. 그래서 이런 버릇이 들린 아이들이 오히려 문제도 읽지 않고 식을 쓰다가 단위가 다른 수를 착각하여 틀리는 경우가 있다. 단위가 같은 것끼리 즉 cm는 cm끼리, km는 km끼리 계산해야 하고 시간은 시간끼리 계산하고, 분은 분끼리 계산해야 한다. 또한 연산 기호의 의미를 가르치고 문장제 문제를 풀 때는 계속 더하기만 나오는 문장제나 계속 빼기의 식이 나오는 것과 같이 생각하지 않아도 될 만큼 쉬운 문장제 문제는 지양해야 한다. 쉬운 문장제 많이 푸는 것은 자신감을 주기보다는 오히려 쉬운 문제에 길들여지고 역으로 어려운 문제를 싫어하게 된다. 기준이나 단위가 같은 덧셈, 뺄셈의 문장제는 연산기호의 의미를 이해하는 수단이 아니라면 의미가 없는 문제이다. 읽어만 봐도 답이 보이는 쉬운 문제들은 풀지 않고 함께 지우며 의미 있는 문장제 문제들만 찾아서 풀어보자. 아이들은 문제가 줄어드니 시간이 확보되어 어려운 문제를 풀게 되고, 또 적당히 어려운 문제를 풀어야 수학이 좋아진다. 또 연산을 잘하는 아이라면 문장제 문제에서 식만 쓰고 답을 풀지 않는 것을 시행할 수도 있다. 대신에 식을 제대로 쓰기 위해 그림도 그리고 연산기호의 의미에 맞게 식을 쓰는데 힘을 집중할 수 있도록 하기 위함이다.

같은 수일지라도 기준이 같아야 계산된다

자연수는 자연수끼리 더하고 분수는 분수끼리 더하며 소수는 소수끼리 더한다. 자연수끼리 더할 때도 100의 자리는 100의 자리끼리 더하고 10의 자리는 10의 자리끼리 더하고 1의 자리는 1의 자리끼리 더한다. 그래서 큰 수는 세로셈을 통하여 서로 자릿값이 같도록 만든 것이다. 분수를 더하고 빼거나 크기를 비교할 때는 분수의 기준인 단위분수가 같아야 한다. 따라서 대분수는 자연수는 자연수끼리 더하고 분수는 분수끼리 더한다. 소수도 0.1의 자리는 0.1의 자리끼리 더하고 0.01의 자리는 0.01의 자리끼리 더한다. 이 모든 것이 기준이 같아야 계산할 수 있기 때문이다. 기준이 같아야만 더할 수도 뺄 수도 있다는 사실을 반드시 기억해야 한다.

더하기(+)는 기준이 무엇이냐에 따라 '첨가'와 '합'이 갈린다

기준이 무엇이냐에 따라 4+3를 보는 방법은 두 가지이다. 4를 기준으로 할 때와 4와 3 모두를 기준으로 할 때가 있다. 기준을 4로 볼 때 여기에 무언가를 더하면(첨가하면) 그것만큼 커지게 되니 수나 양이 많아지는 상황에 해당한다. 그에 반해 두 수를 모두 기준으로 볼 때는 '합', '모으기'라는 말이 사용되며 그것이 전부가 되는 상황이라면 '모두'라는 말이 사용되게 된다.

자연수를 더하면 커진다

'더하면 커진다.'(첨가)라고 하면 좀 수학을 한다는 많은 사람들이 음수를 더하면 작아지니 이 말은 바로 틀렸다고 할 것이다. 그래서 수학책의 어디에도 더하면 커진다와 같은 말이 없는 것이다. 그런데 필자는 가르칠 때, "자연수를 더하면 커진다."는 말을 사용한다. 이런 믿음이 깨지게 되는 시점에 이르면, "자연수가 양수였고 음수를 더하면 작아진다"로 다시 추가하면 된다고 생각하기 때문이다. 그래서 무언가 또 다른 것이 있을지도 모른다는 불안감보다는 적어도 신념이 깨질 때까지는 옳다고 믿어야 한다. 이런 믿음에 무언가를 추가해도 그 효과가 크다고 생각하기 때문이다.

한 아이가 17+8=15라고 적었다. 다음은 그것에 대한 대화이다.

- 17에 무언가를 더하면 17보다 커질까, 작아질까?
- 커지죠.
- 그런데 있잖아. 어떤 애가 17에 무언가를 더했는데 17보다도 더 작아졌대.
- 아~ 받아올림수를 깜박해서 그런 것이니 고칠게요.
- '17이 20이 되고 싶어요.'를 안 했구나? 그리고 자연수를 더하면 커진다는 것을 몰랐구나!
- 알고 있거든요. ㅠㅠ

바꾸어 더해도 되는 것은
우연히 일어나는 것일까?

아이들은 알려주지 않아도 스스로 3+4와 4+3이 그리고 3×4와 4×3이 같아서 서로 바꾸어 더하거나 곱해도 된다는 사실을 알게 된다. 그런데 이것에 관하여 처음에 미심쩍어한다는 것이다. 물론 이것은 중학교에서 덧셈과 곱셈의 교환법칙에 의하여 같다고 하는 것을 배운다. 중학교의 것이니 아직 가르치면 안 된다는 생각으로 가르치지 않는 것이다. 이것을 알려주나 안 해주나 무엇이 문제가 되겠냐고 할지도 모르겠다. 그러나 현실적으로 여러 개의 덧셈이나 곱셈을 하는 과정에서 나타난다. 대표적으로 5학년의 최소공배수를 구하면서 2×7×5라는 계산이 필요할 때, 10×7이 아닌 차례대로 계산하여 14×5를 세로셈으로 써서 계산하는 경우가 많다. 많은 학생들이 여러 개의 계산을 차례대로 계산해야 한다는 고정관념을 가지고 풀기 때문에 하는 말이다. 그 밖에도 같은 수의 더하기나 같은 수의 곱하기가 필요한 1+2+3+7+8+9나 2×2×2×5×5×5라는 문제가 있을 때 앞에서부터 차례대로 더하거나 곱해도 되겠지만 (1+9)+(2+8)+(3+7)이나 (2×5)×(2×5)×(2×5)와 같이 필요에 의해서 간단하게 계산할 수 있도록 해야 한다. 맨 끝에 있는 9가 1과 더해지기 위해서는 바로 옆에 있는 8과 다시 7 등으로 계속해서 자리바꿈을 해야 1+9처럼 될 수 있다. 이것이 귀찮으니 한 번에 바꿔 위처럼 쓸 수 있다는 것이다. 이것을 교환법칙이 아니라면 위와 같이 할 수 있다는 것을 설명할 수는 없다. 여러 개의 덧셈에서 그리고 여러 개의 곱셈에서 아무거나 먼저 더하거나 먼저 곱할 수 있는 확실한 이유를 알려줄 필요가 있다. 그렇지 않으면 차례대로 꼼꼼하게 계산해야 한다는 학부모의 지도방침에 매몰된다. 또한 자칫 틀려본 경험이 있는 아이는 더더욱 불안해져서 확장된 사고를 스스로 막게 된다.

암산을 위해서 두 번 더하기를 하라

필자의 다른 책에서 수학에는 빠르기와 정확도라는 두 축이 있는데, 현 교육이 너무 정확도에만 치중하고 있다는 말을 했다. 빠르기를 길러주기 위해서는 가장 기본이 '24 이하의 수와 한 자릿 수의 덧셈', '24 이하의 수끼리의 뺄셈'은 문제집이 아니라 별도의 연산훈련(애플리케이션 조안호의 국민연산을 추천)을 통해서 충분한 연습을 통해 직관적인 암산이 되어야 한다. 그런데 이것은 최소한이다. 그 후에 문제집에 나오는 두 자릿수끼리의 덧, 뺄셈을 세로셈으로 바꾸는 것이 아니라 암산을 시도해야 한다. 그런데 암산을 1의 자리끼리 10의 자리끼리 계산하는 방법만을 암산으로 해서는 암산의 의미가 없다. 훈련을 충분히 했다면 그냥도 되겠지만, 다음처럼 해보기를 권한다. 예를 들어 37+26이라는 문제가 있다면, 50+13,

40+23, 70-7처럼 다양하게 할 수 있도록 하는 것이다. 이때 다소 오답이 어느 정도 나와도 관대해질 필요가 있다. 연습 중에 오답이 나오는 것은 당연하며 여러 번 하다 보면 수에 따라 어떤 방법이 그 수들의 덧셈에서 더 빠른 방법인지를 찾게 될 것이다.

2-3
분수의 덧셈: 역시 기준이 같아야 더한다

자연수의 연산은 결국은 모두 하게 되니 남는 것은 빠르기 밖에 없다. 그것도 중고등학교에서의 사용은 작은 수의 연산을 여러 개를 암산하는 것이라 했다. 수에는 크게 자연수와 분수만이 있는데, 자연수가 어렵지 않으니 결국 분수가 중고등수학을 어렵게 한다는 말이 된다. 그래서 만약 분수의 연산을 하지 못하면 중학교 이상의 수학은 모두 날아간다고 생각해야 한다. 문제는 현재 중학생의 절반이 분수의 연산을 못 한다는 데 있다. 그런데 분수를 못 하는 중학생의 대부분이 자신이 분수의 셈을 못 하는지를 모르고 있다. 왜냐하면 초등 때 3~4년이나 배웠기에 익숙해 보이기 때문에 선생님이나 남이 푸는 것을 보면 할 줄 아는 것으로 착각한다. 그래서 설명을 들으면 아는 것 같은데, 본인이 풀면 안 되는 것이다. 게다가 중1~2의 수학교과서에 있는 대부분의 분수문제가 분수의 연산이 아니라 정수의 연산으로 바꿔서 하는 계산이 많다. 그래서 분수부족을 인지하지 못하고 많은 학생들이 학원이나 과외를 통해서 현행이나 선행에만 몰두하고 있다. 그러나 중3이 되면 분수를 못 하는 아이는 예외 없이 모두 수포자가 될 것이다. 분수의 연산이 안 되는 아이라면 중학생이라도 아니 그 어떤 시기라도 부족 부분을 메워주는 후행을 해야 한다. 그런데 분수의 연산이 잘되는지를 체킹해주는 곳이 없어서 이를 확인하는 것이 학부모의 숙제로 남는다. 원래 예전의 교육과정은 초등 5학년까지 분수의 사칙계산을 순서대로 모두 배우고 초등 6학년 1학기에서 분수의 혼합계산을 물어보는 단원이 있었다. 그래서 초6에서 분수가 안되었다면 마지막으로 점검하고 중학교에 올려보냈었다.

초등 6학년에서 분수의 사칙계산을 점검해서 중학교에 올려보내라.

최근에 분수의 나눗셈을 6학년 1학기와 2학기 두 번에 걸쳐서 가르친다. 2학기가 되면 중학교 선행에 눈이 가고 분수의 점검을 생각하기 어렵다. 게다가 교과서에는 분수의 사칙계산을 섞어서 물어보며 점검하는 단원이 없다. 지금 수학교육을 이끌어가는 것은 공교육이다. 원래 사교육은 공교육에서 놓친 것을 보완해 주는 역할을 해야 하는데, 현실은 모두 교과서를 맹종하는 형태이다. 교과서에 점검단원이 없다는 것은 시중의 어떤 문제집에서도 분수의 사칙계산을 훈련하는 문제들이 없다는 것을 의미한다. 즉 분수의 사칙계산이 부족했다 해도 모르고 중학교에 올라갈 가능성이 높다는 말이다. 체킹해서 분수셈이 안되는 것을 안다 해도 이것을 보충해 주는 공사의 교육기관이 없다. 앞으로는 달라질지도 모르겠지만, 현재로는 필자의 애플리케이션 〈국민연산〉으로 훈련하는 것밖에 달리 방법이 없다. 중학교에 올라가면 아이들이 설사 분수의 부족 부분을 안다 해도 인정하지 않거나 부끄러운 생각 때문에 완강하게 거부하는 경우가 많다. 게다가 중학교에 가면 연산을 훈련이라고 생각하지 않고 맞았냐 틀렸냐로 생각이 전환된다.

따라서 중학교에 올라가기 전인 6학년에서 분수의 사칙계산을 못하거나 헷갈리는지 아니면 느리다든지 하는 것에 민감하게 반응을 해야 한다. 분수의 셈 중에서 아이들이 가장 싫어하는 것은 약분이고 그다음이 분수의 덧, 뺄셈이다. 분수의 덧셈을 하는 방법을 배우기는 했지만 자연수에서 3~4개의 암산훈련이 안 되었고, 또 가장 귀찮은 연산이다 보니 연습도 적어서 몇 개월만 지나면 많은 아이들이 잊어버리게 된다. 아이들이 분수의 덧셈과 뺄셈을 배우면 덧셈과 뺄셈을 안다. 분수의 곱셈을 배우면 곱셈을 안다. 그리고 분수의 나눗셈을 배울 즈음이면 대부분의 아이들이 분수의 덧셈과 뺄셈이 혼동된다. 필자의 말을 못 믿겠으면 6학년에 올라가자마자 $\frac{1}{2}+\frac{1}{3}$와 같이 가장 쉬운 분수의 덧셈 문제를 물어 보기 바란다. 단번에 $\frac{5}{6}$라는 답이 나오지 않는다면 모두 부족한 것으로 알아야 한다. $\frac{1}{2} + \frac{1}{3}$을 물어보면 "다시 한번 얘기해주세요", "갑자기 물어보니 헷갈리네", "종이와 연필이 있어야 돼", "갑자기 물어봐서 그런 것이니 한 문제만 알려줘!" 등의 말을 할 것이다. 당연히 한 문제만 알려주면 이해하고 또 다른 문제를 내도 맞출 것이다. 그러나 다시 며칠만 지나면 원상태가 되는 것이 분수셈이다.

〈초등수학교과서〉

분수의 분모를 같게 하는 것을 통분한다고 하고, 통분한 분모를 공통분모라고 한다.

통분은 공'통분'모의 약자이다. 많은 사람들이 분수의 덧셈, 뺄셈을 하려면 통분해야 한다고 하니 통분이 개념인 줄로 알고 있다. 통분은 기술이다. 분수에서 분모가 기준이라고 한 것은 분수의 자체 내에 분자와 분모 중에서도 기준이 필요했기 때문이다. 왜 통분해야 하는지를 모르는 상태에서 분수의 덧셈과 뺄셈을 한다면 기술로만 문제를 풀었다고 보아야 하고 그 상태라면 연습을 많이 해도 노력이 반감된다. 분수의 사칙계산에서 기준은 '단위분수'이다. 이를 잊지 말기 바란다.

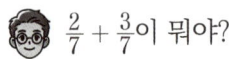 $\frac{2}{7} + \frac{3}{7}$이 뭐야?

🧑 $\frac{5}{7}$요.

🧑 왜?

🧑 왜냐니요?

🧑 $\frac{2}{7} + \frac{3}{7}$의 답이 왜 $\frac{5}{7}$냐고?

🧑 분모가 같으면 분모는 그대로 쓰고 분자만 더하는 거래요.

🧑 왜 그러는 건데?

🧑 저야 모르지요???

아이가 위처럼 생각하는 상태에서 통분을 가르치고 분수의 덧셈, 뺄셈을 많이 시키는 것은 그냥 자연수의 더하기와 곱하기의 훈련 연장에 불과하다. 논리적인 생각이 뒷받침되지 않는 생각은 수학이 아니다. 사실 아이가 위와 같이 생각하는 데는 초등 저학년부터 개념, 기준, 원리를 가르치기보다는 문제들만 잔뜩 주며 빨리 답이 나오는 것에만 치우친 탓이 크다. 대충 빨리 답이 나오는 것만 추구하는 습관은 자칫 중고등도 계속되니 하루빨리 끊어내야 한다.

🧑 '2만 원＋3만 원'이 5만 원인 이유는 뭐야?

🧑 2하고 3을 더하고 만원은 그냥 갖다 붙여줘요.

🧑 그럼 '2만×3만'은 뭐니?

🧑 6만요.

🧑 참 인생 편하게 산다.

🧑 알았어요. '만×만'은 억이니까 6억이요.

👨 그럼, '2만 원+3만 원'에서 2+3을 했는데, '만 원+만 원'은 안 하냐?

🧑 그렇게 얘기하니 더 헷갈려요. 약만 올리지 말고 제대로 알려 줘요.

👨 알았다. 2만 원은 만원짜리를 몇 개 더한 거니?

🧑 2개요.

👨 3만 원은 만원짜리를 몇 개 더한 거니?

🧑 3개요.

👨 그런데 '2만 원+3만 원'은 이거를 더한 거잖아.

🧑 아~ 만 원짜리 2개가 있고 만 원짜리 3개가 있으니 이들을 더해서 만 원짜리가 5개가 되었으니 5만 원이라는 말이군요.

👨 내가 언제 2만 원을 만 원짜리가 2개가 있다고 했니? 2만 원은 만 원짜리를 2개 더했다고 했다.

🧑 참 깐깐도 하셔. "만 원짜리 2개를 더한 것과 만 원짜리 3개를 더한 것을 더했더니 만 원짜리 5개를 더한 것과 같다."라고 하면 되지요.

👨 '있다는 것'과 '더한다는 것'이 같지 않아서 그래. 예를 들어 '3+3'과 '3×3'이 모두 3이 2개 있다고 할 수 있는데, 이 중에 무엇을 의미하는지가 중학교에 가면 헷갈리게 돼.

🧑 이런 게 헷갈린다고요?

👨 응. 더하기와 곱하기가 헷갈리지 않는다면 중고등학교에서

수학을 잘하게 돼.

🧒 진짜요? 거짓말이지요?

👨 아니. 나중에 중고등학교에서 계산은 더하기와 곱하기밖에 없으니 지금부터 잘 구분해야 한다는 말이야.

🧒 알았어요.

👨 이제 $\frac{2}{7} + \frac{3}{7}$ 이 뭐야?

🧒 $\frac{5}{7}$ 요.

👨 왜?

🧒 이제 알겠어요. $\frac{2}{7}$는 $\frac{1}{7}$이 2개 더해진 것이고 $\frac{3}{7}$는 $\frac{1}{7}$이 3개 더해진 것이니 이들을 더하면, $\frac{1}{7}$이 5개 더해진 것이라서 $\frac{5}{7}$요.

👨 잘했어. $\frac{2}{7}$는 $\frac{1}{7}$이 2개 '있다'라고 안 하고 '더해진 것'이라고 해서 칭찬하는 거야.

🧒 제가 한 개를 배우면 2개는 깨우칩니다. ㅎ

👨 아니, 너는 3개를 깨우칠 것 같아. $x \times 2 + x \times 3$은 뭐니?

🧒 x가 2개 더해진 것과 x가 3개 더해진 것을 더했으니 $x \times 5$요.

👨 잘했어, 이렇게 하나하나 식의 의미를 살려서 공부하면 중학교에서 수학을 잘하게 될 거야.

🧒 오~ 이렇게 하기만 하면 된다는 거죠?

👨 그럼. ㅎ

아이들이 가장 다양한 오답을 내는 경우가 대분수의 덧, 뺄셈이다. 먼저 대표적으로 많이 하는 대분수끼리의 덧셈을 하는 과정을 보자! 다음은 학교에서 지도하고 있는 방법으로 이래와 같이 순서대로 계산하도록 하는 것이 알고리즘이라고 한다. 다음은 알고리즘의 예로 1)의 과정을 이해하면 2)의 과정을 거치게 하고 있다. 그런데 연습을 좀 더 하면 3)의 과정을 거치거나 모든 것을 암산처리를 하여 답만을 쓸 수도 있다.

1) $2\frac{2}{3} + 1\frac{5}{6} = 2\frac{4}{6} + 1\frac{5}{6} = (2+1) + \left(\frac{4}{6} + \frac{5}{6}\right) = 3 + \frac{9}{6} = 3 + 1\frac{3}{6}$
$= 4 + \frac{3}{6} = 4\frac{3}{6} = 4\frac{1}{2}$
2) $2\frac{2}{3} + 1\frac{5}{6} = 2\frac{4}{6} + 1\frac{5}{6} = 3\frac{9}{6} = 4\frac{3}{6} = 4\frac{1}{2}$
3) $2\frac{2}{3} + 1\frac{5}{6} = 3\frac{9}{6} = 4\frac{1}{2}$

일부러 필자가 분모가 작은 수를 선택했는데도 불구하고 알고리즘대로 하였더니 $2\frac{2}{3} + 1\frac{5}{6}$에서 $4\frac{1}{2}$라는 답으로 가는데 중간에 너무도 많은 과정을 거쳐야 한다. 1)은 말할 것도 없고 2)도 아이들에게 길게 느껴지기에 충분하다. 그런데 알고리즘은 개념이 아니라 기술이라는 것을 알고 있어야 한다. 물론 위처럼 배울 때, 아이가 배울 때도 하지 못하는 경우는 드물다. 그러나 그럼에도 많이 아이들이 몇 개월 안에 잊어버리는 데는 역시 이유가 있다. 알고리즘은 수백 년에 걸쳐서 연산의 방법을 가르치는 수단이 되는 만큼 많은 장점을 가지고 있다. 특히 지도하기가 편리하다는 장점을 가지고 있다. 잘하는 아이와 못하는 아이의 구별 없이 모두 똑같이 하라고 하면 되니 단체로 가르치기가 좋다. 그러나 과정을 모두 적어야 하는 아이들에게는 고역이다. 그래서 의도와는 다른 결과를 가져오는 경우가 많다. 첫째, 긴 과정 속에서 얻어야 하는 것보다는 순서를 지키려다가 의미가 상실되는 경우가 있다. 둘째, 안다며 연습하기를 싫어해서 많은 문제를 풀지 않게 된다. 그러면 결과적으로 연습이 적기에 쉽게 잊어버리는 악순환의 고리에 빠진다. 셋째, 잘 따라 한다 해도 과정을 지키면 분수의 연산이 느릴 수밖에 없다. 그러니 알고리즘이 무조건 좋다는 환상을 버려야 한다. 가르치는 사람이 알고리즘을 계속 강조하면 못 하는 아이는 끌어올리고, 잘하는 아이는 끌어내려서 평균을 만드는 역할을 할 수도 있다. 알고 있듯이 수학에서 평균은 수포자다. 따라서 처음에는 알고리즘대로 하나하나 개념과 원리를 이해하고 절차대로 하는 것이 맞지만, 점차 식을 줄이고 암산으로 나아가야 한다. 연산은 늘 최종적으로는 빠르기만 남기 때문이다. 3)의 과정으로 했다면 5개의 암산을 하는 것이고, 답만 썼다면 7개의 작은 수들을 암산한 것이다. 모든 분수의 덧뺄셈을 암산한다면 13개 정도의 암산이 필요하다. 이렇게 까지 연습하려면 너무 많은 연습으로 부작용이 우려되기 때문에 필자가 요구하는 것은 초등에서 5~6개의 암산이고 많으면 7~8개다. 중2의 연립방정식에서 5~6개의 암산을 중3의 인수분해에서 7~8개, 고1에서 12개 정도의 암산을 요구하기 때문이다. 빠르기는 나중의 문제고 분수의 덧셈에서 사용하는 개념을 알아보자. 위 알고리즘을 연습하는 이유는 다음과 같은 것을 이해시키려는 의도가 있다. 하나하나의 절차가 다음의 개념들과 연결 시켜서 이해를 해야 한다.

첫째, 대분수는 (자연수)+(진분수)이다.

둘째, 자연수와 분수는 서로 다른 수이니 기준이 달라서 자연수는 자연수끼리 분수는 분수끼리 더해야 한다.

셋째, 분수와 분수 사이에서의 기준은 항상 단위분수이다. 분수끼리의 크기 비교나 모든 계산은 단위분수가 같아야 된다. 따라서 단위분수가 다른 분수 즉 분모가 다른 분수들은 기준이 달라서 기준이 같은 분수로 바꾸어야 계산할 수 있다. $\frac{2}{3}$의 단위분수는 $\frac{1}{3}$이고 $\frac{5}{6}$의 단위분수는 $\frac{1}{6}$이다. $\frac{1}{3}$과 $\frac{1}{6}$은 단위가 다른 수 즉 기준이 달라서 이 상태로는 더하기를 할 수 없다. 기준이 같기 위해서는 분수의 위대한 성질 중 배분의 성질을 이용해야 한다. 이것을 간편하게 통분이라고 하는데, 개념은 단위분수를 맞춘다는 데 있다. 결과가 같으니 그게 그거라고 할지도 모르겠지만, 분수의 사칙계산 전체에서의 기준으로 통일시키고자 하는 의도이다.

넷째, 초등학교에서는 가분수는 가짜분수 또는 임시분수라서 진분수가 보이는 대분수로 바꾸어야 한다.

다섯째, 기약분수가 대표분수이기 때문에 분수는 반드시 약분을 해야 한다.

분수의 덧셈에서의 오답유형

위에서 $2\frac{2}{3} + 1\frac{5}{6}$의 계산을 보고 이해한 사람들은 "이것을 누가 못하냐?", "이것을 어떻게 틀리냐?"고 할지 모르겠다. 물론 배울 때는 안다. 그런데 개념 없이 기술로 배우면 잊어버리는 것은 순식간이다. 잊어버린 아이들의 계산은 창의적으로 틀린다. 개념을 아는 사람에게는 쉽고 모르는 사람에게는 어려운 것이 수학이다. 다음처럼 분수의 덧셈에 대한 오답의 유형을 생각나는 대로 적어봤다. 누구에게는 웃음거리겠지만, 누구에게는 진심으로 당황스런 일이 될 수 있다.

1) 최소공배수가 아니라 분모의 곱으로 통분하는 경우

$2\frac{2}{3} + 1\frac{5}{6} = 3\frac{27}{18}$ 또는 $4\frac{9}{18}(\times)$

분모의 곱으로 통분한 것이 틀린 것이 아니라 큰 수의 계산에 지쳐서 마지막 약분할 힘이 남지 않았다는 것이다.

2) 대분수를 가분수로 고쳐서 계산하다가 수가 너무 크니 중단하는 경우

$2\frac{2}{3} + 1\frac{5}{6} = \frac{8}{3} + \frac{11}{6} = \frac{61}{18}(\times)$

분자가 커서 계산할 수 없거나 대분수로 바꾸고 약분을 해야 하는 것은 알지만, 그것은 시험을 볼 때만 제대로 하겠다는 생각 때문이다.

3) 분모끼리 분자끼리 곱하는 경우

$2\frac{2}{3} + 1\frac{5}{6} = 3\frac{10}{18} = 3\frac{5}{9}(\times)$

대분수에서 자연수끼리는 더하고 분수는 분모끼리 분자끼리 곱한 것이다. 특이한 것은 대분수를 가분수로 고친 뒤 분모끼리 분자끼리 곱하지는 않더라는 것이다. 그렇게 되면 수가 너무 커져서 아니라고 생각한 모양으로 보인다.

4) 분모끼리 분자끼리 더하는 경우(1)

$2\frac{2}{3} + 1\frac{5}{6} = 3\frac{7}{9}(\times)$

분수의 곱하기에서 분모끼리 분자 곱한 것과 혼동했기 때문이다.

5) 분모끼리 분자끼리 더하는 경우(2)

$2\frac{2}{3} + 1\frac{5}{6} = \frac{8}{3} + \frac{11}{6} = \frac{19}{9} = 2\frac{1}{9}(\times)$

분수의 곱하기를 거치면 대분수만 보면 가분수로 고치는 아이가 많다. 대분수를 가분수로 고치고 분모끼리 분자끼리 더한 것이다.

6) 더하기 전에 약분하는 경우(1)

$2\frac{2}{3} + 1\frac{5}{6} = 2\frac{1}{3} + 1\frac{5}{6} = 3\frac{6}{3} = 5(\times)$

약분은 한 분수에서 일어나는 것임을 모르고 분수의 곱하기에서 약분한 생각이 났기 때문이다.

7) 더하기 전에 약분하는 경우(2)

$2\frac{2}{3} + 1\frac{5}{6} = \frac{8}{3} + \frac{11}{6} = \frac{4}{3} + \frac{11}{3} = 5(\times)$

대분수이니 가분수로 고친 후에도 약분은 한 분수에서 일어나는 것임을 모르고 약분한 것이다.

분수의 덧셈이 별거 아니라고 생각했다가 이렇게 다양한 오답이 나온다니 놀랍지 않은가? 이런 오답을 막기 위해서 할 수 있는 최선의 방법은 개념에 집중하는 방법이 유일하다. 역으로 초등학교에서 무려 4년이나 가르쳤는데도 불구하고 중학생의 절반이 분수셈을 못 하는 이유가 무엇일까? 분수의 연산 자체조차 귀찮으니 알고리즘대로 가르치다가 더 귀찮은 개념 알려주기를 피해 간 결과인 것으로 보인다. 개념으로 공부하는 것이 장기적으로 좋다는 것이며 단기적으로는 기술이 최고인 것처럼 보인다. 학부모의 현명한 판단이 필요하다.

통분이 개념이 아니다

분수의 덧셈과 뺄셈에서 기준은 단위분수이다. 그러나 교과서가 기술인 통분을 강조하고 있다. 따라서 통분을 단위분수와 관련하여 정리하는 것도 의미가 있어 보인다.

1) 통분을 하면 두 분수가 기준이 같은 단위분수가 된다.
2) 통분은 분수의 위대한 성질 중에 배분을 이용한다.
3) 될 수 있으면 최소공배수로 단위분수를 같게 하는 통분해야 간편해진다.
4) 단위분수를 같게 하는 통분을 해야 크기를 비교할 수 있다.
5) 단위분수를 같게 하는 통분을 해야 분수의 덧셈과 뺄셈을 할 수 있다.

분수의 덧셈을 빠르게 구하는 방법

위에서 분수의 덧셈을 알고리즘대로 얻게 되는 것을 요약하면 '기준이 같아야 더한다는 것'과 '분수의 위대한 성질'로 압축된다.

1) 기준이 같아야 한다는 것으로부터 자연수끼리 분수끼리 더해야 한다는 것이다. 또한 분수끼리 더할 때도 분수의 기준은 단위분수이기 때문에 분모가 같아야 더할 수 있다는 것이다.

2) 단위분수가 같게 만들기 위해서는 '분수의 위대한 성질'인 배분을 이용하며, 최종적으로 얻은 답도 '분수의 위대한 성질'인 약분이 되는지를 살펴보아야 한다는 것이다.

이 두 가지의 개념을 확실하게 잡지 않고 빨리만 풀려고 하면 안 된다. 개념으로 접근하지 않으면 배우고 나서 금방 잊는다. 그러면 분수의 사칙계산에서 배웠던 다양한 기술들이 혼합되어 '$1\frac{1}{2} + 1\frac{1}{3} = 2\frac{2}{5}$', '$1\frac{1}{2} + 1\frac{1}{3}$를 $\frac{3}{2} + \frac{4}{3}$로 고쳐서 풀기' 등 앞서 보았던 것처럼 오답이나 비효율이 창의적으로 나온다. 개념으로 배워서 혼동되지 않는다면, 다음처럼 빠르게 분수를 구하는 방법으로 연습하게 해야 한다. '개념은 깊게, 연산은 빠르게'해서 아이에게 불필요한 고통을 주지 않게 해야 한다.

$$1\frac{5}{6} + 1\frac{7}{15} = 3\frac{9}{30} = 3\frac{3}{10}$$

3×2×5=30으로 최소공배수를 구해 분모에 쓰고, 각각 대각선의 방향으로 아래에서 위로 곱하고 더하니 5×5+2×7=39이다. 그런데 이 수가 분모인 30보다 크니 빼면 9로 분자가 된다. 자연수 부분의 합에 1을 더하면 3이니 $3\frac{9}{30}$이다. 답은 약분하면 $3\frac{3}{10}$이 된다. 위처럼 알려줄 때 이것을 가장 거부하는 아이들은 아예 못하는 아이들이 아니라 6과 15의 최소공배수 30이 직관적으로 보이는 아이들이다. 그래서 위처럼 하지 않고 모든 것을 암산으로 하겠다며 더 많은 시간을 보내다가 힘이 빠져 마지막 약분을 하지 않는 경우가 많다. 최소공배수가 직관적으로 보여도 위처럼 하는 것이 결과적으로 빠르고 힘이 남아서 약분까지 신경을 쓸 수 있게 된다. 알고리즘은 알기 위한 과정이고 모든 것은 빠르기가 최종목표이다. 위처럼 풀어야 빨리 풀기에 많은 문제를 푸는 연습이 가능하고 분수의 셈이 생각만큼 귀찮지는 않다는 생각이 들 수 있다. 많은 연습을 통해서 얻는 것은 단순히 분수의 덧셈을 할 수 있다는 데 그치지 않는다. 추가로 최대공약수와 최소공배수를 직관적으로 구할 수 있고, 5~8개 정도까지 많으면 추가로 약분까지의 암산을 연습할 수 있게 된다. 정확도만을 강조하는 교과서에서는 다루거나 언급하지 않는

것이지만, 실제로 암산은 중학교와 고1까지 지속적으로 업그레이드를 요구한다.

분수에서도 어림수가 필요하다

자연수와 달리 분수의 연산은 그 답이 맞았는지 틀렸는지를 알아보기가 어렵다는 것이다. 그래서 오답의 종류가 그렇게 많았던 이유이기도 하다. 정확하게 맞는 답인지를 알려면 또다시 분수의 연산을 해야 하기에 현실적으로는 할 수 없다는 것이다. 그렇다고 매번 한 번 더 계산해 볼 수는 없는 노릇이다. 그럴 때는 정확하지는 않지만 어림수를 이용하는 방법이다.

〈조소장의 한줄개념 35〉
어림수는 반올림, 올림, 버림을 통해서 만든 수이고, 이 중에 가장 많이 사용하는 것은 반올림이다.

〈조소장의 한줄개념 36〉
반올림은 반 이상은 올리고 반 미만은 버리는 것이다.

어림수는 대강의 수이다. 그런데 이것을 분수를 분수에 적용하기 위해서는 먼저 '크기가 $\frac{1}{2}$보다 큰 분수와 작은 분수'를 구분하는 방법을 아는 것이 좋다. 만약 $\frac{3}{5}$이 $\frac{1}{2}$보다 큰지 작은지를 아는 방법은 두 수를 통분하여 $\frac{6}{10}$과 $\frac{5}{10}$이나 소수로 바꿔서 0.6과 0.5로 비교하는 방법만 떠오를지도 모른다. 그런데 단순히 $\frac{1}{2}$보다 큰지 작은지를 구분하는 것은 비교적 간단한 방법이 있다. 알고자 하는 분수에 단순히 2를 곱해서 가분수 즉 1보다 크면 그 수는 $\frac{1}{2}$보다 큰 수이고 그 반대의 경우는 $\frac{1}{2}$보다 작은 분수이다. 예를 들어 한 문제만 풀어보자!

Q 다음 중 합이 1보다 큰 것은?

① $\frac{2}{5}+\frac{3}{10}$ ② $\frac{3}{8}+\frac{1}{4}$ ③ $\frac{5}{12}+\frac{1}{6}$ ④ $\frac{3}{7}+\frac{3}{8}$ ⑤ $\frac{2}{3}+\frac{5}{9}$

답: ⑤

이런 문제의 답은 뒤쪽에 있을 거 같지 않나요? 앞 번호에서 답이 나오면 그다음의 뒤는 아이가 풀어보지 않을 것을 알기 때문이다. 그래서 하나하나 풀어오더라도 뒷번호부터 풀어오는 것이 빠를 것이다. 그런데 이 문제는 직접 하나하나 보기를 풀라고 낸 문제가 아니다. 아래의 당연한 것을 문제에서 활용할 수 있느냐의 문제이다.

1) $\frac{1}{2}$보다 작은 두 분수를 더하면 1보다 작다.
2) $\frac{1}{2}$보다 큰 두 분수를 더하면 1보다 크다.
3) $\frac{1}{2}$보다 큰 분수와 $\frac{1}{2}$보다 작은 분수를 더해서 1보다 큰 분수인지

의 여부는 직접 더해봐야 안다.

1보다 크다고 의심이 가는 분수 $\frac{2}{5}, \frac{3}{8}, \frac{5}{12}, \frac{3}{7}, \frac{2}{3}, \frac{5}{9}$의 분자에 각각 2를 곱하면 $\frac{4}{5}, \frac{6}{8}, \frac{10}{12}, \frac{6}{7}, \frac{4}{3}, \frac{10}{9}$이다. 모두 $\frac{1}{2}$보다 큰 두 분수를 더한 ⑤가 답이다. 분수가 $\frac{1}{2}$보다 큰지 작은지를 아는 방법으로 "분자의 수가 분모의 반보다 큰가 작은가?"를 구분하는 것이 더 편할 수도 있다. 그런데 분모의 반과 분자와의 비교가 귀찮을 때 쓰라는 말이다.

 $1\frac{1}{2} + \frac{1}{3}$이 뭐야?

 $\frac{5}{6}$요.

 $1\frac{1}{2}$은 1보다 크니 작니?

 커요.

 $\frac{5}{6}$는 1보다 크니 작니?

 작아요.

 어떻게 1보다 큰 수에 무언가를 더했는데 더 작아질 수가 있니?

 알았어요. $1\frac{5}{6}$이란 말이지요? 그런데 그냥 자연수를 더하지 않았다고 하면 될 것을 왜 그렇게 얘기해요? 놀리려고 그러는 거죠?

 아니야. 분수셈은 다시 해보기 어려우니 답을 구한 뒤에는 대충 어림짐작해 보라는 것이야.

 귀찮을 것 같은데요?

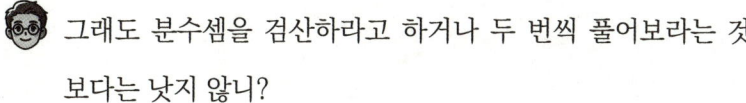 그래도 분수셈을 검산하라고 하거나 두 번씩 풀어보라는 것보다는 낫지 않니?

 알았어요.

2-4
빼기 기호(-): 자연수를 빼면 작아진다

기본적으로 모든 연산은 같은 종류의 수이어야 하고 또 같은 수이더라도 기준이 같아야 한다. 그러니 덧셈과 뺄셈도 같은 자연수끼리나 분수끼리 계산한다 해도 기준이 같아야만 계산이 가능하다. 자연수와 분수의 뺄셈에서 수에 대한 기준은 덧셈과 동일하니 생략한다. 다만 뺄셈의 두 수 중에 기준이 중요하다.

<조소장의 한줄개념 37>
빼기는 왼쪽의 수에서 기준인 오른쪽 수를 빼라는 명령기호이다.

앞서 더하기와 빼기는 정의가 없다고 했다. 더하기는 '더하라는 명령기호'처럼 간단했는데, 빼기는 '설명'이 길어졌다. 길어진 이유는 몇 가지가 있다.

첫째, 기호를 약속기호가 아니라 명령기호로 받아들여야 한다. 자첫 명령기호로 받아들이지 않으면 12−5와 같은 식에서 12개와 5개를 같이 놓고 5개를 빼도 여전히 12개가 남지 않느냐란 생각이 들 수 있다. 이것은 12개에서 5개만큼을 강제로 들어내라는 명령기호인 것이다.

둘째, 특히 빼기와 나누기는 반드시 왼쪽의 수를 오른쪽의 수로 계산해야 한다. 간혹 빼기가 잘 안되는 아이를 대상으로 거꾸로 빼고 보수를 사용하는 기술을 사용하는 경우가 있는데, 큰 틀을 벗어나는 이런 기술들은 절대 사용하면 안 된다.

셋째는 뺀 나머지를 구하는 것이다. 예를 들어 1000원에서 300원을 군것질을 하면 얼마가 남겠느냐는 것과 같은 문제이다.

넷째, 빼는 수가 기준이라는 말은 비교의 의미가 있다는 뜻이다. '7−4'에서 기준은 무엇일까? 빼지는 수 7이 아니라 빼는 수인 4가 기준이다. 7−4=3이니 7은 4보다 3만큼 큰 수가 된다.

다섯째, 왼쪽과 오른쪽의 수처럼 빼기는 항상 두 수 사이에서만 이루어진다. 여러 개의 수를 한꺼번에 할 수 있었던 더하기와 달리 여러 개의 수를 한꺼번에 빼라고 할 수 없다는 것이다. 만약 여러 개의 수에서 빼기가 이루어진다면 반드시 기준인 수가 존재해야 한다.

〈조소장의 한줄개념 38〉

'차'는 어떤 수를 기준이 되는 수로 빼는 것이고 '차이'는 큰 수에서 작은 수를 빼는 것이다.

'차'와 '차이'는 다르다. 그런데 현 교과서는 '차'와 '차이'를 구분하지 않고 '차'라고 한다. 예를 들어 '4와 7의 차'라는 문제가 있을 때, 기준이 7이기 때문에 '4−7=−3'이란 식이 맞다. 그런데 '4와 7의 차'란 문제의 답으로 3을 택하는 것이다. 물론 초등학교에서는 음수를 배우지 않은 상황이니 문제를 잘못 내도 아이가 '차'를 '차이'로 받아들이고 있다. 물론 음수를 배우지 않은 까닭이 가장 크지만 아이가 '4−7=3'이라고 쓰면, 가르치는 사람이 '7−4=3'라고 식을 바꿔주는 일도 벌어진다. 이것은 잘못된 식을 쓰고 이에 맞춰서 문제를 바꾸는 황당한 상황이다. '차'를 '차이'로 인식할 때, 나중에 '오차'와 같은 문제에서 항상 양수로 써서 틀리는 오류가 생긴다. (오차)는 (대강의 값 또는 어림수)−(기준이 되는 참값)으로 구한다. 어림수는 반올림, 올림, 버림으로 구하기 때문에 참값보다 클 수도 있고 작을 수도 있다. 따라서 어림수가 참값보다 클 때는 양수이지만, 어림수가 참값보다 작을 때는 음수가 된다.

'차'는 기준인 수로 빼는 것: 양수이거나 음수
7과 3의 차: 7−3=4
3과 7의 차: 3−7=−4

'차이'는 큰 수에서 작은 수를 빼는 것: 항상 양수

7과 3의 차이: 7-3=4

3과 7의 차이: 7-3=4

'차'와 '차이'가 다르다면, 문제에 어떻게 적용되느냐고 물을 것 같다. 예를 들어 "사과 7개, 배 4개가 있을 때, 사과는 배보다 얼마나 많은가?"라는 문제에서 '배 4개'가 기준이니 7-4=3으로 지장이 없다. 그러나 만약 "배 4개, 사과 7개가 있을 때, 배의 개수와 사과의 개수의 차는 무엇인가?"라는 문제에서 기준이 사과의 개수이니 4-7=-3이다. 만약 정답이 3이라고 한 문제집이 있다면 명백히 틀린 것이다. 또 "사과 7개, 배 4개가 있을 때, 배가 사과보다 얼마나 적으냐?"라는 문제가 있다면 식은 '사과 7개'가 기준이라서 '4-7=-3'이라는 식이 올바른 식이 된다. 그런데 문제가 "얼마나 적으냐?"라고 물었기 때문에 -3이 아니라 3이 답이 된 것이다. 아이가 대부분 답을 양수로 처리하면 오답도 맞았다고 하니 정답처리가 될 것이다. 그러나 논리 없이 두 번 틀려서 맞았거나 아이가 수만을 가지고 계산하는 것이 습관이 될 것을 우려하는 것이다.

바꾸어서 빼면 안 된다

누가 빼기를 바꾸어서 빼느냐고 묻는 학부모도 많겠지만 의외로 많다. 중학교에 가면 덧셈과 곱셈은 교환법칙에 따라 서로 바꾸어서 더하거나 곱해도 된다고 배우지만 이미 초등생들도 안다. 그렇다면 덧셈과 곱셈이 아닌 다른 셈 즉 뺄셈이나 나눗셈은 바꾸어서 계산하면 안 된다는 것이다. 그런데 아이가 '4−7=3'처럼 잘못된 식을 썼다면 거꾸로 뺀 것이다. 이럴 때 어떻게 할 것인가? 가장 먼저는 문제를 다시 읽어서 기준이 되는 것을 찾게 하는 것이 우선이다. 문제에서 '~보다'라는 것에 해당하는 수가 보통 기준이고 이 수로 빼는 식을 만들어야 한다. 그러나 나이에 따라서 받아들임이 달라서 난감할 수도 있다. 이럴 때 필자는 초등학교의 과정은 아니지만 아예 정수를 가르치고 음의 정수가 나오는 '작은 수 빼기 큰 수'를 가르친다.

- 4−7이 뭐야?
- 못 빼요. (나이가 어릴수록 0이라는 대답을 많이 한다.)
- 왜?
- 작은 수에서 큰 수를 어떻게 빼요? (고학년이면 어디서 배웠는지 −3이라는 대답을 곧잘 한다. 그러면 −3이란 '3이 모자르다'는 정수의 뜻을 알려주면 된다.)
- 그래도 빼!
- 작아서 안 된다니까요.
- 얼마나 작은데?
- 3개가 모자라요.

맞았어. 3개가 모자르다는 말이 정답이야.

 그런 게 어디 있어요.

 진짜야. 3개가 모자르다는 것을 중학생들이 −3이라고 쓴단다. 그러니까 네가 중학교 문제를 혼자서 푼 거야.

 제가 좀 똑똑하기는 해요.

이런 질문을 몇 번 하면 된다. 이런 질문은 '작은 수 빼기 큰 수' 자체를 가르치는 효과도 있지만, 수식을 읽게 시키는 효과가 있다. 매일 보는 식은 식상해 보이지만, 낯선 식에서 오히려 올바른 공부 방식을 알려주기가 좋을 수도 있다.

암산을 위한 방법들을 연습하라

암산을 많이 해야 하는 많은 중고생들은 덧셈과 뺄셈 특히 뺄셈의 암산에서 오답에 시달린다. 정확도를 중시하는 현 풍토에서 틀릴지도 모르는 암산을 상대적으로 덜했기 때문이다. 세 자릿수 이상의 큰 수들이야 어쩔 수 없이 여전히 세로셈으로 써서 계산해야겠지만, 여러 개의 작은 수의 계산을 모두 써서 계산하는 것은 귀찮아서 할 수 없는 일이다. 설사 쓴다 해도 오답은 쉽게 없어지지 않는다. 암산을 위해서 알아두면 좋은 것을 몇 가지만 언급한다. 32−27로 예를 들어본다.

첫째, 빼지는 수와 빼는 수에 각각 같은 수를 더하거나 빼도 차는 일정하다는 것을 이용한다.

⋯=42-37=32-27=22-17=12-7=⋯이니 32-27의 각각에서 20씩을 빼면 12-7이다. 따라서 12-7=5이다.

둘째, 더하는 방법으로 생각해 본다.

27이 30이 되려면 3, 30이 다시 32가 되려면 2이니 3+2=5이다.

셋째, 10단위에서 빼고 일의 자릿수를 더한다.

30-27+2이나 32-30+3과 같은 방법을 사용한다.

넷째, 빼지는 수의 일의 자리 수만큼 빼고 나머지를 한 번 더 빼는 두 번 빼기를 사용한다.

32-20-7이나 32-2-25

가장 많이 틀리는 예는 십의 자리 수에서 오답을 일으키는 경우이다. 위 방법은 어떤 방법이 좋으냐가 아니라 각각을 다 연습했다가 문제에서 가장 적합한 방법을 적용하는 것이다.

2-5
분수의 뺄셈: 안 빠지면 빠지게 하라

분수의 뺄셈도 기준은 단위분수이고 분수의 덧셈과 풀이의 원리와 그 방법이 같다. 따라서 분수의 덧셈을 충분히 한 후에 뺄셈이 갖는 차이점에 주력해야 한다. 분수의 덧셈을 할 줄 아는 아이가 뺄셈에서 오답을 일으키는 경우는 두 가지이다. 통분하였을 때 분자끼리 빼지지 않는 경우이고 두 번째는 자연수에서 분수를 뺄 때이다. 먼저 알고리즘대로 해보자!

1) $6\frac{1}{4} - 1\frac{2}{5} = 6\frac{5}{20} - 1\frac{8}{20} = 5\frac{25}{20} - 1\frac{8}{20} = (5-1) + \left(\frac{25}{20} - \frac{8}{20}\right)$
$= 4 + \frac{17}{20} = 4\frac{17}{20}$

2) $600 - 1\frac{2}{5} = 599\frac{5}{5} - 1\frac{2}{5} = 598\frac{3}{5}$

알고리즘대로 식을 쓰면 아이가 틀리지 않는다. 그러나 매번 분수의 식을 알고리즘 대로하라고 하면, 아이는 귀찮아서 스스로 식을 단축하는 작업을 하게 된다. 사실 이해했는데도 알고리즘대로 매번 풀라고 하는 것은 가혹한 조치이다. 어차피 알고리즘을 강조해도 아이는 스스로 단축하는 방법을 개발할 것이다. 개념이 부족한 아이가 만들어내는 단축하는 방법은 논리적이지 않거나 해야 할 것을 하지 않아서 틀리는 경우가 많다. 1)은 $5\frac{3}{20}$, 2)는 $599\frac{2}{5}$라는 오답을 가장 많이 낸다. 1)은 거꾸로 뺀 것이고 2)는 오히려 분수를 더한 것이다. 알고리즘을 이해하였다면 알고리즘을 강요할 것이 아니라 아이가 잘못된 습관이 배기 전에 단축하는 방법을 알려주어야 한다. $6\frac{1}{12} - 1\frac{2}{15}$을 통하여 설명한다.

단위분수가 같아야 한다. 그래서 분모가 12와 15의 최소공배수인 60으로 통분하는 것까지는 분수의 덧셈과 같다. 이제 분자끼리의 빼기인 5−8를 하려는데 빠지지 않는다. 물론 빠지면 빼면 되는데, 빠지지 않는 경우를 사례로 들은 것이다. 앞에 5는 약식으로 써서 그렇지 원래대로 하면 $\frac{1}{12}$이 $\frac{5}{60}$로 바뀌어 있다는 뜻이다. 즉 $6\frac{1}{12} = 6\frac{5}{60} = 5\frac{65}{60}$이기에 공통분모인 60을 앞 분수의 분자 5에 더해준 다음 빼면 된다. 조심해야 하는 것은 자연수 부분에서 1을 올려주었으니 마지막 자연수 처리에서 오답이 나오지 않도록 주의해야 한다.

$$6\frac{1}{12} - 1\frac{2}{15} = 4\frac{57}{60} = 4\frac{19}{20}$$

받아내림이 있는 대분수끼리의 뺄셈이 분수의 사칙계산 중에 가장 복잡한 것이다. 위처럼 계산하는 방식이 잘 된 상태이고 만약 정수의 뺄셈을 배웠다면 좀 더 귀찮은 작업을 줄일 수 있다. 필자가 가르치는 학생들은 정수를 초등 4학년이면 가르치고, 간단한 정수의 덧셈과 뺄셈을 가르치고 있다. 앞서 94쪽에서 설명한 것을 참조하기를 바란다. 그렇지 않다고 중학생이라면 정수셈을 배웠으니 예전에 배운 분수의 뺄셈을 업그레이드 하기를 바란다. 중학생이니 초등이나 배우는 분수의 뺄셈은 필요가 없다구요? 설마요? 분수가 잘 안되는 중학생은 반드시 중3이 되기 전에 잡으라 했다. 분수가 잘 되는 중학생이라도 이것을 하면 편리하니 연습하기를 바란다. 대신 다음의 방법은 분수의 뺄셈이 잘 나오지 않는 경우에 연습시키면 혼동이 가중될 수 있다.

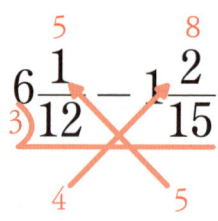

위 상태에서 분자끼리 빼면 5−8=−3이고 '−3'은 앞서 배웠듯이 '3개가 부족하다.'라는 뜻이다. 부족 부분을 해소시켜주는 것을 공통분모에서 하면 된다. 즉 60−3=57을 하여 분자에 쓰고 자연수 부분을 고려하면 분수의 셈이 무척 간편해진다. 물론 이런 것을 알려줄 때는 아이가 이미 분수의 뺄셈을 잘 알고 정수를 알려준 상태에서만 시켜주어야 한다. 이때 이것을 알려주면 아이들이 진작에 알려주었다면 훨씬 편했을 거라며 불평을 늘어놓기도 한다.

$600 - 1\frac{2}{5}$에 대한 오답으로 $599\frac{3}{5}$나 $599\frac{2}{5}$이 많이 나온다. 이것이 잘 안된다고 알고리즘대로 연습시키면 연습시킬 때만 맞고 다시 틀리는 일이 반복된다. 이 문제를 틀리는 이유는 대분수의 개념과 괄호에 대해서 정확하게 이해하지 못한 상태에서 암산했기 때문이다. 즉 $600 - \frac{2}{5} = 599\frac{3}{5}$이나 $600 - 1 + \frac{2}{5} = 599\frac{2}{5}$로 문제를 잘못 인식한 탓이다. $600 - 1\frac{2}{5}$는 $600 - \left(1 + \frac{2}{5}\right)$로 다시 암산을 위해 '두 번 빼기' 즉 $600 - 1 - \frac{2}{5}$로 인식하여야 오답이 사라진다.

Q 오름이네 땅의 $\frac{1}{4}$에 고구마를 심고, 나머지의 땅에는 방울토마토를 심었다. 방울토마토를 심은 땅은 전체의 몇 분의 몇인가?

답: $\frac{3}{4}$

수가 $\frac{1}{4}$밖에 나오지 않아서 문제 안에 있는 수만 보고 계산하던 친구들은 난감하겠다. 잘하는 사람은 필자의 말이 농담처럼 보이겠지만 진담이다. 분수의 기준은 1, 분모, 단위분수라고 했다. '오름이네 땅의 $\frac{1}{4}$'이라는 말에서 전체의 땅 넓이가 1로 나오지 않으면 이 문제를 풀지 못한다. (방울토마토 심은 넓이)는 1-(고구마 심은 넓이) 즉 $1 - \frac{1}{4} = \frac{3}{4}$이다.

2-6
곱하기(×): 같은 수의 더하기를 빨리 할 수 있는 방법은 무엇일까?

'2+2+2+2+2+2+2+2+2+2'를 하라고 한다면 혹시 꼼꼼하게 푼다고 하나하나 더해가는 아이는 없을 것이다. '같은 수의 더하기'가 곱하기임을 아는 아이라면, 당연히 2가 더해진 개수를 세고 '2×10=20'이라고 풀었을 것이다. 왜냐하면 '같은 수의 더하기'가 '곱하기'로 표현된다는 것을 모르는 아이는 적다. 곱하기의 정의를 명시적으로 배운 적은 없지만, 쉽고 구구단을 외우는 과정이나 묶어 세기 등 오랜 기간을 배우기 때문이다. 아이가 모든 수학의 개념들을 곱하기처럼 문제에 적용할 수만 있다고 한다면 수학이 지금보다 훨씬 쉬워질 것이다.

〈조소장의 한줄개념 39〉
곱하기(×)는 같은 수의 더하기가 귀찮아서 만들어진 기호

다.

필자는 처음 곱셈을 배우면서 "왜 하필이면 같은 수를 더할까?", "과연 그런 경우가 많을까?"란 생각이 들었다. 같은 수를 더하는 것은 덧셈의 특수한 경우인데, 이것을 위하여 구구단까지 외워야 할까 또 원리만 알면 되지 철저히 외울 필요는 없다는 생각이 들었다. 그러나 아이들과 달리 학부모들은 곱셈이 얼마나 많이 사용하는 지를 안다. 모든 학문은 특수한 것을 배운다. 특수한 것이 많이 쓰이는지 그렇지 않은지를 막 배우는 아이들이 판단할 수는 없다. 중요한지 그렇지 않은지를 나중에 아이가 판단하기에는 이미 늦는다. 그래서 어른들은 "지금 알고 있는 것을 그때 알았더라면…"이라는 생각이 든다. 아이들은 구구단을 철저하게 해야 하는 것을 잘 모를 수 있다. 그러니 부모님이 구구단을 한 단 한 단 바로 외우고 다시 거꾸로 외우고 한꺼번에 외워서 36초까지 줄이도록 해야 한다. 1년 넘게 충실히 구구단을 외워도 부족해서 필자는 아이들에게 몫창을 가르친다.

처음 배울 때는 아주 특수한 것처럼 보이지만 점차 그 특수해 보이는 것의 안으로 들어가면 얼마나 넓은지를 알게 되는 경우가 많다. 많은 아이들이 문제를 풀면서 조금 특수해 보이면 '특수한 상황'과 '중요하지 않은 것'과를 일치시키려는 경향이 있어서 하는 말이다. 수학도 특수해 보이는 것이 중요한 것이고 점차 그 영역을 넓혀 간다. 개념의 깊이와 정확성을 고려할 때 중고등학교를 거치더라도 '같은 수의 더하기'를 빨리할 수 있는 유일한 방법이 '곱하기(×)' 밖에 없음까지 인식했으면 좋겠다.

🧑‍🦱 이 뭐야?
🧑 곱하기요.
🧑‍🦱 아냐.
🧑 그럼 뭐예요?
🧑‍🦱 배꼽이야.
🧑 ^^
🧑‍🦱 맞아. 곱하기야. 곱하기는 어떻게 해서 만들어졌어?
🧑 같은 수의 더하기가 귀찮아서요.
🧑‍🦱 배꼽은 어디에 있어?
🧑 배요.
🧑‍🦱 배가 곱하기라는 것을 기억하라고 한 거야. 배가 뭐야?
🧑 곱하기요.
🧑‍🦱 '12의 3배'가 무슨 뜻이야?
🧑 12×3이요.
🧑‍🦱 12×3을 더하기로 바꾸면?
🧑 $12+12+12$요.
🧑‍🦱 $\frac{1}{3} \times 3$을 더하기로 바꾸면?
🧑 $\frac{1}{3}+\frac{1}{3}+\frac{1}{3}$이요.

🧑‍🏫 직접 더해보면?

🧑 $\frac{3}{3}$이니 1이요.

🧑‍🏫 $x \times 3$을 더하기로 바꾸면?

🧑 $x+x+x$요.

🧑‍🏫 아니 중학교 내용인데 어떻게 알았어?

🧑 저는 똑똑하니까요.

🧑‍🏫 똑똑하니까 하나만 더 물어보자. $\sqrt{5}$(루트5)$+\sqrt{5}+\sqrt{5}$는 뭐야?

🧑 루트가 뭐예요?

🧑‍🏫 중3에 배우는 거이긴 한데, 꼭 지금 알 필요가 있을까?

🧑 뭔지는 모르지만, $\sqrt{5} \times 3$요.

🧑‍🏫 Good. 고등학교 꺼도 할까?

🧑 아니요. 그런데 한번 배우면 계속 나오는군요.

🧑‍🏫 계속 쉬우려면 튼튼하게 해야겠지?

🧑 그래야겠네요.

'같은 수의 더하기'를 하는 상황이나 문제를 주고 곱셈식을 만드는 것이 초등학교에서 많이 이용된다. 그러나 역으로 곱하기를 '같은 수의 더하기'로 바꿔서 이해해야 중학수학의 수식이 보인다. 수학적으로는 '같은 수의 더하기를 곱하기로 바꾸는 것'과 '곱하기를 같은 수의 더하기로 바꾸는 것'이 같지만, 사람의 머리는 다르다. 게다가 중학교에서는 수와 문자, 문자와 문자 사이에 있는 곱하기 기호를 생략한다. 중학교에서는 지금보다 한 걸음 더 나아가 보이지 않는 곱셈기호를 인식하고 다시 같은 수의 더하기로 바꿔서 수학을 이해하는 어려움이 있다는 것이다. 단순히 '같은 수의 더하기를 곱하기로 바꾸는 것'만 보고 곱하기를 잘 이해했다고 판단하기에는 이르다는 말이다. 곱으로 이루어진 수를 더하기로 바꾸어 보는 연습을 많이 해야 된다. 다음은 중학교의 것들이 포함되어 있는데 위 대화에 이어서 물어봐도 좋을 것들이다. 기호들의 의미를 알려주라는 것이 아니라 곱하기는 어떤 것이든 모두 같은 수의 더하기로 바꿀 수 있다는 확신을 갖기 위해서 보여 주면 좋기에 나열한 것이다.

- '1000×3'이 무슨 뜻이야?
- 1000＋1000＋1000이요.
- '삼천'을 '같은 수의 더하기'로 나타내면?
- '천＋천＋천'이요.
- $\frac{3}{7}$을 '같은 수의 더하기'로 나타내면?
- $\frac{1}{7}+\frac{1}{7}+\frac{1}{7}$요.
- $2^2 \times 3$을 '같은 수의 더하기'로 나타내면?
- $2^2 + 2^2 + 2^2$이요.
- $\sqrt{2} \times 3$을 '같은 수의 더하기'로 나타내면?
- $\sqrt{2} + \sqrt{2} + \sqrt{2}$요.
- $x^2 \times 3$을 '같은 수의 더하기'로 나타내면?
- $x^2 + x^2 + x^2$이요.

$xy \times 3$을 '같은 수의 더하기'로 나타내면?

$xy + xy + xy$요.

곱하기 0을 알아보자!

수학에서 0은 무척 중요한 수이다. 앞서도 0의 정의를 말하면서 '생략'과 혼돈해서는 안 된다고 한 바가 있다. 이번에는 곱이 0이 되는 것을 배워보자. 곱은 언제나 더하기로 바꿀 수 있다. '0+0+0+0+0'의 답은 0이다. 역시 곱하기로 바꾸면 $0 \times 5 = 0$이다. 0에 몇 번이고 0을 더해도 그 결과는 0이다. 더하기와 곱하기는 항상 자리를 바꾸어서 더하거나 곱해도 된다고 했다. 따라서 0×5의 자리를 바꾸어서 5×0으로 본다면 5를 0번 더한 것이고 이 역시 0이 된다. 그래서 아이들이 "어떤 수든 0과의 곱을 하면 모두 0이 된다.", "어떤 수도 된다고 하였으니 당연히 0×0도 0이다."라고 하고 0은 쉬운 수라고 정리하는 경향이 있다. 또한 "이 세상의 모든 수들의 곱은 0이에요, 세상에는 0이 있기 때문이에요"라면서 즐거워한다. 여기까지는 아이들이 설명을 하지 않아도 대부분 잘 알 것이다. 즐거워하는 것에 찬물을 끼얹는 것 같아 미안하지만 항상 조심해야 하는 수가 바로 0이다.

물론 어려워져도 0과의 곱이 0이라는 것이 바뀌지는 않는다. 수학은 알고 있는 것이 바뀌지 않으면서 깊어지는 특성이 있다. 0에 대해 조금만 진전을 시켜보자. 0과 곱을 배웠다면, 역을 생각해 보자.

첫째, 두 수를 곱해서 0이 된다면 그 경우는 0×5, 5×0, 0×0에서 보여지듯이 두 수 중에 적어도 하나는 0이어야 한다는 것이다. 이것은 중3의 인수분해를 통한 방정식 풀이의 핵심 원리이다.
둘째, 0이 아닌 두 수를 곱했을 때는 절대로 0이 나올 수 없다는 사실이다. 이런 경우는 대부분 계산의 오류로 생기는 경우가 많지만 잘못된 답을 알아채기 위해서 이를 알 필요가 있다.

이것이 0의 성질의 일부이다. 위와 같은 내용이지만, 다시 식으로 정리해 본다. 만약 어려우면 중학교로 넘어가서 다루어도 된다. 우선 두 수 미지수 A와 B가 있다고 하자. 그런데 A는 어떤 수인지 모르니 0일 수도 있고 0이 아닐 수도 있다. 그러니 '$A=0$이거나 $A \neq 0$'이라고 하면 A가 될 수 있는 수를 모두 표현한 것이다. 이해가 갔는가? 이 부분을 이해하는 것이 가장 어려울 것이다. 이해가 같다면 B도 마찬가지로 '$B=0$이거나 $B \neq 0$'라고 표현하면 B가 될 수 있는 모든 수를 표현한 것이다. 이것을 이해했다면 $A \times B$를 모든 경우의 수로 분류하면 다음의 4가지가 이해하는 것이 어렵지는 않을 것이다.

① $(A=0) \times (B \neq 0)$

② $(A\neq 0)\times(B=0)$

③ $(A=0)\times(B=0)$

④ $(A\neq 0)\times(B\neq 0)$

$A\times B$로 만들어낼 수 있는 모든 경우의 수를 표현한 4가지의 식 중에 ① $(A=0)\times(B\neq 0)$, ② $(A\neq 0)\times(B=0)$, ③ $(A=0)\times(B=0)$이 곱해서 0이 되는 경우고, ④ $(A\neq 0)\times(B\neq 0)$만이 0이 되지 않는다. 이해하면 당연한 것들이지만, 식으로 표현할 때는 그 느낌이 다르다는 것을 보여주려고 소개했다.

2-7
배수와 약수

"배는 뭐고 배수는 뭐니?"라고 물어보면 막 배운 초등 5~6학년은 물론이고 어른들도 난감해한다. 정의를 외우지 않고 대충 이해만 하면 되는 줄로 아는 결과이다. 많은 경우, '배는 곱하기'고 '배수는 곱한 수'라는 말도 안 되는 말을 한다. 마치 배는 곱하는 과정이고 배수는 곱한 결과를 의미하는 것처럼 보인다. 이렇게 알고 있는 아이에게나 배수라는 것을 처음 접하는 아이에게 2의 배수를 말하라고 하면 2, 4, 8, 16, 32, …라고 한다. 배가 곱하기라는 생각만 하고 계속 2를 곱해서 수를 나열한 것이다. 다시 언급하겠지만 이것은 거듭제곱에 해당한다. 이때 누군가가 "2의 배수는 구구단 2단이야."라고 알려주면, 이유도 모르고 외워서 사용하게 된다. 외워서 틀리지 않으니 마치 2의 배수를 아는 것처럼 생각되어질 수 있을지는 몰라도 이는 2의 배수를 안 것이 아니라 수면 아래로 잠시 내려놓은 것일 뿐이다. 모르는 것은 머릿속 어디엔가 여전히 남아서 어려워지면 혼동의 씨앗이 될 수 있다. 배수의 정의를 정확하게 배우기 전에 배와 배수와의 관계에 대해서 잠시 생각해 보자.

- '배'가 뭐야?
- 곱하기요.
- 곱하기는 뭔데?
- 같은 수의 더하기요.
- 좋아. 그럼 '배'는 어떤 수에 어떤 수를 곱했는데?
- 아무 수끼리 곱하면 되지 않을까요?
- 잘했어.
- 뭘 잘했다는 거예요.
- 배가 아무 수끼리 곱하는 것이라고 한 거!
- ???
- 그럼, 배수는 뭐야?
- 곱한 수요.
- 어디에 뭘 곱했는데?
- 저야, 모르지요.
- 잘했어.
- 뭘 잘했다는 거예요.
- 배수가 아무 수끼리 곱하는 것이라고 안 한 거!
- ??? 도대체 뭐라고 하는 거예요?

🧑‍🦱 네가 '배'는 아무 수끼리 곱하는 거란 것을 아는 것이고, '배수'는 어떤 수끼리 곱하는 것인지 모른다고 했다는 거야. 즉 '배수'를 배와 똑같다고 하지 않고 새로 배워야 한다고 생각했다는 것을 칭찬한 거야. 많은 사람들은 '배'와 '배수'를 구분하고 배우려 하지 않고 상상만 하거든.

🧑 맞아요. 저는 배수가 뭔가 배워야겠다고 생각했어요.

🧑‍🦱 수학은 다른 과목과 달리 상상이 먼저가 아니라 정의나 개념을 배우는 것이 먼저야.

🧑 알았으니 얼른 배수가 뭔지 알려주세요.

🧑‍🦱 '배'가 곱하기고, 어떤 제한도 없으니 어떤 수끼리 곱해도 된다고 했잖아. 그러니 '3의 $\frac{1}{2}$배', '$\frac{1}{2}$의 3배', '$\frac{1}{2}$의 $\frac{1}{3}$배' 등 어떤 수들의 곱이나 그 결과도 '배'라고 할 수 있어.

🧑 그러네요.

🧑‍🦱 그런데 반해 '배수'는 어떤 같은 자연수를 더하기를 해서 만든 수라고 볼 수 있어. 그런데 더해가기 전에 처음 수를 몰라. 그래서 배수는 '어떤 자연수를 더해가거나 빼가면서 만드는 수'라고 할 수 있어.

🧑 선생님, 너무 복잡하고 무슨 말인 줄 모르겠어요.

🧑‍🦱 인정. 대신 배수의 정의를 알려주면 지금 의문이 들었던 것을 배수의 정의로부터 확인하길 바래.

🧑 알았어요.

배는 어떤 수끼리의 곱하기를 의미하고 곱하기는 '같은 수의 더하기'이니, '자연수 5의 배수'라고 하면 5씩 커져가거나 5씩 작아져가는 상황을 이해해야 한다. 배수에 대한 정확한 생각 위에 중학교의 거듭제곱을 추가해야 한다. 그래야 중학수학의 최대 난제라고 할 수 있는 '더하기'와 '곱하기'의 구분이 덜 헷갈릴 것이다.

〈초등수학교과서〉

4를 1배, 2배, 3배, 한 수를 4의 배수라고 합니다. 4, 8, 12, …는 4의 배수입니다. 어떤 수를 1배, 2배, 3배, 한 수를 그 수의 배수라고 합니다.

〈조소장의 한줄개념 40〉

배수란 어떤 자연수로 나누어떨어지는 정수이다.

〈조소장의 한줄개념 41〉

1) 4의 배수의 정의는 4로 나누어떨어지는 정수이다.
2) 4의 배수를 나열하면, …, -8, -4, 0, 4, 8, 12, …이다.
3) 식으로 쓰면, $4 \times n$(단, n은 정수)이다.

교과서의 표현대로 '4, 8, 12, …를 4의 배수라고 하는 것'은 맞다. 그러나 거꾸로 '4의 배수를 4, 8, 12, …라고 하는 것'은 틀린다. 4의 배수에는 4, 8, 12, …도 있지만, 0, -4, -8, -12, …등도 있기 때문이다. 대충 생각하면 자칫 4의 배수는 중고등학교 때도 계속 자연수의 범위에서만 있는 것처럼 생각이 고정된다. 정수를 배우지 않아서 그런 것이니 나중에 중학교에서 다시 배수의 정의를 다시 내리면 되지 않느냐고 할지도 모르겠다. 그렇지만, 중학교에서 정수를 배운다해도 교과서에서 배수의 정의를 다시 내리지 않는다. 그리고 아이는 이미 4의 배수를 자연수에 고정되어서 0이나 음의 배수를 생각하지 못한다. "에에~ 그럴 수도 있지."라고 생각하는 사람도 있겠지만, 최대한 완전하게 하려고 노력해도 만들어지는 것이 오류다. 한 번 만들어진 오류는 쉽게 없어지지 않고 중고등수학을 어렵게 만든다고 생각한다면 쉽게 생각할 수 있는 사항이 아니다.

🧑 '2의 배수'가 뭐야?

🧒 '2로 나누어떨어지는 수'요.

🧑 '2로 나누어떨어지는 수'에서 '수'가 자연수야?

🧒 '수'가 자연수가 아니면 그럼 분수예요?

🧑 보통 수학에서 '수'라고 하면, '실수'라고 자연수나 분수를 포함하는 더 넓은 범위의 수를 말해. 그러니 '2로 나누어떨어지는 수'라고 하면 자칫 분수도 2의 배수처럼 생각되어져서 좋아 보이지 않아.

🧒 저는 '수'라고 하면 그것이 전 자연수를 의미하는 줄로 알았어요. 그럼, 뭐라고 해야 돼요?

🧑‍🏫 그러니까 2의 배수의 정의는 '2로 나누어떨어지는 정수'야.

🧑 정수 알아요. …, −2, −1, 0, 1, 2, 3, …가 온도계의 눈금처럼 보였어요.

🧑‍🏫 맞아. 그러니까 '2의 배수'에서 배는 '곱하기'고 곱하기는 다시 '같은 수의 더하기'이야. 그런데 2씩 더하기는 하지만 어디서부터 더해야 하는지 모르잖아. 그래서 2, 4, 6, …도 2의 배수이지만, 다시 2씩 빼서 만들어지는 0, −2, −4, …등의 음의 정수도 2의 배수가 된다는 말이야.

🧑 교과서에서 배운 것과 달라서 헷갈리는 것 같아요.

🧑‍🏫 교과서에서 배운 것과 다르지 않아. 네가 착각하는 거야. 교과서는 '2, 4, 6, …'이 2의 배수라고 했지, 거꾸로 2의 배수가 '2, 4, 6, …'와 같다고 한 적이 없어.

🧑 제가 착각했다고요? 그런가? 그럼, 사람들이 '2, 4, 6, …'를 말하게 하려면 뭐라고 물어봐야 돼요?

🧑‍🏫 "2의 자연수 배수는 뭐니?" 또는 "2의 양의 배수가 뭐니?"라고 물어보면 "2, 4, 6, …"을 말하는 거야.

🧑 "2, 4, 6, …"은 2의 배수가 맞다. 그런데 2의 배수를 말하라고 하면 "2, 4, 6, …"이 아니라, "…, −4, −2, 0, 2, 4, 6, …(2, 4, 6, 땡땡땡 그리고 0, −2, −4 땡땡땡)"이라고 해야 된다는 거죠?

🧑‍🏫 그래. 좀 낯설어도 너는 정수를 배웠으니 올바르게 공부해 보자.

🧑 나중에 중고등 때도 이게 맞다고 하니 그렇게 해볼게요.

👨 자, 이제 연습해 보자. 3의 배수는 뭐야?

🧑 …, −6, −3, 0, 3, 6, 9, …요.

👨 4의 배수 뭐야?

🧑 …, −8, −4, 0, 4, 8, 12, …요.

👨 0은 모든 자연수의 배수니?

🧑 오~ 그러네요. 0은 모든 수의 배수예요.

👨 아니. 정의대로 하면, 0은 '모든 수의 0배'이고 '모든 자연수의 배수'야.

🧑 와~ 매사가 정의군요.

👨 나도 헷갈려. 다만 그때마다 정의를 생각한단다. 그럼, 1의 배수는 뭐야?

🧑 …, −2, −1, 0, 1, 2, 3, …요. 그러니까 1의 배수가 정수군요.

👨 응. 그러니까 '$4 \times n$(단, n은 정수)'란 말은 4에다가 정수를 곱했다는 말이야.

🧑 알았어요. '$5 \times n$(단, n은 정수)'은 5의 배수라는 말이죠?

👨 잘했어. 힘들었지.

🧑 뭐 이 정도야. 그렇다고 안 까먹는다는 보장은 없어요.^^

Q '…, −4, −2, 0, 2, 4, 6, …'에 대한 설명 중 옳지 <u>않은</u> 것은?
① 짝수이다.

② 2의 정수 배수이다.

③ 2로 나누어떨어지는 정수이다.

④ 2를 더하거나 빼서 만든 수이다.

⑤ −2의 배수이다.

답: ⑤

2의 배수는 '…, −4, −2, 0, 2, 4, 6, …'이고, '…, −4, −2, 0, 2, 4, 6, …'는 2의 배수이다. 즉 같다는 것이다. ① 짝수의 정의는 2의 배수이니 맞다. ② 2의 배수는 2에다 정수를 곱하는 것이니 '2의 정수 배수'라는 말도 맞다. ③ '2의 배수'의 정의는 '2로 나누어떨어지는 정수'이니 맞다. ④ '2를 더하거나 빼서 만든 수'라는 말에서 "어떤 수부터?"라는 의문이 들고, 만약 1부터 시작하였다면 2씩 더하고 뺀다면 …, −3, −1, 1, 3, 5, …이니 틀려서 답이라고 한 아이도 있을 것이다. 나중에 다시 설명하겠지만, 2를 한 번 더한 것이 2이고 이 수부터 2씩 더하고 빼면 맞는 말이 된다. ⑤ 배수의 정의는 '어떤 자연수'로 나누어떨어지는 정수이기 때문에 이름에 −2처럼 자연수가 아닌 수가 올 수 없다.

교과서의 말을 잘못 이해하고 뒤집어서 '4의 배수를 4, 8, 12, …'라고 생각하는 아이들이 갖질 수 있는 오류들을 정리해 본다.

첫째, 교과서에서 '수'라고 표현한 것은 자연수가 아니라 분수를 포

함하는 모든 수 즉 실수이다.

둘째, 1의 배수, 2의 배수, 3의 배수, …처럼 이름에는 자연수가 사용된다. 즉, 0의 배수, −1의 배수, −2의 배수, … 등과 같은 이름은 없다.

셋째, 0은 모든 자연수의 배수다.

넷째, 자연수에 정수를 곱했기 때문에 어떤 수의 배수들에는 양의 정수도 있지만 0과 음의 정수도 있다.

다섯째, 첫 배수가 정해지지 않았기 때문에 같은 자연수를 계속 더하거나 빼서 만들어야 한다.

〈초등수학교과서〉

6, 12, 18, …은 2의 배수도 돼도 3의 배수도 됩니다. 2와 3의 공통된 배수 6, 12, 18, …을 2와 3의 공배수라고 합니다. 공배수 중에서 가장 작은 수인 6을 2와 3의 최소공배수라고 합니다.

〈조소장의 한줄개념 42〉

공배수는 두 수 이상의 배수들 중에서 공통인 배수이고, 최소공배수는 공배수 중에서 가장 작은 자연수이다.

〈조소장의 한줄개념 43〉

공배수는 최소공배수의 배수들이다.

- 4의 배수가 뭐야?
- …, −8, −4, 0, 4, 8, 12, …요.
- 6의 배수가 뭐야?
- …, −12, −6, 0, 6, 12, 18, …요.
- 4의 배수도 되고 6의 배수도 되는 것은 뭐야?
- 4와 6의 공배수가 뭐냐고 묻는 거죠?
- 응.
- …, −24, −12, 0, 12, 24, … 즉, 12의 배수요.
- 좋아. 그럼 4와 6의 최소공배수가 뭐니?
- 12인 줄 알았는데. 이렇게 되면 4와 6의 최소공배수는 계속 작아지니 모르는 거 아녜요?
- 최소공배수의 정의가 뭔데?
- 아~ '공배수 중에서 가장 작은 자연수'군요. 알고 있던 12가 맞군요.
- 맞아. 최소공배수가 자연수 중에 있으니, 사람들이 공배수를 자연수에서만 구하지만 정식으로 하면 공배수는 음의 정수까지 포함해야 된단다.
- 알았어요.
- 그런데 '4와 6의 공배수'를 구하기 위해서 매번 4의 배수와 6의 배수를 나열하고 이들 중에서 같은 것을 찾아야 할까?
- 무슨 좋은 방법이 있어요?
- 없어.

🧑 에이 좋다가 말았네요.

🧑 그런데 만약 최소공배수를 구할 수만 있다면 얘기는 달라져.

🧑 왜요?

🧑 공배수는 최소공배수의 배수들이거든.

🧑 최소공배수도 어차피 나열해야 구하는 것 아니에요?

🧑 나열하지 않고도 구할 수 있단다.

🧑 그럼 진작에 알려주지. 각각의 배수들을 나열하느라고 고생했잖아요. 얼른 알려줘요.

🧑 나중에~

🧑 에이, 빨리 알려주지.

Q 어떤 두 수의 최소공배수가 14일 때, 공배수를 작은 것부터 3개만 써라.

답: 14, 28, 42

아이에게 공배수를 알려주고 다시 공배수 중에서 가장 작은 자연수를 최소공배수라고 하면 처음에는 용어가 길어서 약간 헷갈려하는 듯 하다가 어려지 않아 한다. 그래서 방심하는 경우가 많다. 차근차근 보자. 배수란 자연수의 배수를 묻는 것이니 문제에 있는 '어떤 두 수'는 자연수이다. 그런데 두 자연수를 알려주지 않았으니 공배수를 구할 수 없고, 최소공배수를 알려주었다고는 하나 여전히 공배수를 구할 수 없다고 생각하는 아이들이 많다. 아이들은 '공배수는 최소공배수의 배수들'이라는 것을 선뜻 받아들이지 못한다. 그래서 정의에 '공배수는 최소공배수의 배수들이다.'라는 말을 덧붙인 것이다. 별도로 최소공배수의 배수들이 공배수임을 알려 주어야 14, 28, 42라는 답을 쓸 것이다. 앞으로 초 5부터 시작하여 무수히 많은 분수의 연산을 하면서 최대공약수와 최소공배수가 직관적으로 나오게 될 것이고 나와야만 된다. 그런데 직관적으로 나온 최대공약수와 최소공배수를 사용할 수 없다면 말이 안 된다.

〈초등수학교과서〉

12를 나누어떨어지게 하는 수를 12의 약수라고 합니다. 1, 2, 3, 4, 6, 12는 12의 약수입니다. 어떤 수를 나누어떨어지게 하는 수를 그 수의 약수라고 합니다.

〈조소장의 한줄개념 44〉

약수는 어떤 수를 나누어떨어지게 하는 정수이다.

배수에서 설명했듯이 약수의 정의를 '나누어떨어지게 하는 수'로 하면 '수'가 '실수'이기 때문에 혼동의 여지가 높다. 혼동하지 않으려면 '나누어떨어진다'의 정의나 '정수 나눗셈의 정의'가 필요하다. 그렇지 않으면 아이들의 머릿속에서 $\frac{12}{5} \times 5 = 12$이니 $\frac{12}{5}$, 5도 약수가 아닌가란 생각이 들 수도 있다는 것이다. 배수에서와 같이 약수의 범위도 정수이다. 따라서 '나누어떨어지게 하는 정수'라고 해야 한다. 예를 들어 살펴보자. '6의 약수'라고 하면 '6을 나누어떨어지게 하는 정수'이어야 한다. 그래서 6을 우선 양의 정수인 자연수들로 하나하나 나누어보면 1, 2, 3, 6은 나머지가 0이어서 나누어떨어지는 데 반해, 4와 5 그리고 6보다 큰 다른 자연수들은 모두 나누어떨어지지 않는다. 또한 나중에 중학교에서는 음의 정수인 -1, -2, -3, -6도 6의 약수가 된다. 따라서 6의 약수는 양의 약수인 1, 2, 3, 6과 음의 약수인 -1, -2, -3, -6로 되어있다. 물론 초등학교에서는 정수를 배우지 않아서 1, 2, 3, 6만을 다루지만, 나중에 중고등학교에서 약수는 음의 약수를 추가해야 하고 그렇지 않으면 틀리게 된다.

6의 약수: ± 1, ± 2, ± 3, ± 6
12의 약수: ± 1, ± 2, ± 3, ± 4, ± 6, ± 12

'± 1'은 '$+1$'이거나 '-1'로 두 수를 여러 번 쓰는 것이 귀찮아서 한 번에 쓴 것이지 한 수가 아니다. 그런데 약수가 나누어떨어지게 하는 정수이지만, 실제로 나누어보는 것이 아니라 아이들은 곱을 통해서 약수를 구하고 있다. 하나하나 나누어떨어지게 하는 자연수를 찾는 방법은 아이들이 가장 싫어하는 시행착오를 이용하는 방법이기 때문이다. 예를 들어 6의 약수는 '6을 나누어떨어지게 하는 정수'가 아니라 '곱해서 6이 되는 정수'로 구한다는 말이다. 작은 수이면 어떤 것을 사용해도 큰 차이가 없지만, 큰 수의 약수를 구하라고 하면 곱을 통한 약수 구하기가 훨씬 편하다. 따라서 1×12, 2×6, 3×4라는 것을 통해서 양의 약수 1, 2, 3, 4, 6, 12를 구하고 다시 음의 약수는 이 수들에 −(마이너스)를 붙이면 된다.

'나누어떨어지게 하는 정수를 찾는 방법'과 '곱해서 만들어지는 정수를 찾는 방법'은 차이가 없는가?

있다. 다른 수들은 상관없지만, 제곱수들은 이들 간에 약간의 차이가 있다. 예를 들어 제곱인 자연수 9의 약수를 두 가지 방법으로 구해보자. 9를 양의 정수로 나누어떨어지게 하는 수는 1, 3, 9로 세 개다. 그런데 곱해서 9가 되는 자연수는 1×9, 3×3로 나열하면 1, 3, 3, 9이다. 따라서 '9의 자연수 약수'는 1, 3, 9의 3개인가, 아니면 1, 3, 3, 9의 4개인가? 뭐 이런 것을 고민하냐며 웃을지도 모르겠다. 3과 3은 같으니 하나로 보는 것이 아니라, 곱해서 9가 되는 수는 4개가 맞다. 이렇게 정의대로 구하는 것과 그렇지 않은 것이 충돌한다면 당연히 정의대로 9를 나누어떨어지게 하는 자연수인 1, 3, 9가 답이 된다는 것이다. 이것만 이해한다면 정의인 '나누어떨어지게 하는 정수'보다 '곱해서 만들어지는 정수'를 찾는 것이 중고등수학에서 더 유용할 것이다.

Q 더해서 37이 되고 곱해서 36이 되는 두 정수를 찾고 작은 수부터 써라.

답: 1, 36

이 문제는 합과 곱을 동시에 물어보는 무척 중요한 문제이고 인싸이트를 준다. 초등 6년간의 생각이 자연수에 머무르지 않도록 배수와 약수를 음의 정수까지 확대하려는 필자의 의도가 이 문제에서 보일 것이다. 직접적으로는 중3의 인수분해에 해당하는 물음이기는 하지만, 초등에서도 수의 범위를 정수가 아니라 자연수로 바꿔서 종종 나온다. 문제가 '더해서 37이 되는 정수'이면서 '곱해서 36이 되는 정수'를 찾으라고 한다. 중3의 아이에게 더해서 37이 되는 정수를 물어보면 보통 $1+36$, $2+35$, $\cdots$, $18+19$ 등의 자연수의 합에 머무른다. 계속 추궁해서 $-1+38$, $-2+39$, $\cdots$ 등을 생각하는 순간 아이가 합이 37이 되는 것은 무수히 많다는 것을 깨우친다. 이어 곱해서 36이 되는 정수를 물어보면 십중팔구는 $4\times9=36$, $6\times6=36$, $\cdots$ 등을 몇 개 말하다가 만다. 너무 많은 수들의 등장에 의욕을 잃고 "못 찾겠다."고 한다. 구구단 몇 개를 모르면 수포자가 되었듯이, 인수분해를 몇 개 못 하는 것은 치명적이다. 이것이 많은 중3의 아이들이 인수분해를 하면서 수포자가 되는 과정이다. 그런데 필자가 보기에 이미 실력을 갖추었으면서 가지고 있는 것을 활용하지 못해서 벌어지는 것으로 보인다. 활용하지 못하는 이유는 정리가 안 된 탓이다.

첫째, 수의 범위를 자연수에 국한시키면 안 된다.

아무 말이 없으면 '실수'까지가 본래의 범위이지만 최소한 정수나 분수까지는 기본적으로 확장해 놓아야 한다. 그래서 학생들에게 배수나 약수도 음의 정수까지 확대시켜 놓으려고 하는 것이다. 아무리 합이 37인 '정수'라고 강조해도 생각이 '자연수의 합'에만 머무르는 친구들이 너무도 많다. 실제 문제에는 '정수'라는 말도 나오지 않는다.

둘째, 처음 배울 때는 호들갑을 떨어라.

처음 개념을 배울 때는 단어 하나하나에 민감하게 반응하고 거꾸로도 가능한가를 보는 등 한마디로 호들갑을 떨어야 한다. 그런데 많은 아이들이 그런가 보다 하고 매사 평범성에 길들여졌다. '곱이 36인 정수'에서 왜 약수의 생각이 나지 않는가? 인수분해에서 수포자가 된 아이에게 말해보라고 할 때, 대부분 '36의 약수'를 줄줄 읊는다. 공부를 안 한 것도 아니고 약수를 3~4년간 연습했는데 사용을 못하면 억울하지 않은가? 연산연습은 별도로 하고 문제집 푸는 시간의 절반을 떼서 이 책의 개념훈련에 쏟기를 바란다.

셋째, 'A이고 B인 것'과 'B이고 A인 것'은 같다.

이 논리는 집합의 벤다이어그램으로 설명해야 해서 설명은 371쪽에서 다루었다. 집합을 가르치면 교과과정이 아니라고 싫어하는 아이도 있는데, 계속 나오는 중요한 것만 최소한으로 다루었다. 앞서 보았듯이 정수에서 합은 무수히 많지만 곱은 약수이니 상대적으로 적다. '합이 37이고 곱이 36인 정수'라는 말은 '곱이 36이고 합이 37인 정수'와 같다. 따라서 만약 아이가 '36의 약수 중에서 합이 37인 정수'라고 해석했다면, 1과 36이라고 단번에 답이 나왔을 것이다. 설사 답이 빨리 나오지 않을 문제였다 해도 각각의 약수들을 모두 고려할 수 있으니 자신감이 떨어지는 일은 없을 것이다.

〈초등수학교과서〉
1, 2, 4는 8의 약수도 되고, 12의 약수도 됩니다. 8과 12의 공통된 약수 1, 2, 4를 8과 12의 공약수라고 합니다. 공약수 중에서 가장 큰 수인 4를 8과 12의 최대공약수라고 합니다.

〈조소장의 한줄개념 45〉
공약수는 두 수 이상의 약수들 중에서 공통인 약수이고 최대공약수는 공약수 중에서 가장 큰 수이다.

〈조소장의 한줄개념 46〉
공약수는 최대공약수의 약수들이다.

약수가 한 수를 나누어떨어지게 하는 정수였다면, 공약수는 두 수를 모두 나누어떨어지게 하는 정수이다. 예를 들어 12와 18의 공약수는 각각의 약수를 구해서 공통인 약수를 구하면 양의 약수 1, 2,

3, 6과 음의 약수 −1, −2, −3, −6이다. 이들 공약수 중에서 가장 큰 수인 6이 최대공약수이다. 그런데 별도로 최대공약수인 6의 약수들을 구해보면 역시 1, 2, 3, 6과 −1, −2, −3, −6으로 공약수와 같음을 알 수 있다. 최대공약수의 약수와 공약수들이 같을 수밖에 없는 이유는 바로 소수 때문이다. 이것은 자연수를 분해하였을 때, 더 이상 분해될 수 없는 소수들의 곱으로 만드는 연습을 해야 먼 훗날 비로소 이해가 될 것이다. 그렇다고 그때까지 문제를 풀지 못할 수는 없어서 '공배수는 최소공배수의 배수들'이라고 한 것처럼 '공약수는 최대공약수의 약수들'이라고 아예 개념으로 만들었다.

Q 어떤 두 수의 최대공약수가 12일 때, 자연수인 공약수들을 구하여라.

답: 1, 2, 3, 4, 6, 12

약수의 정의는 '어떤 수를 나누어떨어지게 하는 정수'이기 때문에 문제에 나온 '어떤 두 수'도 정수이다. 공약수가 최대공약수의 약수들인 줄을 모른다면, 아이는 두 수를 모르는데 어떻게 공약수를 구하냐고 할 것이다. 공약수는 최대공약수 12의 약수이니 1, 2, 3, 4, 6, 12, −1, −2, −3, −4, −6, −12인데, 자연수인 공약수만을 물었기 때문에 답은 1, 2, 3, 4, 6, 12이다.

🧑‍🦱 어떤 분수를 약분하려고 하는 데 2로도 나누어지고 3으로도 나누어지는 거야. 그럼 너는 어떤 수로 약분할래?

🧒 당연히 똑똑한 저는 큰 수인 3으로 나누죠.

🧑‍🦱 똑똑해서 3으로 나누는구나! 그럼 더 똑똑한 사람은 무엇으로 나누는지 아니?

🧒 ???

🧑‍🦱 2로 나누어지는 것은 2의 배수이고, 3으로 나누어지는 것은 3의 배수야. 그러면 2의 배수이면서 3의 배수인 것들은 뭐니?

🧒 6이요.

🧑‍🦱 아니.

🧒 알았어요. '6의 배수'요.

🧑‍🦱 더 똑똑한 사람들이 무엇으로 나누는지 알겠니?

🧒 6이요. 그런데 이거 좋은 아이디어인데요. 다른 분수에서도 써먹어야겠어요.

🧑‍🦱 그런데 왜 이런 일이 벌어졌는지 알겠니?

🧒 글쎄요.

🧑‍🦱 6을 소인수분해 해봐!

🧒 2×3이요.

🧑‍🦱 분모와 분자에 2×3이 곱해져 있는데, 처음에 네가 2나 3만 보였던 거야.

🧒 알았어요. 머리 좀 써 볼게요.

🧑‍🦱 그럼 다시 묻자! 4로도 나누어지고 7으로도 나누어지면 어떤

수로 약분할래?

 28로요.

 아니 28과 같이 큰 두 자릿수로 나누는 것은 어려우니 알아도 두 번 나누는 것이 더 빠를 거야. 대신 될 수 있으면 큰 수로 나누는 것이 더 편하다는 것만은 꼭 기억해라.

 예.

최소공배수와 최대공약수

배수와 약수를 다루는 5학년의 첫 단원은 5학년 전체 중에서도 가장 어려운 단원이라고 할 수 있다. 특히 최대공약수와 최소공배수의 활용에 들어가면 속수무책인 아이가 많다. 집에서 부모님과 함께 공부하다가 '아이만 잡게 된다.'고 학원을 보내는 가장 원인이 되는 단원이기도 하다. 그 어려움의 근원에는 아이에게 배수와 약수의 구분이 명확하지 않기 때문이다.

배수: 나누어떨어지는 수
약수: 나누어떨어지게 하는 수

배수와 약수를 설명하는 말에 모두 '나누어떨어진다.'는 말이 들어간다. 문제에 나와 있는 말만으로는 구분이 어렵다는 말이다. 그 수를 가지고 나눌 수 있는 수는 배수이고, 그 수를 곱으로 분리할 수 있는 수는 약수라는 생각을 확실히 해야 한다. 문제를 읽어가며 처음에 배수와 약수의 구분이 잘못되면 좀 더 생각을 깊이 한다 해도 엉뚱한 곳에서 헤매게 된다. 또 하나 혼동의 원인에는 바로 '최소'와 '최대'라는 말 때문이다. 그래서 필자가 이 부분을 가르치면서 가장 많이 하는 말이 '최소공배수는 배수이고 최대공약수는 약수이다.'라는 말이다. 배수 중에 가장 작아도 배수이고 약수 중에 가장 커도 약수이니 당연한 말이지만, 무의식중에 큰 것과 작은 것이라는 생각이 흘러가기 때문이다. 직접 문제를 통해서 보자!

Q 12로 나누어지고 26으로도 나누어지는 가장 작은 자연수는?

답: 156

이 문제의 답을 아이들이 2라고 많이 적는다. 이유는 단순하다. 그렇게 큰 수일 리가 없다는 생각에서이다. 좀 더 잔머리가 돌아가는 아이는 '가장 작은 자연수'라는 곳에서 힌트를 얻어 최소공배수라고 생각하여 답을 적는다. 이 문제를 풀 때는 가장 먼저 '12로 나누어지고'라는 말에서 '12의 배수'임을 알아야 이 문제를 푸는 의미가 있다.

Q 어떤 수로 27을 나누면 3이 남고, 41을 나누면 5가 남는다. 어떤 수 중에서 가장 큰 수는?

답: 12

어떤 수를 □라 할 때, 27÷□=○…3 ⇨ (325쪽 참조) ⇨ 24÷□ =○에서 □는 24의 약수임을 알아야 그다음 공약수든 최대공약수든 생각이 옮겨간다. 주로 최대공약수는 약분에서, 최소공배수는 통분에서 사용된다. 직관적으로 최대공약수와 최소공배수가 나올 수 있도록 충분한 연습이 있기 전에 푸는 문제라서 어려워하고 헷갈리는 것은 당연하다. 이를 부모가 받아들이지 못하면 화만 날 뿐이다.

2-8
배수판별법

어떤 수가 어떤 배수인지 아닌지를 아는 것은 수 감각에 해당한다. 예를 들어 어떤 수가 3의 배수인지 아닌지를 알려면 3으로 나누어 보면 된다. 그러나 직접 나누어 보지 않고도 알 수 있다면 그만큼 시간이 절약되고 남는 여유를 문제에 더 집중할 수 있게 된다. 그런데 수감각은 연습에 따른 결과이지 연습 없이도 생성되는 것이 아니다. 물론 연습에 비해서 좀 더 효과가 있는 아이도 있지만, 그런 아이들이 모두 개념 있게 공부하거나 집요하고 깊이 있게 공부한 것이지 우연이 아니다. 우선 배수판별법부터 보자!

1의 배수: 정수
10의 배수: 일의 자릿수가 0
2의 배수: 일의 자릿수가 짝수

5의 배수: 일의 자릿수가 5의 배수

4의 배수: 끝의 두 자릿수가 4의 배수

25의 배수: 끝의 두 자릿수가 25의 배수

3의 배수: 각 자릿수의 합이 3의 배수

9의 배수: 각 자릿수의 합이 9의 배수

6의 배수: 2의 배수이고 3의 배수

배수판별법은 어떤 수가 무슨 배수인지를 직접 나누어보거나 소인수분해를 하지 않고도 판별하는 방법이다. 필자가 쓴 것과는 약간 다르지만 보통 위처럼 문제집들에서 배수판별법을 알려주고 이것을 사용하라고 한다. 그러면 당장 배우고 외웠을 때는 곧잘 사용하지만 2, 5, 10의 배수를 제외하고는 사용하지 않는 경우가 많다. 잊어버려서 그렇다. 사실 2, 5, 10의 배수는 배수판별법이 아니더라도 자연히 알게 되는 것이니 배운 의미가 없다. 위 배수들 중에 3, 4, 6, 9의 배수를 구분하는 방법에 대한 이유를 알려주지 않고 외우게 시키기 때문이다. 정확하게 말하면 학교 선생님이나 학원 선생님이 알려주었다 해도 다음 개념을 몰라서 아이들이 이해하지 못한 것이다.

〈조소장의 한줄개념 47〉

k의 배수와 k의 배수를 더하면 k의 배수다.

배수판별법을 이해하려면, 가장 먼저 '어떤 배수끼리 더해도 그 배수가 된다'는 것을 알아야 한다. 예를 들어 3의 배수끼리 더해도 다시 3의 배수가 된다는 말이다. 이것을 이해하지 못하면 배수판별법 전체를 아무것도 이해시킬 수가 없다. 과연 아이들은 이 개념을 알고 있었을까?

 3의 배수＋3의 배수는 6의 배수지?

 네.

 진짜?

 아니에요?

 3의 배수들 몇 개만 말해봐.

 3, 6, 9요.

 이들끼리 더해보면 3＋3, 3＋6, 3＋9, 6＋6, 6＋9, 9＋9야. 이 6개 중에 6의 배수는 뭐니?

 3＋3, 3＋9, 6＋6, 9＋9로 4개네요.

 그렇다면 3의 배수와 3의 배수를 더했을 때, 6의 배수가 나올 수도 있고 6의 배수가 나오지 않을 수도 있네.

 네.

 그러면 '3의 배수＋3의 배수'를 '6의 배수'라고 해도 틀리고, 6의 배수가 아니라고 해도 틀려.

 오~ 논리가 그렇군요. 하나 틀리면 하나는 맞는 건 줄 알았어요.

🧑 그런데 왜 '3의 배수+3의 배수'를 '6의 배수'라고 했어?

🧑 참 집요하시네요. 저는 그냥 "3의 배수+3의 배수는 6의 배수냐?"고 물어보길래, 선생님을 믿고 맞다고 한 거예요.

🧑 절대 권위에 휘둘리지 말고, 생각을 명확히 하고 네 생각을 믿어야 된단다.

🧑 알았어요.

🧑 아까 3+3, 3+6, 3+9, 6+6, 6+9, 9+9 중에 3의 배수가 아닌 것이 있니?

🧑 모두 3의 배수인데요.

🧑 당연하지 않니? 예를 들어 3을 5번 더한 것과 3을 7번 더한 것을 더하면 3을 몇 번 더한 거니?

🧑 3을 12번 더한 것이니 당연히 3의 배수죠. 이렇게 생각하니 명확하네요.

🧑 그래. (3의 배수)+(3의 배수)=(3의 배수)라는 것을 반드시 알아야 한다. 또 3의 배수뿐만 아니라 모든 배수가 그래.

🧑 당연하죠.

2의 배수끼리 더하면 2의 배수가 되고 5의 배수끼리 더하면 5의 배수가 된다는 이 말은 조금만 생각해 보면 사실 너무도 당연한 말이다. 1의 배수, 10의 배수는 너무 쉬우니 제외하고 나름 가장 쉬운 2의 배수와 5의 배수를 문답식으로 설명한다.

🧑‍🦳 10은 2의 배수니?

🧑 네.

🧑‍🦳 왜?

🧑 왜냐하면요? 2의 배수니까 2의 배수지요.

🧑‍🦳 아는 것을 설명할 수 있어야 실력이야. 어렵다면 항상 정의를 생각해 봐.

🧑 10은 2로 나누어떨어지는 정수이니 2의 배수에요. 오호 정의로 하니까 뭔가 제대로 하는 것 같아요.

🧑‍🦳 같은 것이 아니라 제대로 하는 거야. 또 "10은 2×5로 2에다가 정수를 곱했으니 2의 배수입니다."라고 해도 돼.

🧑 알았어요.

🧑‍🦳 그럼, 20을 10+10을 사용해서 2의 배수란 것을 설명해 봐.

🧑 20=10+10이고, '10+10'이 2의 배수+2의 배수이니 20은 2의 배수입니다. 설명하려니 쉽지가 않네요.

🧑‍🦳 잘했어. 30을 20+10을 사용해서 2의 배수란 것을 설명해 봐.

🧑 30=20+10이고 20도 2의 배수이고 10도 2의 배수이며 이들을 더했으니 30은 2의 배수입니다.

🧑‍🦳 40을 30+10을 사용해서 2의 배수란 것을 설명해 봐.

🧑 40=30+10이고 30도 2의 배수이고 10도 2의 배수이며 이들을 더했으니 40은 2의 배수입니다.

🧑‍🦳 이런 식으로 계속 10씩 커지는 수는 모두 모두 2의 배수인 것을 알겠니? 아니면 40=10+10+10+10을 (2의 배수)+(2

의 배수)+(2의 배수)+(2의 배수)=(2의 배수)라고 생각해도 돼.

🧑 알았어요. 10씩 커지는 수는 모두 2의 배수라는 말이지요.

👨 응. 알았는지 확인보자. 5670은 2의 배수니?

🧑 네. 10단위의 수이니까요.

👨 좋아. 그렇다면 5670, 5670+1, 5670+2, 5670+3, 5670+4, 5670+5, 5670+6, 5670+7, 5670+8, 5670+9 중에서 2의 배수는 뭐니?

🧑 5670, 5670+2, 5670+4, 5670+6, 5670+8요.

👨 그러니까 10의 자릿수 이상은 상관없고, 1의 자릿수만 2의 배수(짝수)이면 2의 배수(짝수)라고 한 것이야.

🧑 왜 그런지 이해가 갔어요.

👨 그런데 10은 5의 배수니?

🧑 네.

👨 20은 5의 배수니?

🧑 이것도 다하려고요? 10단위의 수는 모두 5의 배수예요.

👨 알았어. 그럼 5670은 5의 배수니?

🧑 알았다니까요.

👨 5670, 5670+1, 5670+2, 5670+3, 5670+4, 5670+5, 5670+6, 5670+7, 5670+8, 5670+9 중에서 5의 배수는 뭐니?

🧑 5670와 5670+5요. 1의 자릿수가 5의 배수이면 5의 배수라

고 하려는 거죠.

응.

제가 하나를 배우면 2개는 해요.^^

1의 자릿수가 2의 배수이면 그 수는 2의 배수이고, 1의 자릿수가 5의 배수이면 그 수는 5의 배수이다. 그런데 일부의 책에서 '일의 자릿수가 0 또는 짝수'이면 2의 배수라고 하거나 '일의 자릿수가 0 또는 5'이면 5의 배수라고 해서 아이들의 혼돈을 유발한다. 0은 2의 배수이기도 하고 5의 배수이기도 하다.

100은 4의 배수니?

네.

왜?

100은 4로 나누어떨어지는 정수이고요, 4×25라서요.

잘했어. 그럼 200은 4의 배수니?

네. 200은 100 더하기 100이고요. 각각이 4의 배수이고 4의 배수끼리 더했으니 4의 배수에요.

잘하네. 그럼 300은 4의 배수니?

300은 200+100이라서 4의 배수와 4의 배수의 합이라서 4의 배수고요. 또 300은 100+100+100이니 (4의 배수)+(4의 배수)+(4의 배수)라서 (4의 배수)예요. 아이고 숨차.

그럼 56700은 4의 배수니?

🧑 네 100단위의 수는 모두 4의 배수예요.

🧑 좋았어. 그럼 56700, 56700+1, 56700+2, 56700+3, 56700+4, 56700+5, 56700+6, 56700+7, …, 56700+98, 56700+99 중에서 4의 배수는 뭐니?

🧑 56700, 56700+4, 56700+8, 56700+12, …, 56700+96이니까 끝의 두 자릿수가 4의 배수이면 4의 배수라고 하려는 거예요?

🧑 빙고. 나날이 발전해 가고 있구나. 그럼 100은 25의 배수니?

🧑 네. 100은 25×4이니까요. 혹시 25의 배수는 끝의 두 자릿수가 25의 배수이면 25의 배수라고 하려는 거예요?

🧑 와~ 이렇게 빨리 알아듣다니 넌 천재야.

🧑 제가 약간은 천재 끼가 있기는 해요.

끝의 두 자릿수가 4의 배수이면 그 수는 4의 배수이고, 끝의 두 자릿수가 25의 배수이면 그 수는 25의 배수이다. 이제 4의 배수와 25의 배수가 왜 끝의 두 자릿수만 보고 판단하는지 이해할 수 있을 것이다. 이런 관점에서 1000=8×125이니 끝의 세 자릿수가 8의 배수이면 8의 배수이고, 끝의 세 자릿수가 125의 배수이면 125의 배수라는 것도 미루어 짐작할 수 있을 것이다. 앞서 써놓았던 배수판별법에도 써놓지 않았고 큰 쓰임새도 없지만, 연속선상이라 도움이 될까 언급했다. 이제 3의 배수를 설명할 것인데 약간 어렵다. 그러나 3의 배수의 쓰임새가 가장 많으니 열심히 하도록.

🧑‍🦱 3의 배수는 사전에 준비 좀 해야 돼. 9는 3의 배수니?

🧑 네.

🧑‍🦱 3의 배수인 9만 생각해 봐. 10에는 9가 몇 번 들어가고 얼마나 남아?

🧑 1번 들어가고 1이 남아요.

🧑‍🦱 20에는 9가 몇 번 들어가고 얼마나 남아?

🧑 2번 들어가고 2가 남아요.

🧑‍🦱 30에는 9가 몇 번 들어가고 얼마나 남아?

🧑 3번 들어가고 3이 남아요.

🧑‍🦱 40에는 9가 몇 번 들어가고 얼마나 남아?

🧑 4번 들어가고 4가 남아요.

🧑‍🦱 규칙 알겠니?

🧑 네. 50에는 9가 5번 들어가고 5가 남는다는 말이죠.

🧑‍🦱 그런 식으로 이해하고 규칙대로 90에는 9가 9번 들어가고 9가 남는다고 해보자.

🧑 알았어요.

🧑‍🦱 이번에는 99가지고 할 거야. 99는 3의 배수니?

🧑 네.

🧑‍🦱 100에는 99가 몇 번 들어가고 얼마나 남아?

🧑 1번 들어가고 1이 남아요.

🧑‍🦱 200에는 99가 몇 번 들어가고 얼마나 남아?

🧑 2번 들어가고 2가 남아요.

🧑 300에는 99가 몇 번 들어가고 얼마나 남아?

🧑 3번 들어가고 3이 남아요.

🧑 400에는 99가 몇 번 들어가고 얼마나 남아?

🧑 4번 들어가고 4가 남아요.

🧑 규칙 알겠니?

🧑 네. 500에는 99가 5번 들어가고 5가 남는다는 말이죠.

🧑 그런 식으로 900에는 99가 9번 들어가고 9가 남는다고 해보자. 여기까지는 안 어렵지?

🧑 네.

🧑 234라는 수가 있다고 해보자. 이것을 분해하면 200+30+4이다.

🧑 그래서요?

🧑 200에는 3의 배수인 99가 몇 개가 들어가고 몇 개 남아?

🧑 2개 들어가고 2개가 남죠.

🧑 200을 (99+1)+(99+1)로 본다는 거야.

🧑 그렇게 하니 눈에 더 잘 들어오네요.

🧑 그래? 그럼 30을 (9+1)+(9+1)+(9+1)로 놓으면 더 좋겠네.

🧑 네.

🧑 그럼 234=200+30+4를 (99+1)+(99+1)+(9+1)+(9+1)+(9+1)+4로 보겠다는 것을 이해할 수 있지?

🧑 이해는 되는데 복잡해 보여요.

🧑‍🦰 자, 이것을 보기 편하게 100의 자리가 나타내는 값, 10의 자리가 나타내는 값, 1의 자리가 나타내는 값으로 분류하면 $(99+99+2)+(9+9+9+3)+4$ 이다.

🧑 여기까지는 돼요.

🧑‍🦰 이제 이것을 3의 배수와 아닌 것으로 구분하면 $(99+99+9+9+9)+2+3+4$ 이다. 이 중에 $(99+99+9+9+9)$는 3의 배수들끼리 더한 것이니 3의 배수인 것이 확실하다. 그렇다면 $2+3+4$의 합이 3의 배수이기만 하면 본래의 수인 234가 3의 배수가 된다. 그런데 $2+3+4$는 234의 각 자릿수의 합과 같다.

🧑 과정은 복잡하였지만 결론은 간단하네요.

🧑‍🦰 그런데 말이다. 더 좋은 것이 있어.

🧑 뭔데요?

🧑‍🦰 $(99+99+9+9+9)+2+3+4$에서 $(99+99+9+9+9)$가 3의 배수이기도 하지만 9의 배수이기도 하다는 것이지.

🧑 그러네요. 그럼 '각 자릿수의 합이 3의 배수이면 본래의 수도 3의 배수이고, 각 자릿수의 합이 9의 배수이면 본래의 수도 9의 배수다.'라고 정리할 수 있겠네요.

🧑‍🦰 더 이상 가르칠 것이 없느니라.

🧑 흥

이제 6의 배수가 남았다. 그런데 6의 배수는 2와 3의 공배수이니 2

의 배수조건과 3의 배수의 두 개의 조건을 모두 만족하면 된다. 6의 배수는 '2의 배수이고 3의 배수인 수'라고 해도 되고, 이해하기 좋도록 좀 더 길게 '1의 자릿수가 짝수이고 각 자릿수의 합이 3의 배수'라고 해도 좋다. 많은 사람들이 7의 배수나 11의 배수들을 알려주는 경우가 있는데, 중고등에서는 별 쓰임새가 없다. 한 문제만 풀어보자!

Q 111은 어떤 배수인지 다음 보기에서 고르면?
① 9의 배수 ② 11의 배수 ③ 13의 배수
④ 31의 배수 ⑤ 37의 배수

답: ⑤

111이 2, 5, 10의 배수가 아닌 것은 바로 구분할 수 있을 것이다. 그다음으로 확인해야 하는 것은 3의 배수인가를 확인하는 일이다. 각 자리의 수를 더하면 1+1+1=3으로 3은 3의 배수이니 111은 3의 배수이다. 헉, 그런데 보기에 3의 배수가 없다. 그렇다고 111을 보기의 숫자로 일일이 나누어 볼 필요가 없다. 111이 3의 배수이었으니 나누어보면 37×3=111이었음을 알 수 있어서 답은 ⑤이다. 이 문제를 만든 까닭은 첫째, 3으로 나누어떨어질 때의 몫은 다시 그 수의 배수라는 생각을 가져야 한다는 것이다. 둘째, 37×3에서 37과 3이 모두 소수(약수가 2개인 수)이므로 더 이상 나누어지는 수는 없다. 다른 수로도 나누어질지 모른다고 생각하지 않아도 된다는 것이다. 셋째, 같은 숫자로 된 세 자릿수는 모두 37의 배수이다. 같은 숫자로 된 세 자릿수들을 직접 열거하면 111, 222, 333, 444, 555, …, 888, 999이다. 그런데 111은 37×3이니 이들 세 자릿수들은 당연히 37의 배수이고 또 3의 배수이다. 37과 같이 큰 소수가 문제에 쓰이는 경우는 극히 이례적인 경우로 중2의 순환소수의 문제에서 111이 활용될 가능성이 있다.

2-9
분수의 곱하기: 곱하면 작아지는 수가 있다

곱셈은 '같은 수의 더하기'이니 항상 곱하면 커질까? 자연수에 자연수를 곱하면서 만들어진 '무조건 곱하면 커진다는 신념'을 가지고 있는 아이가 많은 데 이제 분수를 배우면서 그 신념을 수정할 때가 되었다. 자연수나 분수 등 어떤 양수에 1보다 큰 자연수를 곱하면 여전히 커진다. 그러나 자연수나 분수에 1보다 작은 수 즉 진분수나 진소수 등을 곱하면 작아질 수도 있다는 것을 받아들일 때가 되었다. 분수는 크기를 비교하기 전에는 전과 후를 비교하기가 어려운 경우가 많기에 그냥 알 거라고 넘어가서는 안 된다. 아이에게는 0.01＋0.01＋0.01＝0.03처럼 아무리 작은 수라도 계속 같은 수를 더하면 커진다는 생각이 있다. 더하기와 곱하기는 조심하지 않으면 순식간에 혼동이 된다. 0.01＋0.01＋0.01을 곱하기로 바꾸면 0.01×3으로 0.01에 1보다 큰 수를 곱하니 여전히 커진다. 식을 교환법칙에 따라 바꾸어 3×0.01=0.03보면 이다. 3에 1보다 작은 수 0.01을 곱하니 3보다 작은 0.03이 되었다. 어떤 양수에 1보다 작은 수를 곱하면 본래의 양수보다 작아진다.

<조소장의 한줄개념 48>
양수는 '남는다'는 의미의 +부호를 가진 수로 생략할 수 있고, 음수는 '모자르다'는 의미의 −부호를 가진 수이다. 단, 0은 양수도 음수도 아니다.

<조소장의 한줄개념 49>
양수에 1보다 작은 수를 곱하면 작아지고 1보다 큰 수를 곱하면 커진다. 단, 1을 곱하면 본래의 수와 같다.

앞서 정수를 배우면서 +(플러스) 부호에는 '더한다'와 '남는다'는 의미가 있고, −(마이너스) 부호에는 '뺀다'와 '모자르다'의 의미가 있다고 했다. 양수는 +가 '남는다'는 의미로 붙은 수로 생략이 가능하다는 말은 역으로 −가 붙지 않은 수는 모두 양수라는 말이다. 즉 초등수학에서 배웠던 자연수, 분수, 소수 등이 모두 +부호를 생략한 양수였다는 말이다. 어떤 양수에 곱하는 수가 1보다 작으면 작아지고, 1보다 큰 수를 곱하면 본래의 수보다 더 커진다는 말을 식으로 나타내면 아래와 같다.

(어떤 양수)×(진분수)=(어떤 양수보다 작은 수)

(어떤 양수)×1=(어떤 양수)

(어떤 양수)×(1보다 큰 수)=(어떤 양수보다 큰 수)

Q 다음 중 등식을 만족하는 □ 안의 수가 1보다 큰 수는?

① $\frac{2}{3} \times □ = -\frac{4}{3}$ ② $\frac{2}{3} \times □ = 0$ ③ $\frac{2}{3} \times □ = \frac{1}{3}$

④ $\frac{2}{3} \times □ = 1$ ⑤ $\frac{2}{3} \times □ = \frac{2}{3}$

답: ④

보기를 보면 곱해지는 수 $\frac{2}{3}$로 모두 양수이다. 그렇다면 1보다 큰 수를 곱했을 때 본래의 수보다 크게 된다. 본래보다 커진 것은 ④번밖에 없다. 나중에 중학교에 올라가서는 음수에 곱해지는 수들의 규칙을 추가해서 생각해 보기 바란다.

〈조소장의 한줄개념 50〉

분수의 곱셈에서 기준인 단위분수의 분모를 만드는 방법은 분모끼리 곱하는 것이다.

교과서는 분수의 곱셈의 종류를 세분하여 분수×자연수, 자연수×분수, 진분수×진분수, 여러 가지 분수의 곱셈 등으로 분류하고 각각의 계산방법을 제시하고 있다. 그래서 많은 종류에서 각각의 방법을 모두 외우고 풀어야 하는 것처럼 보일 수 있다. 분수의 곱셈도 원리를 이해하는 것이 어렵지 계산방법은 간단하다. 원리를 이해하는 데 집중해 보자.

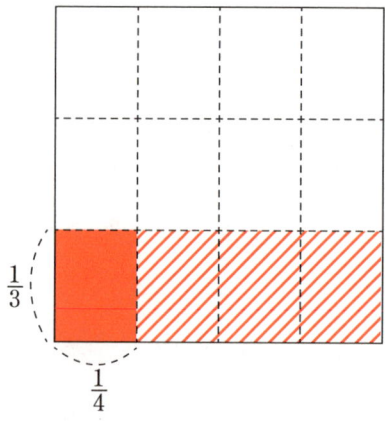

분수의 곱셈에서의 기준도 단위분수이다. 분수의 곱셈에서 필요로 하는 단위분수를 만드는 방법을 알아야 한다. '$\frac{1}{3}$의 $\frac{1}{4}$'로 설명한다. 분수란 분모만큼 나누어 분자만큼 표시한 수이고, 분모만큼 나누고 그중에 1개인 수를 단위분수라고 한다. 위 그림에서 단위분수 $\frac{1}{3}$은 빗금 친 부분에 해당한다. 그런데 '$\frac{1}{3}$의 $\frac{1}{4}$'이란 말은 빗금 친 $\frac{1}{3}$을 다시 4개로 나누고 그중에 한 개의 넓이는 무엇이냐는 것으로 대체된다. 그런데 $\frac{1}{3}$'의 $\frac{1}{4}$'은 $\frac{1}{3}$의 $\frac{1}{4}$배라는 의미로 $\frac{1}{3} \times \frac{1}{4}$와 같다. 다음 그림에서 보듯이 '$\frac{1}{3}$의 $\frac{1}{4}$'은 $\frac{1}{3}$을 4개로 나눈 것 중의 하나이니 전체로 보면 $\frac{1}{12}$로 분모끼리 분자끼리 곱한 $\frac{1}{3} \times \frac{1}{4} = \frac{1 \times 1}{3 \times 4}$와 같아진다. 즉 분모끼리 곱해야 단위분수의 분모를 만들 수 있다는 것이다.

〈조소장의 한줄개념 51〉

분수의 곱셈에서의 기술은 분모는 분모끼리 분자는 분자끼리 곱하는 것이다.

분수의 곱셈에서 분모끼리 곱하는 것은 기준인 단위분수의 분모를 만들려고 하였다면 도대체 분자끼리는 왜 곱하는 걸까?

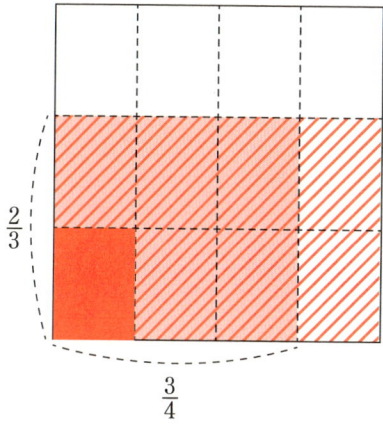

앞서 $\frac{1}{3} \times \frac{1}{4}$로부터 $\frac{1}{12}$이라는 단위분수를 얻었다. 연이어 $\frac{2}{3} \times \frac{3}{4}$로 설명한다. $\frac{2}{3} \times \frac{3}{4}$를 분수의 정의에 따라 $\frac{2}{3}$에 해당하는 양을 분모 4로 나누고 분자인 3만큼 색칠하면 위와 같다. 그런데 $\frac{2}{3} \times \frac{3}{4}$ $= \frac{1}{3} \times 2 \times \frac{1}{4} \times 3$에서 분모끼리 곱해서 단위분수를 만들었다면 $\frac{1}{12} \times (2 \times 3)$이 된다. 위 그림에서 보듯이 기준이 $\frac{1}{12}$로 같아진 직사각형이 $2 \times 3 = 6$개가 만들어진다. 설명은 길었지만 결론은 간단하다. 즉 $\frac{2}{3} \times \frac{3}{4}$의 양을 표현하면 분모끼리 분자끼리 곱한 $\frac{2 \times 3}{3 \times 4} = \frac{6}{12}$와 같다. 분수의 곱셈은 분모끼리 분자끼리 곱하기만 하면 된다.

🤓 분수의 곱하기는 어떻게 해?

🧒 분모는 분모끼리 분자는 분자끼리 곱해요.

🤓 그러려면 분모와 분자만으로 되어있어야겠네. 그런데 분모와 분자만으로 되어있지 않은 수들이 있지. 뭐야?

🧒 자연수, 대분수, 소수요.

🤓 이 수들은 어떻게 해?

🧒 분모와 분자만 있는 수로 바꾸어요.

🤓 그 다음엔?

🧒 약분을 해요.

🤓 곱하기 전에 약분하는 것이 좋을까, 곱한 다음에 약분하는 것이 좋을까?

🧒 당연히 약분을 먼저 하는 것이 좋지요.

🤓 너는 공부를 잘하니까 그렇지. 공부를 못하는 아이들은 어떻게 할까?

🧒 공부를 못하는 아이들은 곱한 뒤에 약분을 해요.

🤓 아니, 곱한 뒤에 약분을 안 해.

🧒 그러면 틀리는데.

🤓 맞아. 그래서 틀려. 약분을 안 하고 곱하다 보면 '두 자릿수 × 두 자릿수'도 나오고 얼마나 귀찮은지 몰라. 그런데 꾹 참고 곱했다는 거지. "아~ 맞다. 약분도 해야 되는 거지.", "그런데 이렇게 큰 수에서 약분까지 하라고!", "나중에 시험 볼 때는 약분하지 뭐!" 등의 생각이 드는 거지.

🧑 약분해야 할 때, 약분하지 않으면 진짜 힘들어져요.

👨 맞아. 설사 약분을 안 하고 마지막에라도 약분을 했다면 어려워서 곱하기 전에 약분하는 버릇을 들였을텐데. 곱하고 약분을 하지 않으니 틀리고도 반성을 안 하고 계속 공부를 못 하게 되는 거야.

🧑 참 안타까운 일이네요.

👨 분모와 분자만 있는 수로 만들고 약분을 했어. 그 다음엔?

🧑 분모는 분모끼리 분자는 분자끼리 곱해요.

👨 그 다음엔?

🧑 가분수는 대분수로 바꾸고 약분이 되는가를 확인해요?

👨 잘했어. 그런데 곱하기 전에 약분을 잘했다면 마지막에 약분이 될까, 안될까?

🧑 그러네요. 약분을 잘했다면 마지막에 약분이 되지 않겠네요. 마지막에 약분이 된다면 약분할 때 제대로 안 했다는 말이죠?

👨 역시 똑똑하군.

분수의 곱셈 방법의 대원칙은 한 마디로 '분모끼리 분자끼리 곱한다.'는 것이다. 그런데 분모는 분모끼리 분자는 분자끼리 곱하려면 당연히 분모와 분자만으로 되어 있는 수가 되어야 한다. 그런데 분모와 분자만으로 되어있지 않는 수에는 "자연수, 대분수, 소수"가 있다. 이들이 있을 때에는 각각을 먼저 분모와 분자만으로 되어있는 수로 바꾼다. 그다음 바로 곱하는 것이 아니라 약분이 되면 반드시 약분부터 한 다음 곱해야 된다. 나머지는 가분수는 대분수로 고치고 혹시 약분이 덜 되어 기약분수가 아닐지 모르니 확인하는 작업만 남는다. 이것을 정리하면 다음과 같다.

(준비) ① 자연수, 대분수, 소수가 있으면 분모와 분자만 있는 수로 바꾼다.
② 약분을 한다.
(곱셈) ③ 분모는 분모끼리 분자는 분자끼리 곱한다.
(마무리) ④ 가분수는 대분수로 고치고, 기약분수를 확인한다.

자연수를 가분수로 바꾸라면 못하는 아이도 꽤 많다. 자연수는 $\frac{자연수}{1}$로 바꾸면 되고 소수는 7개의 소수를 분수로 바꾸는 단원에서 다루었다. 자연수, 대분수, 소수를 간단히 '가분수'로 고치라고 하는 대신에 '분모와 분자만 있는 수'라고 다소 번거롭게 표현한 이유는 자칫 아이들이 대분수만 보면 가분수로 고치려는 습관이 분수의 덧셈과 뺄셈에서도 이루어지기에 그 이유를 분명하기 위함이다. 분수의 곱셈은 위 과정의 순서만 지킨다면 곱셈 자체를 하는 데는 별다른 어려움은 없다. 설사 연습하는 과정에서 틀리게 하더라도 위 순서를 말하게 시키면 된다.

〈조소장의 한줄개념 52〉
약분은 한 개의 분수에서 이루어진다.

분수의 곱셈에서의 약분하는 중에 자칫 잘못된 개념이 싹틀 수도 있어서 설명한다. 약분은 '분수의 위대한 성질'의 하나로 '한 개의 분수'에서 이루어지는 일이다. 그런데 분수의 곱셈에서 약분은 다음처럼 마치 두 개의 분수에서 이루어지는 듯이 아이들에게 보일 수 있기 때문이다.

$$\frac{\overset{3}{\cancel{9}}}{\underset{2}{\cancel{16}}} \times \frac{\overset{1}{\cancel{8}}}{\underset{5}{\cancel{15}}} = \frac{3}{10}$$

$\frac{9}{16} \times \frac{8}{15}$는 두 분수의 곱하기가 맞고 약분은 한 분수에서 이루어지는 것이 맞다. 그럼에도 약분이 되는 것은 $\frac{9}{16} \times \frac{8}{15}$를 분모끼리 분자끼리 곱하는 중간 과정에 $\frac{9 \times 8}{16 \times 15}$이 있는데 이것은 하나의 분수이다. 원래는 약분을 $\frac{9}{16} \times \frac{8}{15}$에서 하는 것이 아니라 $\frac{9 \times 8}{16 \times 15}$인 상태에서 하는 것이 맞다. 그러나 번거로운 분모끼리 분자끼리의 곱하는 중간과정을 생략하기 위해서 두 분수의 곱셈인 상태에서 약분을 하였던 것이다. $\frac{9}{16} + \frac{8}{15}$와 같은 분수의 덧셈에서 절대 약분할 수 없다는 것을 기억해야 한다.

2-10
거듭제곱: 이것 때문에 더하기와 곱하기가 헷갈린다

초등학생에게 중고등학생들이 더하기와 곱하기를 헷갈려한다고 말하면 말도 안 된다는 반응이다. 초등학생인 자신도 안 헷갈리는데, 어떻게 중고등학생들이 헷갈릴 수 있느냐는 것이다. 이유는 초등학생들이 아직 거듭제곱을 배우지 않았기 때문이다. 사실 초등학생들도 헷갈리고 있는데, 거듭제곱과 같이 나오는 헷갈릴 문제가 없어서 그런 것이다. 역으로 거듭제곱을 배우지 않아서 초등학생들이 오류를 쌓아나가고 있다고 볼 수도 있다. 초등 4학년 이상이면 최대한 빠른 시기에 거듭제곱을 익히기를 바란다. 겉보기에는 거듭제곱을 몇 개 외우면 될 것처럼 보일지는 몰라도 하나하나 그 의미를 살려서 혼동되지 않도록 해야 할 것이다.

〈조소장의 한줄개념 53〉

어떤 수는 한 번 더한 것도 되고 한 번 곱한 것도 된다.

아이에게 "5+5는 5를 몇 번 더한 거야?"라고 물으면, 꽤 많은 아이들이 '한 번'이라고 한다. 설사 외워서 정답인 '2번'이라고 한 아이조차 속으로는 "앞에 5는 원래 있던 것이고 5를 한 번 더했잖아요", "분명히 더하기가 하나가 있잖아요." 등이라고 강변하고 싶다.

🧑‍🦱 5를 한 번 더하면 얼마야?

👦 5요.

🧑‍🦱 왜?

👦 아무것도 없는 것에다 5를 더했으니 0+5=5잖아요.

🧑‍🦱 아니야. 인간은 무에서 유가 만들어지는 과정을 몰라. 5를 보고 5×1로 생각해서 한 번 더해진 것이라고 할 수 있을 뿐이야.

👦 선생님, 너무 철학적이에요. 그냥 0+5=5라고 생각하면 안 돼요?

🧑‍🦱 안돼. 알려줬는데도 계속 잘못 생각하겠다고? 이래서 사람들이 개념을 안 가르치려고 하거나 쉽게 가르치겠다고 하다가 오류를 포함하는 거야. 학생은 학생대로 하던 대로 하거나 손쉽게 기술을 외우려다가 망하는 거야. 수학을 잘하고 싶다면, 어려우면 어려운 대로 올바른 것을 받아들이다 보면 언젠가

깨우칠 날이 있을 거야.

🧑 알았어요.

👨 5를 한 번 곱하면 얼마야?

🧑 5가 아닐까요?

👨 왜, 아무것도 없는 것에다가 5를 곱했으니, 0×5=0이라고 하지.

🧑 사실, 잠깐 0이라고 하고 싶기는 했어요.ㅎ

👨 그러니까 어떤 수 5라는 것이 있다면 이것이 아무것도 없다가 어떻게 생겨났는지 인간이 모르겠다는 거야.

🧑 이제야 조금 알 것도 같아요.

👨 5는 5를 한번 더한 거야, 아니면 5를 한번 곱한 거야?

🧑 5는 5를 한번 더한 것도 되고 5를 한번 곱한 것도 돼요.

👨 그럼 5+5는 5를 몇 번 더한 거야?

🧑 5를 한번 더한 거에다가 5를 더했으니 5를 2번 더한 거예요. 사실 이제 헷갈렸는데, 이제 명확해졌어요.

👨 좋아. 그럼, 5×5는 5를 몇 번 곱한 거야?

🧑 5를 한번 곱한 거에다가 5를 곱했으니 5를 2번 곱한 거요.

👨 그러니까 5를 5×1로도 볼 수 있고 또 5를 5^1으로도 볼 수 있으니 그때그때 상황에 맞춰서 보아야 한다.

🧑 옛썰!

5^1의 뜻을 가르치지 않고 5^2, 5^3,…등을 외우면 마치 아는 듯한 착각

을 일으킨다. 그러다가 5^0, 5^{-1}의 뜻을 물어보면 수학이 어렵다고 하는 것이다. 근본이 무엇인가를 찾아가야 개념을 가지고 생각하는 수학이 된다. 중고등수학이 수가 커서 어려운 것이 아니다.

〈중학수학교과서〉

일반적으로 2^2, 2^3, …을 통틀어 2의 거듭제곱이라고 하고, 곱하는 수 2를 거듭제곱의 밑, 곱한 횟수를 2, 3, …을 거듭제곱의 지수라고 한다.

〈조소장의 한줄개념 54〉

거듭제곱은 거듭해서 제 자신을 곱한 것이다.

거듭제곱을 설명할 때 보통 '같은 수의 곱'으로 소개하는 경우가 많다. 용어의 말에서 직접 의미를 살려서 '거듭'해서 '제' 자신을 '곱'하겠다는 뜻으로 알려주는 것이 기억에 오래간다. 아이들 중에 간혹 '제곱'과 '거듭제곱'을 혼동하는 아이들이 있어서 위 정의를 만들었다. 거듭제곱은 예를 들어 '$7 \times 7 \times 7 \times 7 \times 7$'란 식이 있을 때 이것을 직접 곱해서 수로 나타내면 의미 없이 커진 수에 불과하고 계산기를 사용하더라도 너무 귀찮다. 그렇다고 매번 '$7 \times 7 \times 7 \times 7 \times 7$'라는 식을 쓰는 것도 번거롭다. 그래서 계산하지 않으면서 계산한 것으로 간주하는 식인 7^5(7의 5제곱)을 만들었다. 거듭제곱은 그 수가 계산이 되든 그렇지 않든 같은 수의 곱을 아주 간단한 식으로 만들어 여러 가지 번거로움을 피할 수 있게 된다. 이때 곱해지는 수인 7을 밑이라 하고 거듭해서 곱하는 개수는 '지수'라고 한다.

거듭제곱은 중학교의 교과내용이지만 초등학교에서도 이미 일부 사용되고 있다. 대표적인 예로 넓이나 부피와 같은 곳에서 $2cm \times 3cm$이면 $6cm^2$, $2cm \times 3cm \times 4cm$이면 $24cm^3$를 사용한다. 이때 거듭제곱의 의미를 알려주지 않으면 $6cm$나 $24cm$처럼 단위를 잘못 써서 틀리는 경우가 많다. 물론 이런 지엽적인 것 때문에 거듭제곱을 다루는 것은 아니다. 초등학교에서 가장 중요하게 다루어야 하는 거듭제곱은 10의 거듭제곱이다. 먼저 10×10, $10 \times 10 \times 10$, $10 \times 10 \times 10 \times 10$, $10 \times 10 \times 10 \times 10 \times 10$, …를 곱하게 시키는 것이다. 이런 수들은 그 수를 크게 해도 상관없다. 아이가 어려워하지 않을 뿐 아니라 '0'의 개수를 세어서 쓸 때까지 큰 수로 하는 것이 좋다. 여기에 덧붙여서 $3 \times 10 \times 10 \times 10$이나 $10 \times 10 \times 3 \times 10$ 그리고 $10 \times 86 \times 10 \times 10$을 풀어 본다면 아이가 100이나 1000을 만드는 것이 있으면 쉽다는 것을 알게 된다. 그다음 풀어볼 문제는 다시 곱해서 10의 거듭제곱이 되는 수를 곱하는 수에 넣는 방법인데 이것은 182쪽에서 이미 다루어서 생략한다.

 $2 \times 2 \times 2$가 뭐야?
 6이요.

🧑‍🦱 직접 하나하나 곱해보렴.

👦 8이네요.

🧑‍🦱 많은 중학생이 $2\times2\times2$를 6이라고 해서 틀리고 있단다.

👦 진짜요? 그냥 곱해보기만 하면 되잖아요.

🧑‍🦱 너는 왜 안 곱해봤니? $2\times2\times2$를 중학교에서는 2^3이라고 하는 데, 너처럼 한 번도 직접 곱해본 적이 없었거든.

👦 왜 연습을 시키지 않을까요?

🧑‍🦱 그러니 4학년인 너에게 지금 연습시키지 않니? 그럼 1을 10번 곱하면 무얼까?

👦 10이요?

🧑‍🦱 그래 그럼 $1\times1\times1\times1\times1\times1\times1\times1\times1\times1$을 곱해봐라.

👦 1은 아무리 많이 곱해도 1이네요. 잘못하면 틀리겠어요.

위 대화는 주로 필자가 주로 초등학교 3~4학년의 곱셈을 하는 과정의 학생들에게 물어본다. 거듭제곱을 배우지 않았기에 학교 시험 문제에도 나오지 않는 이런 질문을 무엇 때문에 하는 걸까? 거듭제곱은 그냥 곱하기만 하면 되니 연습하지 않아도 되고 나중에 중학교에서 배우면 그때 해도 될 거라고 생각이 들지도 모르겠다. 그런데 수 감각은 하루아침에 이루어지는 것이 아니다. ==중학교에서 배우기는 하지만 충분한 연습의 기회는 주어지지 않는다. 중학교는 수 연산을 익히는 시기가 아니라 수식을 다루고 이해하는 것을 주력으로 하기 때문이다.==

외워야 하는 거듭제곱

다음 수들의 거듭제곱은 반드시 외워 놓아야 한다. 중고등에서 이미 사용하기로 합의된 것이고 확실하게 외우지 않을 것이면 시작도 하지 마라. 구구단 몇 개 헷갈리면 모두 수포자가 되는 것과 같다. 특히 2, 3, 5 등의 거듭제곱은 일정 부분은 외워 놓아야 한다. 그렇지 않으면 2^3을 8이 아닌 6으로, 3^3을 27이 아닌 9로, 5^3을 125가 아닌 75로 답을 내는 경우가 많다.

첫째, 2의 거듭제곱은 10제곱까지 외워야 한다.

$2^3 = 8$, $2^4 = 16$, $2^5 = 32$, $2^6 = 64$, $2^7 = 128$, $2^8 = 256$, $2^9 = 512$, $2^{10} = 1024$

그렇다고 무턱대고 외우라는 것은 아니다. 가장 먼저 $2^3 = 2 \times 2 \times 2 = 8$은 흔들림이 없어야 한다. 이것을 바탕으로 아래처럼 변형해서 외우면 된다. 그러니 $2^3 = 8$이 기본이다.

$2^4 = 2 \times 2 \times 2 \times 2 = (2 \times 2) \times (2 \times 2) = 16$
$2^5 = 2 \times 2 \times 2 \times 2 \times 2 = (2 \times 2 \times 2) \times (2 \times 2)$
$= 8 \times 4 = 32$
$2^6 = 2 \times 2 \times 2 \times 2 \times 2 \times 2 = (2 \times 2 \times 2) \times (2 \times 2 \times 2)$
$= 8 \times 8 = 64$

원래 중학교는 2의 거듭제곱을 $2^6 = 64$까지만 알면 무리가 없다. 그런데 고등에 가서 나머지를 외우라는 사람도 없거니와 중학교 때 연습을 해놓아야 하는데 사용을 하지 않는다. 따라서 지금 초등에서 외울 때 고등까지 대비해서 $2^{10} = 1024$까지 외우되, 중학교에서도 잊어버리지 말아야 하니 간간이 외워야 할 것이다. 그런데 이런 걸 숫자마다 많이 외워야 하느냐고 겁먹을 거는 없다. 2의 거듭제곱만 그 수가 커지고 나머지는 얼마 되지 않는다.

둘째, 3과 5는 네 제곱까지만 외워라.

$3^3 = 3 \times 3 \times 3 = 27$
$3^4 = 3 \times 3 \times 3 \times 3 = (3 \times 3) \times (3 \times 3) = 9 \times 9 = 81$
$5^3 = 5 \times 5 \times 5 = 125$
$5^4 = 5 \times 5 \times 5 \times 5 = 625$(177쪽 참조)

셋째, 4와 6의 세제곱을 외우는 것은 옵션이다.

$4^3 = 64, 6^3 = 216$

4와 6은 소수가 아니라서 그렇게 큰 쓰임새는 없는데 간혹 나온다. 제곱에 한 번만 더 곱하면 암산으로도 나올 정도니 곱셈이 잘되는 친구는 안 외워도 좋다.

넷째, 1부터 20까지 그리고 60은 제곱까지만 외우면 된다.
($1^2, 2^2, \cdots, 10^2$ 까지는 아이들이 잘할 것이니 생략한다.)

$11^2 = 121$, $12^2 = 144$, $13^2 = 169$, $14^2 = 196$, $15^2 = 225$, $16^2 = 256$, $17^2 = 289$, $18^2 = 324$, $19^2 = 361$, $20^2 = 400$, $60^2 = 3600$

아이들이 가장 헷갈려하는 것은 $13^2 = 169$와 $14^2 = 196$이다. 초등학교에서는 $1^2, 2^2, \cdots, 14^2$까지 외우면 되는데 역시 중학교에 가서도 외우라는 사람이 없으니 지금 외우기 바란다.

Q 어느 정사각형의 넓이가 $169cm^2$이라면 한 변의 길이는 무엇인가요?

답: $13cm$

13의 제곱이라서 169는 구구단의 어떤 수로도 나누어지지 않는다. 초등 5학년 문제인데, 거듭제곱을 외워야겠지요?

Q 2에 3을 110번 곱해서 나온 수의 일의 자리의 수는?

답: 8

'2에 3을 110번 곱해서'란 말에 이미 질려버린 아이가 있는지 모르겠다. 앞으로 고등수학까지 필자가 외우라는 거듭제곱을 벗어나지 않는다. '3을 직접 110번 곱하라'는 무식한 문제는 앞으로도 없으니 큰 수를 규칙만 찾으면 쉽다는 생각이 들도록 해주어야 한다. 문제에서 물어보는 것은 일의 자리의 수이니 두려워할 것 없다. 그런데 많은 아이들이 어떤 두 수의 곱에서 1의 자리의 수는 일의 자리 수끼리의 곱으로 만들어진다는 것을 모른다면 이것부터 가르쳐야 된다. 예를 들어 27×78에서 다른 자릿수는 모르더라도 그 곱의 1의 자릿수는 7×8=56을 통하여 6이 된다. 위 문제도 일의 자리만 곱해 가면 되니 구구단 문제이다. 첫 번째 수는 2가 아니라 2×3=6이다. 이것만 조심하고 두 번째 수는 6×3=18에서 8, 세 번째 수는 8×3=24에서 4, 네 번째 수는 4×3=12에서 2, 다섯 번째 수는 2×3=6인데 어디서 많이 본 수이지요? 네 번째 수까지 즉 6, 8, 4, 2가 반복된다. 답은 110÷4=27…2이니 두 번째 수인 8이다. 그래도 좀 어려웠지요?

2-11
나눗셈(÷): 나누기의 정의를 모르고 문장제를 풀었다면 모두 찍은 것이다

나눗셈은 나누기 기호(÷)를 사용하는 셈을 모두 일컫는다. 나누기는 사칙계산의 마지막 순서이면서 그 안에 이전에 배운 더하기, 빼기, 곱하기를 모두 사용하기 때문에 아이들이 가장 어려워한다. 게다가 '몇 번 뺄 수 있을까?'와 같이 수학에서는 사용함직하지 않은 애매한 용어로 표현되는 수감각까지 요구하고 있다. 이것은 나누기를 수행하는 과정에서 곱하기는 단순히 할 수 있는 수준이 아니라 양의 의미까지 완벽을 요구하고 여기에 빼기까지의 암산도 요구하기 때문에 그 이전의 학습에 부족부분이 있는 아이들이라면 더더욱 어려워하는 것이 당연하다. 그래서 필자는 다른 책들에서 구구단을 거꾸로 외우기 36초 안에 들어야 하며 두 자릿수와 한 자릿수의 곱셈에서 초를 재라고까지 한 것이다. 여기에 덧붙여 몫창까지 하고 나누기는 두 자릿수와 한 자릿수의 나눗셈은 물론 세 자릿수와 한 자릿수의 나눗셈까지 완벽하게 해야 수학의 빠르기를 완성할 수 있다고 하였다. 이 책은 이런 내용을 담는 책이 아니라 개념을 설명하는 책이라서 더 이상의 설명은 하지 않겠지만, 나눗셈에서 얻은 모든 개념은 다시 모두 실질적으로 분수에 들어가기에 분수를 잘할 수 있는 기초 수준으로써의 나눗셈의 중요성을 강조한다.

〈초등수학교과서〉

$8 \div 2 = 4$와 같은 식을 나눗셈식이라고 하고 '8 나누기 2는 4와 같습니다'라고 읽습니다. 이때 4는 8을 나눈 몫, 8은 나누어지는 수, 2는 나누는 수라고 합니다.

〈조소장의 한줄개념 55〉

나누기($\div$)는 같은 수의 빼기가 몇 번 뺐는지 세기가 귀찮아서 만든 기호다.

아이들에게 "곱하기가 뭐야?"라고 물으면 "같은 수의 더하기요."라는 아이들이 심심치 않게 있다. 그러나 "나누기가 뭐야?"라는 질문에 답하는 아이는 거의 없다. 학교에서 한 달 넘게 가르쳤지만, 나누기의 정의를 명시적으로 가르치지 않았기 때문에 대답할 수 없다. 대답할 수 없어도 배운 것이라고 우긴다면, 공부가 뭔지 모르는 사람이다. 아이가 천재여도 쉬운 동화책도 못 읽는다면 바보와 뭐가 다르겠는가? 아이가 나누기의 정의를 말로 할 수 없는 상태에서 나누기의 문장제 문제를 풀고 있다면 난센스다. 이것은 나눗셈을 하라고 하는 것이 아니라 나눗셈식을 만들라는 것이기 때문이다. 이것은 연산의 문제가 아니라 개념을 알고 있느냐고 묻는 것이다. 나누기 정의를 사용하지 않고 풀었다면 설사 아이가 나누기 문장제 문제를 다 맞았다 해도 이것은 모두 찍어서 맞은 것이다.

보통 아이들이 나눗셈은 곱셈에 대한 역연산을 이용해서 구한다. 이는 기술이다. 물론 사칙연산은 빨리 해야 하기 때문에 개념을 배운 뒤에 기술도 필요하다. 예를 들어 '18÷3='와 같은 식의 답을 '구구단 3단'을 외우면서 3×6=18에서 6을 찾아서 답을 쓰는 것이다. 곱셈을 충실히 한 아이는 그냥 답이 보일 것이고 그렇지 않다면 몫창 즉 18이 나오는 구구단 2×9=18, 9×2=18, 3×6=18, 6×3=18을 통해서 빠르게 몫을 구할 수 있도록 도와주어야 한다. 그런데 연산과는 별도로 '18÷3='라는 식이 '18에서 3을 몇 번 뺀 거야?'라는 문장과 같다는 것을 연습해야 한다. 나눗셈을 많이 연습하고 잘한다 해도 이것은 연산일 뿐이고, 개념은 스스로 도달할 수 없는 것이기에 별도로 가르쳐야 한다고 한 것이다. 나누기가 갖고 있는 자세한 의미는 다음 장에서 다시 다루겠다.

 16÷3이 무슨 뜻이야?
 5하고 나머지는 1이에요.
 답을 묻는 것이 아니고 16÷3이 무슨 뜻이냐고?

🧑 ???

🧑 나누기의 정의가 뭐야?

🧑 같은 수의 빼기가 몇 번 뺐는지 세기가 귀찮아서 만든 기호요.

🧑 이것을 사용해 봐.

🧑 '16에서 3을 몇 번 뺄 수 있을까요?'란 뜻이요.

🧑 그럼 너는 뭐라고 대답할 거니?

🧑 5번하고 1이 남아요.

🧑 이때 5를 몫이라 하고 1을 나머지라고 한단다. 5로 나누었을 때 나머지가 될 수 있는 수들은 무엇들이 있을까?

🧑 5가 작아야 하니 1에서 4까지요.

🧑 왜 나누어떨어지면 안 되니?

🧑 아, 0에서 4까지요.

나누기를 '같은 수의 빼기'로 외웠다면 나눗셈을 연습하는 중에 왜 그런지를 먼저 설명해야 한다. 예를 들어 15−3−3−3−3−3=0이나 16−3−3−3−3−3=1에서 같은 수인 3을 빼고 있으니 나누기로 바꾸어 15÷3=5나 16÷3=5…1이 된다는 것을 알려준다. 그래서 '15÷3'이 '15에서 3을 몇 번 뺄 수 있을까?'란 다소 긴 질문을 이토록 수식은 짧게 표현한 것이라는 것을 알게 해야 한다. 필자가 학부모들의 강연에서 나누기가 '같은 수의 빼기가 귀찮아서 만든 기호'임을 알려주고 16−3−3−3−3−3=1을 쓴다. 그리고 나서 이것을 나눗셈식으로 바꾸어 '16÷3='의 답은 무엇이냐고 물으면 상당수가 나머지인 1로 말했다가 웃으면서 교정하는 것을 본다. 학창 시절을 모든 거친 어른들도 이렇다. 어느 한 개념을 아이에게 알려주려면 수없이 여러 번 반복해서 물어보아야 한다. 그런데 참고로 '16÷3＝5…1'와 같은 식은 올바른 등식이 아니다. 16 안에 3이 얼마나 포함되고 있는가를 연습하기 위해서 만든 불완전한 식이다. 이것을 보완하기 위해서 만든 것이 검산식 즉 3×5＋1＝16이란 등식이 된다. 검산식(검사하는 계산식)은 당장 분수에서도 대분수를 가분수로 만드는 데 사용되고 있지만, 나중에 중고등학교에서도 '나머지 정리'와 같은 곳에서 사용되니 반드시 연습해야 한다. 또한 5~6학년에서 등식의 성질을 알려주면서 이 사실을 잊지 않기 위해 다시 알려주어야 한다. 문제도 한번 풀어 볼까요?

Q 예쁜 꽃 리본 한 개를 만드는데 리본이 $30cm$가 필요하다고 합니다. 만약 $2m$가 있다면 꽃 리본 몇 개를 만들 수 있을까요?

답: 6개

혹시 답이 15라고 나온 아이가 있나요? 문제에 있는 수만 보고 30÷2라고 한 것이다. 그렇다고 '$2m＝200cm$를 모르는 거야?'라는 힌트만 주어도 아이는 얼른 200÷30을 쓰면서 실수한 것이라고 할 것이다. 이런 식으로 넘어가면 아이가 진정 나누기를 아는지 체킹할 수 없다. 문제에 30과 200이라는 숫자가 있었을 때, 30과 200

을 계산하면 음수가 나오거나 분수가 되기 때문에 이런 문제가 없는 줄을 알고 있다. 그러니 아이는 수를 바꾸어 200과 30과의 계산할 채비를 한다. 게다가 그동안 풀어왔던 더하기, 빼기, 곱하기의 문장제 문제들과는 뭔가 다르다. 바보가 아닌 이상 나누기가 무엇인지를 몰라도 200÷30란 식과 연산을 할 것이다. 이렇게 해서 나누기의 개념을 모르는 아이들이 나누기 문장제 문제를 그렇게 많이 풀고 맞아도 여전히 나누기의 뜻을 모르고 있는 것이다.

아이에게 이 문제를 풀기 위해 필요한 개념이 무엇이냐고 물어봐야 한다. 그래서 아이의 입에서 다음 세 가지가 나와야 제대로 푼 것이다. 첫째, $1m=100cm$임을 알고 있어야 한다. 둘째, $30cm$와 $2m$로 단위가 다르니 기준이 다르다고 할 수 있다. cm와 m 중에 어느 것으로 기준을 맞추겠냐고 물어봐야 한다. 셋째, 나누기의 정의인 '같은 수의 빼기가 몇 번 뺐는지 세기가 귀찮아서 만든 기호'라는 것을 문제에서 사용했냐고 물어봐야 한다. 문제마다 이렇게 하면 그 많은 문제를 언제 푸냐고 할 것 같다. 많이 풀어야 하는 것은 연산이지 개념문제가 아니다. 이렇게 몇 문제를 푸는 것이 수백문제를 푸는 것보다 낫다. 나누기의 정의도 모르면서 수백 개의 나누기 문장제 문제를 푸는 것은 오히려 독이다.

"200이 있는데 한 개 만들 때마다 30씩 필요하니 $200-30-30-30-\cdots$이야. 이것은 나누기의 정의에 의해 200에서 30을 몇 번 뺐느냐고 묻는 것과 같으니 200÷30=6…20으로 답은 6개야"라고 아이가 대답할 수 있기를 바란다.

2-12
등분제와 포함제

앞서 나누기(÷)는 '같은 수의 빼기가 몇 번 뺐는지 귀찮아서 만든 기호'라고 했는데, 사실 나누기의 의미에는 포함제와 등분제라는 두 가지의 의미가 있다. '같은 수의 빼기가 몇 번 뺐는지 귀찮아서 만든 기호'를 의미하는 것은 포함제 즉 그 안에 빼는 수를 몇 개나 포함하고 있느냐는 뜻이다. 등분제는 똑같은 크기로 나눈다면 각각의 것은 얼마의 크기를 갖느냐는 뜻이다.

등분제: 같은 크기의 자연수 개수로 분할하기
포함제: 같은 수의 빼기로 보기

예를 들어 다음 두 문제를 비교해 보자!

⑴ 딸기 12개를 한 접시에 3개씩 담으면 몇 접시가 될까요? (포함제/답: 12÷3=4(접시))
⑵ 딸기 12개를 3접시에 똑같이 나누어 담으면 몇 개씩 담을 수 있을까요? (등분제/12÷3=4(개))

⑴ 딸기 12에서 3개를 빼서 한 접시에 담고 다시 3개를 빼서 또 한 접시에 담아간다. 12−3−3−⋯으로 같은 수의 빼기가 몇 번 이루어지느냐고 묻는 것이다. 그에 반해 ⑵는 딸기 12개를 똑같은 양의 세 무더기로 만들었다면 한 무더기에는 몇 개씩 있느냐는 물음이다. 나눗셈을 곱셈의 역연산이라는 관점에서 바라보면 포함제보다 등분제가 나아 보인다. 구구단과 곱셈을 많이 연습했을수록 답이 빨리 보이고, 포함제로 가르치면 구하는 식이 길어지고 필자가 내린 정의를 외워야 한다. 그러니 대부분의 선생님들이 자꾸 포함제보다는 등분제로 가르치려고 한다. 게다가 포함제든 등분제이든 12÷3=4라는 똑같은 나눗셈식이 사용되고 연산이나 잘하면 된다. 다만 답을 쓸 때, 물어보는 단위인 몇 접시나 몇 개 등만 조심해서 쓰면 된다는 것이다. 필자의 생각은 다르다. 아이들이 등분제를 잘했던 것은 곱셈의 역연산의 영향이니 감각을 살리기 어렵다. 게다가 등분제를 의미하는 나눗셈의 개념은 $12÷3=\frac{12}{3}$처럼 분수로 녹아들어서 더 이상 진전되는 것이 거의 없다. 그러니 ==나눗셈의 등분제와 포함제 중에 하나를 선택해서 배워야 한다면 단연코 포함제를 배워야 한다.== 뿐만 아니라 분수에서는 등분제로 나누기를 설명

하는 자체가 불가능하다. 등분제는 자연수로 나누었을 때만 의미 있는 표현이기 때문이다. 그러니 분수의 나누기는 모두 포함제의 의미로만 풀 수 있다. 예를 들어 $\frac{1}{2} \div \frac{1}{3}$이란 식에서 포함제로는 '$\frac{1}{2}$에서 $\frac{1}{3}$을 몇 번 뺄 수 있을까?'란 질문을 할 수 있고 $\frac{1}{2}$이 $\frac{1}{3}$보다 크니 적어도 한 번은 뺄 수 있다는 데서 그 몫이 1보다 크다는 감각을 사용하게 할 수도 있다. 이 같은 생각을 등한시하고 연습하지 않는다면 결과적으로 포함제가 필요로 하는 중고등학교의 과정에서 모두 외우게 하는 불상사를 낳게 한다. 나눗셈의 90% 이상은 대부분 분수로 바꾸고 분수의 성질로 편입되어 등분제의 개념은 필요가 없어지고, 오히려 간간이 나오기는 하지만 포함제가 중고등학생들을 괴롭힌다. 초등과 중등수학에서 나오는 배수와 약수의 어려운 문제, 고등수학에서 '나머지 정리', '인수정리' 등이 바로 포함제를 의미한다.

나누어떨어지지 않는 나눗셈이 사용되는 다음의 문제를 보자!

(1) 딸기 13개를 한 접시에 3개씩 담으면 몇 개가 남을까요? (포함제/ $13 \div 3 = 4 \cdots 1$이니 답은 1(개))

(2) 딸기 13개를 한 접시에 3개씩 담으면 몇 접시가 필요할까요? (포함제/ $13 \div 3 = 4 \cdots 1$이니 답은 5(접시))

(3) 딸기 13개를 3접시에 똑같이 나누어 담으면 몇 개씩 담을 수 있을까요? (등분제/$12 \div 3 = \frac{13}{3} = 4\frac{1}{3}$이니 답은 4(개))

나누어떨어질 때는 등분제와 포함제가 일치하여 단위만 바꾸는 것만으로 해결되었다. 그러나 나누어떨어지지 않는 경우는 물어보는 것이 무엇이냐에 따라 몫과 나머지가 나오는 포함제를 써야 하는지 아니면 분수로 바꾸기만 해도 되는 등분제인지를 구분해야 한다. 나누기를 하는 과정과 더불어 다른 개념을 사용해야 하는 상황에 처한다. (1)은 나머지를 묻는 것이니 당연히 포함제를 사용해야 하고 답은 나머지인 1개가 된다. (2)는 몇 번 뺏느냐에 해당하여 포함제다. 그런데 필요한 접시의 개수를 물었으니 3개씩 4접시에 담고 1개를 담을 접시 한 개가 더 필요해진다. (3)에서는 '몇 개'라는 말에서 '개'는 자연수를 의미하니 1이 안 되는 부분을 버려야 한다.

아이들이 곱셈과 나눗셈을 혼동하고 또 문제도 잘 읽지 않으려는 데에는 읽어도 잘 모르는 경험을 갖기 때문이라고 본다. 문장제에서 무조건 잘 읽으라고 종용하는 것이 능사가 아니다. 곱셈이 아니니 나눗셈이라거나 무조건 (큰 수)÷(작은 수)를 쓰라는 등의 기술을 알려주는 것은 치명적이다. 하나하나 귀찮고 어려워하더라도 개념을 가르치고 아이가 논리를 전개시켜버릇해야 장기적으로 수학을 잘하게 된다. 포함제의 개념을 강화하라는 것이며 상대적으로 포함제보다는 등분제가 확실히 이해하기 쉽고 더 많이 쓰인다. 등분제는 모두 분수로 쓰인다. 그런데 먼저 ÷기호를 크게 해보자!

$$\div$$

어때요? 나누기 기호가 꼭 분수 모양처럼 보이지 않나요? 등분제를 의미하는 자연수끼리의 나누기는 모두 분수로 만들어진다. 예를 들어 $1 \div 8 = \frac{1}{8}$, $8 \div 3 = \frac{8}{3} = 2\frac{2}{3}$처럼 비교적 작은 수에서도 쓰이지만, $290 \div 20 = \frac{290}{20} = \frac{29}{2} = 14\frac{1}{2}$처럼 큰 수의 나누기도 모두 분수로 만들어 약분, 가분수를 대분수로 고치기 등의 도움을 받게 된다. 초4에서 세 자릿수 나누기 두 자릿수를 못한 아이들이 많은데도 나중에 이것 때문에 못 하는 수학이 있지 않았던 이유다. 아이가 등분제의 나눗셈을 분수로 바꿀 수만 있다면 아이들의 부족한 나눗셈 실력을 보완해 줄 것이다.

〈초등수학교과서〉

19를 5로 나누면 몫은 3이고 4가 남습니다. 이때 4를 19÷5의 나머지라고 합니다. 19÷5=3…4 나머지가 없으면 나머지가 0이라고 말할 수 있습니다. 나머지가 0일 때, 나누어떨어진다고 합니다.

〈조소장의 한줄개념 56〉

정수 나눗셈의 정의는 어떤 정수를 자연수로 나누었을 때, 몫은 정수이고 나머지는 0 이상 나누는 자연수 미만의 수이다. 특히 나머지가 0일 때, 나누어떨어진다고 하고 보통 0을

생략한다.

필자가 나누기의 정의와 나눗셈식의 종류만 가르치고 정수 나눗셈의 정의를 가르치지 않고 있다가 최근에서야 가르치기 시작했다. 학습 부담이 많아지지나 않을까란 생각에서였지만, 가르쳐주는 것이 오히려 아이들의 머릿속이 더 깔끔해지는 것을 확인했기 때문이다. 나눗셈의 정의에서 기준은 나머지다. $13 \div 5$가 "13에서 5를 몇 번 뺐니?"라는 물음이라고 했다. 나머지에 집중하면서 아래 과정에 대해서 생각해 보자.

(1) 13에서 5를 0번 뺐더니 15가 남았다. 따라서 $13 \div 5 = 0 \cdots 15$이다.

(2) 13에서 5를 한번 뺐더니 8이 남았다. 따라서 $13 \div 5 = 1 \cdots 8$이다.

(3) 13에서 5를 두 번 뺐더니 3이 남았다. 따라서 $13 \div 5 = 2 \cdots 3$이다.

(4) 13에서 5를 세 번 뺐더니 2개가 모자랐다. 따라서 $13 \div 5 = 3 \cdots -2$이다.

⑤ 13에서 5를 네 번 뺐더니 7개가 모자랐다. 따라서 $13 \div 5 = 4 \cdots -7$이다.

⋮

"13에서 5를 몇 번 뺐니?"라는 물음에 따라 계속 빼보았다. 위 나눗셈들을 보고 (3)이 아닌 것은 모두 틀렸다고 말하는 아이들이 있다.

틀린 것이 아니라 단지 정의로 삼는 나눗셈이 아니라는 것이다. 그런데 이 많은 나눗셈 중에서 우리는 '(3) 13에서 5을 두 번 뺐더니 3이 남았다. 따라서 13÷5=2…3이다.'를 나눗셈의 정의로 삼았다. 왜 그럴까? 기준은 나머지였다. 나머지가 나누는 수보다는 작으면서 음수이지 않아야 한다. 음수이지 않아야 한다는 말은 0이거나 양수이어야 한다는 말이다. 따라서 나머지가 0 이상 나누는 수 미만으로 나오는 나눗셈을 정의로 하였다는 것이다. 역으로 나누는 수는 나머지보다 큰 자연수이다. 마지막으로 한 가지만 더 언급한다. 나누는 수가 정수가 아니고 양의 정수 즉 자연수인 것은 안 배운 것이 있어서 설명할 수 없으니 나중에 중학교에서 정수를 배우고 생각해 보면 알 수 있을 것이다. 이유는 모든 정수 나눗셈을 자연수로 나누는 것으로 처리가 가능하기 때문이다.

'나누어떨어진다'는 것을 배우는 이유

많은 아이들에게 12÷3의 나머지가 무엇이냐고 하면 '없다'고 한다. 틀렸다. 12÷3을 몫과 나머지로 나타내는 나눗셈을 하면 12÷3=4…0이니 나머지는 0이기 때문이다. 아이들은 나머지가 0이라서 없다고 한 것이고 그게 그거 아니냐고 생각하는 것이다. 헷갈리면 정의를 생각해야 한다. 0의 정의는 '있다가 없는 것을 수로 나타낸 것'이고, 생략의 정의는 '있는데 쓰지 않은 것'이다. 12에서

3을 4번 빼서 나머지가 없는 상태인데 수로 나타내야 하니 0이고 이것을 생략했다. 생략은 있는데 쓰지 않은 것이며 있는 것이다. 따라서 나머지는 0이다.

이제 나누어떨어지는 것을 배우는 이유를 배워보자. 12÷3=4라는 나눗셈식을 검산식으로 바꾸면 3×4=12라는 식을 얻게 된다. 그러면 12는 3과 4의 배수가 되고, 역으로 3과 4는 12의 약수가 된다. 나누어떨어져야 무수히 많이 연습한 곱셈과 나눗셈을 사용할 수 있게 된다. 만약 나누어떨어지지 않는다면 나누어떨어지게 바꾸거나 곱셈과 나눗셈을 이용할 수 있는 상황으로 바꾼다는 생각을 해야 한다. 그래야 배수와 약수는 최소공배수, 최대공약수로 발전하고 그것들이 모두 분수에서 사용될 기회를 얻게 된다.

Q 1부터 100까지의 자연수를 5로 나누었을 때 나올 수 있는 나머지를 모두 구하시오.

답: 0, 1, 2, 3, 4

나머지는 0 이상 나누는 수 미만이라고 정의대로 해서 0, 1, 2, 3, 4를 해서 맞았나요? 아니면 나머지가 0일 때를 나머지가 없다고 생각해서 1, 2, 3, 4만 적고 0을 적지 않아서 틀렸나요? 혹시 실수로 0을 빼먹은 것이지 모르는 것이 아니라며 외우겠다고 생각하나요. 이 문제는 그렇게 외우는 식으로 처리하면 다시 틀리거나 이 문제로부터 얻어야 하는 것을 모두 얻은 것이 아니다. 문제는 1부터 100까지의 자연수를 하나하나 5로 나누어가면서 나머지를 관찰해야 한다. 100개나 되는 것을 언제 하느냐고요? 직접 나누어보도록 문제를 약간 바꿔보자.

Q 1부터 100까지의 자연수를 5로 나누었을 때 나머지가 1이 나오는 수는 모두 몇 개인가?

답: 20개

이 문제를 풀라고 하면 많은 중고등학생들이 6, 11, 16, …, 96이라고 해놓고 그 개수를 센다. 하나하나 세는 것이 아니라 수세기의 정의로 풀어야겠지요? 그런데 아무리 잘 세어도 틀린 답이 나올 것이다. 아무리 "문제가 하라는 대로 하나하나 직접 $1 \div 5$, $2 \div 5$, $3 \div 5$, …을 해야지"라고 해도 하지 않는다. 사실 하지 않는 것이 아니라 못하는 것이다. 초등학교에서 무수히 많은 나눗셈 문제를 풀었지만, '$1 \div 5$'를 포함제로 풀어 본 적이 없다. 처음 나누기를 배우는 2~3학년에서의 나눗셈은 모두 나누어지는 수가 나누는 수보다 큰 수들이었다. 나중에 나누기를 분수 즉 $1 \div 5 = \frac{1}{5}$로 배우는 등분제 과정으로 넘어갔기에 아이들은 한 번도 $1 \div 5 = 0 \cdots 1$과 같은 포함제 문제를 풀어 본 경험이 없다. 나누기는 "같은 수의 빼기가 몇 번 뺐는지 세기가 귀찮아서 만든 기호"이니 "$1 \div 5$는 1에서 5를 몇 번 빼느냐?"라고 통역을 해도 몫과 나머지를 이해하는 데 한참 걸린다. 1에서 5를 뺄 수 없으니 0번 빼는 것이고 남는 것은 원래의 수이다. 이때도 못 알아듣는 아이도 있는데 그러면 $1 \div 5 = 0 \cdots 1$을 검산식으로 바꾸어서 $1 = 5 \times 0 + 1$로 보여준다. 모두 하라는 것이 아니라 다음과 같이 규칙을 찾을 수 있을 만큼만 하면 된다.

$1 \div 5 = 0 \cdots 1$
$2 \div 5 = 0 \cdots 2$
$3 \div 5 = 0 \cdots 3$
$4 \div 5 = 0 \cdots 4$
$5 \div 5 = 1 \cdots 0$
$6 \div 5 = 1 \cdots 1$
$7 \div 5 = 1 \cdots 2$
    ⋮

$5 \div 5 = 1$이 아니라 $5 \div 5 = 1 \cdots 0$로 써야 된다. 1부터 100까지의 자연수를 5로 나누었을 때 나머지가 1이 나오는 수는 1, 6, 11, 16, …, 96으로 수세기의 정의에 의해 답은 20개다. 귀찮아도 이런 과정을 반드시 해야 하며 한두 번만 시켜보면 아이가 금방 알게 된다. 바로 위 문제도 이처럼 써봐야 올바른 문제의 풀이과정이지 "나머지에서 0을 빼먹지 말자!"처럼 단편적으로 외우는 것이 능사가 아니다.

나눗셈식에서 몫을 나타내는 3가지 방법

문제가 나누기를 물었을 때, 몫을 나타내는 방법은 문제에 따라 그때그때 다르다. 게다가 각기 학년을 달리하면서 가르치기 때문에 이를 정리하지 않으면 당장 초등에서뿐만 아니라 중고등에서도 혼동의 소지가 있다. 예를 들어 $8 \div 3$과 같은 나눗셈이 있을 때, 그 계산의 결과가 다음처럼 달라진다. 중요해서 외워야한다.

(1) **몫과 나머지로 나타내는 방법** : $8 \div 3 = 2 \cdots 2$ (포함제/정수의 나눗셈/ 3학년)
(2) **분수로 나타내는 방법**: $8 \div 3 = \frac{8}{3} = 2\frac{2}{3}$ (등분제/ 5학년)
(3) **소수로 나타내는 방법**: $8 \div 3 = 2.666\cdots$ (등분제/ 6학년)

문제에서 '나눈다'라는 표현이 있을 때, 식을 나타내는 방법은 곱셈일 수도 있고 나눗셈일 수도 있다. 예를 들어 "사과를 2명에게 3개씩 나누어주었을 때 몇 개가 있어야 하는가?"와 같은 문제는 곱셈이 필요하다. 또 "사과 6개를 2명에게 똑같이 나누어준다면 몇 개씩 나누어줄 수 있을까?"와 같은 문제는 나눗셈이 필요하다. 나눗셈인 것을 알았다 해도 그 몫을 표현하는 방법은 위처럼 3가지가 있다. 만약 이것을 혼동해서 다른 나눗셈식으로 표현했을 때는 문제가 요구하는 것을 이해할 수 없게 된다. 아이의 질문을 보면 어떤 나눗셈을 하고 있는지를 말해준다. 아이가 "나누어떨어지지 않아요."라고 하면 포함제로 풀고 있는 것이고, "가분수를 대분수로 고쳐야 하나요?"라고 하면 몫을 분수로 나타낸 것이다. 또한 "계속 나눠야 하나요?"나 "소수점 아래 몇 번째에서 받아올림을 해야 하나요?"라고 묻는다면 아이가 몫을 소수로 나타내고 있는 것이다. 문제가 요구하는 나눗셈식이 무엇인가를 정리해 놓지 않으면 아이는 심각하지만 아는 사람이 보면 다음과 같이 황당한 의문이 든다.

첫째, "나누어서 나머지가 무엇이니? 나누어떨어지니?"처럼 '나머지'를 문제 삼는 문제는 $8 \div 3 = 2 \cdots 2$와 같은 포함제의 나눗셈식을 써야 한다. 만약 문제가 나머지가 무엇이냐고 묻는데 $8 \div 3 = \frac{8}{3} = 2\frac{2}{3}$란 식을 썼다면, "나머지가 $\frac{2}{3}$인가?", "나머지가 0인 것 같은데??" 등의 말도 안 되는 의문이 든다. 또 나머지가 무엇이냐고 묻는데 $8 \div 3 = 2.666\cdots$를 떠올렸다면 "나머지가 $0.666\cdots$인가?", "소수점 아래 몇 번째에서 반올림해야 하지?"와 같은 의문이 든다.

둘째, 소수나 소수점 아래의 얘기가 나오면 당연히 몫을 소수로 나타내는 방법을 써야 한다. $8 \div 3 = 2 \cdots 2$나 $8 \div 3 = \frac{8}{3} = 2\frac{2}{3}$이 떠올리면 당연히 문제가 무엇을 하라는지 이해가 안 된다.

**셋째, 문제에서 '나머지'에 대한 언급이나 소수점에 대한 언급 등 아무 말이 없으면 몫을 $8 \div 3 = \frac{8}{3}$처럼 등분제인 분수로 바꾸면 된다. 몫을 분수로 표현하면 되는 문제가 대부분이다. 그런데 만일 이 때 8÷3=2…2와 같은 포함제로 생각하였다면 나머지 때문에 난감한 상황이 벌어진다.

'나머지'가 '있다, 없다'처럼 나머지를 문제 삼는 것은 모두 포함제를 의미한다고 보아야 한다. 왜냐하면 등분제의 의미에서는 나머지라는 것이 존재할 수 없기 때문이다. 그래서 '나머지'라는 말이 사용된다면 ⑴을, '소수점 아래'라는 말이 나오면 ⑶을 사용해야 한다. 그리고 아무 말이 없는 것은 모두 분수로 사용해야 한다. 우리가 나눗셈을 각각 학년을 따로 해서 배웠다. 각각의 나눗셈을 잘해야겠지만, 최소한 모든 것을 배운 시점에서는 당연히 이들을 구분하는 정리를 해야 한다. 이들을 중고등에서 구분해서 사용할 수 없다면 배운 것들이 오히려 혼동의 부메랑이 될 수 있다.

나누어떨어지지 않는 나눗셈식을 사용하는 방법

13÷3=4…1과 같이 나머지가 0이 아닌 나눗셈식의 경우 '나누어 떨어지지 않는다'한다. 그런데 나누어떨어지든 나누어떨어지지 않든지 간에 문제가 '같은 수의 빼기'를 하는 포함제를 요구하고 있다는 것을 알아야 한다. 문제가 '나머지'가 있느냐 없느냐를 물어보는

데, $13 \div 3 = \frac{13}{3} = 4\frac{1}{3}$처럼 등분제를 사용한다면 아무리 고민해도 틀린 답이 나오게 될 것이다. 앞서 '나눈다'라는 말이 문제에 나올 때, 그것이 곱셈을 이용하는지 나눗셈을 이용하는지 알 수 없다고 하였다. 나누어떨어지지 않는 나눗셈도 곱셈이나 나눗셈을 이용해야 하는데 있는 그 상태대로는 안 된다. 나누어떨어지지 않는 나눗셈을 변형하여 우리가 무수히 연습한 곱셈이나 나눗셈을 이용할 수 있도록 하는 두 가지 방법을 설명한다. 이 방법들은 초등 5학년이나 중1의 어려운 문제들에서 사용하는 방법이니 잘 습득하기를 바란다.

첫째, 나누어지는 수 □를 구하는 방법은 검산식을 이용하라.

□÷3=○…1과 같은 식을 검산식으로 만들면 □=3×○+1이다. 이 식에서 3×○는 3의 배수이고, 3×○+1는 3의 배수에 1을 더한 수이다. 따라서 □는 3의 배수에 1을 더한 수들 중에서 찾을 수 있게 된다.

Q 3으로 나누어도 5로 나누어도 1이 남는 자연수들 중에 가장 작은 수는?

답: 16

나머지가 언급되니 포함제 문제다. 위 문제를 좀 더 이해하기 쉽도록 다시 써보면, '어떤 자연수를 3으로 나누면 1이 남고 또 같은 어떤 자연수를 5로 나누어도 1이 남는 수 들 중에서 가장 작은 수는 무엇이냐?'라는 문제다. 먼저 모든 것을 하려고 하지 말고 □÷3=○…1 ⇨ □=3×○+1만 정확하게 이해해야 한다. 우리가 구하려는 □는 3×○+1이다. 이것을 보고 3의 자연수 배수에 1을 더한 것이라는 생각이 들어야 한다. 이것이 눈에 들어오면 이제 □÷5=○…1 ⇨ □=5×○+1이 5의 자연수 배수에 1을 더한 것이라는 것은 금방 들어온다. 3과 5의 공배수들에 1을 더한 수이다. 따라서 15, 30, 45, …에 각각 1씩을 더한 16, 31, 46, …이 된다. 이들 중에 가장 작은 수는 16이다.

둘째, 나누는 수 ★를 모르면 나누어떨어지게 만들어라.

13÷★=○…1은 나머지가 1이라서 나누어떨어지지 않으며 나누어떨어지지 않는 상태에는 무수히 많은 연습을 한 곱셈과 나눗셈을 이용할 수 없다. 이 식을 (13−1)÷★=○으로 다시 (13−1)=★×○ ⇨ ★×○=12이다. ★×○=12는 곱해서 12가 되는 것이니 ★와 ○는 12의 약수들이다. (13−1)÷★=○를 (13−1)=★×○로 만드는 일이 어려운 것은 아니지만, 이런 생각이 나도록 연습하는 것이 쉬운 일이 아니다. 이것을 위해서 초등 3학년부터 미리미리 연산 문제에 관련 문제들을 넣고 연습해야 한다. 이렇게 해야 약

수와 배수의 문제들을 풀면서 도움이 될 것이다.

Q 38을 나눈 나머지가 6이 되는 자연수를 모두 구하여라.

답: 8, 16, 32

나머지가 언급되니 포함제 문제다. 38을 어떤 자연수로 나누었을 때의 나머지가 6이라는 말로 나눗셈식으로 나타내면 38÷★ =○…6 ⇨ (38−6)÷★=○ ⇨ 32=★÷○이다. ★와 ○가 될 수 있는 수는 32의 약수로 1, 2, 4, 8, 16, 32이다. 그러나 나누는 수는 나머지보다 커야 하니 이 중에 8, 16, 32만이 답이 된다.

나누어떨어지거나 나누어떨어지게 하는 두 가지 방법은 대부분 5학년의 '배수와 약수' 단원에서 아이들이 가장 어려워하는 것들이다. 이것을 가르치다가 어렵다고 학원을 보내는 경우도 많다. 그러면 문제가 해결되는 것이 아니라 잠시 수면 아래로 내려갈 가능성이 높다. 이것들은 다시 중학교의 자연수에 대한 이해와 고등학교 나머지 정리에서 활용한다.

0으로 나누기

보통 어떤 수를 0으로 나누면 아이들이 0이나 어떤 수가 될 거란 생각을 많이 한다. 초등학교에서 무수히 많은 나눗셈을 하였겠지만, 0으로 나눈 적은 한 번도 없었고 0과 관련된 대부분의 초등문제의 답이 0이었기에 이런 답을 만든 것이다. <u>0으로 나누면 0이 되는 것이 아니라 특수한 경우가 만들어진다.</u> 앞으로 중고등학교에서는 많은 문제에서 0으로 나누지 못하게 하는 것을 문제의 단서로 보게 될 것이다. 예를 들어 분수에서도 분모가 0이 되면 안 된다고 하였고, 나중에 등식의 성질에서도 0으로 나누면 안 된다고 배운다. 또한 분수의 위대한 성질에서도 분모와 분자에 0을 곱하여 분모가 0이 되는 경우를 막고 있다. 그런데 0으로 나누면 어떤 일이 벌어지는 걸까? 어렵다고 생각하거나 귀찮고 시간이 없다고 생각하여 많은 선생님이 설명을 꺼려 한다. 그러나 필자는 어렵더라고 안 알려주기보다는 최대한 설명하고 이해할 수 있는 학생은 도움이 되길 바란다. 0으로 나누는 문제는 고등수학에서 다루는 문제로 그 개념이 대학시험에서 매년 나온다.

<u>우선 0으로 나누기는 등분제로는 설명할 수 없다.</u> 그런데 계산기는 등분제로 파악하기 때문에 계산할 수 없다. 그래서 계산기에서 0으로 나누면 에러(E) 표시가 된다. 또 등분제로 설명하려는 선생님들은 부득이 나눗셈의 역연산으로 이를 설명한다. 예를 들어 $7 \div 0 = \square$에서 나눗셈의 역연산인 곱셈으로 바꾸면 $\square \times 0 = 7$이 된다. 이때 $\square$를 만족시키는 수는 없다. 어떤 수라도 0을 곱하면 0이 되어 7이 될 수 없기 때문이다. 위처럼 간접적으로 설명할 수밖에

없는 이유는 등분제로 설명하려고 하기 때문이다. 이제 나누기가 '같은 수의 빼기가 몇 번 뺐는지 세기가 귀찮아서 만든 기호(포함제)'란 것을 배웠으니 나누기의 의미를 살려 직접적으로 이해해 보자.

(1) $0 \div 7 = 0$

(2) $7 \div 0$ ⇨ (없다) ⇨ 불능(不能)

(3) $0 \div 0$ ⇨ (무수히 많다) ⇨ 부정(不定)

(1) $0 \div 7 = 0$은 0으로 나누는 것이 아니라 0을 나누는 것이다. 이것마저 혼동하는 아이가 있어서 설명한다. 0에서 7을 한 번도 뺄 수 없으니 몫은 0이고 나머지도 0이지만 생략한 것이다. (2) '$7 \div 0$'은 포함제의 의미로 보면 "7에서 0을 몇 번 뺄 수 있을까?"이고 이것을 식으로 바꾸면 '$7-0-0-0-0\cdots=$'이다. 7이 0이 될 때까지 빼야 하는데, 7에서 0을 아무리 빼도 7이라는 것이 줄지 않는다. 그래서 등호의 우변에 쓸 수 있는 수가 없다. 그래서 답은 '없다'이다. 이것은 고등학교에 가서 0으로 빼서는 7을 0으로 만들 능력이 안 된다는 의미인 '불능(不能)'이란 말을 사용하게 된다. 이번에는 (3) '$0 \div 0$'을 해보자! '$0-0=0$'처럼 0에서 0을 한 번만 빼도 0이다. 즉, $0 \div 0 = 1$이 된다. 또 0을 두 번 뺀 '$0-0-0=0$'도 되니 $0 \div 0 = 2$도 된다. 이처럼 0에서 0을 몇 번이고 빼고 되니 어떤 수를 우변에 써도 된다. 그래서 답은 '무수히 많다'가 답이 된다. 우변에

쓸 수 있는 수가 무수히 많게 되어 어떤 수를 써야 할지 정할 수 없는 상태가 된다. 이것을 고등학교에 가서는 부정(不定)이라고 한다. (2)와 (3)을 분수의 꼴로 표현하면 $7 \div 0 = \frac{7}{0}$(불능), $0 \div 0 = \frac{0}{0}$(부정)이다. 그래서 분모가 0이면 안 된다고 말하고, 모든 식에서 0으로 극구 나누지 말라고 한 것이다.

2-13
분수의 나눗셈: 나눗셈을 곱셈으로 바꾼다

분수의 나눗셈을 하기 위해서 필요한 것이 무엇인가를 생각해 보자. 나눗셈이니 몫을 나타내는 3가지 방법 중의 하나일 것이고, 분수끼리의 계산이니 기준이 단위분수일 것이다. 어떤 문제가 있을 때, 무조건 달려들기보다는 이런 생각을 먼저 해보는 것이 필요하다.

등분제는 자연수로 나눌 때만 의미 있는 표현이라고 했다. 그러니 분수끼리의 나눗셈은 포함제의 의미로만 바라보아야 한다. 또한 단위분수가 같아야 하니 분모가 같아야만 분수의 나눗셈을 할 수 있다. 예를 들어 $\frac{8}{10} \div \frac{2}{10}$처럼 단위분수가 같다면, "$\frac{1}{10}$이 8개가 더해진 수에서 $\frac{1}{10}$이 2개 더해진 수를 몇 번 뺄 수 있니?"처럼 묻는 것과 같다. 이때 크기를 의미하는 $\frac{1}{10}$을 무시하면 단순히 '8÷2'와 같은 문제가 된다. 이것을 설명하면 많은 아이들이 $\frac{1}{10}$을 무시하는 것에 불편함을 느낀다. 자, 이 부분을 이해하는 것이 분수의 나눗셈을 이해하는 핵심이다. 다음 문제들을 비교해 봅시다.

(1) 사과 8개를 두 개씩 친구에게 준다면 최대 몇 명에게 나누어줄 수 있을까요?

(2) 2345원짜리 사과 8개를 두 개씩 친구에게 준다면 최대 몇 명에게 나누어줄 수 있을까요?

(3) 사과 한 개를 같은 크기의 10조각으로 만들었다. 이 중에 8조각을 두 조각씩 친구에게 준다면 최대 몇 명에게 나누어줄 수 있을까요?

(1)에서 그동안 배운 것을 고려해서 잠깐 생각해 봅시다. 사과 8개를 친구에게 2개씩 주는 것이니 '같은 수의 빼기'이고 나머지는 0 이상 2 미만이어야 한다. 필자는 참 쉬운 것을 어렵게 말하는 재주가 있지요? ^^ '8÷2'라는 나눗셈을 만드는데 어렵지 않았을 줄로 믿는다. 그런데 이 문제를 풀면서 사과가 얼마인지 얼마만큼의 크기인지 또는 맛있게 생겼는지 궁금했나요? 그런 요소들은 문제를 푸는데 아무 도움이 되는 정보가 아니다. (2)와 (3)을 보면 이상한 사

과의 가격을 적어놓지를 않나 사과를 정성껏 같은 크기로 자르고 있다. 이런 것들을 잉여 정보라고 한다. 모두 쓸데없는 정보라서 무시하고 '8÷2'라는 나눗셈을 만들었다.

이런 관점에서 볼 때, 단위분수가 같은 분수 즉 분모가 같은 분수 $\frac{8}{10} \div \frac{2}{10}$는 그냥 기준이 같으니 분자끼리의 나누기인 8÷2이다. 예를 들어 $\frac{3}{10} \div \frac{7}{10}$이라면 분자끼리 나누어 3÷7이고 나머지나 소수점에 대한 언급이 없으니 몫을 분수로 바꾼 $3 \div 7 = \frac{3}{7}$이 답이 된다. 여기까지 이해했다면 분수의 나눗셈에서 제일 어렵고 중요한 것을 깨우쳤다.

분수의 나눗셈을 분수의 곱셈으로 바꾸는 방법

그런데 분수끼리의 나눗셈에서 분모가 다르면 어떻게 할까? 다르면 같게 하면 되고 같게 하는 것은 '분수의 위대한 성질'이다. 분모가 다른 분수를 같게 하는 것을 통분이라고 하고, 이미 분수의 덧셈과 뺄셈에서 충분히 연습하였다. 그래도 $\frac{3}{4} \div \frac{5}{7}$이란 분수를 통해서 설명해 본다.

(1) $\frac{3}{4} \div \frac{5}{7} = \frac{3 \times 7}{4 \times 7} \div \frac{4 \times 5}{4 \times 7}$

'$\frac{3}{4}$에서 $\frac{5}{7}$를 몇 번 뺐니?'라고 묻는 것이다. 기준이 같은 단위분수로 만들기 위해 통분해야 한다. 그래서 $\frac{3}{4}$의 분모와 분자에 7을 곱하고 $\frac{5}{7}$의 분모와 분자에 4를 곱해야 한다. 그런데 분모가 4×7로 똑같게 하기 위해서 $\frac{5}{7}$의 분모와 분자의 왼편에 각각 4를 곱하였다.

(2) $\frac{3 \times 7}{4 \times 7} \div \frac{4 \times 5}{4 \times 7}$는 분모가 같으니 분자끼리 나눈 $(3 \times 7) \div (4 \times 5)$이다.

(3) $(3 \times 7) \div (4 \times 5)$는 아무 조건이 없으니 분수로 바꾸면 $\frac{3 \times 7}{4 \times 5}$이다.

(4) $\frac{3 \times 7}{4 \times 5}$의 곱셈을 실행하면 답이다. 그런데 이것을 분리하면 $\frac{3}{4} \times \frac{7}{5}$이다.

(5) 처음 문제가 $\frac{3}{4} \div \frac{5}{7}$이었고 여러 과정을 거쳐서 최종적으로 $\frac{3}{4} \times \frac{7}{5}$이 되었다.

(6) $\frac{3}{4} \div \frac{5}{7}$이 $\frac{3}{4} \times \frac{7}{5}$로 변하는 기술로 보면 ÷가 ×로 바뀌었고 뒤에 있는 분수의 분모와 분자가 바뀌는 것을 볼 수 있다. 분수의 분모와 분자가 바뀌는 것을 '역수'라고 하는데 이 용어를 사용하여 정리하면, '**나눗셈을 곱셈으로 바꾸기 위해서는 뒤의 분수를 역수로 만든다.**'는 것이다. 이렇게 역수로 고치는 과정은 문제로도 자주 출제되고 있으며, 그 이유를 알아야 연습을 해도 그 의미가 있다.

분수의 나눗셈 방법

모든 분수의 나눗셈은 물론이고 모든 나눗셈은 나누기를 곱하기로 바꾸고 뒤의 수를 역수로 만든다면 모든 것을 곱셈으로 바꿀 수 있고 그렇다면 나머지는 이전에 배운 곱셈과 동일하다.

🧑 분수의 나눗셈은 어떻게 해?
🧑 나누기를 곱하기로 바꾸어요.
🧑 나누기를 곱하기로 바꾸려면 어떻게 하는데?
🧑 뒤에 있는 분수를 역수로 만들어요.
🧑 어떤 유혹이 와도 절대 앞의 분수를 역수로 만들면 안 된다.
🧑 알았어요.

교과서에서는 (자연수)÷(자연수), (분수)÷(자연수), (대분수)÷(자연수), (분수)÷(분수), (자연수)÷(분수) 등 세분하여 6학년의 1학기와 2학기에 각각 1단원씩 2단원에 걸쳐서 배운다. 지나치게 세분하여 가르치기 때문에 자칫 아이가 혼동할 우려가 있다. 다음처럼 분수의 나눗셈을 모두 하나로 인식해서 가르치면 좋겠다.

(준비) ① 자연수, 대분수, 소수가 있으면 분모와 분자만 있는 수로 바꾼다.
② (÷) → (×)
③ 뒤에 있는 분수를 역수로 바꾼다.
(곱셈) ④ 약분한다.
⑤ 분모끼리 분자끼리 곱한다.
(마무리) ⑥ 가분수는 대분수로 고치고, 기약분수로 만들었는지

확인한다.

역수란 용어는 초등학교에 사용되는 말이 아니지만 그냥 사용하는 것도 무방하다. 역수의 정확한 의미를 가르치려면 항등원과 역원을 가르쳐야 하는데, 그 역시 교과과정에서 제외되었다. 다만 무조건 외우라는 대신 $\frac{4}{5} \times \square = 1$에서 □에 들어갈 수가 $\frac{5}{4}$인 것처럼 "역수란 곱하여 1이 되는 수"라고 간단히 설명하면 된다.

보통 분수의 나눗셈에서 아이들에게 흔히 있는 어려움과 혼동은 세 가지이다. 첫째는 자연수를 $\frac{(자연수)}{1}$로 인식하지 못하는 데 있다. 이렇게 생각할 수 있어야 다시 그 역수인 $\frac{1}{(자연수)}$로 만들 수 있다. 둘째, ÷를 ×로 바꾸면서 앞의 분수를 역수로 만드는 오류를 범하는 것이다. 셋째, 대분수를 가분수로 고치고 나서 스스로는 역수를 만들었다고 착각하는 데서 온다. 아이들로서는 머릿속으로는 금방 아는 것 같다고 생각한다. 그러나 실제로는 오답이 종종 나오는 만큼 처음에는 위 과정을 차례대로 말로 여러 번 정리하고 나서도 충분히 연습해야 한다.

한가지 노파심에서 언급한다. 분수의 나눗셈을 마지막으로 다루는 시기가 6학년 2학기이다. 6학년 2학기는 심리적으로도 그렇고 실제로도 중1의 과정을 미리 준비해야 한다. 그렇다고 한다면 분수의 나눗셈까지 분수의 사칙계산을 배운 것을 점검할 시간이 없다. 분수의 나눗셈을 배우는 시기의 대부분의 아이들은 분수의 덧셈과 뺄셈을 잊었을 가능성이 높다. 그래서 중학생의 절반이 분수의 사칙계산이 안 되는 것이다. 분수의 사칙계산을 초등 5학년에서 모두 끝내고 6학년 1학기는 분수의 사칙계산이 혼동 없이 나오는지를 확인하고 부족하면 연습해야 한다. 그런데 교과서에 분수의 사칙계산을 섞어서 연습시키는 과정이 없다. 교과서의 지침대로 하는 학원이나 문제집들에서 이것을 연습시킬 가능성은 작다. 따라서 분수의 사칙계산을 점검하고 연습시키는 것은 오롯이 학부모의 몫으로 남는다.

2-14
검산 대신 답을 예측하기

필자가 초등 학창 시절 학교 선생님께서 "계산할 때는 꼭 검산을 해라."라고 말씀하셔서 문제마다 검산해 보려고 하였지만 너무 귀찮았다. 그래서 그렇게 말씀하신 선생님은 어떻게 하는지 살펴보았지만 검산하라고 말씀하신 선생님도 검산하시는 것 같아 않아서 필자도 곧 흐지부지 되었던 기억이 난다. 선생님께서는 계산이 잘되지 않는 학생들을 위해서 하신 말씀이었겠지만, 학생들은 말씀뿐만 아니라 행동까지 따라 한다. 그래서 필자도 학생들을 가르치면서 학생들의 계산 오류들을 보면서, 차마 필자도 하지 않는 검산을 학생들에게 요구할 수는 없었다. 반성과 교정의 과정 없이 저절로 개선되는 법은 없다. 초등 아이를 가르치면서 자연수는 아예 처음부터 계산오류가 생겨나지 않도록 할 수도 있겠지만, 특히 분수에서는 암산이 많고 검산 자체가 불가능한 경우가 많다. 그래서 초중등학생들 모두에게 요구하는 것이 어림이다. 특히 중고등학생들에게는 수식의 의미를 살려 읽게 하고 계산의 결과를 어림하게 한다. 그러면 적어도 말도 안 되는 오답을 줄일 수도 있지만 계속 생각하게 하는 효과를 가져온다.

연산을 의미가 있도록 읽고 계산하기 전에 어림해 봐라

아무도 가르치지는 않지만, 연산을 하다 보면 저절로 생기는 당연한 것들이 있다. 예를 들어 분수의 덧셈과 뺄셈에서도 "양수를 더하면 더 커진다.", "양수를 빼면 더 작아진다.", "반보다 작은 두 수를 더하면 1보다 작다.", "반보다 큰 두 수를 더하면 1보다 크다.", "자연수 부분이 1인 대분수에 진분수를 더하면 1.×××이거나 2.×××이다.", "자연수 부분이 1인 두 대분수를 더하면 2 초과 4 미만의 수가 나온다." 등이다.

- $1\frac{1}{2} + 1\frac{1}{3}$이 뭐야?
- (6학년): 저는 종이에다가 써야 하는데요.
- 이 정도는 분수의 셈 중에서 가장 쉬운 것에 속하는데 이 정도도 암산을 못 한다고?
- 알았어요. 암산해 볼게요. $\frac{3}{2} + \frac{4}{3}$이니까 2요.

🧑‍🦱 맞아?

🧑 네, 맞아요. 제대로 했어요.

🧑‍🦱 1보다 큰 두 수를 더했는데, 어떻게 2가 나오니?

🧑 그러네요. $\frac{3}{2} + \frac{4}{3}$에서 약분하는 거 아니에요?

🧑‍🦱 자연수끼리 분수끼리 더하면 되는데, 누가 '분수의 더하기'를 하면서 가분수로 고치니?

🧑 분수의 곱셈과 나누기를 거치면서 대분수는 가분수로 고치는 것이 습관이 돼서요.

🧑‍🦱 그리고 약분은 한 분수에서 하는 거 몰라. $\frac{3}{2} + \frac{4}{3}$는 두 분수니 한 분수니?

🧑 두 분수요. 뭔가 두 분수에서 약분을 하던거 같은데요.

🧑‍🦱 $\frac{3}{2} \times \frac{4}{3}$는 $\frac{3 \times 4}{2 \times 3}$처럼 한 분수라고 보기 때문에 약분을 한 거야.

🧑 그렇군요. 그렇게 얘기하니 할 말이 없네요.

🧑‍🦱 그중에서도 $1\frac{1}{2} + 1\frac{1}{3}$의 답이 2라고 하고도 틀렸는지 몰랐다는 것이 가장 심각해. 그런데 $1\frac{1}{2} + 1\frac{1}{3}$의 답에 2가 나올 수 없다고 했을 때, 네가 바로 맞다고 했잖아. 네가 조금만 답을 예측했다면 틀렸다는 것을 알았을 거야. 분수의 계산은 검산을 해볼 수도 없어서 자꾸 어림을 해 봐야 돼.

🧑 그런데 분수의 계산은 왜 검산을 못 해요?

🧑‍🦱 덧셈의 검산은 뺄셈인데, 지금 분수의 덧셈이 안 되었잖아. 분수의 덧셈이 안 되는데, 분수의 뺄셈은 되겠니?

🧑 그러네요. 그래도 어림은 금방 하는 거니까 할만해요.

👨 지금 분수의 사칙계산이 혼동되는 것을 확인했으니 확실하게 잡은 뒤에 중학교에 가야 한단다.

🧒 !

분수의 곱하기도 검산이 어렵지만, 작아지는 것보다 커지는 것이 좀 더 아이들에게 익숙한 것 같다. 그래서 분수의 사칙계산 중에서 오답을 가장 눈치채지 못하는 것이 분수의 나눗셈이다. 예를 들어 $5 \div 1\frac{1}{3}$로 설명한다. $5 \div 1\frac{1}{3} = 3\frac{3}{4}$이라는 나눗셈식에서 검산을 하려면 $1\frac{1}{3} \times 3\frac{3}{4}$라는 분수의 곱셈 계산이 5가 되는가를 확인하는 것인데 더 귀찮아 보인다. 그런데 자주 나오는 나눗셈의 오답 중에는 '뒤 역수'를 잊거나 귀찮아서 '$5 \div 1\frac{1}{3}$와 같은 계산을 $\frac{1}{5} \times \frac{4}{3} = \frac{4}{15}$ (앞의 분수를 역수로 만들었다.)'과 같은 오답을 만드는 경우가 있다. 또 '$5 \div 1\frac{1}{3}$의 계산을 $5 \times \frac{4}{3} = \frac{20}{3} = 6\frac{2}{3}$(×로 바꾸면서 뒤 역수를 취하지 않았다.)'처럼 푼 것은 대분수를 가분수로 바꾼 것을 역수를 한 것으로 착각한 것이다. 그 밖에도 $\frac{1}{5} \times \frac{3}{4} = \frac{3}{20}$(앞의 분수와 뒤의 분수를 모두 역수로 취했다.)와 같은 여러 가지 잘못된 계산 방식이 사용되곤 한다. $5 \div 1\frac{1}{3}$를 의미을 살려서 읽으면, 5에서 1.×××를 몇 번 뺐느냐고 묻는 것이다.

👨 $\frac{1}{2} \div \frac{1}{3}$에서 $\frac{1}{2}$과 $\frac{1}{3}$ 중에 어느 것이 더 크니?

🧒 $\frac{1}{2}$이 더 커요.

👨 그렇다면 빼지는 수가 크니 $\frac{1}{2}$에서 $\frac{1}{3}$을 적어도 한 번은 뺄 수

있겠네.

🧒 아마도 그렇겠지요?

👨 그럼 $\frac{1}{2} \div \frac{1}{3}$의 답은 1보다 클까, 작을까?

🧒 크겠네요.

👨 하나만 더해보자! 그럼 $5 \div 1\frac{1}{3}$와 같은 문제에서 답은 얼마나 될 것 같니?

🧒 $1\frac{2}{3}$이 2보다 작으니 적어도 2번보다는 큰 수가 나오겠네요.

👨 만약 $5 \div 1\frac{1}{3}$와 같은 계산에서 $\frac{4}{15}$, $6\frac{2}{3}$, $\frac{3}{20}$ 등과 같은 답이 나온다면 잘못 계산한 것이라는 것을 알 수 있겠니?

🧒 '몇 번 빼느냐?'란 생각으로 보면 말도 안 되는 오답들이네요. 그렇다고 매번 할 수는 없겠지만 만약 헷갈린다고 생각하는 문제에서는 이 방법으로 확인해 볼게요.

분수의 곱셈이나 나눗셈은 대부분 약분이라는 시원한(?) 과정이 동반되는 경우가 많은데 약분이 계산의 어느 과정에서 이루어지느냐에 따라서 빠르기가 달라진다. 분수의 덧셈과 뺄셈에 비해서 계산 방법이 비교적 간단하여 약분이 잘되는 아이라면 상대적으로 연습을 적게 해도 계산 방법을 익히게 된다. 그런데 필자가 우려되는 것이 두 가지가 있다.

첫째는 바로 '약분을 잘하는 아이라면'이라는 단서가 문제이다. 약분의 근본적인 문제는 3학년의 나눗셈 연습이 근원적인 부분이겠지만, 이 부분의 충분한 연습을 통한다면 어느 정도 해소가 된다. 그런데 분수의 곱셈과 나눗셈에서는 구구단을 벗어나는 13, 17, 19 등의 큰 소수(110쪽, 160쪽 참조)로 약분하는 것은 나눗셈이 문제가 아니라 소수에 대한 것을 학교에서 배우지 않은 것이니 별도로 연습의 시간을 가져야 한다.

둘째는 분수의 나눗셈은 6학년 1학기와 2학기에 각각 한 단원씩 공부하는데, 그 기간 내에 벌써 많은 아이들이 분수의 덧셈과 뺄셈을 잊어 버렸다는 것이다. 앞서도 말했지만, 중요해서 한 번 더 언급한다. 중학교에 올라가기 전에 최소한 2~3달 분수의 사칙계산을 섞어서 물어보아도 혼동 없이 처리하느냐를 확인해야 한다. 대신에 6학년의 나머지 수학단원들은 모두 분수의 확장 단계로 분수를 활용해서 푸는 방법으로 알려준다면 전체가 2~3달이면 끝난다. 그러니 분수의 사칙계산에 반드시 시간을 마련해야 한다. 분수셈을 헷갈리는 중학생이 절반이고, 이들이 모두 중3에서 수학을 포기하게 된다는 말을 기억해야 한다.

2부 | 수학은 수만이 계산된다

초등에서 공부를 못하고 중고등에서
열심히 공부하여 잘된 예가 없습니다.
그만큼 초등수학이 중요합니다.

−조안호 선생님 말씀 중에서

3부

괄호와 사칙계산

크게 보면 1부에서 수가 무엇이고 어떤 의미를 갖는가에 대한 공부를 했다. 이어서 2부에는 수를 가지고 계산하는 $+, -, \times, \div$의 의미를 하나하나 배웠다. 이제 이들을 가지고 수학이 어떤 확장을 하는지를 3부에서 보게 될 것이다.

3-1
혼합계산 순서

분수를 배우기 전까지의 교과서 과정을 빠르게 살펴보자. 1~2학년에서 자연수의 덧셈과 뺄셈, 구구단을 배우고 3학년에서 곱셈과 나눗셈을 배워서 자연수의 사칙계산을 완성한다. 이제 4학년은 그동안 배워온 자연수의 사칙계산을 확장해야 하는데, 주로 큰 수의 확장을 주로 다룬다. 이후 5학년에서 분수를 배우기 전에 혼합계산 순서를 배우게 된다.

교과서는 주로 수를 크게 하고 정답률을 높이는 것에 관심이 있는 반면, 필자는 두 자릿수와 한 자릿수의 작은 수들에 대한 사칙연산이 빠르고 최소 3~4개의 암산이 이루어져야 올바른 분수의 준비와 중고등수학을 위한 대비라고 본다. 또한 자연수의 사칙연산을 모두 배운 시점인 초4는 분수의 연산과 중학수학을 대비하는 다양한 확장을 해야 한다. 교과서에서 주력으로 하는 큰 수의 확장은 확장의 한 갈래일 뿐이고 이것이 중고등수학에 미치는 영향은 미미하다. 자연수의 확장을 다루는 '초5의 분수'와 '중학수학의 수감각'을 기르기 위해서 몫창, 소수(약수가 두 개인 수), 배수, 약수, 소인수, 거듭제곱, 정수, 약분 등을 긴 시간을 두고 충분히 연습해야 한다. '세 자릿수 곱하기 두 자릿수'나 '세 자릿수 나누기 두 자릿수' 등의 큰 수가 잘되니 안되니 등에 매몰되어 중요한 초4의 1년을 소실해서는 안 된다. 초5는 분수를 배우고 도형도 넓이를 배우는 가장 중요하고 공을 들여야 하는 학년이다. 자연수에서 배운 모든 것이 분수로 흘러들어가기 전에 충분히 빠른 자연수의 암산과 소수, 배수, 약분 등의 충분히 연습해야 한다. 그리고 초5에서 분수에 시간을 확보하기 위해 '자연수의 사칙계산'도 초4에서 하는 것이 맞다고 본다.

〈조소장의 한줄개념 57〉
괄호는 먼저 계산하라는 명령기호이다.

혼합계산은 말 그대로 여러 가지 연산을 우선순위에 맞추어서 계산하도록 하는 과정이다. 교과서는 소괄호를 배우면서 '덧셈과 뺄셈', '곱셈과 나눗셈', '덧셈, 뺄셈, 곱셈', '덧셈, 뺄셈, 나눗셈', '덧셈, 뺄셈, 곱셈, 나눗셈'이 섞여 있는 식의 계산을 한다. 이렇게 여러 가지의 경우를 다루면서 아이가 다음의 것을 깨우치거나 깨우치게 하려는 의도이다. ① 가장 먼저 괄호부터 계산한다. ② '곱셈과 나눗셈'을 '덧셈과 뺄셈'보다 먼저 계산한다. ③ '곱셈과 나눗셈'만 있거나 '덧셈과 뺄셈'만 있다면 먼저 나온 것부터 계산한다. 여기까지가 초등에서 혼합계산에 대해 배운 전부이다. 초등5~6학년을 지나 중학교에서도 초등의 혼합계산에서 생각이 한 발자국도 움직이지 않은 것을 본다. 초등에서 배우는 혼합계산에 앞으로 업그레이드를 해야 할 것까지 언급한다.

중고등을 포함하는 혼합계산식의 계산 순서

혼합계산 순서라는 것이 하도 많이 해서 나중에는 저절로 몸에 배야 하는 것이다. 그건 나중의 일이고 지금은 처음에는 크게 그 순서를 생각하고 그 디테일까지 하나하나 공부해야 한다. 연습하지 않으면 거듭제곱, 괄호, 곱셈과 나눗셈, 덧셈과 뺄셈이라는 큰 틀의 순서조차 헷갈린다. 아이들이 안 헷갈려서 괜찮은 것이지 그렇지 않은 아이들은 중학수학에서 엉뚱한 계산을 할 수도 있다.

1) 가장 먼저 거듭제곱을 계산해야 한다.

거듭제곱은 나중에 중1에서 배우는데 이 또한 계산이기에 상식적으로 생각해 봐도 혼합계산 순서에 편입되어야 한다. 하지만 다시는 교과서가 혼합계산순서에 대해서 배우거나 업그레이드를 시키지 않는다. 마침 필자가 초등에게 거듭제곱을 가르쳤으니 당연히 그 순서를 혼합계산 순서에 편입시킨 것이다. 그런데 많은 아이들이 거듭제곱보다 괄호가 먼저이지 않느냐는 의문이 든다고 한다. 다시 설명하겠지만 괄호를 먼저 계산하라고 하는 것이고 거듭제곱은 이미 곱한 것이기 때문이다.

2) 두 번째로 괄호 안을 계산한다. 그 순서는 소괄호 ( ) ⇨ 중괄호 { } ⇨ 대괄호 [ ]이다.

초등수학교과서에는 소괄호만 나온다. 그러나 나중에는 중괄호와 대괄호가 배우지 않고 나온다. 나중에 중괄호와 대괄호를 배우지 않고 곧장 사용하게 되니 한꺼번에 알려주는 것이 좋다. 나중에 배우지 않고 나오는 이유는 어렵지 않다고 생각해서다. 그러나 현장에서 가르치는 선생의 입장에서 볼 때, 처음 보는 아이들은 중괄호 { }를 그리는 것 자체도 힘들어한다. 그리고 이런 순서에 대한 것들은 규칙을 만들어야 되기 때문에 훨씬 더 복잡한 문제를 풀되 문제의 수를 줄이는 편이 낫다고 본다. <u>소괄호가 포함된 더 복잡한 식을 위해서는 중괄호가 사용되고, 중괄호가 포함된 더 복잡한 식을 위해서는 대괄호가 필요하다.</u> 결국 대괄호 안에 중괄호, 중괄호 안에 소괄호가 있게 된다. 이 말은 대괄호 속에 있는 소괄호를 풀면 중괄호는 소괄호로, 대괄호는 중괄호로 바뀐다는 것을 의미한다. 그리고 실제 문제를 풀 때는 괄호에 해당하는 것을 구분의 기준으로 삼아 그냥 하나로 볼 수 있는 힘을 요구하는 경우도 있다.

3) ×, ÷의 계산만 있다면 먼저 나온 순서대로 계산하여야 한다. 그러나 ÷를 ×로 바꿀 수 있다면 모두 곱하기이니 아무거나 먼저 해도 된다.

×가 먼저 나오면 ×를 먼저하고, ÷가 먼저 나오면 ÷부터 하겠다는 말이다. 여기까지가 초등 5학년이다. 분수의 나눗셈을 배우게 되면, 나누기를 곱하기로 바꿀 줄 알게 되면 분수가 되거나 ×로만 이루어진 식이 된다. 곱하기로만 이루어진 식은 아무거나 먼저 해도 된다. 아무거나 먼저 해도 된다는 말은 아무거나 하라는 말이 아니라 아무거나 좀 더 편한 곱셈을 찾아서 먼저 하라는 말이다. 예를 들어 2×173×5를 2×173나 173×5를 하기보다는 2×5를 먼저 하고 173×10을 하라는 말이다.

4) +, −의 계산만 있다면 먼저 나온 순서대로 계산하여야 한다. 중학교에서 항을 배우면 아무거나 해도 된다.

+가 먼저 나오면 +를 먼저하고, −가 먼저 나오면 −부터 해야 한다는 말이다. 여기까지가 초등과정이다. 그러나 중학교에 가서는 항을 배운다. 항을 배우면 아무거나 먼저 해도 되니 그날까지는 차례대로 하기 바란다.

혼합계산 순서를 몇 번 알려주고 문제를 풀면, 아이는 적어도 머릿속으로는 이해한다. 그러나 83−13 ×4+{(25÷5)+13}과 같이 복잡한 식을 잘 푸는 아이조차 여전히 2+3×7과 같이 단순한 문제에서 23이 아닌 35란 오답을 말한다. 많은 학부모님이 저학년의 아이들을 지도하면서 연산을 앞에서부터 차례대로 성실하게 하기를 강조한다. 성실을 강조하는 것은 맞지만, 점차 여러 개를 배웠는데도 차례대로만 강조하면 생각하지 않는 습관을 만든다. 여전히 앞에서부터 계산해야 한다는 습관의 벽을 넘지 못하여서이다. 수학의 문제는 문제마다 사용하는 개념이 달라서, 매번 생각해야만 하도록 유형의 문제집을 멀리했으면 좋겠다. 유형의 문제집들은 풀었던 문제를 빨리 풀게 해주는 대신에 점차 새롭고 어려워지는 수학을 대비해서 생각하는 것을 못 하게 하는 단점이 있다. 그러니 연산이야 생각하지 않아도 될 만큼 빨리 풀어야겠지만, 생각해야 하는 문장제 문제를 유형으로 외워서 빨리 푼 것을 장점으로 생각하면 안 된다. 연산도 여러 개의 혼합계산이 있다면 처음 보는 문제이니, 순서의 의미를 살리는 연습을 해서 아무 생각 없이 차례대로 풀려던 마음을 교정했으면 좋겠다.

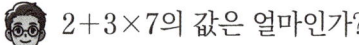 2+3×7의 값은 얼마인가?
 35요.
🧑 틀렸어.
🧒 아! 23요.

🧑‍🦱 '혼합계산순서'에서 +보다는 ×를 먼저 계산한다고 했는데 잊어버렸구나.

🧒 이제는 잘할 수 있어요. 다시 한 문제만 더 내보세요.

🧑‍🦱 싫어! 이제는 잘 맞추는 거 알아. 오히려 더 복잡한 문제였으면 더 잘 맞추었을 거야. 너 이 문제 왜 틀렸는지 아니?

🧒 방심하는 바람에 틀렸어요.

🧑‍🦱 방심한 탓도 연습 부족도 한 원인이겠지만, 사실은 곱셈을 한 덩어리로 생각하지 않아서야.

뺄 수 있으면 아무거나 먼저 빼도 된다

덧셈과 뺄셈이 뒤섞여 여러 개 있으면 순서대로 해야 한다고 하였다. 먼저 그 이유부터 보기 위해 다음 세 문제를 비교해 보자!

(1) $31 - 8 + 7 =$
(2) $31 + 7 - 8 =$
(3) $31 + 8 - 7 =$

위 세 문제를 앞에서부터 차례대로 계산하였을 때의 오답이 나올 이유는 없다. 아무거나 먼저 계산해도 된다고 하면 자칫 (1)에서 $31 - (8 + 7) =$ 라는 문제로 잘못 이해할까 봐서이다. 또 (2)에서는

31+(7−8)=라는 계산에서는 7−8이라는 아직 안 배운 개념이 나오기 때문이다. 그런데 ⑶의 경우는 31+(8−7)=로 인식해도 아무 문제가 없다. '뺄 수 있으면 아무거나 먼저 빼도 된다.'까지는 알려주어도 된다는 말이다. 다만 이것은 아이가 혼합계산을 잘 할 때에 알려주어야지 헷갈려하는 데 알려주면 오히려 혼동만 가져온다.

왜 더하기보다 곱하기를 먼저 해야 하는 걸까?

아이들은 괄호가 먼저 계산하라는 뜻이니 괜찮지만, 더하기보다 곱하기를 왜 먼저 해야 하는지 궁금하다. 그러나 실제로는 궁금하지만 잘 물어보지는 않는다. 물어봤자 제대로 알려주지 않는다는 것을 벌써 아이들은 눈치를 채고 있는 것이다.

🧑 왜, 더하기보다 곱하기를 먼저 해야 하는 거예요?

🧑 좋은 질문이다. 이유도 모르면서 문제를 풀 수는 없지! 먼저 곱하기가 무엇인가부터 출발해 보자. 곱하기가 뭐야?

🧑 '같은 수의 더하기'요.

🧑 좀 더 정확하게 말하면 같은 수의 더하기가 귀찮아서 한꺼번에 더하려고 만든 거야. 예를 들어 '2+3×4'와 같은 문제에서 3×4를 더하기로 바꾸면 2+3+3+3+3이다. 이 상태라

면 모두 더하기이니 아무거나 먼저 더해도 상관없다. 그런데 3×4는 먼저 3을 4번 더했다는 것이지!

 이미 3을 4번 더해서 어쩔 수 없다는 뜻이에요?

그래! 만약 엄마가 사탕 10개를 주면서 사이좋게 나누어 먹으라고 해서 5개씩 나누어 먹으려고 했는데 이미 동생이 7개를 먹었다면 어떻게 할래? 이미 사탕 7개를 먹었는데 사탕 내놔라 해도 소용없는 것과 같다.

이미 더해버려서 어쩔 수 없다는 것이지요?

그래. 이제 하나 더 물어보자. 2×3^2은 36일까, 아니면 18일까?

 18에요?

왜?

원래는 $2 \times 3 \times 3$이었는데, 2×3^2는 이미 3을 곱했기 때문인가요?

굿, 맞아. 이제 곱하기보다 거듭제곱을 먼저 해야 되는 이유를 알겠지?

더하기보다 곱하기를 먼저 하는 이유와 같잖아요.

맞아. 마지막으로 하나만 더 물어보자. 거듭제곱이 괄호보다 먼저 계산하는 이유는 뭐야?

진짜, 이건 모르겠어요.

사실 이것도 비슷해.

무슨 말이에요?

🧑 "먼저 계산해라!"와 "이미 계산해 버렸는데요." 중에 누가 먼저일 것 같니? "먼저 계산해라!"는 아직 계산을 하기 전이잖아.

🧑 와~ 이미 곱해버린 거듭제곱이 먼저네요.

🧑 너처럼 빨리 알아듣는다면 가르치기가 편할 텐데.

🧑 제가 눈치가 있기는 해요.

곱셈과 나눗셈 그리고 괄호는 한 덩어리

괄호나 곱셈과 나눗셈을 한 덩어리로 인식하는 것은 '식을 바라보는 눈'이라서 지식이 아니라 지혜처럼 연습시키기가 만만치는 않다. 곱셈과 나눗셈으로 뭉쳐진 덩어리를 하나로 보는 것을 중학교에서는 항이라고 한다.

〈조소장의 한줄개념 58〉
항은 곱하기로 뭉쳐진 덩어리다.

나누기도 곱하기로 바꿀 것이고 거듭제곱도 곱하기의 한 종류이다. 그러니 이들을 모두 곱하기로 뭉쳐진 덩어리로 보아야 한다. 항은 처음으로 초등 6학년의 비에서 나오는 용어인데 설명하지 않고 중학교에 들어가도 마찬가지다. 그러니 지금 이해해야지 나중에 배울 것으로 미루어야 소용없다.

Q 다음 중 항이 한 개가 아닌 것은?

① 2×3　　② $2 \times 3 \times 5$　　③ $2 \times 3 \times 5 + 0$

④ $(2+3) \times 5$　　⑤ $\frac{2}{3}$

답: ③

③ $2 \times 3 \times 5 + 0$의 항은 $2 \times 3 \times 5$가 1개, 0이 1개로 2개이다. 0은 더하거나 생략해도 되니 하나라고 우기지 마라. 계산하면 하나지만 현재 2개인 것이 맞다. ④ 분배법칙을 배웠다고 $(2+3) \times 5$는 $2 \times 5 + 3 \times 5$가 될 것이니 두 개라고 우기지 마라. $(2+3) \times 5$에서 괄호는 하나이고 이것에 곱하기 5로 뭉쳐 있으니 항은 한 개다. ⑤ $\frac{2}{3}$는 하나의 수로 수 한 개도 항이고 식이다.

중학교 때는 그래도 곱셈 기호가 생략되어 헷갈림이 덜하지만 여전히 괄호를 한 덩어리로 보지 못하는 문제가 다시 발생한다. 초등학교의 혼합계산에서 어려운 문제는 대부분 필요로 하는 것을 한 덩어리로 인식하는 데에 대한 어려움 때문이다. 관련 문제를 하나만 풀어보자!

Q $(70 - \square) \div 5 + 16 = 19$에서 □에 알맞은 수는?

답: 55

이런 문제를 보면 부모는 대부분 방정식이 생각난다고 한다. 방정식으로 가르치면 안 된다고들 하는 데 필자의 생각은 다르다. 다만 아이들이 등식의 성질을 아직 배우지 않았으니 등식의 성질(448쪽 참조)을 가르치고 나서 가르친다면 무방하다고 생각한다. 만약 그렇지 않다면 부득이 역연산과 덩어리라는 것을 사용하여 가르치면 된다. $(70-\square)\div 5$를 한 덩어리인 ♡로 보면 ♡$+16=19$이라서 역연산을 하면 ♡$=3$이다. 따라서 $(70-\square)\div 5=3$이다. 이제 다시 $(70-\square)$를 ☆로 보면 ☆$\div 5=3$에서 역연산을 하면 ☆$=15$이다. 이제 마지막으로 $70-\square=15$에서 $\square=55$이다. 어렵다고요? 나중에 똑같은 문제의 자연수가 분수로 바뀌어서 나오기 전에 해라.

혼합계산의 순서를 가르치는 목적은 아이에게 꼼꼼하게 순서대로 풀어야 하는 인내력을 기르는 것을 목적으로 하는 것이 아니다. 식을 바라보는 눈을 갖게 하기 위함이 첫째 목적이다. 복잡한 식도 해 봐야겠지만 오히려 $7\times 10\times 10+5\times 10+3$이나 $4\times 5\times 5+7\times 5+3$처럼 계산하기 쉬운 문제들을 해서 오히려 쉽다는 생각을 갖게 해주는 것이 좋다. 위 문제는 중학교에서 $x=10$일 때, $7x^2+5x+3$의 값을 구하는 방법이다. 혼합계산에서 중요한 것은 우선 순서이겠지만, 그다음은 $173\times 7+173\times 3$과 같은 문제와 문장제를 쉽게 풀도록 해주는 것이다. 문장제는 별도로 괄호와 함께 다루어 보고, '$173\times 7+173\times 3$'부터 해결해 보자.

 네가 173원짜리 장난감을 7개 갖고 있었다고 보자!

🧒 173원짜리 장난감이 어디 있어요?

👨 173원짜리 장난감을 못 봤다면 말을 하지 마. 하여튼 173원짜리 장난감을 7개를 가지고 있었는데 엄마가 173원짜리 장난감을 3개를 사 오셨어. 그럼 173원짜리 장난감은 몇 개니?

🧒 에이, 계산하려고 했잖아요. 10개요.

👨 그럼, 173×7+173×3을 계산해 볼래?

🧒 1730요. (답이 나오지 않으면 곱하기를 모두 더하기로 바꾸어서 설명한다.)

👨 173원짜리 장난감을 7개를 가지고 있었는데 엄마가 173원짜리 장난감을 6개를 갖다버리셨어. 그럼 173원짜리 장난감은 몇 개니?

🧒 1개요.

👨 173×7−173×6는 뭐니?

🧒 173요. 쉬운데요. 또 내주세요.

👨 쉽다고? 그럼 분수로 낸다. $\frac{1}{3} \times 173 + \frac{1}{3} \times 127$은 뭐야?

🧒 173+127=300이니 답은 100이요.

173×7+173×3을 173×(7+3)로, 173×7−173×6을 173×(7−6)로, $\frac{1}{3} \times 173 + \frac{1}{3} \times 127$을 $\frac{1}{3} \times (173+127)$로 바꾸는 것은 중3의 인수분해에서 공통인수를 뽑는 것과 같다. 인수분해를 가르치려는 목적이 아니라 ×나 ÷의 기호의 의미를 확실하게 안다면 더욱 확장해서 더 쉬운 계산방식의 유용성을 알려주려는 것이다.

3-2
괄호: 먼저 계산하라는 명령기호

괄호는 먼저 계산하라는 명령기호라서 주어진 식에서 괄호 안의 수를 먼저 계산하여야 한다는 것을 아이들이 모르거나 어려워하지는 않는다. 아이들이 괄호가 있는 식에 대한 처리를 곧잘 하기에 괄호가 별거 아니라고 치부할지도 모르겠다. 그러나 이처럼 쉬운 것이 중학수학을 무척 귀찮게 하는 기호이자 오답의 원인이 된다. 괄호가 점차 발전되면 문제에는 괄호가 없는데 괄호가 있는 것처럼 처리해야 하거나 괄호는 직접 만들어 사용해야 하는 데 어려움이 있기 때문이다. 초등학교에서는 괄호와 관련된 문제의 오답은 괄호가 있는 식을 계산하는 데서 나오는 것이 아니라 대부분 식을 만드는 과정에서 나오게 된다. 그래서 문장제 문제에서 식을 만들 때 괄호를 써야 하는 상황을 잘 인식하도록 하여야 한다.

〈조소장의 한줄개념 59〉
괄호는 필요하면 갖다 쓰고 필요 없으면 버린다.

주어진 식에서 괄호 안을 처리하는 것은 쉬워서 '먼저 계산하라는 명령기호'라는 것을 아는 것만으로도 괜찮다. 그러나 괄호를 만들어 써야 하는 상황이나 괄호가 필요 없는 상황이 점차 분수를 거치면서 수시로 일어나게 된다. 그래서 단순히 먼저 계산하라는 명령기호에 그치지 않고 '필요하면 갖다 쓰고 필요 없으면 버린다.'라고 좀 더 유연하게 괄호를 바라볼 수 있어야 한다. 사실 인간이 있는 것을 쓰는 것과 달리 없던 것을 꺼내 쓰는 일은 익숙한 일이 아니다. 특히 초등수학에서는 괄호를 만들어야 하는 상황과 버려야 하는 상황을 이해하는 상황에 대한 연습을 하는 것이 대부분 문장제에서 이루어지기 때문에 부득이 관련 문장제 문제를 몇 개 풀어보려고 한다.

Q 7명의 아이들에게 각각 4개씩의 연필을 나누어주려고 하는데 뒤늦게 3명의 아이들이 도착하였다. 아이들에게 4개씩 모두 나누어주려면 몇 개의 연필이 필요한지 하나의 식을 써서 나타내어라.

답: $(7+3) \times 4 = 40$

이런 문제에서 '나누어 준다.'는 말이 곱하기인지 나누는 상황인지를 구분한다면 아이들은 답은 40이라는 답을 금방 말한다. '답만 맞으면 되지.'라며 싫어하겠지만, 이 문제는 답을 물어본 것이 아니라 하나의 식으로 나타내라는 문제이다. 괄호를 연습시켜야 하니 답보다 식이 더 중요한 연습대상인 것이다. $7+3×4$라는 식을 쓰고도 40개의 연필이 필요하다고 하는 아이가 많다. 만약 이렇게 썼다면, "몇 명에게 나누어 주었어?", "더한 것이 먼저야 곱한 것이 먼저야?"를 물어보아야 아이들이 알아차리고 중간에 괄호를 붙일 것이다. 아니면 "처음 7명에게 나누어주려고 한 연필의 개수를 몇 개야?" 그리고 "나중에 온 3명에게 나누어줄 연필은 몇 개야?"라고 물어서 $7×4+3×4=40$을 쓰게 할 수도 있다.

Q 두 개의 식 $5+4=9$과 $9×10=90$을 한 개의 식으로 나타내어라.

답: $(5+4)×10=90$

두 식에서 같은 것은 9이다. 또한 왼쪽에서 9는 $5+4$와 같다. 따라서 오른쪽 9 대신에 $5+4$를 넣으면 자칫 '$5+4×10=90$'을 쓸 수 있다. 그냥 두면 $5+4$를 먼저 계산해야 하니 괄호를 사용하면 $(5+4)×10=90$이다. 이처럼 괄호가 필요한 문제들을 풀어보게 하여 거부감을 줄여주어야 한다. 한 문제만 더 풀어보자

Q 4,200원을 5명이 똑같이 나누어 가지려고 하는 데 2명이 더 와

서 모두 똑같이 나누어 가졌다. 모두 얼마씩 가졌는지를 나타내는 하나의 식으로 나타내어라.

답: 4200÷(5+2)=600(원)

"몇 명이 나누어 가졌니?"라는 질문에서 아이가 곧장 4200÷(5+2)=600이 나왔다면 좋겠지만, "5+2=7(명)이요."라고 한다면 할 수 없이 더 물어야 한다. 다시 "4,200원을 7명이 똑같이 나누면 얼마씩 갖니?"라는 질문 때문에 5+2=7과 4200÷7=600이라는 두 개의 식이 나온다. 이 두 식에서 공통인 것은 7로 4200÷7=600의 7의 자리에 5+2를 넣어야 하나의 식이 된다. 물론 나누는 것보다 더하는 것이 먼저이었으니 괄호를 사용하여 답은 4200÷(5+2)=600이다.

답은 나왔지만 4200÷(5+2)를 보자! 나눗셈은 분수로 바꿀 수 있으니 $\frac{4200}{(5+2)}$라고 만들 수 있다. 그런데 분모에는 5+2라는 계산 이외에는 어떤 계산도 없다. 그러니 먼저 계산하라는 명령기호인 괄호가 의미가 없는 명령이 된다. 따라서 $\frac{4200}{5+2}$라고 써야 한다. 물론 이렇게 중간에 멈추는 것이 아니라 좀 더 진행하여 $\frac{4200}{5+2}=\frac{4200}{7}=600$이라는 계산을 항상 하기에 괄호의 의미가 살리는 연습을 하기가 어렵다. 그래서 중학교에서 괄호의 문제는 대부분 분수와 미지수가 나오는 것과 관련되는 경우가 많다. 만약 그렇지 않다면 직접 계산이 되기 때문에 문제가 되지 않는다. 다음은 중학교의 문제이지만 어차피 중학교에서도 알려주는 사람이 없으니 미리 한 번 보는 것도 괜찮을 듯싶다.

$x+1$의 3배 ⇨ $(x+1)$의 3배 ⇨ $(x+1) \times 3$ ⋯①
$x+1$의 반 ⇨ $(x+1)$의 반 ⇨ $(x+1) \div 2$ ⇨ $\frac{(x+1)}{2}$ ⇨ $\frac{x+1}{2}$ ⋯②

x에 1을 먼저 더하고 나서의 계산이기에 괄호가 있는 것으로 보아야 한다. 많은 학생들이 배가 곱하기임을 알면서도 ①의 식으로 $(x+1) \times 3$로 놓는 것에 두려움을 느낀다. ②의 '반'을 의미로는 알지만 '÷2'나 '$\times \frac{1}{2}$'을 사용하지 못한다. 수학에서 '반'은 중요하니 정확하게 이해하기를 바란다. 이걸 알면서도 $x+1 \times \frac{1}{2}$이라고 쓰는 학생이 많은 이유는 괄호를 스스로 만들지 못해서이다. $(x+1) \div 2$는 아무 말이 없었으니 분수로 바꿔서 $\frac{(x+1)}{2}$이다. 그런데 분자에는 $(x+1)$밖에 없는데 먼저 계산하라고 괄호를 사용하는 것은 이상하다. 그래서 $\frac{(x+1)}{2}$는 $\frac{x+1}{2}$로 쓴다. 이 부분을 자세하게 쓰는 이유는 이런 문제가 매우 많은 문제에서 사용되고 오답을 일으키는 원인이 되기 때문이다. 그 밖에도 분모나 분자에 미지수를 포함하는 항이 두 개 이상일 때는 반드시 괄호가 있는 것으로 생각하고 하나의 덩어리로 볼 수 있어야 분수의 위대한 성질을 사용하면서 오답을 피할 수 있게 된다.

3-3
약속에 의한 연산기호

'연산'이라는 것은 '계산'을 포함하는 보다 넓은 말이다. 계산이라고 하는 것은 그동안 배워온 '사칙계산 즉 덧셈(+), 뺄셈(-), 곱셈(×), 나눗셈(÷)'이 전부이다. 중고등수학을 거쳐도 그 이상의 계산은 없다. 그런데 연산은 이 사칙계산을 포함하여 '집합의 연산', '문제마다 출제자가 정의한 연산' 등이 있어서 보다 넓은 개념이라고 한 것이다.

우선 출제자가 문제마다 새로운 연산기호와 연산의 규칙을 알려주고 풀라고 하는 경우가 있다. 이때 사용하는 기호나 그림 등도 넓게는 정의에 의한 연산기호에 해당한다. 물론 문제마다 매번 새롭게 약속을 하기때문에 같은 기호나 그림이더라도 기호를 외운다든지 하는 것은 의미가 없다. 그냥 그때그때 문제에서 주어진 연산기호의 정의에 맞춰 문제를 풀면 된다. 그런 기호들은 대체로 컴퓨터 자판에 있는 기호들로 △, ▽, ※, ○, *, ·, ★, ⊗, ⊙, ⊕,…등이 있으며 이들 그림에 어떤 각각의 의미가 담긴 것은 아니다. 이런 문제들은 초등학교 2~3학년부터 간간이 나오고 있다. 약속에 따라 하기만 하면 되니 한두 문제를 통해서 간단히 설명하려 한다.

Q '가⊙나=3×가−나'로 계산되는 규칙이 있다고 하자! 일 때, □⊙12=2⊙6의 값은?

답: 4

어려워 보이나요? 아이들이 '가⊙나=3×가−나'라는 규칙을 사용할 때에 문자 때문에 규칙이 잘 들어오지도 않는다고 한다. 게다가 처음 접하면 무언가 어색함이 느껴진다. 그런데 규칙을 다음처럼 말로 하면 아이들이 좀 더 편해지게 느껴진다고 한다. ⊙이라는 기호가 있으면 "앞의 것에 3을 곱하고 뒤의 것을 빼는 규칙이다."라고 해보자. □⊙12=2⊙6에서 오른쪽을 먼저 계산해 보면 2⊙6는 '앞의 수 2에 3을 곱하고 뒤의 수 6을 빼면 즉 $2\times3-6=0$'이다. 따라서 □⊙12=0을 계산하면 된다. □에 3을 곱하고 12를 빼면 0이니 즉 □×3−12=0이다. 이제 □×3을 한 덩어리로 보면 □×3 =12이니 □=4이다. 한 문제만 더 풀어보자!

Q '2▽3는 자연수 2에서부터 시작하여 1씩 커진 자연수를 차례대

로 3개를 더한다.'로 약속하자! 예를 들어 2▽3=2+3+4라 할 때, 5▽6의 값을 구하여라.

답: 45

왜 그런지 묻지도 따지지도 말고, 5▽6을 정의대로 하면 '자연수 5부터 시작하여 차례대로 1씩 커진 자연수 6개를 더한다.'이다. 5▽6=5+6+7+8+9+10이니 더해보면 5▽6=45이다. 5+6+7+8+9+10의 계산은 차례대로 더하는 것보다는 같은 수의 더하기가 되도록 변형하여 (5+10)+(6+9)+(7+8)= 15×3=45로 계산하는 것이 좋다. 그런데 출제자는 왜 이런 쓸데없는 약속이나 정의를 하고 사람을 귀찮게 하는 것일까요? 수학에는 창의력은 없고 정의와 정의에 따른 응용력이 필요한데 이것조차도 결국은 가르쳐야 한다. 그러니 아이가 스스로 해야 하고 또 적어도 '문제가 하라는 대로' 할 수 있어야 한다. 출제자가 문제에서 정의하는 것은 그대로 따라 할 수 있는 능력이 반드시 필요하다. 이 능력은 문제를 새롭게 만드는 대학수학능력시험과 같은 곳에서 반드시 출제되는 형태이기 때문이다. 물론 규칙에 따라 문제를 적용하다 보면 곧 아이가 아는 정의를 사용하는 문제로 변신하게 된다.

수학을 잘하고 싶은 자, 집합의 연산을 놓치지 말아라!

이제 집합의 연산을 다뤄보자. 집합은 현재 고등학교 1학년 2학기의 과정이지만 예전에는 초등 5학년이나 6학년 때 나왔던 내용이다. 교과과정이 아니라니까 의욕이 없을지도 모르겠지만 무척 중요 내용이다. 이것을 몰라서 틀리는 아이가 너무도 많아서 초등과 중등학생들에게 필자가 꼭 가르치고 싶은 내용이기도 하다. 이 내용들을 모르고서는 어려운 중고등수학들을 하나도 못 풀 것이라고 경고할 정도로 중요하다.

〈조소장의 한줄개념 60〉
"A는 B이다."라는 말은 "A는 B의 부분이다." 또는 "A는 B에 속한다."라는 뜻이다.
(포함관계를 연산기호로는 나타내면 $A \subset B$이다.)

$A \subset B$라는 연산기호로 나타내는 것은 나중에 배우면 되니 지금은 몰라도 좋다. "A는 B이다."가 어떤 말을 의미하는지를 알려주고 싶어서 다루는 것이다. 예를 들어 A라는 모임에는 1, 2가 있고 B라는 모임에는 1, 2, 3, 4, 5가 있다면 다음처럼 그림(벤다이어그램)으로 나타낼 수 있다.

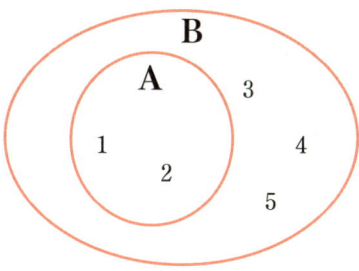

위 그림에서 A에 속한 것이 모두 B에 속할 때, "A는 B이다."라고 하고 이럴 때 일상 언어로는 "A는 B의 부분이다."라고 한다. 즉 "A는 B이다."가 "A는 B의 부분이다."라는 뜻이다. 그런데 만약 이것을 마음대로 "A와 B가 같다."라고 생각하거나 "B는 A이다."로 바꿔서 사용하면 더욱 안 된다는 것을 알려주고 싶은 것이다. 중요하니 또 다른 표현으로도 익혀보자. 개똥이네 가족은 개똥이, 아빠, 엄마, 동생이 있다고 하고 이것을 그림으로 나타내면 아래와 같다.

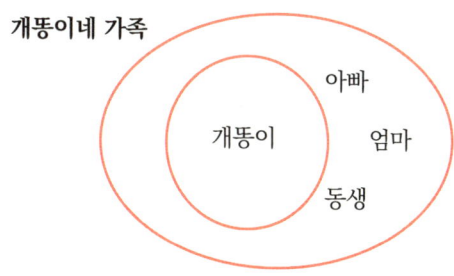

위 그림에서 "A는 B이다."처럼 개똥이는 개똥이네 가족이다. 이것은 개똥이가 개똥이네 가족에 속한다는 말로 "개똥이와 개똥이네 가족은 같다"라고 생각하면 안 된다는 것이다. 더군다나 거꾸로 개똥이네 가족은 개똥이라고 해서도 안된다는 것이다. 어려웠나요? 이 부분을 강조하는 이유는 이것을 이해하지 못하면 옳고 그름의 이해를 아예 출발조차 할 수 없기 때문이다.

Q 다음 중 옳지 않은 것은?
① 8은 4의 배수이다.   ② 4의 배수는 32이다.
③ 4는 8의 약수이다.   ④ 4와 8은 32의 약수이다.
⑤ 4와 6의 공배수는 12의 배수이다.

답: ②

필자가 초등 5~6학년 때 틀렸던 문제이다. 약수와 배수를 몰라서 틀린 것이 아니라 논리를 배우지 못해서이다. 여러분들이 보기들을 하나하나 포함관계로 나타내보면 너무도 당연한 문제다. 필자가 "② 4의 배수는 32이다."를 보고 무의식중에 "32는 4의 배수인가?"로 문제를 바꿔서 생각하다가 틀린 것이다. 최소한 필자가 제시하는 집합의 포함관계를 반드시 잡고 가야 한다. 초중고의 어려운 문제는 모두 이 논리가 사용된다고 할 만큼 어마어마하게 나온다. 필자와 같은 전철을 밟지 않기를 바란다.

〈조소장의 한줄개념 61〉

"A 그리고 B"는 "A와 B의 공통부분"이라는 뜻이다.
(연산기호로는 $A \cap B$이다.)

〈조소장의 한줄개념 62〉

"A 그리고 B"는 "B 그리고 A"와 같다.

예를 들어 A라는 모임에는 1, 2, 3, 4가 있고, B라는 모임에는 3, 4, 5, 6, 7이 있다면 "A 그리고 B"를 다음처럼 그림으로 나타낼 수 있다.

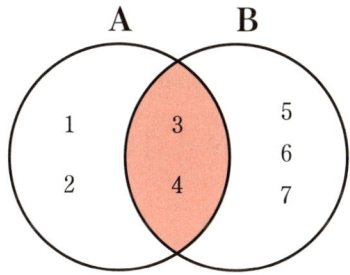

"A 그리고 B"는 색칠한 부분으로 A도 되고 B도 되는 부분이니 3과 4가 있는 영역을 가리킨다. 단독으로는 어렵지 않으나 다음에 배울 "A 또는 B"와 혼동되지 않도록 조심해야 한다. 또한 "A 그리고 B"는 "B 그리고 A"와 같다는 것을 기억해야 한다. 위 그림으로는 쉽게 이해가 되지만, 그림 없이 이해하려면 "그런가?"란 의구심이 끊임없이 들게 한다. 예를 들어 '2의 배수이고 3의 배수인 것'과 서로 바꾸어서 '3의 배수이고 2의 배수인 것'은 같다. 초등 5학년에서 직접 하나하나 확인해 보고도 "이것이 진짜 같은가, 같다면 왜 같은가?"를 궁금해하는 아이가 많다. 또한 나중에 중고등수학에서도 '합이 6이고 곱이 5인 수'라는 문제를 더 쉽게 '곱이 5이고 합이 6인 수'로 바꿀 수 있게 하는 등 많은 곳에서 이 개념이 사용될 것이다.

<조소장의 한줄개념 63>

"A 또는 B"는 "B가 아닌 A의 부분, A와 B의 공통부분 그리고 A가 아닌 B의 부분을 통틀어 나타낸 부분"이라는 뜻이다. (기호로는 $A \cup B$이다.)

예를 들어 A라는 모임에는 1, 2, 3, 4가 있고, B라는 모임에는 3, 4, 5, 6, 7이 있다면 "A 또는 B"를 다음처럼 그림으로 나타낼 수 있다.

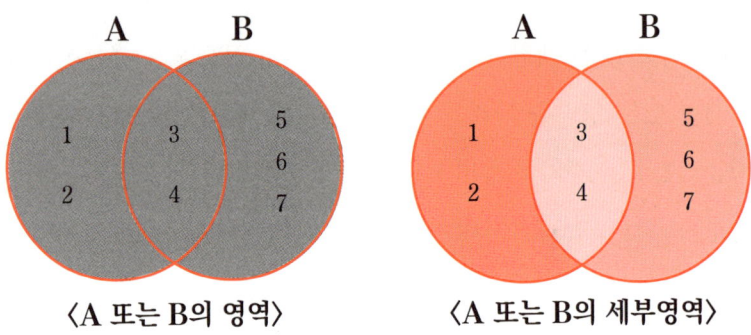

〈A 또는 B의 영역〉　　〈A 또는 B의 세부영역〉

"A 또는 B"는 위 왼쪽의 그림처럼 1, 2, 3, 4, 5, 6, 7이 있는 모든 영역을 의미한다. 이렇게 설명하고 마는 것이 보통이다. 그런데 이것을 세부적으로 영역을 분리해 보면 "B가 아닌 A의 부분은 1, 2가 있는 곳", "A와 B의 공통부분은 3, 4가 있는 곳" 그리고 "A가 아닌 B의 부분은 5, 6, 7이 있는 곳"의 세 부분으로 분리된다. 어렵지 않았죠? 하나하나를 배우면 어렵지 않고 혼동될 것도 없어 보인다. 그러나 "A 그리고 B"와 "A 또는 B"을 구분하지 못하면 열심히 계산한 것이 무용지물이 되는 일이 허다하게 발생하게 된다.

'또는'이라는 말이 갖고 있는 의미

우선 '그리고'라는 말과 달리 '또는'이라는 말은 일상생활에서 다르다. 예를 들어 일상생활에서 '연필이나 지우개를 주세요.'라고 하면 '둘 중의 하나'라는 선택의 의미를 갖는다. 그러나 수학에서는 연필을 줘도 되고, 지우개를 줘도 되고, 지우개 달린 연필을 주어도 된다. 별 차이가 아니라는 사람은 수학의 특성을 무시하는 것으로 점차 엄밀해져 가는 수학을 감당하기 어려워지게 된다.

필자가 중1 때, 수학교과서에 '수 또는 문자의 계산'이라는 단원명의 단원이 있었다. 그때 필자는 이것을 '수 그리고 문자의 계산' 즉 '수와 문자의 계산'으로 잘못 받아들였다. 그래서 그 단원을 공부하면서 "왜 '수와 문자의 계산'이라고 하고 '문자와 문자의 계산'이 계속 나오지?"라는 의문이 들었었다. 요즘 학생들을 가르쳐보면 '그리고'와 '또는'을 구분하는 아이가 거의 없었다. 그렇다는 것은 모두 오류를 가지고 있다는 것이다. 이 오류를 교정하지 않으면 점차 중고등수학의 어려워지는 수학을 감당하기 어려울 만큼 많이 나오는 개념이다. "A 또는 B"의 세 부분으로 나뉘는 것처럼 '수 또는 문자의 계산'은 '수와 수의 계산', '수와 문자의 계산', '문자와 문자의 계산'을 모두 포함하는 말이다.

- 어떤 수학자가 생과일주스 가게에 들어갔대. 무엇을 시켰을까?
- 생과일주스를 시켰겠죠.
- 맞았어. 이 수학자는 종업원에게 "키위나 사과주스 주세요."라고 했대.
- 그런데요?
- 그런데 자리를 잡은 수학자가 갑자기 뭔가를 망설이는 표정을 짓더래.
- 왜요.
- 결국 수학자는 종업원에게로 가서 "키위와 사과를 섞지는 말아주세요!"라고 말했대. 왜 그랬을까?
- 에이, 누가 키위와 사과를 섞어서 줘요?
- 맞아. 그런데 수학적으로는 키위주스를 줘도 되고, 사과주스를 줘도 되고 또 키위와 사과를 섞은 주스를 줘도 되는 거지.
- 수학자라서 하는 고생이네요.

'그리고'와 '또는'을 구분하는 문제는 길고 어려운 중고등수학문제에서는 모두 사용된다고 할 만큼 많이 쓰인다. 그런데 말했듯이 주로 어려운 문제에 사용되기 때문에 문제 자체를 제시하기가 어렵다. 다만 수식에서 사용되는 경우에 '그리고'는 곱하기로 사용되고, '또는'은 더하기로 사용될 것이라는 것만 밝힌다.

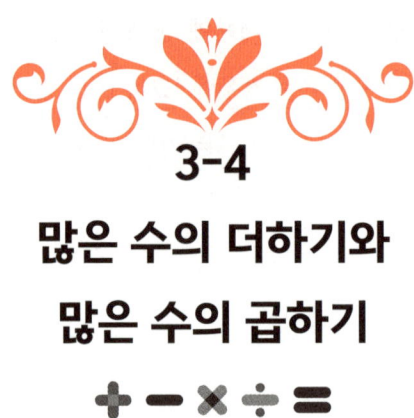

3-4
많은 수의 더하기와
많은 수의 곱하기

다음의 수는 규칙이 없는 임의의 수를 여러 개 늘어놓은 것이다.

5, 7, 3, 9, 15, 6, 13, 7, 4, 1, 8

이제 위 수들을 보고 다음 4개의 질문에 답을 해보기를 바란다. 계산을 하라는 것이 아니라 물음에 답만 해보라는 것이다. (1) 위 수들을 모두 더할 수 있나요? (2) 위 수들을 모두 뺄 수 있나요? (3) 위 수들을 모두 곱할 수 있나요? (4) 위 수들을 모두 나눌 수 있나요?

(1)과 (3)은 귀찮아서 그렇지 하나하나 더하거나 곱하면 될 것이다. 그에 반해 (2)와 (4)는 귀찮은 것을 떠나서 무엇을 빼고 무엇을 나누라는 건지 알 수가 없을 것이다. 더하기를 의미하는 합은 기준이 각

각이었던 것에 반해, '차'는 기준으로 빼는 것이었다. '모두 합'하라는 것은 할 수 있지만, 기준을 알려주지 않은 여러 개의 수를 뺄 수는 없었던 것이다. 곱하기는 더하기의 확장이고, 나누기는 빼기의 확장이다. 결국 <mark>많은 수들의 '합'이나 '곱'은 가능하지만, 많은 수의 '차'나 '몫'은 불가능하다는 말을 길게 한 것이다. 그러니 앞으로 고등학교까지 문제에서 2000개의 합이나 곱을 구하라는 문제는 있어도 2000개의 빼기나 나누기를 하라는 문제는 없을 것이다.</mark>

〈조소장의 한줄개념 64〉

많은 수의 더하기는 같은 수의 더하기가 되도록 하거나 소거하는 방법밖에 없다.

'많은 수의 더하기'라면 몇 개를 더할 때 많은 수의 더하기라고 할까? 정답은 없다. 그런데 필자가 초등과 중등 그리고 고등의 수학 문제들을 통틀어서 살펴볼 때, 보통은 3~4개까지이고 많게는 5~6개까지는 직접 더하라고 할 수 있다. 그러나 그 이상의 개수를 하나하나 더하라는 것은 생각을 하게 하려는 수학의 근본 취지와 어긋난다. 따라서 더하기를 6개 이상해야 한다면 이것은 하나하나 더하라는 것이 아니고 다음의 것을 생각하라는 의미다. 문제에서 6개를 넘어 몇백 개니 몇천 개를 더하라고 하면, 귀찮다거나 무서운 것이 아니라 미리 준비하고 있었다면 오히려 고마운 문제다. 많은 수의 더하기를 하는 방법은 고등까지 다음의 4가지가 전부이다.

첫째, 10, 100, 1000, …의 단위의 수를 만든다.

만약 '1+2+3+7+48+147+99'를 더하라고 한다면 차례대로 다 할 건가요? 혼합계산 순서에서 이런 버릇 없애라고 했지요? 더하는 순서를 바꿔서 (1+99)+(2+48)+(3+147)+7은 307로 암산도 되네요. 쉽지요? 맞아요. 이 정도는 초등수준이고 더하라는 개수도 10개 미만인 경우가 대부분이다.

둘째, 같은 수의 더하기가 되도록 만든다.

같은 수의 더하기가 나오면 구구단을 외운 우리는 당연히 곱하기로 바꾼다. 그런데 같은 수의 더하기가 아니면 어떻게 할까? 안 되면 되게 하라! 같은 수의 더하기가 되도록 변형하면 된다. 이런 문제를 풀기 위해서는 <mark>어떻게 짝을 지으면 합이 동일해질까를 생각하는 것과 같은 수의 더하기가 되었다면 몇 개인가를 알기 위해서 '수세기 정의'가 필요하다.</mark> 대표적인 문제로는 가우스가 초등 4학년 때 발견하였다는 1부터 100까지의 자연수의 합이 가장 유명하다. 이후 초중학교에서 <u>연속된 자연수의 합, 삼각수, 몇씩 커지는 수들의 합</u> 등으로 문제가 계속 나오다가 최종적으로 고등수학에서는 이런 문제들 전체를 등차수열의 합이라고 한다.

Q 다음을 계산하여라.

(1) $10-9+8-7+6-5+4-3+2-1=$

(2) $20-18+19-17+18-16+17-15+16-14=$

(3) $1+2+3+\cdots+98+99+100$

(4) $11+14+17+\cdots+98+101+104$

답: (1) 5 (2) 10 (3) 5050 (4) 1040

(1), (2)번은 이 문제를 앞에서부터 차례대로 계산하여도 된다. 그러나 그렇게 푼다면 재미가 없겠죠? 6개가 넘는 것은 항상 4가지 중의 한 개라는 생각이 들어야 한다. (1) 아무거나 먼저 계산하는 것이 아니라 같은 수의 더하기가 되도록 해야 한다. $10-9=1$, $8-7=1$, $6-5=1$, $4-3=1$, $2-1=1$로 1이 5개 더해졌으니 5이다. 항이 10개이니 이처럼 직접 구했지 만약 몇천 개였다면 수세기의 정의를 사용했어야 했다. (2) $20-18=2$, $19-17=2$, $\cdots$, $16-14=2$로 2가 5개 더해졌으니 $2\times 5=10$이다. 이것을 단순히 '뺄 수 있으면 아무거나 먼저 빼도 된다.'라는 것을 가르치는 것으로 생각하면 안 된다. 이런 문제를 푸는 이유는 문제를 전체적으로 살펴보게 만들고 또 내가 아는 것들은 활용하겠다는 마음이 들게 하기 위함이다. (3) 우선 1, 2, 3, $\cdots$, 100이니 수세기의 정의에 의해서 100개이고 모두 더하라는 문제다. '같은 수의 더하기'가 되도록 짝지으면 $(1+100)+(2+99)+(3+98)+\cdots$로 101씩 짝지어진다. "두 개씩 몇 개를 짝지었을까?"는 "100에서 2를 몇 번 뺐을까?"와 같은 물음이다. 따라서 101이 $100\div 2$개 더해졌으니 $101\times\frac{100}{2}=5050$이다. (4) 우선 몇 개를 더하라고 하는지 보자. 11, 14, 17, $\cdots$, 104로 3씩 커지고 있지만, 첫 수가 3의 배수가 아니니 3의 배수가 아니다(수

세기의 정의, 배수판별법 참조). 각각의 수들에서 8씩 빼면 3, 6, 9, ⋯, 96이다. 다시 각각을 3으로 나누면 1, 2, 3, ⋯, 32이니 32개를 더하라는 것이다. (11+104)+(14+101)+(17+98)+⋯ 이고, 두 개씩 묶었으니 32÷2개이다. 따라서 총합은 $115 \times \frac{32}{2} = 230 \times 8 = 1840$이다.

셋째, 같은 것을 빼면 0이다. 당연한 이것을 중고등에서는 소거라고 한다.

'$x-x=0$'이다. 생각이 "모르는 수에서 모른 수를 뺐으니 모른다."로 가면 안 된다. x가 무엇인지는 몰라도 x에서 똑같은 x를 뺐기 때문에 0이다.

Q 다음을 계산하여라.

(1) $(4+7+253+36+11)-(4+7+253+36+11)$

(2) $x-2+2$

(3) $1-2+2-3+3-4+4-5+5-\cdots-99+99-100$

(4) $\frac{1}{1}-\frac{1}{2}+\frac{1}{2}-\frac{1}{3}+\frac{1}{3}-\frac{1}{4}+\frac{1}{4}-\cdots-\frac{1}{99}+\frac{1}{99}-\frac{1}{100}$

답: (1) 0 (2) x (3) -99 (4) $\frac{99}{100}$

(1) 빼지는 수와 빼는 수가 (4+7+253+36+11)로 같으니 계산하지 않아도 답은 0이다. (2) '$x-2+2$'를 보면 x에서 2를 빼고 2를 더하고 있다. 이것이 초등학생의 눈에는 보이지 않을 수 있다. 차례

대로 계산하려는 아이가 우선 $x-2$가 계산이 되지 않아서다. 이때 "엄마에게 200원을 달라고 했는데, 엄마가 아니라 아빠가 줘도 되지 않을까?"라고 하면 이해하는 경우가 많다. (3) 앞의 문제가 이해되었다면 $1-2+2-3+3-4+4-5+5-\cdots-99+99-100$에서 '$1+(-2+2-3+3-4+4-5+5-\cdots-99+99)-100$'처럼 괄호를 친 부분의 합이 0이다. 따라서 답은 $1-100=-99$이다. '$1-100$'이 어려우면 정수 파트를 보기 바란다. (4) 앞 문제와 같은데, 수를 분수로 바꾸었다. $\frac{1}{1}+\left(-\frac{1}{2}+\frac{1}{2}-\frac{1}{3}+\frac{1}{3}-\frac{1}{4}+\frac{1}{4}-\cdots-\frac{1}{99}\right)-\frac{1}{100}$에서 괄호를 친 부분의 합이 0이니 답은 $\frac{1}{1}-\frac{1}{100}=\frac{99}{100}$이다. 소거의 방법은 중2부터 다양하게 나오며, 대표적인 문제는 '부분분수의 합'과 '등비수열의 합'이다. '등비수열의 합'은 중2에서 약간 다루고 주로 고등수학에서 나오기 때문에 이 책에서는 다루지 않는다.

넷째, 많은 수의 분수를 더하라고 하면 모두 부분분수의 합이다.
부분분수는 하나의 분수를 두 개의 분수의 합이나 차로 만드는 것이다. 소거의 일종이며 이항분리라고도 한다. 많은 분수를 더하라고 하면 부분분수의 문제이고 다른 해법은 없다. 이것은 설명과 연습이 필요해서 별도의 단원으로 다룬다.

〈조소장의 한줄개념 65〉
많은 수의 곱하기는 거듭제곱이거나 약분밖에 없다.

서로 다르면서 규칙이 없는 많은 수들을 빨리 곱하는 방법은 없다. 다만 우리가 알고 있는 것은 '같은 수의 곱' 즉 거듭제곱에 관한 것뿐이다. 그리고 거듭제곱은 곱한 것으로 보는 것이기 때문에 진짜로 곱한 '진정한 수'(고등에서는 이를 진수라고 한다.)를 알지 못한다. 그리고 많은 분수의 곱하기를 빨리 하는 방법은 약분밖에 없다.

곱셈으로만 되어있으면 아무거나 먼저 곱해도 된다

곱하기와 나누기로만 되어있는 식에서 나누기를 곱하기로 바꾸면 모두 곱셈이 된다. 서로 바꾸어서 곱해도 된다는 것은 많은 수의 ×가 있을 때 아무거나 먼저 곱해도 된다는 것을 의미한다. 혼합계산 순서를 배우기 이전에 아이들은 곱셈으로만 되어있으면 아무거나 먼저 곱해도 된다는 것을 알고 있었다. 그런데 많은 아이들이 혼합계산순서를 배운 이후에 이 생각을 접는 듯하다. 5학년에서 최소공배수를 배우는 과정에서 이 부분을 회복시켜 주어야 한다. 그다음 본격적인 것은 분수의 나눗셈을 곱셈으로 바꾸면서 이 부분을 확실하게 말해주어야 한다.

Q 다음을 계산하여라.

(1) $71 \div 3 \times 3 \div 3 \times 3 =$

(2) $\frac{8}{9} \div \frac{8}{7} \div \frac{7}{6} \div \frac{6}{5} \div \frac{5}{4} =$

(3) $\frac{7}{8} \times \frac{8}{9} \times \frac{9}{10} \times \cdots \times \frac{1001}{1002} \times \frac{1002}{1003} \times \frac{1003}{1004}$

답: (1) 71 (2) $\frac{4}{9}$ (3) $\frac{7}{1004}$

나눗셈을 곱셈으로 바꾸게 되면 모두 곱셈이 되고 결국 아무거나 먼저 계산해도 된다. 그런데 분수의 나눗셈은 대개 그 연습을 두 분수 사이에서 이루어지는 것을 배우게 되는데, 처음에는 여러 개의 연산에서 '뒤, 역수'를 적용하는 것에 혼란을 느낀다. 적어도 몇 개는 분수의 곱셈과 나눗셈이 섞여서 여러 개로 이루어진 문제를 풀어야 한다는 말이다. (1) $71 \times \frac{1}{3} \times 3 \times \frac{1}{3} \times 3 = 71$에서 약분을 하면 된다. (2) $\frac{8}{9} \times \frac{7}{8} \times \frac{6}{7} \times \frac{5}{6} \times \frac{4}{5} = \frac{4}{9}$에서 간혹 처음 8로 약분을 하지 않고 중간에 엉뚱한 것을 하기 시작하여 약분을 어렵게 하는 아이가 있다. (3) 약분해서 $\frac{7}{1004}$인 것이 보이지요?

3-5
'합'과 '차이'의 관계

등식의 성질(448쪽 참조) 대신에 초등교과서에서 도입한 것은 역연산이다. 등식의 성질은 연산의 실력이 다소 떨어져도 등식의 성질을 받아들인다. 그러나 역연산은 등식의 성질을 대신하기 위해서 사용하지만, 실제로는 암산력을 기르고 수 감각이 있는 아이들만이 받아들인다. 예를 들어 □+2=5라는 문제를 푸는 2가지 방법을 보자.

(1) 역연산으로 푸는 방법

　　□+2=5에서 더하기의 역연산은 빼기이니 5−2=□

(2) 등식의 성질로 푸는 방법

　　등식의 성질을 외우고 □+2=5 ⇨ □+2−2=5−2 ⇨

□=5-2

□+2=5에서 에 3을 더해야 5가 되니 답이 3이라고 하지 '5-2=□'라는 식을 쓰지는 못하는 아이가 많다. 역연산은 수감각이다. 따라서 수감각이 떨어지는 아이들에게 역연산을 가르치려면 수식을 외우게 시키는 방법밖에 없어서 더 많은 반복이 요구된다. □+2=5와 같은 식에서 5-2=□라는 역연산의 식을 만들고 못 만들고는 더 큰 수나 분수에서 큰 차이를 만들게 된다. 이런 역연산의 관계는 곱셈과 나눗셈에서도 적용되고 있다. 그런데 일부 연산이 많이 약한 아이들을 제외하고 자연수에서 이것을 어려워하는 경우는 거의 없다. 문제는 분수에서도 똑같이 적용하여야 하는 상황에서 문제가 발생하곤 한다. 자연수에서는 잘했던 아이가 분수에서 어려워하는 것은 아이의 적용력의 문제가 아니라 분수는 크기가 가늠이 잘 안되고 또 역연산의 개념을 이해하기가 어려운 탓도 있다.

그렇다고 초등 저학년에서 등식의 성질을 가르치자는 것은 아니다. 등식의 성질을 초1~2에서 가르쳐봤더니 이해는 잘했지만, 아직 논리적 회로가 발달되지 않은 상태라서 정식으로 배우는 것은 좋아 보이지 않는다. 역연산의 모호함은 등식의 성질을 연습하면 사라진다. 그런데 등식의 성질을 배우는 것은 중1이다. 그렇다고 등식의 성질을 배울 때까지 기다릴 수는 없다. 초등 4~6학년에서 등호의 의미를 가르치고 등식의 성질을 일부 가르쳐야 한다. 그리고 분수에서 어려워할 때도 2+□=5나 □-3=2와 같이 쉬운 식을 직접 쓰게 하거나 떠올리게 해야 할 것이다.

덧셈과 뺄셈의 관계에서 수에 대한 감각을 살리기 위해서 가장 먼저 사용하는 방법은 두 수를 비교하는 것이다. 길이가 다른 두 물체가 있다고 하자! 두 길이가 직관적으로 비교하기 어렵다면 어떻게 할까? 다음처럼 한쪽 끝이 같도록 나란히 놓으면 비교할 수 있게 된다.

가는 **나**보다 작고 **나**는 **가**보다 크다. "**가**가 얼마나 작으냐, **나**가 얼마나 크냐?"라는 것은 비교이기에 기준과 빼기가 사용된다. (가)-(나)가 음수가 되니 항상 작으냐 크냐에 대한 식은 모두 '차이' 즉 (큰 수)-(작은 수)인 (나)-(가)로 만들어야 한다. 위의 관계를 이용하는 대표적인 문제는 합과 차가 주어지고 각각의 수를 구하라는 것들인데 한 문제만 다루어보자!

Q 형은 동생보다 500원을 더 많이 가지고 있다. 두 사람의 돈을 합하면 3300원이었다면 형과 동생은 각각 얼마를 가지고 있는가?

답: 형: 1900원, 동생: 1400원

이런 문제를 표를 그리고 '예측하기'인 형과 동생의 금액을 하나하나 대입하는 방식으로 풀면 아이는 문제 자체를 회피하려 들 수도 있다. 여러 번의 시행착오는 고등학생들도 싫어할 만큼 심리적으로 어려운 일이다. 많은 경우, (형)+(동생)=3300이고 (형)−(동생)=500라 하고 연립방정식으로 푸는 것도 등식의 성질을 가르치지 않은 상황이라면 바람직하지 않다. 이런 문장제 문제가 나오면 가장 먼저 해야 하는 것은 문제의 상황을 이해하기 위해서 다음처럼 그림을 그리는 것이다.

형의 돈에서 500원을 빼면 동생과 같은 돈이 된다. 따라서 두 사람의 돈의 합 즉 전체 돈에서 500원을 빼면, 전체 돈은 동생 돈의 2배가 된다. 즉 3300−500=2800원이 동생 돈의 2배이니 동생의 돈은 1400원이다. 형의 돈은 여기에 500원을 더하면 된다.

답은 구했지만, 새로운 방식으로 해보자! 동생의 돈에 500원을 더하면 형의 돈과 같아진다. 따라서 두 사람의 돈의 합에 500원을 더하면 형의 돈의 2배가 되는 것을 알 수 있다. 즉 3300+500=3,800원이니 2로 나누면 1,900원이 형이 갖고 있는 돈이다. 당연히 형의 돈 1900원에서 500원을 빼면 동생의 돈을 구할 수 있다. 이것을 처음 아이에게 이해시키는 것이 쉽지는 않을 것이다. 필자는 어려워하는 아이에게 다음처럼 문답으로 가르친다.

🧑‍🦱 옛날에 무식이와 욕심이라는 도둑놈이 있었대. 누가 더 무식할 것 같니?

👦 무식이요. ㅎ

🧑‍🦱 그런데 사실은 무식이와 욕심이가 모두 무식했대. 어느 정도로 무식하냐면 둘 다 수세기도 다섯까지 밖에 못했다는 거야. 당연히 수세기를 못 했다는 말은 더하기 빼기 곱하기 나누기도 못 하는 거지. 어느 날 무식이와 욕심이가 힘을 합쳐 '물방울 다이아몬드'가 몇 개인지는 모르지만 여러 개가 들어있는 주머니를 훔쳤대. 이 다이아몬드를 똑같이 나눠 가져야 하는데, 어떻게 하면 될까?

👦 나누기 2를 하면 돼요.

🧑‍🦱 에이~ 무식하다니까. 수세기도 못 해서 다이아몬드가 몇 개인지도 모르는 사람에게 나누기를 하라고?

👦 할 수 없지요. 나누기를 할 줄 아는 사람에게 가서 나눠달라고 해요.

🧑‍🦱 다이아몬드의 가격이 어마어마하잖아. 다른 사람에게 이것을 보여주면 의심하지 않겠니?

👦 무식도 정도껏 해야겠네요. 모르겠어요.

🧑 수세기를 못 해도 똑같이 나눌 방법이 있어.

🧒 와~ 어떻게 해요.

🧑 잘 들어. 무식이 하나, 욕심이 하나, 무식이 하나, 욕심이 하나, …. 이렇게 해나가면 돼.

🧒 오, 이런 신박한 방법이, 그런데 홀수 개이면 어떻게 해요.

🧑 똑똑한데. 마지막에 욕심이가 받고 끝났으면 짝수 개였을 것이고, 무식이에서 끝났으면 홀수개였을 거야. 그런데 쟤들이 알겠니?

🧒 사람이 똑똑하지 못하면 손해보겠네요.

🧑 이제 똑같이 나누는 것은 자신있지?

🧒 원래, 똑같이 나누는 것은 잘하고 있거든요.

🧑 알았어. 이번에는 다르게 나누어주는 방법을 배워보자. 무식이와 욕심이 중에 누가 더 욕심이 많을까?

🧒 당연히 욕심이겠죠.

🧑 알 수는 없지만 꼭 그럴 것 같기는 해. 원래는 무식이와 욕심이가 똑같게 나누고 싶었잖아. 그런데 욕심이가 "집에 사정이 생겨서 돈이 많이 필요해. 무식아, 내가 다이아몬드를 5개만 더 가지면 안 될까?"라고 했대. 무식한 이들이 똑같이 나누는 것까지는 어떻게 했지만, 욕심이가 5개를 더 많이 가지는 방법이 있을까?

🧒 안 된다고 말하라고 해요.

🧑 무식이가 마음은 약한지 욕심이가 5개를 더 갖기로 했대.

🧒 방법이 없는 거 아녜요?

👨 아니, 있어.

🧒 모르겠어요.

👨 똑같이 나눌 수는 있는 거잖아.

🧒 그거야 할 수 있죠.

👨 욕심이에게 먼저 5개를 먼저 주고 나서 나머지를 똑같이 나누면 돼.

🧒 듣고 보니 쉽네요.

👨 자. 여기서 문제 들어간다. 물방울 다이아몬드가 43개였대. 욕심이가 5개를 더 가지게 하면 무식이는 몇 개를 가지게 될까?

🧒 43개였는데 욕심이에게 5개를 주면 38개가 남아요. 38개를 이제 똑같게 나눈다면 무식이는 19개를 가지게 돼요. 이렇게 생각하니 쉬운데요.

👨 그니까 하나하나 의미를 생각하면 쉬워져. 이 문제를 "합이 43이고 차이가 5인 두 수를 각각 구하면?"이라고 문제를 내면 어떨 것 같니?

🧒 문제를 그렇게 내니 참 정이 없어 보이네요. 그런데 무식이와 욕심이를 생각하면 어려워 보이지는 않아요.

👨 알았어. 그럼, 앞으로 '합'과 '차이'가 나오는 문제는 무식이와 욕심이를 생각하렴.

🧒 넵.

이런 문제가 보통 2~3학년에서 처음 출제되고 계속 나오는데, 아이들이 많이 어려워하는 문제이다. 예를 들어 '어느 책을 폈더니 왼편과 오른편의 쪽 번호의 합이 57이었다면 왼편의 쪽 번호는 무엇인가?'(28쪽), '낮이 밤보다 1시간 20분이 길었을 때, 낮과 밤의 각각의 시간은?.'(낮: 12시간 40분, 밤: 11시간 20분), '더해야 하는데 그만 잘못하여 뺐었더니 32가 되어 구하려는 답의 $\frac{3}{4}$보다 4가 작아졌다. 두 수를 구하면?'(답: 40, 8)과 같이 어려운 문제로 발전되어 가는 데 그 근원에는 합과 차이의 관계에 있다.

3-6
덧셈과 곱셈의 혼동

초등학생들에게 중고등학생들이 더하기와 곱하기를 헷갈려한다고 하면, "바보예요?"와 같은 반응이다. 맞다. 초등학생들은 문장제든 어떤 문제를 풀든지 덧셈과 곱셈이 혼동되지 않는다. 오히려 그보다는 곱셈과 나눗셈의 혼동이 가장 많을 것이다. 그런데 중학교에 가면 나누기의 의미가 없어지지는 않지만, 나누기가 곱하기로 만들어 사용한다. 적어도 식에서 만큼은 곱셈과 나눗셈의 혼동은 더 이상 없다. 대신 나눗셈을 식으로 만드는 문장제에서 몫을 무엇으로 나타내느냐만 남게 된다. 적어도 외견상 나누기는 분수나 곱하기로 만들어지고, '항'을 배우면 빼기가 없어져서 모든 식은 덧셈과 곱셈으로만 이루어지기 때문이다. 중학교에 가서는 곱셈과 덧셈의 혼동이 없다면 중학교의 수학은 잘 할 것이다. 왜냐구요? 중고등수학에 가서도 계산은 덧셈과 곱셈밖에 없기 때문이다. 앞서 강조했던 '그리고'와 '또는'도 당장 설명할 수는 없지만, 합과 곱의 구분이라고 했다. 헷갈리지 않으면 잘하는 것이 당연한 것이 아닌가요?

초등학생들이 곱셈과 나눗셈을 혼동하지 않는다고 생각하는 이유는 혼동되는 문제를 본 적이 없어서다. 아이들은 이미 머릿속에서 헷갈려하고 있으며 굳어질까 우려스럽다. 아이들이 덧셈과 곱셈이 혼동이 되려면 거듭제곱을 배우고 나서 관련 문제를 풀게 되어야 비로소 헷갈리게 된다. 헷갈려하는 것이 굳어지기 전에 초등 4학년 이후 거듭제곱을 가르치고 그 의미를 말로 하게 하는 것이 해야 한다. "거듭제곱을 배우면 아이들이 헷갈려하는데 미리부터 가르쳐서 더 헷갈리게 할 필요가 있나?"라고 생각하면 안 된다. 거듭제곱을 배워서 헷갈리는 것이 아니라 이미 헷갈리는데, 거듭제곱을 배우고 관련 문제를 풀어야 헷갈리는 것이 드러난다는 것이다. 수학을 이미 일상생활에서 사용하고 있기 때문에 안 가르치면 모르는 것이 아니라 오류가 쌓이게 된다. 대표적인 예를 들면, 처음 2의 배수를 대면서 2, 4, 8, 16, … 등을 말하고, 2×3을 2를 세 번 곱했다고 말하는 것이다. '같은 수의 더하기', '다른 수의 곱하기', '같은 수의 곱하기'가 순방향과 역방향으로 만드는 것 6개가 헷갈리는 것이다. 이후로는 다시 이들이 사칙계산으로 확장된다. 그래서 이 헷갈려하는 것은 끝까지 없어지지 않고 나중에 고등수학까지 계속 혼동시키게 된다.

초등학생들에게 앞으로 헷갈릴 것을 대비해서 필자는 아래와 같은 문제를 아이들에게 풀게 시킨다.

Q 같은 수의 더하기는 곱하기로!
같은 수의 곱하기는 거듭제곱으로!

(1) $2+2+2=$

(2) $2\times2\times2=$

(3) $2+2+2+2=$

(4) $2\times2\times2\times2=$

(5) $3+3=$

(6) $3\times3=$

(7) $3+3+3=$

(8) $3\times3\times3=$

(9) $3+3+3+3=$

(10) $3\times3\times3\times3=$

(11) $5+5=$

(12) $5\times5=$

(13) $5+5+5=$

(14) $5\times5\times5=$

(15) $5\times5\times5\times5=$

답: (1) 6 (2) 8 (3) 8 (4) 16 (5) 6 (6) 9 (7) 9 (8) 27 (9) 12

⑩ 81 ⑪ 10 ⑫ 25 ⑬ 15 ⑭ 125 ⑮ 625

앞서 외우라고 했던 거듭제곱과 최소 이 정도는 혼동되지 않게 만들어서 중학교에 올려보내야 한다. 위의 문제를 연습시키는 것을 문제집들에서 본 적이 없을 것이다. 그 이유는 위 문제들이 초등학교도 중학교의 문제도 아니기 때문에 어디에도 넣을 수 없기 때문이다. 대개 아이들의 모든 것을 머릿속에서 처리하려는 경향이 강해서 연습하지 않으면 오답의 원인이 된다. 하나하나 꼼꼼히 계산하라거나 감각의 탓을 하기보다는 그냥 연습하는 편이 더 낫겠지요? 다음 문제를 풀어보자. 처음에는 덧셈과 곱셈 간의 구분을 묻다가 점차 이들 간의 관계를 묻는 문제들로 발전한다.

Q 더하면 5가 되고 곱하면 6이 되는 두 자연수는?

답: 2, 3

더해서 5가 되는 자연수는 1과 4, 2와 3이다. 더해서 5가 되는 수는 이 중에 곱해서 6이 되는 것은 2와 3이라고 답이 금방 나온다. 쉬웠다고요? 자연수라고 했으니 망정이지 중학교에 가면 '더하면 5, 곱하면 6이 되는 두 정수는?'처럼 수의 범위를 바꾸게 된다. 그렇게 되면 '더해서 5'가 되는 수는 무수히 많아서 죽을 때까지 해도 다 못찾고 죽는다. 그래서 그때는 물어보는 순서를 바꿔서 '곱해서 6이 되는 6의 약수들' 즉 1과 6, 2와 3, … 중에서 '합이 5'가 되는 두 정수를 찾는 방법으로 바뀌게 된다. 이 문제는 보통 5~6학년의 분수에서는 다음처럼 나오게 된다.

Q 다음 ㉮, ㉯에 알맞은 수를 넣으면? (단, ㉮, ㉯는 자연수이고, ㉮<㉯이다.)

$$\frac{5}{6} = \frac{1}{㉮} + \frac{1}{㉯}$$

답: ㉮=2, ㉯=3

적용하는 수가 분수라는 것일 뿐 위 문제와 같은 문제이니 답이 보이지요? 문자 때문에 분수의 계산이 잘 보이지 않는다고요? 그렇다면 문자를 통해서 분수의 사칙 계산을 정리해 보자!

3-7
미지수를 사용한 분수의 사칙계산: 사칙연산이 완료된 초6 이상만 보라

문자를 사용하여 분수꼴의 수의 사칙계산을 정리하려 하는데 이 부분은 사칙계산이 완료된 6학년 이상의 아이들 그리고 186쪽의 '미지수'에 대해서 읽어 본 후에나 분수의 정리를 위해서 보도록 하자. 단, 아래 식에서 분모에 해당하는 문자 x, y, b, d, f는 0이 아니다. 분수의 정의에서 분모는 0이면 안 된다고 하였다. 분모가 0이면 어떻게 되느냐고 묻는 아이가 간혹 있다. 분모가 0이면 분수는커녕 수 자체가 아니다.

앞으로 중고등학교에 가서 무언가를 공부하고 나면 꼭 문자로 정리하는 것을 볼 수 있을 것이다. 그리고 보통 이것을 공식이라고 한다. 그 이유는 문자에 아무 수나 넣어도 항상 등호가 성립하기 때문이다. 나중에 다시 언급하겠지만, 항상 등호가 성립하는 것을 항등식이라고 하고 대부분의 공식은 항등식이다. 그리고 다음 분수의 문자식 정리를 하면서도 분수의 기준인 단위분수를 같게 하는 것이라는 생각을 가졌으면 한다.

분수의 덧셈과 뺄셈

(1) $x + \frac{1}{3} = \frac{x \times 3}{3} + \frac{1}{3} = \frac{x \times 3 + 1}{3}$ (절대 $x\frac{1}{3}$라고 써서는 안 된다. 대분수의 생각이 나겠지만 대분수의 정의는 '자연수＋진분수'이다. x가 자연수라고 되어있지 않았고 중학교 이상에서는 대분수를 사용하지도 않는다.)

(2) $\frac{1}{x} + \frac{1}{y} = \frac{y+x}{x \times y}$

(3) $\frac{a}{x} - \frac{b}{y} = \frac{a \times y - b \times x}{x \times y}$

분수의 곱셈과 나눗셈

(4) $\frac{1}{x} \times \frac{1}{y} = \frac{1}{x \times y}$

(5) $\frac{a}{x} \times \frac{b}{y} = \frac{a \times b}{x \times y}$

(6) $\frac{a}{x} \div \frac{b}{y} = \frac{a}{x} \times \frac{y}{b} = \frac{a \times y}{x \times b}$

(7) $\frac{a}{x} \div \frac{b}{y} = \frac{a \div b}{x \div y}$

(8) $a \div b \times c \div d \times e \div f = a \times \frac{1}{b} \times c \times \frac{1}{d} \times e \times \frac{1}{f} = \frac{a \times c \times e}{b \times d \times f}$

위 분수의 계산이 다 이해되지만 (7)이 이상하다고 하는 아이도 있을 것이다. 분수의 곱하기에서 분모끼리 분자끼리 곱하였다면, 분수의 나눗셈에서 분모끼리 분자끼리 나누는 것이 당연하다(번분수 참조). 항상 보는 것이 분수이고 안다고 생각하여 대충 보다 보면 문제의 조건에서 기약분수라고 했는데, 기약분수가 진분수일 거라고 착각을 한다든지 하는 혼동을 한다. 분수에 대한 많은 계산을 해왔겠지만 대체로 정리하는 경우는 거의 없었다. 평상시에 '분모가 다른 두 기약분수를 더해서 정수가 되는 경우가 있을까?', '서로소인 a, b, c, d에 대하여 $\frac{b}{a} \times \frac{d}{c}$는 정수가 되는 경우가 있을까?'든지 하는 것을 명확하게 정리해야 직접 계산하기 전에 답도 유추해 볼 수 있게 된다. 한 가지만 추가하면 '반으로 만들기'를 연습하는 것도 좋은 방법이다. $\frac{7}{8}$의 반을 $\frac{7}{16}$이 아닌 $\frac{7}{4}$이라 말하는 중학생도 많다. 분수의 계산도 암산이 안 되고 수감각도 안되며 느낌대로 하는 것이다. 미지수를 통해서 분수의 사칙계산을 정리하였다면, 그 다음으로 분수가 갖는 다양한 성질들을 해두는 것이 좋다. 다음으로 교과과정에는 아직 안 나온 것이 문제풀이과정에서는 사용되는 경우가 있어 몇 가지만 소개한다. 분수의 성질 중 '번분수', '부분분수', '가비의 리'에 대하여 설명할 텐데 이들은 주로 고등학교에서 다루어지는 관계로 초, 중학교의 학교 과정에서는 다루어지지 않는다. 그러나 중학교 시험이나 문제를 푸는 과정에서 사용되는 경우가 있기에 초등학교를 마무리하는 시점에서 다루어보았으면 하는 바람으로 정리한다. 물론 분수의 사칙계산 등이 잘 안된다면 이 부분은 중학교에 올라가서 해도 되는 것들이다. 즉 시급성은 없다는 것이다.

3-8
번분수: 분수의 나눗셈은
분모끼리 분자끼리 나누어도 된다

초등학교에서 "분수의 곱셈을 하는 방법이 분모끼리 분자끼리 곱하기였다. 그렇다면 분수의 나눗셈을 하는 방법은 분모끼리 분자끼리 나누면 되지 않을까?"란 생각이 들지 않았나요? 그렇지만 분모끼리 분자끼리 나누어도 된다는 말은 듣지 못했을 것이다. 곱해서 만들어진다면 당연히 다시 나눌 수도 있는 것이다.

〈조소장의 한줄개념 66〉
두 분수의 나눗셈에서 분모끼리 분자끼리 나누어도 된다.

더 정확하게는 등식의 성질이겠지만, $\square \times 2 = 6$이면 역연산에 의해 $\square = 6 \div 2$이다. 이것을 분수에 적용해 보자. $\frac{200}{500} \times \frac{2}{3} = \frac{400}{1500}$의 역연산은 $\frac{400}{1500} \div \frac{2}{3} = \frac{200}{500}$이다. 다시 $\frac{200 \times 2}{500 \times 3} = \frac{400}{1500}$와 $\frac{400 \div 2}{1500 \div 3} =$

$\frac{200}{500}$를 비교해 보면 당연하다고 느낄 것이다. 그런데 사례로 들은 두 분수의 곱이 분모끼리 분자끼리 곱해서 만들었으니, 당연히 다시 분모끼리 분자끼리 나눌 때 나누어떨어진다. 그러나 대부분의 분수에서는 분모끼리 분자끼리 나누었을 때 나누어떨어지지 않으면 어떻게 해야 하는지까지 가르쳐야 하기에 분수의 나눗셈이 분모끼리 분자끼리 나누어도 된다는 것을 가르치지 않는 것이다. 그런데 역으로 분모끼리 분자끼리 나누어진다면 편하지 않으냐는 것이다. 분모끼리 분자끼리 나누면 좋은 문제들을 풀어보자. 그 후 분모끼리 분자끼리 나누어지지 않으면 어떻게 할 것이 가를 다룬다.

Q 다음을 계산하여라.

(1) $\frac{15}{17} \div \frac{3}{17} =$

(2) $\frac{5}{17} \div \frac{3}{17} =$

(3) $\frac{8}{15} \div \frac{2}{3} =$

답: (1) 5 (2) $1\frac{2}{3}$ (3) $\frac{4}{5}$

(1) $\frac{15}{17} \div \frac{3}{17} = \frac{15 \div 3}{17 \div 17} = \frac{5}{1} = 5$ (2) $\frac{5}{17} \div \frac{3}{17} = \frac{5 \div 3}{17 \div 17} = \frac{5}{3} = 1\frac{2}{3}$

(3) $\frac{8}{15} \div \frac{2}{3} = \frac{8 \div 2}{15 \div 3} = \frac{4}{5}$ 분모끼리 분자끼리 나누어진다면, 그 분수의 나눗셈은 고맙다고 생각해도 되겠지요?

〈조소장의 한줄개념 67〉

번분수는 번잡한 분수라는 뜻이지만, 정의에 위배되어 분수가 아니다.

이와 달리 $\frac{2}{3} \div \frac{5}{7}$과 같은 분수의 나눗셈은 분모끼리 분자끼리 나누어지지 않으니 기존에 풀던 방식인 $\frac{2}{3} \div \frac{5}{7} = \frac{2}{3} \times \frac{7}{5} = \frac{14}{15}$로 풀어야 한다. 그런데 "분모끼리 분자끼리 나누면 어떻게 될까?"라는 물음이 생긴다. 분수끼리의 나눗셈을 곱셈으로 가꾸는 방법 이외에도 두 가지가 있다.

첫째, 나눗셈에서 몫을 분수로 바꿀 수 있으니 $\frac{2}{3} \div \frac{5}{7} = \frac{\frac{2}{3}}{\frac{5}{7}}$이라고 쓸 수 있다.

둘째, 분모끼리 분자끼리 나누어서 역시 몫을 분수로 바꾸면 $\frac{2}{3} \div \frac{5}{7} = \frac{2 \div 5}{3 \div 7} = \frac{\frac{2}{5}}{\frac{3}{7}}$이다.

이렇게 해서 만든 각각의 분수 $\frac{\frac{2}{3}}{\frac{5}{7}}$와 $\frac{\frac{2}{5}}{\frac{3}{7}}$는 같은 나눗셈의 결과이니 그 값은 같다. 그런데 이것처럼 '분수' 분에 '분수'라는 꼴이 만들어지는 분수를 번분수라고 한다. 그런데 번분수의 정의는 '번잡한 분수'이니 번잡하기만 하면 되니 꼭 '분수 분의 분수'만 의미하는 것은 아니다. 그리고 분수의 정의에 하면 분모와 분자에 정수로 되어 있지 않은 것은 분수가 아니니 분수가 아니라 분수의 꼴이다. 그런데 중요한 것은 번분수가 나왔을 때 번잡하니 어떻게 정리를 하느냐라는 것이다. 번분수를 못 배웠다면 $\frac{\frac{2}{3}}{\frac{5}{7}}$라는 번분수가 나왔을 때 무서워하지 않고 분수를 나눗셈으로 바꿔서 기존에 하던 대로 하면 된다. $\frac{\frac{2}{3}}{\frac{5}{7}} = \frac{2}{3} \div \frac{5}{7} = \frac{2}{3} \times \frac{7}{5} = \frac{14}{15}$으로 이다. 그런데 이것이 불편하여 알고리즘을 만들었다. $\frac{\frac{2}{3}}{\frac{5}{7}}$의 계산을 빨리하는 기술은 분모는 중앙에 있는 3과 5의 곱으로, 분자는 바깥에 있는 수 2와 7의 곱으로 놓으면 곧바로 $\frac{2 \times 7}{3 \times 5}$라는 답을 만든다.

1) 나누기를 분수로 바꾸기 : $\frac{b}{a} \div \frac{d}{c} = \frac{\frac{b}{a}}{\frac{d}{c}} = \frac{b \times c}{a \times d}$

2) 분모끼리, 분자끼리 나누기 : $\frac{b}{a} \div \frac{d}{c} = \frac{b \div d}{a \div c} = \frac{\frac{b}{d}}{\frac{a}{c}} = \frac{b \times c}{a \times d}$

번분수를 가르치면 이런 것들이 어디에 나오냐고 묻는다. 정식으로 배우지는 않지만, 예를 들어 $a = \frac{1}{3}$, $b = \frac{1}{2}$일 때, $\frac{b}{a}$의 값을 구하라고 하면 $\frac{b}{a} = \frac{\frac{1}{2}}{\frac{1}{3}}$과 같은 번분수로 만들고 나누기로 바꿔서 풀면 된다. 그런데 다루어보지 않았으면 첫 번째 두려움을 갖는 것이 문제이고, 두 번째로 고등수학에서는 더 복잡한 분수가 나온다. 미리 간단한 개념정도는 익히는 것이 나쁘지 않을 것이라 생각해서 소개한 것이다. 물론 번분수가 나오는 고등학교에서는 더 복잡해지고 이때는 분수의 위대한 성질로 풀면 된다.

Q 다음을 계산하여라.

(1) $\dfrac{1\frac{1}{3}}{1\frac{1}{2}}$ (2) $\dfrac{2-\frac{1}{4}}{3+\frac{2}{3}}$

답: (1) $\dfrac{8}{9}$ (2) $\dfrac{21}{44}$

쉬우라고 약분이 되지 않는 수로 골랐다. 그런데 배운 것과 다르다고요? (1) 대분수를 가분수로 고치면 $\dfrac{1\frac{1}{3}}{1\frac{1}{2}} = \dfrac{\frac{4}{3}}{\frac{3}{2}} = \dfrac{2\times 4}{3\times 3} = \dfrac{8}{9}$이다. 그런데 이런 문제는 $\dfrac{1\frac{1}{3}}{1\frac{1}{2}} = \dfrac{1+\frac{1}{3}}{1+\frac{1}{2}}$처럼 대분수인 상태로 푸는 것이 더 좋다. 분모와 분자에 있는 두 분모의 최소공배수는 6이다. 번분수의 분모와 분자에 각각 분배법칙을 적용해서 6을 곱하면 $\dfrac{6+2}{6+3} = \dfrac{8}{9}$이다. 분수문제는 항상 '분수의 위대한 성질'을 사용할 생각을 해야 한다. (2) 두 분모의 최소공배수 12를 번분수의 분모와 분자에 곱하면 $\dfrac{24-3}{36+8} = \dfrac{21}{44}$이다.

3-9
부분분수: 한 분수를 두 분수의 차이로도 볼 수 있다

분수의 사칙계산을 계산을 하면서 단위분수가 같아야 한다고 했다. 두 분수의 단위분수를 같게 만들고 나서 더하고 빼거나 곱해서 하나의 분수를 만들었다는 것을 알았을 것이다. 그렇다면 역으로 하나의 분수를 두 분수의 합이나 차 그리고 두 단위분수의 곱으로 만들 수 있는 분수들이 존재한다. 또 이렇게 만들어진 분수의 특징으로 분모는 두 수의 곱이고 분자는 두 수의 합과 차 그리고 곱으로 만들어졌다. 이 중에 한 분수를 두 분수의 차이로 만드는 것을 배워보자.

〈조소장의 한줄개념 68〉

분모를 두 수의 곱으로 보면, 두 분수의 차이로 만들 수 있다.

그런데 두 분수의 차는 자연스럽게 만들었을지는 몰라도, 다시 역으로 한 분수를 두 분수의 뺄셈으로 만드는 것은 인간에게 자연스러운 과정은 아니다. '한 분수에서 분모는 두 수의 곱이고, 분자는 두 수의 합이나 차가 될 수 있다.'고 강제로 생각해야 한다는 말이다. 그러기 위해서는 한 분수를 분모는 두 수의 곱, 분자는 두 수의 차로 바라보아야 한다. 예를 들어 $\frac{1}{2} - \frac{1}{3}$은 $\frac{3-2}{2\times 3}$라는 과정을 거쳐 $\frac{1}{6}$을 만들어낸다. 그렇다면 거꾸로 $\frac{1}{6}$을 $\frac{3-2}{2\times 3}$라 보고 다시 $\frac{1}{2} - \frac{1}{3}$이라고 다시 만들어 낼 수 있다. 그런데 $\frac{1}{2} - \frac{1}{3} = \frac{1}{6}$과 같은 분수의 문제들을 아무리 푼다 해도 혼자의 힘만으로 $\frac{1}{6}$을 $\frac{1}{2} - \frac{1}{3}$이라고 만들어 낼 수는 없다. 순방향을 가르쳤다고 역방향을 스스로 할 수 있다고 생각하는 것은 가르치는 사람의 착각이다. 순방향도 역방향도 각각을 모두 가르쳐야 한다. 부분분수는 $\frac{1}{6}$을 $\frac{1}{2} - \frac{1}{3}$로 만드는 것으로 굳이 분류하자면 곱셈과 뺄셈의 관계를 묻는 것이다. 먼저 한 문제부터 풀고 시작하자!

Q $\frac{1}{6} = \frac{1}{x} - \frac{1}{y}$에서 자연수 x, y의 값을 구하여라.

답: $x=2, y=3$

$\frac{1}{x} - \frac{1}{y} = \frac{y-x}{x\times y}$이고 $\frac{y-x}{x\times y}$가 만약 약분이 되지 않는다면 $x\times y=6$이고 $y-x=1$이다. 곱해서 6이고 빼서 1이 되는 수를 찾으면 된다. '곱해서 6'은 6의 약수인데, 주어진 수의 범위가 자연수이니 양의 약수만 고려하면 $1\times 6, 2\times 3$이다. '빼서 1'은 수의 범위가 자연수

일지라도 2−1=3−2=4−3=5−4=⋯등 무수히 많다. 이런 경우 설사 '빼서 1이고 곱이 6인 수'라고 문제가 나오더라도 '곱이 6이고 빼서 1인 수'로 바꿔야 하고 바꿀 수 있는 근거는 집합의 연산에서 배웠다. 곱해서 6이 되는 수 중 2×3이 차이가 1이니 두 수는 2, 3이다. 여기까지 해놓고 방심해서 $x=3$, $y=2$라고 하면 안 된다. $\frac{1}{6}$이 양수이니 $\frac{1}{2}$과 $\frac{1}{3}$ 중에 누가 큰지를 알아야 한다. 항상 큰 수에서 작은 수를 빼면 양수이고, 작은 수에서 큰 수를 빼면 음수다.

Q $\frac{1}{6} = \frac{1}{x} - \frac{1}{y}$에서 x, y의 값을 구하여라.

답: $x=2, y=3$ 또는 $x=-2, y=-3$

위 문제와 다른 것은 x, y의 조건이 나와 있지 않을 뿐이다. 조건에 따라 풀이가 어떻게 달라지는지 보여주고 싶어서 출제했다. '$x \times y = 6$ 그리고 $y-x=1$'에서 '곱해서 6이 되고 빼면 1'이 되는 수를 찾으면 된다. 첫째, x, y가 어떤 수인지 조건에 나와 있지 않다. 따라서 조건이 주어지지 않은 수는 실수이지만, 아직 배우지 않았으니 최소 정수와 분수까지는 생각해야 한다. 둘째, '곱해서 6'은 6의 약수이고 음의 약수까지 고려하라고 했다. 셋째, '빼면 1이 되는 수'는 수를 자연수, 정수, 분수까지 확대해 볼 때 어마어마하게 많다는 것을 알 것이다. 6의 약수를 찾는 방법으로 1×6, 2×3, −1×−6, −2×−3이다. 이 중에 차가 1이 되는 수는 3과 2, −2

와 −3이다. 조건을 만족하니 '$x=2, y=3$ 또는 $x=-2, y=-3$'이 모두 답이다.

다음은 중학교 1학년 문제이다.

Q $\frac{1}{1\times 2}+\frac{1}{2\times 3}+\frac{1}{3\times 4}+\cdots+\frac{1}{2025\times 2026}$ 의 값을 구하여라.

답: $\frac{2025}{2026}$

'많은 수의 더하기'는 4가지밖에 없고 그나마 많은 분수의 더하기는 부분분수가 유일하다고 했다. 따라서 $\frac{1}{1\times 2}$를 '두 분수의 차'로 보려고 분모와 분자를 살펴보니, 이미 분모가 곱으로 알려주었고 분자 1은 분모의 두 수인 '2와 1의 차'이다. 따라서 $\frac{1}{1\times 2}=\frac{1}{1}-\frac{1}{2}$ 이다. 역시 그 옆에 있는 분수 $\frac{1}{2\times 3}$도 필요한 곱과 차가 되는 수가 2와 3이 보인다. 따라서 $\frac{1}{2\times 3}=\frac{1}{2}-\frac{1}{3}$이다. 이런 식으로 위 분수 2025개를 모두 분리하여 부분분수로 만들면 $\frac{1}{1}-\frac{1}{2}+\frac{1}{2}-\frac{1}{3}+\frac{1}{3}-\frac{1}{4}+\cdots+\frac{1}{2024}-\frac{1}{2025}+\frac{1}{2025}-\frac{1}{2026}$이다. 간혹 왜 2025개냐고 묻는 아이도 있는데, 그냥 2025년에 문제를 만들어서 그렇다. 의미 없는 개수라는 말이다. 앞서 $-\frac{1}{2}+\frac{1}{2}=0$이란 것을 배웠다. 이런 식으로 중간의 식들이 모두 소거되면 $\frac{1}{1}-\frac{1}{2026}=\frac{2025}{2026}$이다. 그런데 $\frac{2025}{2026}$가 약분이 될까요, 안될까요? 헷갈린다면 다시 가서 약분을 공부하기를 바란다. 이 문제는 필자가 중1 때 학교시험으로 나온 문제로 요즘에도 간간이 출제되고 있다. 그런데 이것을 중학교에 가서 배우는 것은 아니고 정식으로 배우는 것은 고등학교에서이다. 문자를 사용해서 일반화를 해보자. 다음의 ①은 차가 1인 경우이고 ②는 차가 2인 경우이다. ②는 중학교까지는 웬만하면 나오지 않을 것이므로 이해하기 어렵다면 건너뛰어도 된다.

$$\frac{1}{n \times (n+1)} = \frac{1}{n} - \frac{1}{n+1} \cdots ①$$
$$\frac{1}{n \times (n+2)} = \frac{1}{2}\left(\frac{1}{n} - \frac{1}{n+2}\right) \cdots ②$$

①은 위 문제들과 같으니 알겠지만 ②는 어렵다고요? 등호의 오른쪽에 있는 괄호 안을 정리해보면 $\frac{1}{n} - \frac{1}{n+2} = \frac{n+2-n}{n \times (n+2)} = \frac{2}{n \times (n+2)}$이다. 등호의 왼쪽은 $\frac{1}{n \times (n+2)}$이고 오른쪽은 $\frac{1}{n} - \frac{1}{n+2} = \frac{2}{n \times (n+2)}$이니 같아지기 위해서 우변에 $\frac{1}{2}$을 곱한 것이다. 이런 문제의 특징은 보기에는 복잡하지만, 그 계산하는 과정이 비교적 간단하다. 그래서 이같은 원리를 이용하는 문제는 수능에서도 자주 출제된다. 비록 어렵더라도 이해한다면 도움이 많이 될 것이다. 그런데 고등에서 사용하는 부분분수가 궁금하다고요? 좋습니다. 대신 지금부터 어려우면 하지 않아도 된다.

$$\frac{c}{a \times b} = \frac{c}{b-a} \times \left(\frac{1}{a} - \frac{1}{b}\right)$$

$\frac{c}{a \times b}$에서 편의상 a, b, c는 0이 아닌 자연수라고 해보자. 이러면 아무 분수나 부분분수로 만들 수 있겠지요?

(1) 분수의 곱셈을 거꾸로 생각하면 $\frac{c}{a \times b} = \frac{c}{1} \times \frac{1}{a \times b}$ 이다.

(2) 그런데 무조건 $\frac{1}{a} - \frac{1}{b}$를 계산하고 변형하고 $\frac{1}{a \times b}$와 같게 만든다.

(3) 그래서 $\frac{1}{a} - \frac{1}{b} = \frac{b-a}{a \times b}$ ⇨ $\frac{1}{b-a} \times \left(\frac{1}{a} - \frac{1}{b}\right) = \frac{1}{a \times b}$이 된다.

(4) 이제 $\frac{c}{a \times b} = \frac{c}{1} \times \frac{1}{a \times b}$에 $\frac{1}{a \times b} = \frac{1}{b-a} \times \left(\frac{1}{a} - \frac{1}{b}\right)$를 대신 집어넣으면 된다.

(5) $\frac{c}{a \times b} = \frac{c}{1} \times \frac{1}{b-a} \times \left(\frac{1}{a} - \frac{1}{b}\right)$을 정리하면 $\frac{c}{a \times b} = \frac{c}{b-a} \times \left(\frac{1}{a} - \frac{1}{b}\right)$이 된다.

이렇게 설명하면 고등학생들조차 어려워하는 경우가 많다. 여담이지만 필자가 고등학교 때, 수학선생님들로부터 무척 듣기가 싫었던 말들이 있었다. 하나는 "바쁘니 엑기스만 설명할게."였고, 또 하나는 "너희는 설명해도 몰라."였다. 그때 필자가 드는 생각은 "하나같이 모든 선생님들마다 엑기스만 설명하는데, 시간이 많은 선생님이 있었으면 좋겠다.", "어렵더라도 알려는 주어야 하지 않나? 어려우면 어려운 대로 학생이 감당해야 할 몫이 아닌가?"라는 생각이 들었다. 이 부분은 어려우면 어려운 대로 감당할 초중등학생도 있을 거란 생각에서 언급한 것이다. 고등학생들이 어려워하는 데는 분수가 부족한 경우도 있지만 시간이 부족해서 하나하나 따져볼 심적 여유가 없는 것이 가장 큰 이유다. 그래도 시간과 도전 의지가 있는 초등학생이라면 이해해 보기를 권한다.

3-10
가비의 이: 같은 비를 더해도 같다

앞서 우리는 '분수의 위대한 성질'이 '한 분수에서 분모와 분자에 0이 아닌 같은 수를 곱하거나 나누어도 그 크기는 같다.'라는 것을 배웠다. 수학에서는 무엇이 된다고 하면 '된다는구나!'처럼 대수롭지 않게 받아들이는 것이 아니고 역으로 나머지는 모두 안 된다는 생각을 분명히 해야 한다. 이런 생각으로 보면 <u>분수의 위대한 성질에는 한 분수에서 분모와 분자에 같은 수를 더하거나 빼서는 같은 수를 만들 수 없다는 말을 내포하고 있다. 다시 이것을 뒤집어 보면 한 분수에서 분모와 분자 다른 수를 더해서 크기가 같은 분수를 만들 수 있다는 말이 된다.</u> 분모와 분자에 어떤 수를 더하면 크기가 같아질까?

〈조소장의 한줄개념 69〉
'가비의 이'는 크기가 같은 분수들의 분모끼리 분자끼리 더하여도 그 크기는 같다는 것이다.

필자가 처음으로 '가비의 이'를 배웠을 때, '가비의 리'라고 배웠고 또 '가비'가 사람인 줄로만 알았다. '가비의 이'에서 가는 더할 가(加)자, 비는 견줄 비(比), 이는 다스릴 리(理)자이다. 따라서 '비를 더해서 만들어지는 정리' 정도로 이해하면 될 것이다. 그런데 '비'는 초등 6학년에서 다루고 있으니 원래는 비와 비율이나 비례식을 배우고 그 이후에 다루는 것이 맞다. 그런데 '비'라는 말은 아이들이 평상시에도 쓰고 있고, 그때는 6학년 2학기라서 중학교에 마음을 빼앗겼을 것 같다. 조금 당겨서 6학년 1학기에 분수의 사칙계산을 점검하고 나서 시간이 있을 때 시켰으면 어떨까 싶다. 그런데 지금까지 수능에서 '가비의 이'의 개념이 출제된 것은 한 번밖에 없으니 중요한 것은 아니다. 다만 초6에서 '가비의 이'가 사용되는 문제가 종종 나오고 '가비의 이'의 확장이 도움이 될 듯싶어서 다루는 것이다.

'가비'는 비를 더한다는 것인데, 비는 모두 분수로 바꿀 수 있다. 그러니 가비의 이는 분수에서 있는 일이라는 것이다. 분수에서 분모와 분자에 각기 다른 수를 더해서 본래의 분수와 크기가 같은 분수를 만드는 것이다. 어떤 경우인지를 보자. 예를 들어 $\frac{2}{3} = \frac{4}{6} = \frac{200}{300}$

에서 분모끼리 분자끼리 모두 더해서 만든 분수는 $\frac{206}{309}$이다. 그런데 $\frac{206}{309}$를 약분해 보면 다시 $\frac{2}{3}$이 된다. 결국 '가비의 이'는 크기가 같은 분수의 분모끼리 분자끼리 더해도 같은 크기의 분수가 된다는 것이다. 다음은 한 초등학교의 시험문제로 출제된 적이 있는 문제인데 한 번 풀어보자!

Q $\frac{1}{4}$의 분모에 20을 더했을 때, 분자에 얼마를 더해야 같은 크기의 분수가 되겠는가?

답: 5

이 문제를 문제가 하라는 대로 하면 $\frac{1+x}{4+20} = \frac{1}{4}$이다. 그런데 이렇게 식을 쓸 수 있는 초등학생도 드물고 설사 썼더라도 등식의 성질을 모르거니와 중학교의 분수가 있는 방정식은 더 무서워만 보인다. 대부분의 학생들은 "분모에 20을 더했으니 분모가 24인 분수 중에 $\frac{1}{4}$과 같아야 하니 분자는 6이에요. 처음 1과 비교하니 5를 더했고 문제가 요구하는 분자에 더하는 수가 5가 답이에요"라고 푼다. 그런데 '가비의 이'를 이용하면 $\frac{1}{4} = \frac{x}{20}$이니 $x=5$이다. '가비의 이에 의하여 분모에 20을 더했다면 분자에는 5를 더해야 한다'로 머리가 깔끔해진다.

⟨조소장의 한줄개념 70⟩
본래 분수보다 작은 분수의 분모끼리 분자끼리 더하면 본래 분수보다 작아지고, 큰 분수의 분모끼리 분자끼리 더하면 커진다.

'가비의 이'는 본래의 분수와 크기가 같은 분수가 있을 때, 분모끼리 분자끼리 더하면 크기가 같은 분수가 된다고 하였다. 그렇다면 "본래의 분수보다 더 작은 분수가 있을 때, 이들의 분모끼리 분자끼리 더하면 어떻게 될까?", "본래의 분수보다 더 큰 분수가 있을 때, 이들의 분모끼리 분자끼리 더하면 어떻게 될까?"를 생각해 볼 수 있다.

구분하기 쉬운 $\frac{10}{10}$을 이용하여 직접 해보자!
1) 더 작은 분수의 분모끼리 분자끼리와 더하는 경우
분수 $\frac{10}{10}$와 이것보다 작은 분수 $\frac{1}{10}$가 있을 때, 이들의 분모끼리 분자끼리 더하면 $\frac{10+1}{10+10} = \frac{11}{20}$이다. 이것은 $\frac{10}{10} > \frac{11}{20}$이니 더 작아졌다.

2) 더 큰 분수의 분모끼리 분자끼리와 더하는 경우
분수 $\frac{10}{10}$와 이것보다 큰 분수 $\frac{20}{10}$가 있을 때, 이들의 분모끼리 분자끼리 더하면 $\frac{10+20}{10+10} = \frac{30}{20}$이다. 이것은 $\frac{10}{10} < \frac{30}{20}$이니 더 커졌다.

정리해 보면 원래 분수보다 크기가 큰 분수의 분모끼리 분자끼리 더하면 더 커지고, 원래 분수보다 크기가 작은 분수의 분모끼리 분자끼리 더하면 더 작아진다. 그런데 이걸로 무엇을 하냐고요? 두 분수의 크기 비교를 모두 할 수 있다. 분수의 크기를 비교하려면 통분하면 되니 별 필요가 없지 않나요? 맞다. 작은 분수에서는 하던 대로 하고, 만약 큰 분수의 크기 비교가 나온다거나 많이 비교해야 문제가 있다면 여전히 유용하다.

Q 다음 중 $\frac{147}{157}$보다 더 작은 분수는?

① $\frac{148}{159}$ ② $\frac{151}{161}$ ③ $\frac{155}{164}$ ④ $\frac{158}{167}$ ⑤ $\frac{160}{169}$

답: ①

분수끼리 통분해서 크기를 비교하기에는 분모들이 너무 크고 많다. $\frac{147}{157}$는 1보다 작지만 1과 유사한 크기를 가지고 있다. 그런데 '본래 분수보다 작은 분수의 분모끼리 분자끼리 더하면 본래 분수보다 작아지고, 큰 분수의 분모끼리 분자끼리 더하면 커진다.'고 하였다. $\frac{147}{157}$의 분모와 분자의 변화량을 다시 분수로 표현하면 ① $\frac{1}{2}$ ② $\frac{4}{4}$ ③ $\frac{8}{7}$ ④ $\frac{11}{10}$ ⑤ $\frac{13}{12}$이다. $\frac{147}{157}$보다 크기가 작은 분수의 분모끼리 분자끼리 더한 것은 ①이다. 이쯤 해서 "분모와 분자에 같은 수를 더하면 어떻게 될까?"라는 생각이 들지 않나요? $\frac{147}{157} < \frac{4}{4}$이고 위에서 보듯이 $\frac{147}{157} < \frac{147+4}{157+4}$이 성립한다.

〈조소장의 한줄개념 71〉

진분수의 분모와 분자에 같은 수를 더하면 더 커진다.

위 문제의 보기에서 보았듯이 진분수 $\frac{147}{157}$에서 이것보다 큰 분수인 $\frac{4}{4}$에 대하여 두 분수의 분모끼리 분자끼리 더하면 $\frac{147}{157} < \frac{147+4}{157+4}$처럼 본래의 분수보다 커지는 것을 확인할 수 있었다. 이미 문제를 풀다가 $\frac{1}{2} < \frac{2}{3} < \frac{3}{4} < \frac{4}{5} < \frac{5}{6} < \frac{6}{7} < \cdots$처럼 분모와 분자가 1씩 커지는 분수들의 크기 비교를 해보지 않았나요? 또한 $\frac{2}{3} < \frac{3}{4}$를 $\frac{1+1}{2+1} < \frac{1+2}{2+2}$로 바꿔서 보면, 분모와 분자에 같은 수를 더하더라도 더 큰 수를 더하는 것이 더 크다는 것을 알 수 있을 것이다. 마지막으로 하나만 더 생각해 보자. 위 개념에서 '진분수'가 그렇다고 한 것은 가분수는 다르다는 것이다. 가분수의 분모와 분자에 같은 수를 더하면 더 작아진다. 예를 들어 가분수 $\frac{7}{6}$에서 $\frac{7}{6}$보다 분모와 분자가 같은 분수 $\frac{1}{1}$의 분모끼리 분자끼리 더하면 $\frac{7+1}{6+1} = \frac{8}{7}$이 된다. $\frac{7}{6}$과 $\frac{8}{7}$을 각각 대분수로 바꾸면 $1\frac{1}{6}$과 $1\frac{1}{7}$로 더 작아진 것이 확인 된다. 생각해 보면 당연하다. 원래 분수 $\frac{7}{6}$에 크기가 더 작은 분수 $\frac{1}{1}$의 분모끼리 분자끼리 더했기 때문이다.

연산은 빠르게 개념은 정확하게 집중력은 집요하게

— 조안호 선생님 말씀 중에서

4부

등호(=)와 부등호(>, <, ≥, ≤)

수에는 크게 자연수와 분수가 있고 기호로는 $+, -, \times \div, (\ ), >, <, =$ 가 있다. 수학을 언어로 보는 입장에서는 바로 여기에 가장 중요한 개념이 있다고 본다. 지금까지 수가 무엇인지를 보았고 이후 사칙계산이 정수와 분수에 어떻게 쓰이는지에 대해 알아보았다. 이제 남은 것은 $>, <, =$ 즉 부등호와 등호이다. 이번에는 이것들에 어떤 개념들이 숨어있는지 알아보자.

4-1
등호(=): 수학에서 가장 중요한 기호

수학의 기호 중에 가장 중요한 기호를 꼽으라고 한다면 필자는 주저 없이 등호(=)를 뽑는다. 모든 공부는 같은 것을 배우고 다른 것은 배우지 않는다. 즉 '같은 것을 철저하게 배우고' 대신에 배우지 않은 것은 다른 것으로 생각해야 한다. 공부가 어려운 것은 바로 '같은 것을 철저하게 배우고'에 있으며 배우지 않은 것과의 구분에 어려움이 있다. 사칙연산을 하는 수학에서 모든 수는 커지거나 작아지며, 그중에 변하지 않는 것은 모든 변하는 것의 기준이 된다. 수학도 논리적으로 공부하려면 가장 먼저 '같은 것' 즉 등호(=)를 배워야 하는 것이 정상적인 순리다. 그러나 등호를 가르치기가 어렵다는 이유로 고등학교 1학년 2학기에 가서야 비로소 다룬다. 필자도 등호의 정의를 몰라서 초등과 중등에서 많은 문제를 틀렸었다. 가르치지 않는다고 문제가 나오지 않는 것도 아니고, 계속 틀리면서 이유를 모른다면 틀리는 연습을 하는 것이라고 생각한다. 어려워서 모든 학생이 이해하지는 못할지라도 소개하고 최선을 다해서 설명하려고 한다.

〈조소장의 한줄개념 72〉
등식은 등호(=)가 있는 식이다.

등호가 있는 식은 모두 등식이다. 많은 초등수학 문제가 '등식'이고 등식은 모두 '등식의 성질'을 사용하여 문제를 푼다. 이는 중고등을 거치면서 더더욱 늘어난다. 그런데 이렇게 중요한 기호가 너무나도 찬밥 신세다. 최소 5~6년 동안 '등호(=)'를 보아온 아이들조차 이름도 모르고 =의 이름을 물어보면 '는'이라 하는 아이들이 많다. 초등학교에서 등식의 성질을 이용해야 할 때는 역연산으로 외우고, 막상 중학교에서 '등식의 성질'을 충분히 연습해야 할 시기에는 배우자마자 연습을 하는 대신 곧장 '이항'이라는 기술을 가르친다. 교과서 집필진에게 최소 4학년에서부터는 등식의 성질을 가르치자고 하고픈 심정이다. 아이들에게 가르치기가 어려운 것은 '등호(=)'지 등식이나 등식의 성질 등을 가르치기가 어려운 것이 아니다.

등식의 성질을 충분히 가르치지 않았으니 그 이후에도 등식의 성질을 확장하는 시기에도 대부분 침묵하고 공식이나 문제풀이방법의 기술로 접근한다. 그래서 등식의 성질이 사용되는 많은 식에서 중고등학생들에게 왜냐고 물어보면 이유도 모르면서 "이렇게 해도 된대요."를 만발하게 된다. 고등학교까지 통틀어 볼 때, 등식의 성질이야말로 가르치는 사람과 배우는 사람 간의 가장 큰 장벽으로 남게 된다. 이 고리를 반드시 끊어내야 한다. 등식의 성질이 중요하다니 어려울지 모른다고 생각하는 학부모도 있을지 모르겠으나 수학에서 중요한 것이 어려운 것은 거의 없다. '등식의 성질'은 초등 2학년들에게 가르쳤을 때도 어려워하는 아이가 거의 없었다. 실제로 초등학교 2학년 때부터 등식의 성질은 계속 나오고 있었다. 수의 확장을 꾀하는 역연산도 아이의 수적 감각을 요구하였지만 내부에는 등식의 성질이 있었다. 대부분 길어진 식을 푸는 열쇠에는 등식의 성질이 있었는데, 배우지 않은 등식의 성질로 알려줄 수 없어서 많은 사람들이 가르칠 때 난감하였던 것이다. 등식의 성질은 단순히 방정식을 풀기 위한 방법으로서만이 아니라 초등 2학년 때부터 =의 왼쪽과 오른쪽이 같다는 것을 지속적으로 알려주어야 한다. 아이들에게 직접 물어보시라. 많은 아이들은 왼쪽과 오른쪽이 같다고 생각하는 것이 아니라 오른쪽에 답을 쓰는 곳이라고 생각한다.

다음은 초등학교 2~3학년의 아이들에게 등식의 성질을 알려주는 대화이다. 4~6학년에게는 당연히 더 쉽겠지요?

 네가 똑똑해서 선생님이 중학생들에게 가르치는 '등식의 성질'을 너에게 알려주려고 해.
- 혹시 어려운 거 아니에요?
- 어려운지 안 어려운지 네가 판단해 봐.
- 알았어요.
- 네가 가지고 있는 돈과 내가 가진 돈이 같다고 해보자. 네가 가진 돈에서 500원을 더하고, 내가 가진 돈에 500원을 더하면 어떻게 될까?
- 선생님은 얼마를 갖고 있는데요?
- 선생님이 얼마를 가지고 있든지 상관없는데.
- 아, 그럼 같아요.
- 네가 가진 돈에서 3천 원을 빼고, 내가 가진 돈에서 3천 원을 빼면 어떻게 될까?
- 같아요.
- 빼기도 잘하는데. 그럼, 네가 가진 돈에 173을 곱하고, 내가 가진 돈에 173을 곱하면 어떻게 될까?
- 같아요. (뭔가를 잔뜩 기대하고 있던 아이는 실망한다. 사실 이 아이는 곱셈이나 나눗셈이 무엇인지도 모른다.)
- 네가 가진 돈에서 76을 나누고, 내가 가진 …
- 같아요. 같아요. 이제 시시하니 그만 해요.
- 알았어. 쉽지? 이렇게 시시해 보이는 등식의 성질이 얼마나 중요한지 알게 될 거야.

아이가 등호(=)의 왼쪽과 오른쪽이 같다는 생각이 아니라 오른쪽을 답을 쓰는 곳으로 생각하는 것을 교정해야 한다. 그러려면 다음처럼 당연한 문제들을 풀어야 한다. 이때는 기준이 되는 수를 간단하게 해야 아이들 눈에 답이 잘 들어온다.

Q 다음 □ 안의 수는 무엇인가요?

(1) $5 = □$

(2) $□ = 0$

(3) $173 = □$

(4) $100 + 7 = 100 + □$

(5) $100 + 7 = 100 + 5 + □$

(6) $100 + 57 = 100 + □ + 7$

(7) $1000 + 3 = 1000 + □$

(8) $2000 + 45 = 2000 + □$

(9) $3697 = 3000 + 600 + 90 + □$

(10) $10008 = 10000 + □$

답: (1) 5 (2) 0 (3) 173 (4) 7 (5) 2 (6) 50 (7) 3 (8) 45 (9) 7 (10) 8

쉬워서 답을 안 적으려다 적었다. 아이들이 어려워하였나요? 시중에 이런 문제가 없으니 아이가 아마 새롭다며 오히려 재미있어 할 것이다. 등식은 너무나 당연하여 가르치지 않는 것이 원인이 되는 곳이다. 부모들의 생각과 달리 아이들은 가르치지 않으면 절대 알지 못한다. 2학년부터 등식의 성질이 곳곳에서 '계산에서 필요 없는 수를 지우기'와 같은 문제로 나오기 시작한다.

==등호의 왼쪽을 좌변, 오른쪽을 우변이라 하며 좌변과 우변을 통틀어 양변이라 한다. 양변이 어떻게 하면 같아질까?==

아이가 등호의 왼쪽과 오른쪽이 같다는 생각이 들게 하였나요? 그 다음 단계를 진행하기에 앞서 먼저 용어부터 살펴봅시다. 등식이란 등호(=)가 있는 식이다. 3+5=8에서 등호의 왼쪽에 있는 '3+5'를 좌변이라고 하고, 등호의 오른쪽에 있는 '8'을 우변이라고 한다. 양쪽의 변을 통틀어 양변이라고 한다. 아이가 등호(=)의 좌변과 우변이 서로 같다는 것을 알았다면, 이제 어떻게 하면 같아질까로 생각을 한 단계 업그레이드를 해야 한다.

Q 다음 □ 안의 수는 무엇인가요?

(1) 2+3=□+1

(2) 4+□=2+7

(3) 99+□+5=100+5

(4) 98+□+5=100+5

(5) 97+□+5=100+5

(6) 58+□+7=60+7

(7) 100+□=100+36

(8) $100+17=100+\square+7$

(9) $1000+9=1000+\square-1$

(10) $58+19=\square-1+58$

답: (1) 4 (2) 5 (3) 1 (4) 2 (5) 3 (6) 2 (7) 36 (8) 10 (9) 10 (10) 20

자, 이제 '등호(=)의 정의'를 배워보자! 등호를 가르치는 것이 쉽지 않아서 학교과정에서는 고등학교까지 기다린 것이다. 그런데 고등학교 때도 시간이 지나고 머리가 커져서 등호를 이해하는 것이 아니라 벤다이어그램을 통해서 배웠다. 앞서 벤다이어그램을 통해서 'A는 B이다.'를 배웠다. 이것을 이해한다면 '$A=B$'도 이해할 수 있다.

<조소장의 한줄개념 73>

등호($A=B$)의 정의는 A는 B이고 B는 A이다.

앞서 벤다이어그램에서 배웠다. <그림 1>에서 'A는 B이다.'가 A와 B가 같다는 뜻이 아니라 'A는 B의 부분이다.', 'A는 B에 속한다.', 'A는 B에 포함된다.' 등의 뜻이라고 했다. 또한 <그림 2>에서 'B는 A이다.'가 B와 A가 같다는 뜻이 아니라 'B는 A의 부분이다.', 'B는 A에 속한다.', 'B는 A에 속한다.' 등의 뜻이다.

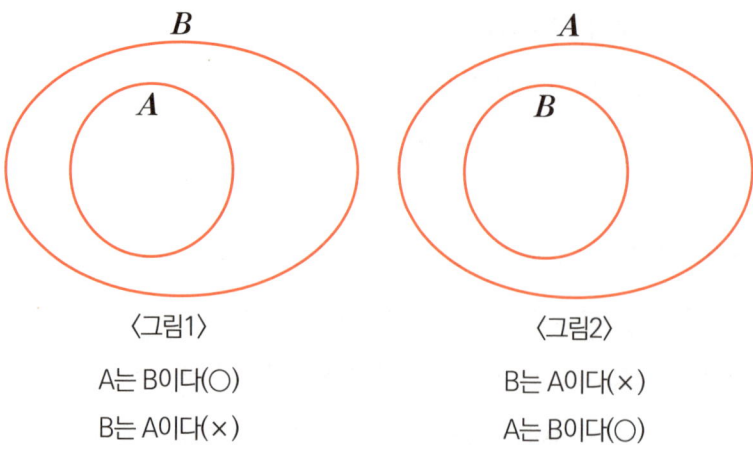

〈그림1〉
A는 B이다(○)
B는 A이다(×)

〈그림2〉
B는 A이다(×)
A는 B이다(○)

위 그림1과 2처럼 'A는 B이다.'와 'B는 A이다.'처럼 다르다. 그런데 'A=B'의 정의는 'A는 B이고 B는 A이다.'이다. 이것은 A는 B의 부분이고 B는 A의 부분이어야 한다는 말이다. 이처럼 서로의 부분이 될 때가 언제인지 잠깐 생각해 보자. 그때는 아래와 같이 A와 B가 서로 같을 때밖에 없다.

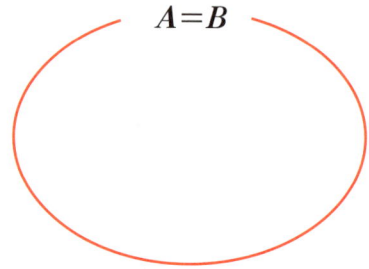

알 듯 말 듯한가요? 등호를 가르치기가 어려워서 근 10년을 기다렸다가 고등학교에서 가르치는 것이다. 필자도 벤다이어그램이 없다면 가르칠 엄두를 못 냈을 것이다. 특히 많은 아이들이 이미 'A는 B이다.'를 같은 것이라고 생각하고 있었기 때문에 등호(=)의 정의를 받아들이기가 쉽지는 않을 것이다. 그렇다면 더더욱 무엇과 무엇이 명시적으로 '같다.'라고 하기 전까지는 섣불리 같다고 생각해서는 안 된다.

4-2
등식의 종류

약간 어렵다고 생각되면 방정식을 먼저 공부하고 와서 봐도 된다. 필자가 '등식의 종류'라는 말을 만들고 기존에 있던 방정식과 항등식에 추가로 '말도 안 되는 등식'이라는 말을 만들어 체계를 완성했다. 등식은 등호가 있는 식이니 당연히 등식의 종류가 무엇이든지 등호를 가지고 있을 것이다. 역으로 아이가 등호가 있는 식들을 보고 이 식들을 등식의 종류 안에 포함시켜서 하나하나 모든 것을 설명할 수 있을 때 체계가 잡힌다. 만약 등식 중에서 설명이 되지 않는 것이 있다면 "내가 모르는 무언가가 있을 것이다."라는 막연함에 빠진다. 수학은 최대한 깔끔하게 정리할수록 깊고 멀리 갈 수 있다고 생각한다.

〈조소장의 한줄개념 74〉

등식의 종류에는 방정식, 항등식, 말도 안 되는 등식이 있다.

방정식을 설명하려면 길어지니 별도로 설명한다. 항등식은 '항상 등식이 성립하는 식'이고 말도 안 되는 등식은 말 그대로 말이 안되지만 등식이라는 말이다. 도대체 무슨 말이냐고요? 직접 사례를 들어 설명한다. 우선 다음과 같은 식들을 보자!

① 방정식 $x=3$ ② $3=3$ ③ $x=x$ ④ $0=3$

'등식의 종류에는 방정식, 항등식, 말도 안 되는 등식이 있다.'처럼 표현하면 등식에 이 세 가지 이외에는 없다는 뜻이라는 것을 기억하는가? 모두 등호가 있으니 등식이고 각각 방정식, 항등식, 말도 안 되는 등식 중의 하나가 된다. 먼저 ①은 방정식이라고 씌어 있으니 방정식이다. 방정식이 무엇인지를 다시 정식으로 다루겠지만, 아무런 조건이 없는 '$x=3$'과 같은 것을 방정식이라고 하면 안 된다. '② $3=3$'를 말로 하면 '3은 3이다.'이다. 이것을 보고 묻는다. "3은 비가 올 때도 3인가?", "3은 눈이 오거나 바람이 불 때도 3인가?", "3은 기분이 나쁘거나 100억 년이 지나도 3인가?"와 같은 모든 질문에 "그렇다"라고 대답할 것이다. 이처럼 3이 항상 3과 같기 때문에 이런 식을 항등식이라고 한다. 항등식이 무엇인지 이해하겠는가? 좋다. 그렇다면 ③ $x=x$는 어떠한가? 좌변의 x와 우변의 x는 같은 수이기에 x가 어떤 수가 되든지 상관없이 등식이 성립한다. 따라서 이것도 항등식이다. '④ 0=3'는 어떤가요? 등호가 있으니 등식이 맞지만, 말도 안 되어 '말도 안 되는 등식'이라고 했다. 중요한 것은 모든 등식이 이렇게 구분해서 정리해야 한다는 것이다. 필자가 이렇게 얘기하면 '항등식'은 당연하고 '말도 안 되는 등식'은 말도 안 되니 별거 아니라고 생각하거나 심지어 "이런 문제가 나오나요?"라고 물어본다. 당연히 나오고 이런 것이 나오면 어려워한다. 무엇을 어려워하느냐면, 본인이 쓴 식이 방정식인지 항등식인지를 구분하지 못하는 것과 문제가 물어보는 것이 '말도 안 되는 등식'의 상태를 물어보는 것인지를 몰라서인 경우이다. 즉 등식의 종류들을 구분하지 못한다는 것이다.

〈중학수학교과서〉

등식 $x+2x=3x$는 x에 어떤 값을 대입하여도 항상 참이다. 이와 같이 모든 x의 값에 대하여 항상 참이 되는 등식을 항등식이라고 한다.

〈조소장의 한줄개념 75〉

항등식은 x의 값과 상관없이 항상 등식이 성립하는 것이다.

예를 들어 $3=3$, $x=x$, $x+3=x+3$처럼 좌변과 우변의 식이 같아서 등식의 성질로 모두 없애면 $0=0$처럼 된다. 항상 성립해야 하니 대부분의 공식이 항등식이다. 항등식의 해가 무엇이냐고 묻는다면,

항상 성립한다고 했으니 모든 수 즉 실수이다.

〈조소장의 한줄개념 76〉
말도 안 되는 등식은 x가 어떤 값을 가져도 등식이 성립하지 않는 식이다.

예를 들어 $x=x+3$, $x+2=x+5$처럼 등식의 성질로 양변에 같은 것을 없애면 $0=$(0이 아닌 수)처럼 등식이 성립하지 않는 식이 된다. $0=3$처럼 식에 x가 없으면 $0\times x=3$로 바꿔서 생각해야 한다. 이때 x가 어떤 값을 갖는다 해도 0을 곱하면 0이 되기에 절대 우변의 3과는 같지 않다. 그래서 말도 안 되는 등식의 해가 무엇이냐고 물으면 "해가 없다"라고 해야 한다. 역으로 해가 없을 때의 식은 말도 안 되는 등식이다.

중학교에서 다루어지니 그때 해도 되지만, 그때도 등식을 한 번에 정리하는 것이 아니다. 수학교과서는 등식을 가르치면서 방정식과 항등식을 가르치고 다시 학년을 달리해서 '해가 무수히 많은 경우'와 '해가 없는 경우'로 구분해서 가르친다. 그러면 자세히는 가르쳤지만 한꺼번에 가르치지 않고 또 중복이 되다 보니 정리하지 못하는 경우가 대부분이다. 그러니 등식의 종류를 외웠다가 나중에 중고등수학에서 분류할 수만 있으면 좋겠다는 생각에서 다루는 것이다. 공부는 원래 새로운 것을 배우고 생각을 하여 자신이 갖고 있는 생각에 추가하거나 교정하는 것이다. 그런데 <mark>등식 즉 방정식, 항등식, 말도 안 되는 등식은 모두 '등식의 성질'로 푼다. 이들의 분류만 머릿속에 확실하게 잡혀있다면 푸는 것 자체는 어렵지 않다.</mark> 구분만 할 수 있다면 매년 한두 문제는 어렵지 않게 해결할 수 있을 것이다.

🧑‍🏫 '$x+2=5$'는 식의 이름이 뭐야?

🧑‍🎓 방정식요.

🧑‍🏫 틀렸어.

🧑‍🎓 왜 틀려요? 맞잖아요. 그럼 뭐예요?

🧑‍🏫 등식이야.

🧑‍🎓 그건 맞지만, 방정식이라고 하면 안 돼요?

🧑‍🏫 등식의 종류는 뭐야?

🧑‍🎓 방정식, 항등식, 말도 안 되는 등식이요.

🧑‍🏫 방정식일 수도 있고 아닐 수도 있는데 방정식이라고 하면 안 되지.

🧑‍🎓 이런 거를 사람들은 방정식이라고 하던데. 그럼 '$x+2=5$'이 방정식이 되려면 어떻게 해요.

🧑‍🏫 간단해. '방정식 $x+2=5$'이라고 하면 돼.

🧑‍🎓 앞에 방정식이라고 꼭 써야 돼요?

🧑‍🏫 응. 안 쓰면 등식 중에 어떤 식인 줄 몰라. 다만 평상시 귀찮아서 선생님들이 '방정식'이라는 말을 쓰지 않는 경우가 많은데,

엄밀하게 말해서는 틀리는 거야. 그런데 걱정은 하지 마. 학교 시험이나 정식의 문제로 출제될 때는 출제자가 오류가 안 나게 꼭 등식의 앞에 '방정식'이란 말을 쓸 거야.

🧑 선생님, 무슨 말인지 잘 이해가 안 돼요.

👨 알았다. 방정식은 다음 챕터에서 다시 다루기로 하고 다른 등식의 문제를 풀어보자.

🧑 알았어요.

👨 '등식 $x+3=x+3$'은 식의 이름이 뭐야?

🧑 안 속아요. 등식이요.

👨 등식은 맞아. 그런데 등식 중에 어떤 거?

🧑 모르죠.

👨 모른다고 끝낼 일이 아니야. 풀어봐.

🧑 0이네요.

👨 0이 어떻게 해서 나왔어.

🧑 다 없어져요.

👨 모든 등식은 어떻게 푼다고 했어?

🧑 모든 등식은 등식의 성질로 풀지요.

👨 이렇게 잘 아는 아이가 왜 아무렇게 풀까? '$x+3=x+3$'에서 가장 먼저 뭘할래?

🧑 양변에 3을 빼요.

👨 그럼 어떻게 되었는데?

🧑 '$x=x$'요. 아~ $0=0$이요. 그게 그거 아니에요?

🧑‍🦱 아니. 어떻게 0과 0=0이 같니? 그러니까 등식을 풀면 항상 마지막도 등식이 나온다는 것을 알려면 항상 등식의 성질로 풀어야 하는 거야.

🧑 피곤하네요. 등식처럼 보이면 결국 다 풀어봐야 한다는 말이네요.

🧑‍🦱 0=0에서 x의 값은 뭐니?

🧑 x가 없는데, x의 값을 물으면 어떻게 해요.

🧑‍🦱 0=0은 원래 $0 \times x = 0$이었던 것이야. $0 \times x = 0$에서 0의 값은 뭐니?

🧑 모든 수요.

🧑‍🦱 항등식은 좌변과 우변이 같아서 등식의 성질로 풀면 항상 마지막은 0=0이 나온단다. 항등식을 '항상 등식이 성립하는 식'이라고 하든지 $0 \times x = 0$로 보아야 해가 모든 수라고 할 수 있게 될 거야.

🧑 과연 제가 안 잊을 수 있을까요?

🧑‍🦱 개념을 이해하기 어렵지 문제 푸는 것은 쉽단다. '항등식 $x+3=x+a$'에서 a의 값은 뭐니?

🧑 $a=3$요. 진짜네.

🧑‍🦱 등식 $x=x+3$도 풀어볼래?

🧑 아뇨. 안 풀어도 알겠어요? 말도 안 되는 등식이지요?

🧑‍🦱 말도 안 되는 식은 방정식이니?

🧑 말도 안 되는 소리지요.

등식에는 방정식, 항등식, 말도 안 되는 식으로 분류할 수 있고, 이 말은 곧 항등식과 말도 안 되는 식은 방정식이 아니라는 말이 된다.

4-3
방정식이란 무엇인가?

필자는 방정식을 연산으로 본다. 중고등수학에서 대부분의 문제는 등식이고 그 대부분은 방정식이다. 매번 나오기로 되어있는 수학 문제를 빨리 풀지 못한다는 것은 말이 안 된다. 그러나 빨라지는 것은 나중 문제고, 처음에는 방정식의 개념을 정확하게 알아야 한다. 우선 중학교 1학년에 나와 있는 방정식의 정의를 보자.

〈중학수학교과서〉

x의 값에 따라 참이 되기도 하고 거짓이 되기도 하는 등식을 x에 대한 방정식이라고 한다.
이때 문자 x를 그 방정식의 미지수, 방정식을 참이게 하는 미지수의 값을 그 방정식의 해 또는 근이라고 한다.

학생들에게 방정식이 무엇이냐고 하면 많은 학생들이 'x의 값에 따라 참이 되기도 하고 거짓이 되기도 하는 등식'이라고 한다. 무슨 뜻이냐고 물으면 "모른다"고 답한다. 그래서 이것을 문제를 풀면서 사용한 적이 있느냐고 물으면 "쓴 적이 없다"고 한다. 맞다. 이 말로 풀리는 중학교의 문제는 하나도 없다. 어떤 선생님이 "개념 중에는 지금은 뜻을 모르고 문제를 푸는 데 사용하지 않아도 외워야 하는 것이 있다."라고 하시는 말을 들었다. 설명하기 어려워서 하시는 말씀이다. 의미를 모르고 문제 푸는 데 사용하지 않는 개념이라는 것은 없다. 어려워도 하나하나 제대로 배워보자.

'x의 값에 따라 참이 되기도 하고 거짓이 되기도 하는 등식'라는 말은 변수의 의미를 담고 있는 말이다. 그러니 이 말의 의미를 모르겠다는 것은 바로 변수가 무엇이 모르기 때문에 일어나는 일이다. 변수를 설명하는 일은 쉽지 않은 일이다. 우선 필자가 생각하는 방정식의 정의를 보고 이야기를 이어가 보자.

〈조소장의 한줄개념 77〉
방정식은 변수가 있는 등식이다.

우선 수는 당연한 말이지만 생물이 아니라서 어떤 경우에도 변하지 않는다는 것을 확실히 해야 한다. 그리고 모든 수는 변수이거나 상수이고, 변수이면서 상수인 수는 없다. 그런데 많은 사람들이 변수를 '변하는 수'로 잘못 알고 있다.

〈조소장의 한줄개념 78〉

상수는 그 값이 정해진 수이고 변수는 변하는 범위의 어떤 정해지지 않는 수이다.

앞서 수학의 수가 변하는 경우는 절대로 없다고 했다. 상수를 '변하지 않는 수'로 정의해도 틀리지는 않으나 이렇게 정의하면 마치 변수가 '변하는 수'와 같다는 착각을 일으켜서 정의를 바꾸었다. 변수는 정해지지 않는 수이기에 끝까지 모른다. 예를 들어 '방정식 $x+2=5$'라는 식이 있다면, 방정식이 '변수가 있는 등식'이고 변수가 될 수 있는 것은 x밖에 없다.

변수가 x라는 말이다. 귀찮아서 평상시에는 이렇게 하지 못하겠지만 원칙대로 풀어보고 그 의미를 살펴보자. '방정식 $x+2=5$'을 풀면 '방정식 $x=3$'이다. '방정식 $x=3$'에서 x는 변수이고 아직도 정해지지 않았다. 변수는 끝까지 정해지지 않는다. 따라서 x와 3이 같다고 생각하면 안 된다. 다만 등식을 성립하게 하는 x의 값으로는 3이라는 말이다. 자, 이제 미지수라는 말만 남았다.

〈조소장의 한줄개념 79〉

모든 수는 변수이거나 상수이어야 하니, 미지수도 변수이거나 상수이다.

미지수는 아닐 미(未), 알 지(知), 수 수(數)자로 직역을 하면 '아직은 알지 못하는 수'이다. 이 말을 미래에는 알 수 있다는 말로 받아들이면 안 된다. 현재는 모르고 미래에는 알 수도 있고 모를 수도 있다는 말이다. 따라서 당연히 '모르는 수'로 받아들여야 한다. 그런데 모든 수는 변수이거나 상수라고 했다. 그렇다면 미지수는 변수일까, 상수일까? 이 질문에 많은 사람들이 변수라고 틀린 대답한다. 미지수는 분명 모르는 수라고 했으니 변수인지 상수인지도 모른다. "그럼 어쩌라는 말이야?"라는 생각이 드나요? 문제에 나와 있는 모든 미지수는 변수인지 상수인지 모르기 때문에 출제자가 지정해 주어야 한다. 만약 지정해 주지 않으면 출제 오류이다. 물론 지정해 주지 않으면 하나하나 따져보는 것이 맞지만, 이렇게 낸다면 논술문제처럼 풀이가 길어진다. 설명이야 하겠지만 문제로 내기는 쉽지 않다. 이렇게 해서 방정식을 설명했다. 그래도 마음이 놓이지 않아서 문답식으로 풀어본다.

🧑‍🦳 모든 수는 변수이거나 상수라고 했지?
🧑 네.
🧑‍🦳 그럼 미지수 x는 변수야, 상수야?
🧑 변수가 아닐까요?
🧑‍🦳 미지수가 뭔데?
🧑 아직은 알지 못하는 수 즉 모르는 수요.
🧑‍🦳 잘 알고 있네. 미지수가 모르는 수라면서 변수인지 상수인지

는 아는 거야?

🧒 x가 변수가 아니라고요?

👨‍🏫 정확히 말하면 변수일지 상수일지 모른다는 말이야.

🧒 그럼, 미지수 x는 어떻게 해야 변수가 되는 거예요?

👨‍🏫 문제에서 출제자가 '미지수 x는 변수'라고 지정해 주면 변수야.

🧒 그런데 선생님, 문제 중에 'x는 변수'처럼 써주는 것을 한 번도 본 적이 없어요.

👨‍🏫 맞아. 그렇게 직접적으로 써주지 않아. 그러니 문제에서 미지수가 나왔을 때, 변수인지 상수인지 구분하는 것을 가장 먼저 해야 돼.

🧒 직접 문제로 설명해 줘요.

👨‍🏫 알았다. '$x+2=5$'는 식의 이름이 뭐야?

🧒 방정식요.

👨‍🏫 틀렸어.

🧒 그런데 왜 틀려요?

👨‍🏫 방정식은 '변수가 있는 등식'인데 '$x+2=5$'에서 x가 변수라는 말이 없기 때문이야. 그럼, '방정식 $x+2=5$'는 식의 이름이 뭐야?

🧒 방정식이요.

👨‍🏫 왜?

🧒 방정식이라고 했잖아요.

🧑‍🏫 맞아. 방정식이라고 하면 방정식인 거야. 그렇다면 '$x+2=5$'에서 변수가 뭐야?

🧑‍🎓 x요.

🧑‍🎓 왜?

🧑‍🎓 방정식은 '변수가 있는 등식'인데 변수가 될 수 있는 것이 x 밖에 없어서군요?

🧑‍🏫 맞았어. 좋아 그렇다면 '방정식 $x+a=5$'에서 변수는 뭐야?

🧑‍🎓 x요.

🧑‍🏫 왜 그렇게 생각하는 거야? '방정식 $x+a=5$'에서 변수가 될 수 있는 거는 뭐야?

🧑‍🎓 x와 a요.

🧑‍🏫 이 중에 무엇이 변수인지 모르는 거야. x를 변수로 사용하는 문제를 많이 봐서 그럴 것이라고 찍은 거야.

🧑‍🎓 알았어요. 그럼 변수가 뭐라는 거예요?

🧑‍🏫 만약 출제자가 '방정식 $x+a=5$'라고 하고 문제를 풀라고 했으면 문제오류야. 네 말대로 x를 변수로 하는 방정식이라면 'x에 대한 방정식 $x+a=5$'이라고 냈을 거고, 이때 a는 말을 안 해도 상수가 되는 거야.

🧑‍🎓 'x에 대한 방정식'과 같은 표현은 문제에서 본 적이 있어요. 그게 변수 지정을 하는 거였군요.

🧑‍🏫 맞아. 그러고도 안심이 안 되어 많은 경우, 'x에 대한 방정식 $x+a=5$'의 문제에 '상수 a'라는 단서들이 있는 경우가 많아.

🧑 방정식에서 변수는 하나에요?

👨 아니, 그럴 리가. 방정식에 변수는 몇 개가 있어도 돼. '방정식 $x+a=5$'에서 두 개 모두 변수이려면 'x, a에 대한 방정식 $x+a=5$'이라고 하면 돼.

🧑 충격이네요. 아무렇게나 계산만 하고 있었어요. 그런데 교과서는 방정식에 있는 것을 미지수라고 하던데, 변수라고 해도 돼요?

👨 그럼. 교과서가 두루뭉술 미지수라고 한 것을 더 정확하게 표현한 것뿐이야. 걱정하지 말고 미지수가 변수인지 상수인지 구분하는 노력을 지속해야 돼. 그래야 중고등학교의 대부분의 문제를 어렵든지 쉽든지 이해하며 문제를 풀게 된단다.

🧑 큰일 날 뻔했네요. 어렵더라도 이겨내 볼게요.

교과서는 중고등학교에서 끝끝내 변수를 가르치지 않고 문제만을 낸다. 10년 전까지만 해도 교과서에 나온 대로 방정식을 미지수가 있는 등식이라고 가르쳤다. 필자도 변수의 정의를 내리기도 어렵고 가르치기도 어려웠기 때문이다. 그런데 아무리 생각해도 안 되겠기에 변수를 가르치기 시작했다. 변수는 미지수이지만, 아무 미지수나 변수라고 해서 엄청나게 많은 고등학생이 멘붕에 빠진다. 문제는 이유도 모른다는 것이다. ==아무리 어렵더라도 변수와 상수를 방정식을 배우는 최소 중학생부터는 미지수를 변수와 상수로 구분하는 것을 가르치고 연습을 지속해서 시키고 있다.== 모든 문제에서 나

<u>오다시피 하는 방정식에서 변수와 상수를 구분하지 못한다면, 중고등의 어떤 문제도 개념으로 풀고 있는 것이 아니라고 생각한다. 개념으로 풀지 않으니 방정식이나 함수에서 문자만 하나 바꿔도 손도 못 대는 것이다.</u> 변수는 어떤 단편적인 단원에 그치는 것이 아니라 방정식, 함수, 수열, 극한, 미적분 등 수학의 핵심을 관통하면서 모든 곳에 쓰인다. 학생들이 변수가 무엇인지를 모르면서 방정식이나 함수를 푼다는 것을 수학자가 안다면 "설마요. 상상이 안 가네요."라고 말할 정도다. 힘들더라도 미지수를 변수와 상수로 분류하고 방정식을 바라보는 관점부터 고쳐서 개념으로 가르치는 풍토로 바꿔야 말도 안 되는 전 국민 수포자 90%의 상황이 종료될 것이다.

먼저 방정식인지 아닌지부터 구분해 봐야겠지요?

Q **다음 식 중에서 방정식이 될 수 있는 것에 ○표 하시오.**

(1) $0=0$ (　)

(2) $8+□=24$ (　)

(3) $28 \div x \geq 6$ (　)

(4) $5 \times 6 = x$ (　)

(5) $7+x$ (　)

(6) $x=0$ (　)

(7) $3+2 \times x = 11$ (　)

답: (1) (2) ○ (3) (4) ○ (5) (6) ○ (7) ○

방정식은 '변수가 있는 등식'이라고 했지요? 그러니 최소한 변수가 될 수 있는 미지수와 등식이 존재해야 한다. (1)은 미지수가 없으며, (2)의 □도 미지수이다. (3)의 ≥는 부등호라서 부등식, (5)는 등호가 없네요. (6)을 못 찾은 것은 아닌가요? 미지수도 있고 등호도 있으니 방정식이 될 수 있다. $x=0$, $x=3$과 같은 식을 많은 중학생이 방정식이 아니라 방정식을 풀어서 나온 답이라고만 생각한다. 중1 때도 이런 문제가 나온다. 항등식만 방정식과 구분하기만 하면 중2의 과정이다. 그런데 방정식이나 항등식이 아닌 것을 찾으라는 문제도 있다. 그것은 '말도 안 되는 등식'을 찾으라는 문제다.

4-4
등식의 성질로 방정식 풀기

필자가 초등학생에게 방정식을 가르치는 것은 두 가지 이유다. 첫 번째는 중학교에서 방정식을 가르치기 전에 제대로 가르쳐보자. 두 번째는 등식의 성질을 연습시키자는 것이다.

〈중학수학교과서〉

등식의 성질

1) 등식의 양변에 같은 수를 더하여도 등식은 성립한다.
2) 등식의 양변에 같은 수를 빼어도 등식은 성립한다.
3) 등식의 양변에 같은 수를 곱하여도 등식은 성립한다.
4) 등식의 양변을 0이 아닌 같은 수로 나누어도 등식은 성립한다.

⟨중학수학교과서⟩

등식 $x+2=7$에서 좌변의 $+2$를 부호를 바꿔서 $x=7-2$처럼 우변으로 이동한 것과 같다. 이와 같이 등식의 성질을 이용하여 등식의 한 변에 있는 항을 그 항의 부호를 바꾸어 다른 변으로 옮기는 것을 이항이라고 한다.

⟨조소장의 한줄개념 80⟩

등식의 성질은 양변에 같은 수를 더하거나 빼거나 곱하거나 나누어도 등식은 성립한다. 단 0으로 나누면 안 된다.

참고) 좌변과 우변을 서로 바꾸어도 등식은 성립한다.

교과서에 소개된 4개의 등식의 성질 이외에 유클리드의 ⟨원론⟩에는 '같은 것은 같다'라는 것이 추가 되어있다. 교과서의 등식의 성질이 길어서 필자는 연습하기 좋도록 한 문장으로 줄여서 만들었고, 같은 것은 같으니 좌변과 우변을 바꾸어도 된다는 것을 추가했다. '등식의 성질'을 외우는 것 자체를 여러 번 해야 한다. 그러지 않으면 '분수의 위대한 성질'이나 '약분'하고 혼동하는 경우가 많다. 이후 방정식을 등식의 성질을 이용해서 푸는 연습을 엄청나게 해야 한다. 그러나 교과서는 등식의 성질을 배우자마자 이항을 가르친다. 이항을 가르치는 것은 기술이다. 방정식을 등식의 성질로 푸는 것을 보여주지 않고 연습시키지 않으면 아이는 무조건 이항을 외우려 들 것이다. 교과서나 문제집에 나와 있는 '방정식 푸는 문제들'을 모두 등식의 성질로 길게 2~3개월은 연습해야 한다. 늘 말하지만 올바르게 가르치면, 기술은 가르치지 않아도 저절로 된다. 필자의 홈페이지에 등식의 성질을 연습할 수 있도록 학습자료를 올려놓겠으니 필요하면 다운로드해서 연습시키기를 바란다.

〈조소장의 한줄개념 81〉
동치인 방정식은 어떤 방정식과 이 방정식에 등식의 성질을 이용해서 만든 방정식을 서로 동치인 방정식이라고 한다.

'방정식 $x+7=12$'을 등식의 성질에 맞춰 풀면 '방정식 $x=5$'이다. '방정식 $x+7=12$'와 '방정식 $x=5$'는 해가 같아서 동치(同値)인 방정식이라고 한다. 동치인 방정식을 가르치려는 목적이 아니라 $x=5$가 답이 아니라 여전히 방정식이라는 것을 잊지 말라는 의도다.

Q 다음 중 등식에 대하여 잘못 말한 것은 어느 것인가?
① 등식의 양변에 같은 수를 더하여도 등식은 성립한다.
② 등식의 양변에 같은 수를 빼도 등식은 성립한다.
③ 등식의 양변에 같은 수를 곱하여도 등식은 성립한다.
④ 등식의 양변은 같은 수로 나누어도 등식은 성립한다.
⑤ 등식에서 등호의 왼쪽을 좌변, 오른쪽을 우변이라고 한다.

답: ④

아이가 ⑤번이라고 하지 않던가요? 다 맞아 보이니 제일 긴 것을 찍은 것이다. ④번에서 0으로 나누면 안 된다는 조건이 붙어있지 않지요? 등식의 성질에서 0으로 나누면 안 된다는 것은 '등식의 성질'에서 단골 출제 대상이다. 초등학생이니 위처럼 쉽게 출제했지 어렵게 내면 중고등학생도 맞추기 어려운 문제가 많다.

방정식이 끝날 때까지 수업 시작 전에 다음처럼 매번 물어보아야 한다. 물론 방정식을 하는 중학생에게조차도 …

🧑 방정식이 뭐야?
🧑 변수가 있는 등식이요.
🧑 문제에서는 변수의 지정이 항상 있는 거야. 그럼 등식이 뭐야?
🧑 등호가 있는 식요.
🧑 등식의 성질이 뭐야?
🧑 양변에 같은 수를 +, −, ×, ÷어도(지지고 볶아도) 등식은 성립한다. (아이들은 등식은 성립한다는 말을 어려워한다. 그것이 '같다'라는 뜻인 것을 알려주면 된다.)
🧑 단???
🧑 0'으로' 나누면 안 된다.
🧑 이 중에 '양변에 같은 수'라는 말이 제일 중요해.

많은 아이들이 '0으로 나누면 안 된다'와 '0을 나누면 안 된다'를 혼동한다. 양변에 0을 더해도 빼도 곱해도 상관없지만 절대 0으로 나누면 안 된다. 0으로 나누면 어떻게 되는지를 326쪽에서 설명하였다. 그리고 나서 간단한 식 □+2=5를 □+2−2=5−2으로 다시 □=5−3이 되어, 그동안 배워왔던 역연산이 바로 '등식의 성질'임을 알려주는 것이 좋다. 고학년에서 방정식을 가르치는 이유는 2가지이다. 하나는 그동안 '어떤 수'로 생각하며 사용해 왔던 □를 x나 y로 사용하는 데 익숙해지기 위함이다. □를 x나 y로 바꾸는 것이 무엇이 어렵겠냐고 생각하겠지만, 실제로는 그렇지 않다. 중학교에 올라가면서 어떤 설명도 없이 x나 y 등의 문자를 사용했을 때 아이들은 먼저 두려움이 앞선다. 아는 것도 익숙하지 않으면 안 되며, x나 y와 같은 미지수에 익숙해지는 데만 1년은 족히 걸리는 것 같다. 두 번째는 답이 아니라 '등식의 성질'을 이용해서 다음 식, 다음 식으로 이어가는 연습을 위해서이다. 방정식을 풀 때면 대다수의 아이들이 "답만 쓰면 안 되겠냐?"며 무척 귀찮아한다. 만약 주어진 방정식의 x를 □로 바꾸면 초등 저학년의 문제로 그냥 답이 보인다. 그러나 방정식의 x의 값을 구하는 것이 목적이 아니니 아이를 설득해서 반드시 충분한 연습을 해야 한다. 반드시 편법이 아닌 등식의 성질을 정식으로 이용해서 식의 행간을 이어가야 한다. 수학의 식이 길어지는 이유는 모두 '등식의 성질' 때문이다. 나중에 닥치면 하지라는 생각은 결국 아이가 등식의 성질을 확실하게 잡게 되는 기회를 잃게 될 것이다. 정작 중학교에서도 등식의 성질은 소홀하게 취급되고 있으니 그래도 시간이 있는 이때 등식의 성질을 최대한 튼튼히 가르쳐야 한다. 워낙 개념이 쉬워서 간단할 때는 못 느낄 수도 있겠지만 이를 확실히 가르치지 않으면 점점 아이들이 복잡한 식에 접하면서 자신도 모르게 어려워하게 된다.

방정식을 등식의 성질로 풀기 전에 세 가지를 기억하자. 첫째, 방정식뿐만 아니라 등식의 성질은 모든 등식에서 사용한다는 것이다. 둘째, '방정식 $x+7=12$'을 등식에 성질에 맞춰서 풀기 전에 방정식을 째려보면 해를 구할 수 있을 것이다. 이것도 능력이다. 등식의 성질을 배운다 해도 이미 가지고 있는 능력을 없앨 필요는 없다. 셋째, '등식의 성질'의 확장은 중고등수학을 거치며 다양하게 이뤄진다. 보통 개념으로 가르치는 대신에 그렇게 하면 된다거나 기술로 가르칠 것이라 이유를 모른다. 가감법, 대입법, 축차대입법, 양변제곱 등 위 식과 아래 식 간에는 대부분 등식의 성질이 작동되니 "그런가보다"라고 하지 말고 이유를 생각해 보기 바란다.

방정식을 푼다는 것은 $x+7=12$와 같은 방정식에서 좌변에 x만 남겨놓고 모두 없애주는 것이다. x 옆에 붙어있는 $+7$을 없애주면 x만 남겠지요? 그런데 $+7$을 없애주려면 빼기 7을 해야 하는데, 문제는 등식의 성질에 따라 '양변에 빼기 7을 똑같이 해야 한다는 것'이다.

$x+7=12$

⇨ $x+7-7=12-7$

⇨ $x=5$

여기서 주의해야 할 것은 $x+7-7=12-7$라는 식을 별도로 쓰는 것이 귀찮으니 대신에 많은 아이들이 $x+7=12$의 우변에만 7을 빼서 '$x+7=12-7$'과 같이 등식의 성질에 맞지 않는 식을 쓸 때가 있다 아이도 알지만 이렇게 하면 빨리 답을 구할 수 있다고 우기기도 한다. 이는 절대 허용해서는 안 된다. 이럴 때는 방정식을 푸는 것이 아니라 등식의 성질을 연습 중이니 올바른 식으로 써야 한다는 것을 아이에게 반드시 설득해야 한다. 그런데 $x+7=12$도 방정식이고 이것을 풀어서 나온 $x=5$도 방정식이다. 따라서 이것은 답이라고 하는 것이 아니라 풀해(解)자를 써서 '해'라고 한다. 답은 질문이 있을 때 그에 대하여 답해주는 것을 답이라고 한다. 간혹 방정식의 해를 근이라고도 표현한다. 그것은 근이 뿌리 근(根)로 방정식을 푸는 것이 아니라 "이게 원래 뭐였지?"라며 째려보고 그 뿌리를 찾기 때문이다. 따라서 방정식을 풀면 해나 근이라고 해야 한다.

Q 다음 방정식을 등식의 성질로 푸는 과정을 보여라.

(1) $x-7=12$

(2) $7+x=15$

(3) $7 \times x=15$

(4) $2 = 5 \times x$

(5) $2 = x \div 5$

(6) $2 = 5 - x$

(7) $2 = 5 \div x$

> 답: (1) $x-7=12 \Rightarrow x-7+7=12+7 \Rightarrow x=19$ (2) $7+x=15 \Rightarrow 7+x-7=15-7 \Rightarrow x=8$ (3) $7 \times x=15 \Rightarrow 7 \times x \div 7=15 \div 7 \Rightarrow x=\frac{15}{7}$ (4) $2=5 \times x \Rightarrow 2 \div 5=5 \times x \div 5 \Rightarrow \frac{2}{5}=x \Rightarrow x=\frac{2}{5}$ (5) $2=x \div 5 \Rightarrow 2 \times 5=x \div 5 \times 5 \Rightarrow 10=x \Rightarrow x=10$ (6) $2=5-x \Rightarrow 2+x=5-x+x \Rightarrow 2+x=5 \Rightarrow 2+x-2=5-2 \Rightarrow x=3$ (7) $2=5 \div x \Rightarrow 2 \times x=5 \div x \times x \Rightarrow 2 \times x=5 \Rightarrow 2 \times x \div 2=5 \div 2 \Rightarrow x=\frac{5}{2}$

해가 아니라 풀이를 요구했다. 많은 학부모들이 초등 때 등식의 성질을 연습한 기억이 난다고 한다. 이유는 간단하다. 등식의 성질로 푸는 것이 짜증이 났기 때문이다. 아이에게 미리 얘기하고 연습을 충분히 시켜야 할 것이다. 나머지 2개를 제외하고 어렵지 않아서 설명이 필요가 없을 것이다. '$-x$'와 '$\div x$'가 나올 때, 각각 양변에 를 더하거나 곱해서 좌변으로 옮기는 작업이 들어가서 무척 귀찮을 것이다. 필자도 이것을 초등 6학년에서 연습했는데, 얼마나 짜증 나던지 지금도 기억이 난다.

4-5
복잡한 방정식을 푸는 순서

등식의 성질을 한번 이용하는 것에 비해서 등식의 성질을 두 번 사용하는 문제는 아이들이 많이 버거워한다. 머리로는 이해하지만 처음에는 등식의 성질에 맞게 쓰다가도 생각이 뒤엉켜서 많이 혼동스러워 할 것이다. 이때 필자가 가르치던 한 아이가 '끝까지 정신줄을 놓치지 말아야 한다.'는 명언을 남기기도 했다. 이때 아이들이 혼동스러워하는 것은 두 가지이다. 첫째는 x만 남기려고 할 때, 어느 것부터 없애야 하는지를 모른다. 둘째, 등식의 성질에 맞게 잘 쓰다가 계산이 되는 것을 먼저 계산하다가 그만 길을 잃어버리는 것이다. 등식의 성질에 맞게 식을 쓸 때에는 중간에 계산하지 못하도록 하는 것이 혼동을 막는 방법이 된다.

〈조소장의 한줄개념 82〉

방정식을 푸는 순서는 변수만 남겨놓고 나머지를 혼합계산 순서의 역순으로 없애는 것이다.

즉 '$+, -$ ⇨ $\times, \div$ ⇨ 괄호'의 순서로 없앤다.

초등 4학년에서 아이들이 '만—억—조'의 큰 수가 나오면 겁내거나 두려워한다. 이때 '만—억—조'를 넘어서 '만—억—조—해—경—자—양—구—간—정—재—극—항아사—나유타—불가사의—무량대수'를 외우게 하면 오히려 재미있어 한다. 마찬가지로 방정식을 등식의 성질로 푸는 것을 싫어하니 더 복잡한 방정식을 몇 번 풀게 하는 것이 더 도움이 된다. 보통 등식의 성질을 2번 사용하는 것을 연습하면 되는데, 다음처럼 $(x+3) \times 5 + 1 = 26$처럼 3번 연습하는 것을 몇 번 시켜주면 오히려 '방정식을 푸는 순서'가 더 확실하게 들어간다.

🧑 네가 친구들 함께 놀고 있다가 친구들이 모두 집에 갔다면 누가 남았니?

🧑 저요.

🧑 친구들이 집에 갈 때, 네가 가는 순서를 정해주어야 해! 제일 먼저 $+, -$있는 애들을 보내고 그다음 $\times, \div$있는 애들을 보내는 것이지.

🧑 '혼합계산순서의 거꾸로'라는 말인 거 알아요.

🧑 그런데 항상 등식의 성질을 잊어버리면 안 된다.

 알았어요.

방정식은 결국 좌변에 x만 남기는 것이다. 옆의 숫자들을 모두 없애면(물론 등식의 성질로) x만 남는다. 그런데 여기서 x 옆의 숫자 중 무엇을 먼저 없애야 하는지의 순서를 가르쳐야 한다. 만약 $(2+3) \times 5 + 1$를 계산하려면 괄호 ⇨ ×, ÷ ⇨ +, −라는 혼합계산순서에 따라 $(2+3) \times 5 + 1 = 16$이라는 답을 구하게 된다. 그런데 이 수 중에 2를 모르는 수 x라고 해보면 $(x+3) \times 5 + 1 = 26$이 되고 이제는 미지수 때문에 계산이 안 된다. 이처럼 방정식이 길어지는 이유는 모르는 수 즉 변수가 있어서다. 실패에 실을 감았다가 다시 풀 때는 반대로 돌려야 하듯이 이것들을 풀 때는 혼합계산순서의 역순 즉 (덧셈, 뺄셈) ⇨ (곱셈, 나눗셈) ⇨ (괄호)의 순서로 없애야 한다. 그렇다면 '혼합계산순서의 거꾸로'가 '방정식 푸는 순서'(방정식 푸는 순서란 말은 정식 명칭은 아니고 필자가 만든 말이다.)가 된다.

$(x+3) \times 5 + 1 = 26$ (+로 붙어있는 것을 없애야 하니 양변에 1을 빼면)

⇨ $(x+3) \times 5 + 1 - 1 = 26 - 1$

⇨ $(x+3) \times 5 = 25$ (×로 붙어있는 것을 없애야 하니 양변에 5로 나누면)

⇨ $(x+3) \times 5 \div 5 = 25 \div 5$

⇨ $x+3=5$ (좌변에 $x+3$밖에 없어서 괄호가 사라졌다. 이제 양변에 3을 빼면)

⇨ $x+3-3=5-3$

⇨ $x=2$

위와 같이 등식의 성질을 세 번 이용하는 것은 눈으로만 보여주고 아이에게 연습시키는 것은 등식의 성질을 두 번 이용하는 것을 연습시키면 된다. 아이는 두 번 하는 것도 많이 헷갈려 하고 귀찮아 할 것이다. 등식의 성질을 두 번 이용하는 것만 풀고 더 이상의 연습은 할 필요는 없다. 자발적으로 등식의 성질에 맞도록 이렇게 식을 길게 쓰고 싶은 아이들은 거의 없다. 그래도 정식으로 모든 단계를 거쳐서 정확하게 풀도록 해야 한다. 필자는 초등학교에서 대부분의 계산을 길게 쓰지 않고 될 수 있으면 암산하도록 하는데, 처음으로 식을 쓰도록 강요하는 것이다. 물론 이런 연습은 중학교의 많은 방정식을 풀면서 다시 빠르고 정확하게 암산할 수 있도록 하기 위함이다. 아이를 잘 설득해서 $(x \times 5)+12=22$, $(x \div 9)-7=3$, $(x \times 4) \div 5=8$, $(x \div 6) \div 5=2$ 등과 같은 문제를 등식의 성질을 정식으로 쓰게 하면서 익숙해질 때까지 충분한 연습을 시켜야 한다.

$(x \times 4)-12=16$ (양변에 12를 더하면)

⇨ $(x \times 4)-12+12=16+12$

⇨ $x \times 4=28$ (양변에 4로 나누면)

⇨ $x \times 4 \div 4 = 28 \div 4$

⇨ $x = 7$

언제나 그렇듯이 마지막은 항상 분수의 연습이다. $x + \frac{1}{3} = \frac{1}{2}$, $x - 1\frac{3}{5} = 2\frac{1}{4}$, $\frac{3}{4} \times x = 12$, $x \div 1\frac{1}{13} = 6\frac{1}{2}$와 같은 분수가 들어가 있는 문제를 풀려야 한다. 이때는 먼저 아이들이 하는 대로 놔두면 못한다고 하거나 $x + \frac{1}{3} = \frac{1}{2}$을 $x + \frac{1}{3} - \frac{1}{3} = \frac{1}{2} - \frac{1}{3}$처럼 할 것이다. 끝까지 하게 두었다가 새로이 양변에 분모 3과 2의 최소공배수인 6을 먼저 곱하도록 시킨다. 즉 $x + \frac{1}{3} = \frac{1}{2}$ ⇨ $6 \times x + 2 = 3$의 과정까지를 거치게 한다. 이때는 $6 \times x + 2 = 3$ 이후의 과정도 아이가 할 줄 알 것이다. 여기까지 해 놓으면 중학교의 방정식 준비는 다 끝났다.

4-6
방정식 만들기

중학교의 과정에서 아이들이 가장 어려워하고 싫어하는 것 중에 하나가 '방정식의 활용'이라는 단원이다. 이 단원을 어려워하는 이유로 아이들이 속력이나 소금물의 농도 등이 나오기 때문이라고 생각들을 많이 하지만, 사실은 '방정식 만들기'를 연습하는 중간 단계가 없이 갑자기 활용하는 단계로 넘어갔기 때문이다. '방정식 만들기'든 '방정식의 활용'이든 식을 만들면 방정식이 나온다는 것이다. 어려우면 항상 가장 먼저 정의를 생각해야 한다. 방정식의 정의는 '변수가 있는 등식'이다.

문제를 읽어보면 그 안에는 반드시 모르는 것이 있고 무엇인가가 같은 것이 있다.

방정식에는 변수와 등식이 있다. 모르는 수와 기준이 같은 무언가가 있다.

첫째, 가장 먼저 모르는 수가 무엇인지를 찾아야 한다. 무엇을 모르는지 아니면 구하라는 것이 무엇인지를 파악해서 x로 놓으면 이것만으로도 문제를 푸는 데 큰 도움을 받는다. 기억을 하는지 모르겠지만, 대부분 초등 저학년에서 모르는 어떤 수를 □라고 써 놓는 것만으로도 문장제 문제가 쉬워진 경험들이 있을 것이다. 어차피 모르는 수이니 x라 쓰든지 안 쓰든지 같다고 생각할 것이 아니다. x라 놓는 것은 이미 구했다고 보는 것이고, 구했으니 안심하고 다음의 생각으로 옮겨갈 수 있는 여유가 생긴다.

둘째, 반드시 같은 것이 있을 것이다. 같은 것이 없이 모르는 것만 있다면 그 문제는 원래 풀 수 없는 문제이다. 모르는 것이 두 개 있다면 무엇인가 같은 것도 두 개가 있을 것이니 걱정할 것이 없다. 초등의 대다수 문제는 모르는 것이 한 개이기에 무언가가 같다는 표현이 분명히 있을 것이다. 수식으로 방정식을 세우지 못하겠으면 우선 한글로 같은 것을 써보라.

그리고 "수만이 계산되고 같은 수일지라도 기준이 같아야 한다."는 필자의 개념을 생각하기를 바란다. 예를 들어 거리는 거리와 같고 시간은 시간과 같으며 속력은 속력과 같다. 또 소금은 소금과 같고 소금물은 소금물과 같다. 무슨 선문답이냐고요? 믿기 힘들지도 모르겠지만, 이것을 몰라서 중학생들이 방정식의 활용이 어려운 것이다.

Q 수현이는 13살이고, 누나와 수현이의 나이의 합은 29살이다. 누나의 나이를 구하는 방정식을 만들어라.

답: $x+13=29$

무엇인지는 몰라도 수현이와 누나와 이들의 나이가 나온다. 여기서 계산되는 것은 나이와 나이뿐이다. 즉 '(무언가의 합)=(29)'이다. 누나의 나이를 모르니 x라고 놓고 수현의 나이 13을 써넣으면 $x+13=29$이다. 이때 아이가 어려워하거나 귀찮아하면 답을 구하지 말고 다만 '식으로 만들기'만을 하는 것이 더 좋을 수 있다. 계산을 하지 말라고만 해도 아이는 훨씬 부담이 적어져서 좀 더 생각하게 된다.

같지 않다면 같게 만들어 주어라

많은 초등 문제에서는 적다고 하면 빼고 많다고 하면 무조건 더하면 맞았다. 이런 생각은 방정식 이전의 생각이다. 이런 생각을 많은 아이들이 갖고 있으니 우선 이것부터 전환해야 한다.

선생님이 너보다 5,000원이 더 많다고 해보자! 어떻게 하면 같아질까?

🧑 제가 어디 가서 5,000원을 더 가져오면 돼요.

👨 다른 방법은 뭘까?

🧑 선생님이 저에게 2,500원을 주는 거예요. 좋은 생각이죠?

👨 그래. 또 다른 방법에는 무엇이 있을까?

🧑 선생님이 5,000원을 버리는 거예요. 그럼 제가 주워 가질게요. 진짜 좋은 생각이죠?

👨 내가 5,000원을 버리면 같아진다는 것은 정말 좋은 생각이다. 그런데 네가 주워가지면 절대 같아질 수가 없을걸.

🧑 아깝다.

방정식은 반드시 등호를 갖고 있다. 방정식을 세울 때에는 답을 구하려는 조급함 대신에 먼저 '무엇이 같은가?'를 찾아야 한다. 그래도 못 찾겠으면 기준을 하나하나 생각해 보면 쉬워질 수 있다. 예를 들어 "이들의 거리가 같나?" 아니면 "이들이 움직인 시간이 같나?"라고 생각해 보는 것이다. 특히 시간은 거리나 속력과 달리 눈에 보이지 않는다. 따라서 강제로 "이들의 사용한 시간이 같은가?"를 생각해 보는 것만으로도 중학교 '방정식의 활용'이 쉬워질 수 있다. 방정식으로 만들 수만 있다면, 나머지 방정식을 푸는 것은 아이가 하도 많이 풀어서 쉬워할 것이다. 방정식을 푸는 것이 어렵다고요? 그러면 방정식을 만드는 것이 아니라 방정식을 등식의 성질로 푸는 것이 먼저이고 방정식을 잘 풀 수 있을 때 다시 하면 된다. 그런데 만약 같지 않다면, 당연히 '어떻게 하면 같을까?'로 생각을 바꿔야 한다. 이 부분이 방정식 만들기의 핵심이 되는 곳이다.

Q 혜림이가 가지고 있는 돈은 언니가 가진 돈보다 100원이 적다. 혜림이가 가진 돈이 570원이면 언니는 얼마를 가지고 있는지 방정식으로 나타내어라.

답: $570+100=x$ 또는 $570=x-100$

문제에서 혜림이와 언니와 그들의 돈이 출연하고 있으며 계산이 되는 것은 돈이다. '언니가 얼마를 가졌냐?'란 답으로만 생각하면 초등학교 2학년의 문제이다. 중요한 것은 등식의 성질이니 답을 찾는 것이 아니라 등식으로 만들어 내는데 생각을 쏟아야 한다. 위 문제에서 혜림이가 언니보다 100원이 적다고 했으니 이들이 갖고 있는 돈이 같지 않고 다르다. 즉 (혜림이의 돈)≠(언니의 돈)이니 '어떻게 하면 같을까?'를 생각해야 한다. 같아지려면 100원이 적은 혜림이에게 100원을 더해주면 같아진다. 즉,(혜림이의 돈+100)=(언니의 돈). 또는 역으로 언니가 100원이 더 많으니 언니에게 100원을 빼준 (혜림이의 돈)=(언니의 돈-100)도 성립한다. 여기에 혜림이의 돈 대신에 570을 넣고, 모르는 언니의 돈에 x를 넣어 주면 방정식 $570+100=x$ 또는 $570=x-100$이 완성된다. 그런데 아이들에게 한 가지 또 다른 생각이 있다. 언니의 돈에서 50원을 빼서 혜림이에게 주는 $570+50=x-50$란 식을 만들어야 한다고 하는 아이들도 있다. 위 어떤 식도 관계없으나 굳이 계산을 어렵게 할 이유가 있을까요?

4-7
수직선

방정식을 끝내고 부등식을 가르치려 한다. 그런데 부등식은 수의 범위를 포함한다. 따라서 부등식을 다루기 전에 먼저 수직선부터 배워야 한다.

부등식을 가르치기 위해서 수직선을 가르치고 있지만 모든 수가 수직선에 있다는 것을 안다는 것이 중요하다. '안다는 것'이 넘쳐야 사용이 가능해진다. 필자는 "모든 수는 수직선에 있다."라는 이 말을 중고등학생들에게 알려주고 계속 물어보고 확인해서 체화시키려고 할 수 있는 모든 노력을 한다. 모든 수는 수직선에 있으니 어떤 수의 범위를 나타내는 부등식도 당연히 수직선에 있다. 이 말이 초등과 중등을 거쳐 고등까지 끝까지 중요하고 문제를 해결하는 유일한 해결책으로써의 역할을 하는 경우가 많기 때문이다. 그러니 초등 아이에게도 수직선을 알려주고 싶은 필자의 마음이 전달되었으면 좋겠다. 보통 수직선을 가르치기 위해서 다짜고짜 직접적으로 수직선을 보여주기부터 시작하는데, 우리는 하나하나 순서를 밟아 정식으로 다루어보자. 수직선은 소중하니까. ㅎ

〈탈레스의 한줄개념〉
점은 길이, 넓이, 부피 등의 크기는 없고 위치만 존재하는 것이다.

가장 먼저 점이 정의되어야 선이나 도형이 의미를 갖는다. 위 정의는 수학자 유클리드(*Euclid* / *BC* 3세기경)의 〈원론〉에 소개된 정의다. 이 책은 이전의 다양한 수학적 개념과 정리를 모아놓은 책으로 현재 교과서의 초중등의 도형에 관한 내용이 여기에서 기반했다. 점의 정의는 이전의 탈레스라는 사람이 만든 것이다. 아무도 관심을 가질 법하지 않는 '점'에 정의를 내린 이 분께 필자도 감탄하고 경의를 표한다. 가히 자연철학의 시조라 칭송할 만하다. 점은 수학에서 가장 기본에 속하고 중요한 것이다.

점에 대해서 조금만 더 생각해 보자. 점은 넓이나 높이 등이 없는 것이며 위치만 존재한다고 하였는데, 이것을 표현하는 것이 가능할까? 만약 점을 종이나 노트에 찍은 순간, 이것은 점이 아니다. 이 점을 현미경으로 관찰하면 분명 넓이와 높이가 존재하기 때문에 정의에 어긋나서 이것은 점이 아니게 된다. 따라서 아이러니하게도 점은 도형의 기본단위이지만, 도형은 아니다. 도형은 그림의 형태이어야 하는데, 점은 위치만 있고 그림으로 표현되지 않으니 도형이라고 할 수 없는 것이다. 마찬가지로 종이나 노트에 선을 긋거나 인쇄를 하여도, 현미경으로 보면 모두 높이를 가지게 되니 선이 아니다. 따라서 점이나 선을 정의대로 현실에서 표현할 방법은 없다. 그렇다면 우리가 보는 모든 도형은 실제로는 존재할 수는 없는데, 정의대로 그린 것이라고 우기는 것이 된다. 결국 모든 도형은 현실에서는 존재하지 않고, 우리의 마음속에만 존재한다. 그러니 모든 도형은 현실에서는 불가능한 '이상세계'라 할 수 있다. 점 다음으로 공부할 것은 선분이다.

〈초등수학교과서〉

두 점을 곧게 이은 선을 선분이라고 합니다. 선분을 양쪽으로 끝없이 늘인 곧은 선을 직선이라고 합니다.

〈조소장의 한줄개념 83〉

선분이란 서로 다른 두 점 사이를 가장 짧게 그은 선이다. 직선은 선분의 양 끝을 무한히 연장한 선이다.

초등수학교과서는 크게 2개의 오류를 담고 있으며 중고등에도 수정 없이 사용한다. 첫째, 두 점이 같을 수도 있고 다를 수도 있는 점을 무시했다. 둘째, '곧게'라는 말은 이미 이 안에 직선의 의미를 담고 있어서 직선으로 선분을 설명한 꼴이 되었다. 이것은 연역적 공부에서 절대로 빠져서는 안 되는 순환논리에 빠진 것이다. 선분을 정확하게 공부해 보자.

첫째, '서로 다른 두 점'이라고 해야 한다.
교과서에 점의 정의가 없으니 '같은 점'과 '다른 점'을 구분할 수 없어서 그런 듯 보인다. 그러나 두 점이 같을 수 있고, 두 점이 같다면 선분이 아니라 여전히 한 점이다. 점의 정의에 의하면 점은 '위치만 있는 것'이니 서로 다른 점이라는 것은 모양이 아니라 위치가 서로 다르다는 것을 뜻한다. 노파심에서 하는 말이지만, 앞으로 수학에서 '어떤 두 개'가 있다고 하면 항상 이들 둘이 '같은 경우'와 '서로 다른 경우'로 항상 분류해야 한다. 이것을 분류하지 못하고 틀리는 중고등학생들이 너무도 많다. 심지어는 상식적으로 생각하라며 빡빡 우긴다.

둘째, 가장 짧게 그은 선은 유일하다.
다음 그림처럼 서로 다른 두 점을 찍고, 점의 이름을 각각 A, B라고 하자. 그리고 두 점 A, B 사이에 여러 개의 선을 잇고, 선의 이름을 각각 l, m, n, o이라고 하자.

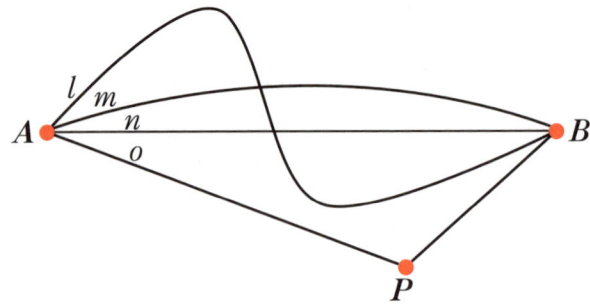

서로 다른 두 점 사이를 가장 짧게 그으면 n이 되고 이것이 선분이 되고 이것은 한 개이니 유일하다고 할 수 있다. 가장 짧게 그으면 곧게 된다는 것인데, 이해가 되나요? 교과서는 이 부분의 이해가 아이들이 어려울 것이라고 생각해서 왜곡시킨 것이다. 필자가 알려주었을 때, 어렵다는 학생은 보지 못하였고 신기하다며 더 좋아했던 경우가 많았다. 참고로 $\overline{AB}$와 $\overline{BA}$는 길이로써는 같지만, 순서의 의미를 가질 때는 다르다고 보아야 한다.

셋째, '거리'를 선분의 길이라고 한다.
'거리'라고 하는 말은 정의에 있는 '가장 짧다'라는 의미를 담은 '최단거리'의 약자이다. 그래서 중고등학교의 문제들에서 '거리' 또는 '최단거리'를 구하라는 말이 나오면 항상 선분을 떠올려야 문제들을 풀 수 있다. 또는 거리가 머릿속에 정의되어야 '길이'하고도 혼동 없이 사용하게 된다. 길이는 곡선과 선분의 길이를 모두 망라하는 말이다. 최종적으로 길이도 '거리들의 합'을 통해서 구하게 된다. 참고로 ($\overline{AB}$의 길이)=(점 A와 점 B 사이의 거리)=(점 A에서 점 B까지의 거리)이다. 일반적으로는 (A와 B의 사이)≠(A에서 B까지)이지만, 점은 넓이를 가지지 않기에 (점 A와 점 B 사이의 거리)=(점 A에서 점 B까지의 거리)로 본다.

넷째, 선분의 정의로부터 삼각형의 변들 간의 관계가 만들어졌다.

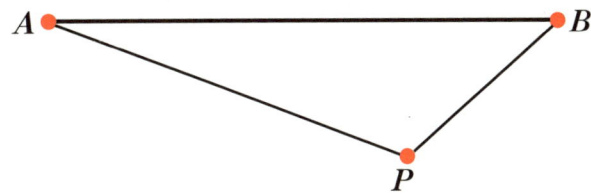

위 그림의 삼각형에서 정의에 의하여 $\overline{AB}$는 $\overline{AP} + \overline{PB}$보다는 작다. 가장 긴 변인 $\overline{AB}$조차도 이런 관계가 성립하니 짧은 변은 말할 것도 없다. 따라서 '삼각형에서 어느 한 변의 길이는 나머지 두 변의 길이의 합보다 작다.'라는 정리가 만들어진다. 이 정리를 좀 더 유용하게 바꾸면 '삼각형의 가장 긴 변조차도 나머지 두 변의 길이의 합보다 작다.'가 된다. 이것 역시 개념을 배우지 않고 다음처럼 문제들만 보여서 많은 학생들이 기술로 외워서 푸는 것을 본다.

Q 삼각형의 세 변의 길이가 $4cm$, $x cm$, $12cm$일 때, x의 범위를 구하여라.

답: $8 < x < 16$

이 문제에 '그리고'와 '또는'의 개념이 포함되어 있다. 문제를 푸는

데 급급하기보다는 잘 정리해 보기 바란다. 기본적으로 삼각형의 변은 모두 양수이어야 하니 $x>0$이다. 변들의 관계를 생각할 때, 가장 긴 변을 모르지만, 가능성이 있는 것은 12이거나 x이다. 긴 변이 12이면 나머지 두 변의 합 $x+4$가 12보다 크려면 x는 8보다 커야 한다. 즉 $8<x$이다. 그리고 긴 변이 x이면 나머지 두 변의 합 16이 x보다 커야 하니 $x<16$이다. x가 8보다 크고 16보다 작아야 하니 수의 범위는 $8<x<16$이다. 수의 범위를 알려고 수직선을 공부하려고 하였는데, 문제가 먼저 나왔다.

다섯째, 선분의 정의로부터 직선의 결정조건이 만들어졌다.
정의에 의하면 선분과 직선이 모두 서로 다른 두 점이 필요하며, 서로 다른 두 점이 있다면 선분도 직선도 결정된다고 볼 수 있다. 결정된다는 말은 변하지 않는다는 말이고 수학적으로는 '유일하다'고 한다. 두 점이 결정되었다면 그 두 점을 지나는 직선은 하나라는 말이다. 역으로 직선의 결정조건은 '서로 다른 두 점'이라고 할 수 있다. 직선의 결정조건은 이것 말고도 하나 더 있는데, 그것은 필자의 중학수학 책들에서 다루었다.

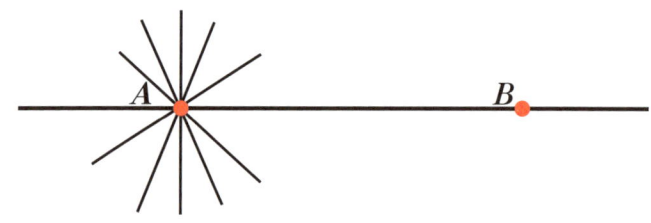

그림과 같이 두 점 A, B를 지나는 직선은 $\overleftrightarrow{AB}$로 한 개다. 직선의 정의가 선분의 양쪽을 연장한 것이므로 왼쪽으로 가는 것과 오른쪽으로 가는 것 각각을 생각하여 2개라고 하면 안 된다. 위 그림에서 보듯이 점 A를 지나는 직선은 무수히 많다. 이렇게 해도 좋지만, 필자와 생각을 일치시키려면, 점 A에서 직선이 돌고 있다고 보았으면 좋겠다. 점 A에서 직선이 돌고 있으니 결정되지 않았지만, 한 점 B가 하나 더 주어지면 더 이상 움직이지 못하는 직선 즉 직선이 결정된다는 것이다.

Q 다음 설명 중 옳지 않은 것은?
① 선은 점으로 구성된다.
② 두 점을 가장 짧게 연결한 것이 선분이다.
③ 서로 다른 두 점을 지나는 직선은 하나로 결정된다.
④ $\overleftrightarrow{AB}$와 $\overleftrightarrow{BA}$는 같은 직선이다.
⑤ 선이 움직이면 선 또는 면이 된다.

답: ②

어떤 2개가 나오면 그것이 같은 지 다른 지로 분류하라고 했다. "서로 다른 두 점"이라고 나오지 않았으니 두 점이 같은 수 있으니 선분이나 직선의 결정조건이라고 할 수 없다. 아마 ⑤번에서 선이 다시 선이 되는 경우가 언제일까라는 생각이 들 수 있다. 선이 직선이고 움직이는 방향이 연장선의 방향과 일치할 때는 여전히 선이 된다.

700여 명의 다양한 사람들에게 '수직선이 무엇인가?'라는 물어본 적이 있었다. 충격적이게도 올바른 대답을 한 사람은 없었다. 초중고의 수학교과서에서 수직선의 정의가 나와 있지 않으니, 수학은 가르치지 않으면 발견이 가능하지 않다는 방증이 될 것 같다. 약 85%의 사람들이 모두 '수직으로 만나는 선'이라는 틀린 답을 하였다. 참고로 '수직으로 만나는 선'은 '수선'이다. 나머지 15%의 모른다고 답한 사람들도 머릿속으로 그림은 그려지지만 말로 할 수는 없다고 하였다. 간혹 머릿속에 떠오른 그림을 "직선을 그리고 일정한 간격마다 수직으로 눈금을 그리고 정수를 써놓은 것"이라고 표현하는 사람도 있었다. 사람들이 직선에 눈금을 수직으로 그은 것이 생각나서 수직선을 수직으로 만나는 선이라는 오류를 말하였던 것이다. 수직선에 그은 눈금은 19세기의 '데데킨트의 절단'이라는 것으로 역시 천재가 발견한 것이다. 천재가 무언가를 발견하였다는 것은 동시대의 다른 천재는 몰랐다는 말이기도 하다. 그러니 수직선을 설명하지 않아도 저절로 알게 되리라는 것은 모든 사람을 '천재 중의 천재'로 안 것이다. 그러니 수직선이 머리에 떠오른다고 수직선을 아는 것이 아니다. 점의 정의부터 차곡차곡 공부한 사람이라면 수직선을 눈에 보이는 대로 이해하는 것이 얼마나 허술한 것인지를 느낄 것이다. 수직선을 가르치지 않고도 수학을 정확하게 가르치는 것은 거의 불가능하다. 수직선을 배우기 위해 점과 선분을 배우는 등 한참을 돌았다. 하나하나 잘 따라왔다면 이제 아래 수직선의 정의를 보기만 해도 이해가 될 것이다.

〈조소장의 한줄개념 84〉
수직선은 직선의 위에 있는 점들을 모두 수로 보는 것이다.

점이 움직여서 직선이 되었다고 보면, 직선의 구성요소는 모두 점이다. 그런데 직선의 구성요소들인 모든 점들을 각각 수로 보겠다는 것이 바로 수직선이다. 알고 보면 별거 아닌 것처럼 느끼기 쉽지만, 직선 위의 점들을 수로 보겠다는 한 최초의 사람은 7세기경 인도의 수학자 브라흐마그푸타(*Brahmagputa*)로 참으로 위대한 발견이다.

'위 직선을 보고 수직선이라고 보자!'라고 했을 때, 직선에 엄청나게 많은 점들을 모두 수라고 하였으니 엄청나게 많은 수들이 한 줄로 서 있는 것이 보여야 한다. 그런데 점에 대응되는 수가 너무 많아서 수의 이름들을 일일이 표시할 수가 없다. 그래서 도로의 이정표처럼 일정한 간격마다 수를 써놓고 나머지의 수들은 어디쯤 있을 것이라고 가늠하기로 했다.

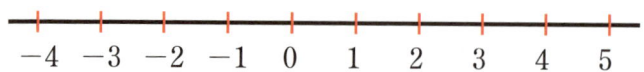

그래서 위 수직선에 이정표처럼 일정한 간격마다에 눈금표시의 수선을 긋는다. 수직선과 눈금이 만나서 만드는 교점을 정수로 대응시키고 그 수의 이름을 눈금 아래에 써놓는 아이디어를 사용했다. 다시 처음으로 돌아가자. 이 수직선에는 무수히 많은 점이 있고 이 모든 점이 수이다. 아직 배우지 않았지만, 이 수들을 통틀어 실수라고 한다. 다시 말한다. 수학에서 다루는 '수'라고 표현된 것들은 자연수나 정수가 아니라 무수히 많은 수들인 실수를 의미하며, 이 모든 수가 수직선에 있다는 생각을 분명히 하라.

4-8
부등호(>, <, ≥, ≤): 미지수가 들어간 부등식을 읽어라!

수학의 모든 것은 같은 것과 다른 것으로 되어있다. 같지도 다르지도 않은 것은 없다. 등호(=)가 좌변과 우변의 수가 같다는 표현이었다면 '같지 않다는 표현(≠)'이 필요하다. 즉, 수가 다르다는 표현을 배워야 한다. 그런데 '다르다는 것'을 크기, 모양, 색채 등 창의적으로 확장하지 마라. 제한하고 좁혀야 논리적이게 된다. 수학은 수를 다루는 학문이다. 모든 수는 수직선에 있고, 수직선은 한 줄이며 오른쪽의 수가 더 크다. 예를 들어 7과 다르다고 하면, 7의 왼쪽에 있거나 오른쪽에 있는 수일 수밖에 없다. 즉 7과 다르다는 것은 7보다 작은 수이거나 큰 수라는 크기 비교다.

〈초등수학교과서〉

"64는 72보다 작습니다."를 64 < 72와 같이 씁니다.

"72는 64보다 큽니다."를 72>64와 같이 씁니다.

〈조소장의 한줄개념 85〉
부등호(>, <, ≥, ≤)는 큰 수의 방향으로 입을 벌리라는 명령기호다.

〈조소장의 한줄개념 86〉
부등식은 부등호를 사용한 식이다.

워낙 당연해서 간과하기 쉽지만, 첫째, 등호와 부등호는 수를 비교하는 기호이다. 둘째, 등호와 부등호는 수식에서 가장 큰 분류기준으로 삼아야 하는 기호다. 예를 들어 2+5<8이 있을 때, '2'와 '5<8'의 합으로 보는 것이 아니라 2+5와 8간의 크기 비교를 의미한다는 것이다.

부등호(>, <)는 수의 크기를 비교하기 위해서 만든 기호이다. 저학년 때는 두 수의 비교에서만 사용하고 세 수 이상은 5~6학년이 돼서야 나오게 된다. '~보다 크다' 또는 '~보다 작다'로 나오는데 아이들이 어려워하지는 않지만 그래도 다시 설명해 본다. 어떤 두 수가 있을 때, 이 두 수는 같거나 같지 않거나 하는 두 경우만이 있다. 만약 같지 않다면 모든 수는 수직선에 있기 때문에, 어느 한쪽이 크고 어느 한쪽은 작은 관계가 이루어진다. 이것을 부등호로 표

시하는데 예를 들어 3<5 또는 5>3처럼 큰 쪽으로 입을 벌리는 기호를 사용한다. 등호나 부등호나 처음에는 쉬워 보인다. 그런데 등호가 갈수록 어려웠듯이 부등호도 어려워진다. 등호가 어렵다면 부등호는 등호를 기반으로 공부하기 때문에 더 어려워진다. 그런데 부등호는 가르칠 것이 많지 않기 때문에 연습은 부족하고 난이도는 높아져 가기 때문에 고등수학에서 많은 아이들이 고전을 면치 못하는 경우가 많다. 부등호도 하나하나 철저히 시켜 나가야 한다.

부등호는 등호와 달리 읽기부터 시켜야 한다

'3은 5보다 작다.'라는 것을 식으로 나타내라면, '3=5'라고 쓰고 스스로도 틀린 것을 아니 어쩔 줄 모르다가 결국 모른다고 하는 아이들이 있다. 그만큼 연습이 부족하다는 말이다. 물론 아이들이 부등호를 모르는 것이 아니라 식을 등호(=)를 사용하는 것만 식이라고 생각하기 때문이다. 부등호를 사용한 것도 '부등식'이라는 '식'이라고 알려주어야 한다. 보통 3<5를 읽을 때는 "3은 5보다 작습니다."라고만 읽게 시키는데, 같은 식을 기준을 달리해서 "5는 3보다 큽니다."로 읽는 것을 허용해야 한다. 물론 아이들이 읽는 것을 어려워하지 않으나 말을 식으로 나타낼 때 어려워한다. 사실 부등호는 아는 수인 두 수를 비교하면서 문제가 발생하는 것이 아니라 x가 포함되어 있는 부등식을 사용하는 중학교부터 문제가 비약적

으로 발생한다. 초등학교에서 □를 사용한 부등식을 사용하지만, 아이들에게 □와 x는 무척 달라 보인다. 아이가 □나 x가 사용되는 부등식을 읽어본 적도 없이 중학교에 올라가 최초로 문제에서 만나는 경우가 많다.

미지수를 포함했을 때의 읽기가 중요하다

$5 > x$
읽는 방법: ① 5는 x보다 크다.
　　　　　② x는 5보다 작다.

①과 ②는 모두 읽는 방법으로는 맞다. 그러나 미지수인 x보다는 알고 있는 수 5가 익숙하다고 ①처럼 5를 주어로 시작하면 부등식이 갖는 수의 범위가 헷갈리게 된다. 예를 들어 '$5 > x$인 자연수'라는 부등식은 읽을 때, x를 기준으로 읽으면 'x는 5보다 작은 자연수'로써 수직선에서 1, 2, 3, 4라는 수가 머리에 떠오르게 된다. 그런데 5를 기준으로 읽어보면 '5는 x보다 큰 자연수'로 자칫 '큰'이라는 말에 현혹되어 머리가 뒤죽박죽이 되거나 6, 7, 8, …처럼 말도 안 되는 생각으로 이어질 수 있다. 많은 문제에서 조건으로 나오는 수의 범위를 잘 인식이 안 된다면 부등식은 물론이고 방정식과 함수가 위험해진다. $5 > 3$처럼 두 수가 아는 수라면 두 수의 크기

비교이다. 그러나 5>x처럼 한쪽의 수를 모르는 상황이라면 이제는 비교의 의미도 있겠지만 x가 될 수 있는 수직선에서 수의 범위로 생각이 옮겨가야 된다. 방정식의 x값이든 부등식의 x의 범위든 알고자 하는 것이 x이니 x를 기준으로 읽어야 한다. 그래서 중학교의 대다수 문제는 미지수를 기준으로 하는 ②로 읽어야 한결 머릿속 정리가 잘된다.

'초과'와 '미만' 그리고 '이상'과 '이하'

부등식에서 가장 중요한 것 2가지 있다. 하나는 부등식의 성질이고 또 하나는 수의 범위를 나타내는 경계에서 그 수를 포함하는지 하지 않는지의 문제이다. 부등식의 성질은 나중에 중학교에 가서 배우면 되고 여기에서는 경계에서 그 수의 포함 여부만을 다룬다. 그리고 이것이 고등수학의 부등식에서 가장 어려운 문제이기도 하다.

'초과, 미만'은 그 수를 포함하지 않고 단지 크고 작음을 나타나는 말이고, '이상, 이하'는 수를 포함하는 수의 범위를 나타내는 말이다. 그래서 초과, 미만, 이상, 이하 등을 처음 배울 때 가장 먼저 이들이 갖는 수의 범위를 수직선에서 나타내게 된다. 그 수를 포함하느냐(이상/이하), 포함하지 않느냐(초과/미만)를 반드시 구분해야 한다. 말로 나타낸 것을 이상과 이하 또는 초과와 미만으로 가져올

수 있어야 한다. 예를 들어

① '16과 21 사이의 수' ⇒ '16 초과 21 미만인 수'
② '16에서 21까지의 수' ⇒ '16 이상 21 이하인 수'
③ '16보다 크고 21보다 작은 수' ⇒ '16 초과 21 미만인 수'
④ '16보다 크거나 같고 21보다 작거나 같은 수' ⇒ '16 이상 21 이하인 수'

와 같은 것들이다. 초등학교에서는 이것을 잘 구분하기만 하면 된다. 그런데 '초과, 미만, 이상, 이하'는 수의 범위이니 수직선에 있고 식으로 나타내면 x를 포함하는 부등식으로 나타내야 한다. 초등 저학년에서 '~보다 크다' 또는 '~보다 작다'를 나타내는 <, >에 추가하여 '~보다 크거나 같다'와 '~보다 작거나 같다'를 표현하는 ≥, ≤를 배워야 한다. ≥, ≤의 원래 기호는 ≧, ≦이었는데 ≥, ≤처럼 선을 두 번 긋는 것이 귀찮아서 한 번 그음으로써 만들어졌다.

≤는 '< 또는 ='의 의미이다.

'또는'이라는 말을 집합에서 배웠다. 'A 또는 B'는 'B가 아닌 A', 'A 그리고 B', 'A가 아닌 B'의 의미이다. 그래서 '3≤5'뿐만 아니라 '3≤3'도 맞는다. '3<3 또는 3=3'의 뜻이라서 둘 중에 하나만

맞아도 되기 때문이다. ≥, ≤는 초등학교에서 배우지 않으나 중학교에서 $16<x<21$, $16≤x<21$, $16<x≤21$, $16≤x≤21$를 그냥 사용한다. 그래서 익숙해질 때까지 중학생들이 낯설어한다. 앞서 부등식을 읽을 때는 미지수를 주어로 해서 읽어야 수직선에서 수의 범위가 들어온다고 하였다. 당연히 미지수를 주어로 하고 다음처럼 읽기 연습을 해야 한다.

① $16<x<21$ ⇨ x는 16 초과 21 미만인 수
② $16≤x<21$ ⇨ x는 16 이상 21 미만인 수
③ $16<x≤21$ ⇨ x는 16 초과 21 이하인 수
④ $16≤x≤21$ ⇨ x는 16 이상 21 이하인 수

수직선에서의 의미를 살리기 위해서 하나하나 수직선을 그리고 수의 범위를 표시해 보는 훈련은 독자에게 맡긴다.

수의 범위에서 '수'란 어떤 수인가?

수의 범위는 부등식으로 연결시키기 위해 있는 단원이다. 그래서 그 수를 포함하느냐 안 하느냐가 주된 문제이지만 그것이 아이들에게는 지엽적인 문제인 것처럼 보인다. 그래서 설사 틀렸다 해도 단순 실수라고 생각해서 큰 의미를 부여하지 않지만 부등식의 문제는

초등학교든 중학교든 그 수를 포함하느냐와 그렇지 않느냐의 문제가 주종을 이룬다. 게다가 중학교에서 부등식의 문제가 방정식에 비해서 연습의 기회가 상대적으로 적어서 고등학생들이 어려워하는 단원이 된다. 또 한 가지 부등식에서의 생각을 분명히 해야 하는 것이 있다. 많은 아이들이 수라고 하면 당연하다는 듯이 자연수에 한정시키고 있으며 이는 많은 중학생들의 문제이기도 하다. 예를 들어 0과 1 사이에 있는 수는 0개, '16 초과 21 미만인 수'는 17, 18, 19, 20 라고 아이들이 틀린 줄도 모르고 주저없이 말하는 경우가 많다. 16 초과 21 미만인 '자연수'라고 없는 말을 스스로 만들어 창의적으로 틀린 것이다. 수학에서 수는 실수를 의미한다. 수직선의 16과 21 사이에 있는 어마어마하게 많은 점들을 생각한다면 '자연수'라는 말도 안 되는 수를 말하지 않았을 것이다. 수직선의 연습이 부족한 탓이다. 실수를 배우지 않은 초등학생일지라도 수에는 자연수뿐만 아니라 최소한 무수히 많은 분수가 존재한다는 생각이 머릿속에 크로스체킹으로 들어있어야 한다. 따라서 0과 1 사이나 16과 21 사이의 수가 무엇이냐고 묻는 것이 잘못된 질문이지만, 굳이 답을 말한다면 "무수히 많아서 일일이 말할 수 없다."가 답이다. 사실 16과 21 사이에는 자연수, 분수 그리고 무리수도 있다. 무리수는 중3에나 가서 배우니 얘기할 수는 없지만, 무리수도 분수도 수들 사이에 무수히 많이 존재한다는 공통점이 있으니 두 수 사이에 항상 적어도 분수를 생각함으로써 무수히 많다는 생각을 갖게 하여야 한다.

4-9
수의 분류

부등식은 수의 범위이니 수의 분류와도 관련이 된다. 초등학교에서 수의 분류는 적어도 겉보기에는 많이 나오지 않는다. 얼핏 생각하기에는 정수는 짝수와 홀수로 나누고, 분수는 진분수, 가분수로 나눈다는 정도이다. 중학교에 가면 정수는 양의 정수, 0, 음의 정수로 나누고 유리수는 정수와 정수가 아닌 유리수로 나누고 실수는 유리수와 무리수로 나눈다는 등 마치 수의 분류는 수학자만 하는 것인 양 생각이 든다. 문제는 이처럼 아이들이 이런 교과서에 나오는 수의 분류를 거의 고정적으로 받아들이고 더 이상의 수의 분류는 없는 것처럼 받아들이는 데 있다. 수의 분류는 모든 수를 빠짐없이 포함시킬 수 있다면, 학생 개개인이 얼마든지 필요에 따라서 분류할 수 있다는 것이다.

🧑‍🦰 정수를 짝수와 홀수로 나눌 수 있니?

👦 그렇게 배웠는데요.

🧑‍🦰 정수 중에 짝수도 아니고 홀수도 아닌 것이 있니?

👦 없어요.

🧑‍🦰 빠지는 것이 없이 모두를 포함하니 정수를 짝수와 홀수로 나눌 수 있다고 한 거야. 그럼 모든 수를 5보다 큰 수와 5보다 작은 수로 나눌 수 있니?

👦 네.

🧑‍🦰 아니 틀렸어. 모든 수를 5보다 큰 수와 5보다 작은 수로 나눌 수는 없어.

👦 알았어요. 5가 빠졌다는 말이죠.

🧑‍🦰 그래. 그럼 모든 수를 5 이상인 수와 5 미만인 수로 나눌 수 있니?

👦 네.

🧑‍🦰 이처럼 주어진 모든 수를 빠짐없이 나눌 수 있다면 얼마든지 네 맘대로 수를 분류해도 된단다.

보통 짝수와 홀수의 분류를 자연수에서 하는데, 필자가 정수로 분류해서 거북했을지도 모르겠다. 0을 짝수에서 배제할까봐서가 첫 번째이고 중학교에 가면 배수와 약수 등 대부분이 정수의 범위에서 이루어지니 익숙해지라는 것이 두 번째이다. 자꾸 수의 범위를 확대하려고 해야지 새로운 것을 거부하고 싶은 것은 본능이지만 올바른 학문적 자세가 아니다.

초등학교에서도 조금만 생각해 보면 수의 분류는 많이 이루어지고 있었다. 예를 들어 3의 배수를 배웠다면 주어진 수를 3의 배수와 3의 배수가 아닌 수로 나누었다는 말이 된다. 조금만 더 깊이 들어가 보자! '3의 배수'가 3으로 나누어서 나머지가 0이다. 따라서 나머지 수는 3을 나누었을 때 나머지가 1이나 2가 되는 수이다. 정수를 3개로 분류하는 방법이다. 이런 관점에서 정수를 짝수와 홀수로 분류하는 것은 2로 나누어 나머지가 0과 1인 수 즉 정수를 2개로 분류하는 방법이다. 이것을 식으로 나타내면 중고등학교의 수학이다.

크지 않은 수와 작지 않은 수

'5보다 크지 않은 자연수'가 무엇이냐고 물어보면 많은 아이들이 1, 2, 3, 4를 말하거나 아니면 5보다 작은 수라는 잘못된 대답을 하곤 한다. 수의 범위를 생각하지 않았거나 거기다가 '나머지'와 '반대'를 혼동하는 것이다. '무엇이다.'라는 말은 말 그대로 받아들이면 되지만, '무엇이 아니다.'라는 것은 항상 전체 속에서 생각해야 한다. '5보다 크지 않다.'라고 했을 때, 단순히 오답을 피하기 위해서 5가 포함되느냐 안 되느냐 라는 것만 따지는 것이 나니라 5보다 크지 않은 것이 무엇인가를 전체 속에서 생각해야 한다. 물론 수직선을 그려서 '5보다 크지 않은 수'를 표시한다면 오답은 나오지 않겠지만, 이때가 아니면 수의 범위를 매번 수직선으로 나타낼 수는 없다. '~가 아니다.'라고 할 때는 전체를 인식한 상태에서 나머지를 생각해야 오답으로부터 자유로울 수 있다. 이런 종류로 중학교에서 가장 많이 혼동하는 것이 양수가 아닌 수 또는 음수가 아닌 수에서 0을 생각하지 않는 경우이다. 그 밖에도 이것에 대한 개념을 잘 잡지 않으면 문제를 풀 때마다 논리적으로 헷갈린다. 이것을 학교 과정에서는 고1의 2학기에 처음으로 여집합, 명제에서 부정 등으로 배우는데, 이때는 말이 아니라 식으로 나타낸다. 말도 안 되는 아이에게 식으로 가르치니 얼마나 헷갈리겠는가? 논리적인 수학공부를 하려면 그때그때 필요한 것만 공부하는 것이 똑똑하고 스마트한 공부가 아니다. 이렇게 공부하면 헛똑똑이다. 논리를 배우려면 주어진 것을 포함하는 더 넓은 것을 즉 전체를 먼저 생각해야 한다. 이런 의미로 수의 분류를 다룬 것이다. 한 문제만 풀어보자!

 5보다 작지 않고 28보다 작은 자연수의 개수는?

답: 23개

구하려는 것을 x라 해보자. 5를 5보다 작다고 할 수 없으니 주어진 수의 범위는 $5 \leq x < 28$이다. 그런데 자연수라고 했으니 5, 6, 7, …, 27이다. 개수를 물었으니 수세기가 생각나야 한다. 각각의 수들에서 각각 4씩 빼면 1, 2, 3, …, 23으로 정의에 의하여 23개이다.

4-10
어림수와 부등식의 종류

어림수는 대강, 대충의 값으로 일상에서도 흔히 사용하는 것이니 아이들이 무척 쉬워하는 문제의 종류이다. 2~3학년부터 자연스럽게 문제에 나오며 특히 4학년의 세 자릿수 나누기 두 자릿수에서 몫을 찾는 방법으로 많이 사용된다.

〈조소장의 한줄개념 87〉

반올림이란 반 이상은 올리고 반 미만은 버려서 어림수를 만드는 것이다.

정식으로 어림수를 만드는 방법을 배우는 것은 올림, 버림, 반올림이다. 크게 보면 올림, 버림, 반올림이 모두 어림수를 만드는 방법이지만 보통의 경우는 반올림을 의미한다. 올림은 올리기만 하면 되고, 버림은 버리기만 하면 되니 아이들이 어려워하지 않는다. 주로 문제가 되는 것은 반올림이다. 아이들에게 반올림이 무엇이냐고 물으면 "반을 올리는 거예요." 또는 "반 이상은 올리는 거예요."라는 틀린 대답을 한다. 반올림을 헷갈려하는데는 잘못된 정의가 머릿속에 있기 때문이다. 우선 기본전제 조건부터 다루어보자.

첫째, 올림, 버림, 반올림에서 사용되는 수는 1, 2, 3, 4, 5, 6, 7, 8, 9의 9개이다. 0은 예외로 한다.
둘째, 0은 예외로 했기 때문에 올림, 반올림, 버림에 영향을 받지 않는다. 예를 들어 70이라는 수의 일의 자리에서 올림, 반올림, 버림을 해도 여전히 70이다.
셋째, 1, 2, 3, 4, 5, 6, 7, 8, 9의 9개로 여기에서 '반'은 5이다.
넷째, 반은 양쪽의 어디에도 치우치지 않은 것이지만, 반올림은 반을 올리는 수로 포함시키는 것으로 선택했다는 뜻이다. 예를 들어 25는 20과 30의 정 가운데 있고 30에 가깝다고 할 수 없다.

이제 반올림을 다루어보자. 예를 들어 526이라는 수의 반올림 즉 어림수를 보자! '526을 아이에게 몇쯤 되니?'라고 물어보면 대다수의 아이들이 530쯤 된다고 말한다. 그런데 이것은 질문 자체가 잘못된 것이다. 어느 자리에서 반올림을 했느냐는 단서가 없어서다.

① 1의 자리에서 반올림을 하면 1의 자릿수가 6으로 5 이상이니 올

려서 530

② 10의 자리에서 반올림을 하면 10의 자릿수가 2로 5 미만이니 버려서 500

③ 100의 자리에서 반올림을 하면 100의 자릿수가 5로 5 이상이니 올려서 1000

426으로 해보자. 1단위로 보면 그냥 426, 10단위로 보면 430, 100단위로 보면 400, 1000단위로 보면 0이다. 보는 눈에 따라 달라진다는 것을 의미한다. 단위라는 관점에서 어느 정도 된다고 아이가 그냥 알면 좋지만, 만약 어려워할 때 반올림이라는 관점보다 설명하기가 어렵다. 반올림이라는 관점으로 어느 정도 실력을 갖추고 사용하는 것이 보다 현실적이다.

😀 654를 10의 자리에서 반올림하면 얼마니?
😀 700이요.
😀 5는 딱 반인데 왜 올릴까?
😀 반올림이 '반'을 올리라는 거잖아요.
😀 반만 올리는 것이야?
😀 알았어요. '반' 이상을 올려요.
😀 그럼 '반'이 안 되는 거는 어떻게 하는데?
😀 내려요.
😀 '버림'이라는 말이 있으니 '버린다.'로 표현하는 것이 좋단다.

많은 아이들이 반올림을 '반을 올린다.'고 말한다. 그런데 좀 더 개념을 명확하게 해야 한다. 그러기 위해서는 반올림에서 반 이상을 올린다는 것에 추가하여 반이 안 되는 것은 버린다라는 생각을 갖게 해야 한다. 그렇지 않으면 많은 학생들처럼 반 이상만 올리고 말아서 오답을 만든다. 상대적으로 올림과 버림은 쉽다. 0을 제외하고는 모두 올리거나 버리면 된다. 다음 문제를 보자.

Q 다음 수들 중에서 반올림을 하여 80이 되는 수를 모두 고르면?
① 71   ② 75   ③ 83   ④ 78   ⑤ 85

답: ②, ③, ④

문제에서는 말하지 않았지만 80이 되려면 1의 자리에서 반올림을 해야 한다. 보기의 수들이 0.1의 자리에서 반올림하여 80이 되는 수가 없기 때문에 틀린 문제라고 볼 수는 없다. 그런데 많은 아이들이 75와 78은 잘 찾지만 83을 빼먹는다. 반 이상은 올린다는 생각은 나는데 반 미만은 버린다는 생각은 나지 않았기 때문이다. 그런데 이것을 잊지 않도록 하는 것이 아니라 점차 반올림은 어림수를 구하는 것이니 '위 수들 중에서 어림수가 80이 되는 수는 뭘까?'라는 관점으로 옮겨 가야 한다. 그런데 어림수 80을 표현하는 수의 범위 즉 부등식으로 표현하면 어떻게 될까? 75 이상이어야 하고 85보다는 작아야 하니 부등식으로 나타내면 $75 \leq x < 85$가 된다. 어림수는 '근삿값'이라는 용어로 바뀌어 다시 나오는데 아이들이 많

이 어려워한다. 만약 1의 자리에서 반올림한 근삿값이 80이라면 참값 x의 범위는 $75 \leq x < 85$라고 한다. 이처럼 용어만 바뀌어 계속 사용되는 데 어림수와 근삿값을 서로 다른 것으로 생각하여 아는 것을 이용하지 못하여 어려워하는 것이다.

부등식의 종류

이번 장에서 등식과 부등식을 다루었다. 마지막으로 등식의 종류와 부등식의 종류를 표로 만들어 정리해 본다.

	등식의 종류	예	부등식의 종류	예
1	방정식	$x=3$	조건부등식	$x<3$
2	항등식	$0=0$	절대부등식	$0<3$
3	말도 안 되는 등식	$0=3$	말도 안 되는 부등식	$0>3$

등호나 부등호가 있으면 위 식의 종류에 포함된다. 등식의 종류와 달리 부등식의 종류는 모두 끝에 부등식이라는 이름이 들어갔다. 조건부등식은 $x<3$처럼 조건에 맞는 수의 범위를 가지고 있다. 절대부등식은 항등식처럼 항상 성립하여 해의 범위가 실수전체이다. 항등식에서 $0 \times x = 0$로 보듯이 절대부등식은 $0 \times x < 3$로 보면 된다. 말도 안 되는 등식처럼 말도 안 되는 부등식은 모두 '해가 없다.'라는 조건에 반응하면 된다.

규칙적인 공부는 반드시 필요합니다.
그런데 실력을 가르는 것은 집중력 강화공부입니다.

—조안호 선생님 말씀 중에서

5부

수와 수식의 확장

지금까지 자연수, 분수, 소수, 정수 등의 수와 그 의미를 배웠고 이 수들 중 특히 자연수와 분수의 사칙계산($+, -, \times, \div$)과 괄호와 거듭제곱을 포함한 혼합계산, 등식, 부등식을 배웠다. 이제 이들을 확장할 차례다. 이들의 확장에 가장 선봉에 선 것은 분수이고 이것을 다루는 것은 초6이다. 초6의 다양한 확장은 모두 분수와 연관된다는 것을 의미한다. 분수가 아니라 새로운 것처럼 받아들인다면 공부량이 많아 보일 수 있다. 그러나 열심히 분수로 확장하기만 한다면, 그 확장이 어렵거나 공부할 내용이 많지는 않다. 그러니 반드시 모든 것을 분수로 연결시키기를 바란다. 중학교의 수학이 초등보다 쉬우니 초등수학을 열심히 한 사람은 어려울 것이 없다. 이 책을 열심히 한 학생이라면 지금 하던 거처럼만 하면 된다.

5-1
모든 것은 분수로 통한다

3학년까지 자연수의 사칙계산과 분수의 의미를 하나하나 가르쳤다면, 4학년은 자연수의 확장에 들어가서 큰 수의 사칙연산을 다루었고 분모가 같은 분수의 덧셈과 뺄셈을 다루었다. 그래서 5학년은 처음 혼합계산을 잠깐 배우고 나서 온통 분모가 다른 분수의 덧셈, 뺄셈, 곱셈으로 가득 채운다. 초등수학에서 다루는 수는 이처럼 자연수와 분수다. 자연수에서 배운 대부분의 것들이 분수에서 다시 쓰임새를 갖게 된다. 분수의 사칙계산 중에 5학년에서 빠졌던 나눗셈을 제외하고 6학년은 모든 과정이 대부분 분수의 확장과 관련된 학년이다. 분수의 확장은 분수의 계산이 끝난 뒤에 하는 것이 맞다고 생각한다. 5학년에서 분수의 덧셈, 뺄셈, 곱셈이 끝나면 곧바로 분수의 나눗셈을 하는 것이 맞다. 그 후 분수의 사칙계산을 혼합해서 연습하여 혼동이 없도록 만들어야 한다.

〈조소장의 한줄개념 88〉

크게 보면 고등까지 수는 정수와 분수밖에 없다.

외견상 중학교에 정수, 유리수, 무리수, 실수 등 다양한 수를 배우는 것 같지만 결국 정수와 분수가 주력이다. 여기에 살을 붙인 것이다. 그중에서 어려운 것은 분수다. 분수를 소홀히 하면서 수학을 잘하는 것을 기대할 수 없다. 분수의 사칙계산을 혼동이 없도록 연습하는 것은 선택이 아니라 필수다. 그리고 이후에 나오는 6학년의 모든 수학내용을 분수의 확장으로 받아들여야 한다. 소수의 곱셈과 나눗셈도 분수로 받아들여야 한다. 그 밖에도 비를 분수로 바꾸면 비와 비율, 비의 성질, 비례식, 비례배분까지를 그동안 연습해 온 '분수의 위대한 성질'과 '등식의 성질'로 모두 풀어낼 수 있다. 교과과정에서 배운 '비의 성질', '비례식의 성질'은 일회성에 그치고, '분수의 위대한 성질', '등식의 성질'과 비교하면 기술에 불과하다. '분수의 위대한 성질'과 '등식의 성질'은 중고등을 거치면서 계속 사용하는 것이니만큼 많이 연습할수록 좋다. 5학년까지 분수의 사칙계산을 잘하고 6학년 내용을 모두 분수로 바꿔서 이해할 수 있다면 몇 달이면 모두 끝낼 수 있을 정도로 무척 쉬운 학년이다. 대신 중1의 1학기가 개념적으로 무척 중요하다. 최소 6학년 2학기부터 중1의 1학기의 내용을 개념으로 튼튼하게 해나기 시작하고 중1의 1학기에도 여전히 같은 내용을 공부함으로써 중1의 1학기를 1년 정도 충분히 공부하기를 권한다.

첫째, 6학년 초에 분수의 사칙계산을 체킹하여 혼동을 막을 마지막 기회다.

중학생 절반이 분수의 사칙계산을 혼동하면서 학원을 다니고 있다. 그러다가 분수가 부족한 학생들이 중3에서 모두 수포자로 전락한다. 그러니 사실 시간상으로는 중1과 중2에서 분수의 연습을 할 시간이 있다. 그러나 현실적으로는 중학교에서 분수의 연습을 하기가 무척 어렵다.

어려운 이유는 첫째, 분수셈을 족히 3~4년을 봐왔기 때문에 남이 푸는 것을 보면 이해했다가 자신이 풀면 막히는 원인이 분수다. 둘째, 중학교에 가면 문제를 풀 수 있느냐, 없느냐로 생각이 전환된다. 초등학교에서는 2+3을 어제 맞았는데, 오늘 또 풀어도 연습이라고 받아들였다. 중학생은 2+3을 주면 쉬운 것을 냈다면서 자신을 무시했다고 울기까지 하다가 $\frac{1}{2}+\frac{1}{3}$과 문제를 못 풀게 되면 더욱 화를 낸다. 셋째, 간신히 중학생인 아이를 설득해서 분수의 연습을 시키려고 해도 사교육업체가 없다. 지금 온통 사교육시장이 현행이 아니면 선행만을 하고 있어서 후행을 하는 곳이 없다. 아마 필자의 온라인 연산프로그램이 유일할 것이다.

그러나 그보다는 초등에서 분수를 잘 다지는 것이 훨씬 좋다. 초등에서 3~4년을 배웠는데도 최대공약수와 최소공배수가 직관적으로 나오는 등 분수를 통한 다양한 능력은 고사하고 기껏 분수의 사칙계산조차 못하는 이유는 기술과 절차적 알고리즘만을 연습했기 때문이다. 갈수록 생각하지 않는 아이로 변하는 것은 연산과 개념의 부족 그리고 생각하는 방법을 가르치지 않은 탓이다. 기술은 가장 편한 방법처럼 보이겠지만, 장기기억에 취약하다. 아무리 3~4년을 반복해서 안 잊어버릴 것처럼 보이겠지만 실상은 당장 1년만 지나도 전부 까먹는다. 분수셈을 스스로 자유롭게 풀지 못하고 알려주거나 힌트를 주어야 풀 수 있다면, 당장 6학년의 과정을 중단하는 한이 있어도 분수부터 잡아야 한다. 항상 확장은 쉽고 다양하게 이루어져서 현란하게 보이지만 기본이 된 아이에게 분량은 많지 않고 기회도 있다. 이때 분수를 잡지 못하면 자칫 계속 넘어가서 중3에서는 돌이킬 수 없다.

둘째, 비, 백분율, 할푼리 등은 모두 수가 아니라서 수로 바꿔야 계산이 된다.

간혹 비, 백분율, 할푼리를 분수로 바꿀 줄도 알고 분수계산도 할 줄 아는데도 불구하고 문제를 풀지 못하는 경우가 있다. 이것은 교과과정에서 비, 백분율, 할푼리 등이 수가 아니라고 가르치지 않았기 때문이다. 수가 아니라는 말을 가르치지 않았으니 당연히 수로 바꾸라는 말도 가르치지 않는다. 앞서 자연수, 분수, 소수, 정수, 유리수, 무리수 실수 등 모든 수는 끝에 '수'자가 붙는다고 하였다(예외로 원주율). 또한 수만이 계산이 된다고도 하였다. 그런데 앞으로 다루려는 비와 백분율, 할푼리 등의 비율은 모두 수가 아니다. 따라서 그 상태로는 어떠한 계산도 되지 않는다. 계산도 되지 않는 것이 수학에서 왜 나왔을까? 비, 백분율, 할푼리 등을 모두 수로 바꿀 수 있고, 수로 바꾼다면 계산이 되기 때문이다.

셋째, 가능한 것은 모두 '분수의 위대한 성질', '등식의 성질'로 하라.

6학년의 비와 비율, 비의 성질, 비례식, 비례배분 등은 모두 분수와 관련이 된다. 이들을 분수로 바꾸면 분수이니 당연히 그동안 열심히 공부한 분수의 위대한 성질로 그냥 쓰면 된다. 그런데 이들을 분수로 바꾸지 않고 마치 별도의 법칙이 있는 것처럼 가르치는 데 문제가 있다. 비를 가르치고 그 상태에서 비의 성질이라고 해서 '전항과 후항에 같은 수를 곱하거나 나누어도 된다.'고 한다. 이런 거 필요 없다. 분수로 바꿨으면 아이들은 분모와 분자에 같은 수를 곱하거나 나누는 것만 1년 내내 해서 익숙하다. 두 비를 등호로 연결하면 비례식이고 등식이다. 역시 두 비를 분수로 바꿨으면, '비례식의 성질'이 '내항과 외항의 곱은 같다.'라며 이유도 모르는 공식을 외울 필요가 없었다. '비례식의 성질'은 우리나라에서만 사용되고 우리나라에서만 사용되면 수학이 아니다. 수학교육과정은 어떻게 배웠든 간에 한 번 배운 것은 다시 가르치지 않는다. 비록 당장 원리를 가르치는 것이 귀찮고 교과서에서 하라는 대로 기술로 풀면 빠르고 잘 푸니 넘어가고 싶을지도 모른다. 이렇게 외워서 해결한 많은 중1~2학생들이 비례식을 방정식으로 만들지 못하는 것을 본다. 설사 만들었다 해도 여전히 '내항과 외항의 곱은 같다.'라는 공식에 의존할 뿐 원리를 이해하지 못한다. 모두 분수의 성질, 등식의 성질로 이해를 하게 하는 것이 물고기를 주는 것이 아닌 물고기 잡는 법을 알려주는 것이다.

넷째, 중학 1학년 1학기가 중학교 전체 중에서 가장 중요하다.

앞서 중1의 1학기는 중요해서 초6의 2학기부터 꼬박 1년을 투자하라고 했다. 또 이때 배우는 소수(素數), 거듭제곱, 소인수분해 등을 초등 4학년부터 연습하여 중1의 사용할 때는 수감각이 살 수 있도록 하라고도 했다. 중학교에서 필요로 하는 것은 다음의 4가지이다.

==첫째, 연산이다.== 자연수의 빠르기와 소수(素數), 거듭제곱, 소인수분해, 배수, 약수 등의 수감각과 분수의 사칙계산에서 암산력과 그 확장을 필요로 한다.

==둘째, 연산과 함께 길러가야 하는 것은 개념이다.== 초등개념과 함께 중학개념이 필요한데 그 개념이 모두 중1의 1학기에 나온다. 구체

적으로 말하면, 필자가 중학수학의 '4대 천황'이라고 부르는 개념 4개다. '−(모자르다)', '=(등호)', '| |(절댓값)', '거듭제곱'이라는 4개의 개념과 초등개념으로 중학수학의 수천 문제를 만들어 낸다.

셋째, 중학연산과 중학개념을 별도로 공부해야 한다. 대신 중학수학의 쉬운 문제들을 푸는데 시간과 에너지를 낭비하지 마라. 연산과 개념을 공부하였으면 곧장 심화문제에 들어가서 오로지 정의와 개념에만 의지하고 풀어라. 심화문제란 개인 간의 차이가 있겠지만, 적어도 자신이 보기에 쉬운 문제들은 풀지 마라. 주변을 아무리 둘러봐도 쉬운 문제를 많이 풀어서 잘 되었다는 사람을 본 적이 없을 것이다. 쉬운 문제들을 많이 풀면 쉬운 문제에 길들여질 뿐이다. 어려운 문제는 더 어려워 보이고 어려운 문제를 풀 시간이 없다고 스스로 위안할 따름이다. 또 그렇게 많이 푼 문제가 고등에 하나도 나오지 않고 도움도 되지 않는다. 쉬운 문제를 많이 풀면서 중학교를 보낸 사람은 고등수학을 만나서 누가 개념으로 공부했는지가 드러날 것이다.

넷째, 자신의 한계를 중학교에서 결정하지 마라. 아마도 많은 중학생들이 중학수학 심화문제를 풀면서 "세상은 넓고 수학의 어려운 문제는 끝도 없다."라는 것을 실감할 것이다. 이때 "심화 문제까지는 해보겠지만, 더 이상 어려운 경시문제 등은 하지 않을 거야."라는 자신의 한계를 자신도 모르게 결정지을 수 있다. 경시문제를 안 풀어도 심화 문제를 조금만 풀어도 좋은데, 절대 자신의 한계를 짓지는 말아야 한다. 다행히 고등학교에 와서 더 어려운 문제로 도전하면 괜찮지만, 그렇지 않고 자신이 정해놓은 난이도에 매몰되고 더 어려운 문제를 제한하면 고등수학은 끝난다. 그러면 중학심화까지 풀었던 전교 순위 안에 들었던 똑똑한 인재가 갑자기 무기력해져 보인다. 이런 아이들이 심지어는 고등의 반 중간까지 떨어진다. 이유는 간단하다. 고등수학은 중학내신시험의 3~7배의 난이도를 갖는다. 중학내신 100점으로 고등수학을 비벼볼 수 없다는 말이다. 또한 중학심화 문제보다 고등수학이 난이도가 높아서 생기는 일이다. 중학심화 수준을 높이라는 말로 착각하지 마라. 중학때는 중학심화 정도이면 되고 고등에서 다시 업그레이드를 할 생각을 하라는 것이다.

5-2
비는 상대적 비교다

비와 비율, 비례식 등을 모두 배운 아이에게 "비가 뭐야?"라고 물으면 대부분 대답하지 못한다. 아이에게 비가 갖는 의미보다는 계산에 치우친 생각이 들어갔다고 보여진다. 비와 관련되는 것은 분수로만 바꾸면 계산은 이미 배웠던 것으로 해결된다. 그러니 비와 비율 등은 개념에 집중해야 한다.

〈초등수학교과서〉

두 수를 나눗셈으로 비교하기 위해서 기호 :을 사용하여 나타낸 것을 비라고 합니다. 두 수 3과 2를 비교할 때 3:2라 쓰고 3 대 2라고 읽습니다.
3:2는 "3과 2의 비", "3의 2에 대한 비", "2에 대한 3의 비"라고도 읽습니다.

비 3:2에서 기호:의 오른쪽에 있는 2는 기준량이고, 왼쪽에 있는 3은 비교하는 양입니다.

⟨조소장의 한줄개념 89⟩

비는 상대적 비교이며, 비 $a:b$의 비의 값은 $\frac{a}{b}$이다. (단, a와 b는 0이 아니다.)

수학에서 비는 견줄 비(比)자로 '수를 비교하다.'의 의미를 갖는다. 그리고 수들의 크기를 비교하는 방법에는 절대적 비교와 상대적 비교가 있다. 이렇게 얘기하니 어려워 보이는 데, 우리가 일상에서 모두 사용하는 방법이다. 다만 이것을 논리적으로 분류하지 않았을 뿐이다. 이미 알고 있는 것을 정리할 뿐이란 말이다.

절대적 비교는 정해진 두 수를 비교하는 방법이다. 그동안 평상시 동생이 사탕 2개, 형이 사탕 6개를 가지고 있으면 이 둘을 비교하여, "형이 4개 더 많네"라고 말했던 것과 같다. 이 말 안에는 '2<6'라는 부등식과 '6−2=4'라는 등식이 숨어있었다. 즉 '2<6'이 절대적 비교였다는 말이다. 핵심은 여기에서 2와 6이 정해졌다는 것이다. 우리가 신을 절대자라고 표현하듯이 '절대'라는 말은 비교할 것이 없이 '유일하다'는 말이다. 비교해야 하니 어쩔 수 없이 두 수가 있어야겠지만, 더 이상은 비교의 대상이 없어야 한다는 말이다.

상대적 비교는 두 수의 절대적 크기나 차이에는 관심이 없고 그들 간의 관계에만 집중하는 것이다. 동생이 사탕 2개, 형이 사탕 6개를 가지고 있으나 동생이 사탕 200개, 형이 사탕 600개를 가지고 있으나 항상 동생보다 형이 3배를 가지고 있는 것에서는 같다는 것이다. 또한 역으로 동생은 항상 $\frac{1}{3}$을 가지고 있다고 볼 수 있다.

비는 비교를 의미하는 데 그중 상대적 비교를 의미한다. 만약 사례를 들었던 형을 기준으로 비로 나타낸다면 두 수 사이에 콜론(:)을 사용하여 2 : 6처럼 나타내고, 읽을 때는 '2 대 6'라고 읽는다. 비교하려면 반드시 기준이 존재해야 그것을 기준으로 무언가를 비교를 하게 된다. 비에서 기준은 항상 콜론의 뒤에 있는 수이다. 예를 들어 2 : 6은 6을 기준으로 하는 비교이고, 6 : 2는 2를 기준으로 하는 비교라서 이들은 서로 같지 않다는 것이다.

상대적 비교라서 생기는 특징

일상생활에서 비와 유사한 표현을 하는 경우가 있으니 정리해 두어야 한다.

첫째, 전항과 후항을 바꾸면 다른 비가 된다. '한국 대 브라질'이나 '브라질 대 한국'으로 서로 바꾸어도 되는 데 반해 비는 기준이 달라지기 때문에 절대 두 수를 바꿀 수 없다.

둘째, 비에는 절대 0이 올 수 없다. 한국 대 브라질의 축구 경기에서 스코어가 '3 : 0'처럼 사용하는 경우가 있는데 이것은 비가 아니다. 만약 '3 대 0'이라면 하나는 3이고 하나는 없다는 것이다. 그렇다면 3만이 있다는 것인데 혼자서 상대적인 비교를 할 수 없기 때문이다. 또한 0에 어떤 수를 곱해서 3이 되는지 그 수가 존재하지 않는다. 그래서 비는 콜론의 앞과 뒤 어디에도 절대 0이 올 수 없다.

셋째, 전항과 후항의 부호가 달라도 된다. 초등학교에서는 양수만 다루니 또 오류가 들어갈 가능성이 높다.

비 읽기

'비 읽기'를 설명하기에 앞서 필자는 다음과 같은 대화를 한다. '비율'에서 다시 설명하겠지만 비 $a : b$를 비의 값은 나타내면 $\frac{a}{b}$처럼 분수의 꼴로 나타내진다. 알다시피 분수의 분모와 분자 중에는 분모가 기준이다. 따라서 비에서도 분모에 해당하는 뒤의 것이 기준이 된다. 이것을 얘기하는 것은 비를 읽는 방법이 여러 가지이고, 기준이 무엇인지 알아야 외우기도 좋다.

$$8 \div 3 8 : 3 > \frac{8}{3}$$

🧑‍🦰 8÷3이 뭐야?

👦 $\frac{8}{3}$이요.

🧑‍🦰 8 : 3이 뭐야?

👦 $\frac{8}{3}$이요.

🧑‍🦰 분수에서 기준은 뭐야?

👦 분모요.

🧑‍🦰 $\frac{8}{3}$에서 기준은 뭐야?

👦 3이요.

🧑‍🦰 8÷3에서 기준은 뭐야?

👦 3이요.

🧑‍🦰 8 : 3에서 기준은 뭐야?

👦 3이요.

🧑‍🦰 분모가 기준이고 나누기도 비도 모두 뒤에 있는 것이 기준이야. 그런데 기준에 '~에 대한'이라는 말이 붙는단다. 그 기준 수에 대하여 무언가를 비교하려는 것이지.

비에서 '대(:)'는 예전에는 분수를 사용하는 표기 방법이었던 적이 있었다. 8÷3도 8 : 3도 각각 몫의 의미와 비의 의미인 분수 $\frac{8}{3}$이 된다. 그런데 분수에서는 분모가 기준일까 분자가 기준일까? 분수가

'분모만큼 나누어 분자만큼 표시한 수'라는 것을 떠올리지 않아도 분모가 기준이 됨을 알 수 있다. 분모가 기준이라면 8 : 3에서 기준은 뒤에 있는 수인 3이 기준이 된다. 기준이란 말을 사용한 것은 무엇인가를 비교하려는 것이고 그 대상은 바로 8이 된다. 이를 양으로 하면 3은 기준량이고 8은 비교하는 양이 된다. 이유를 알면 암기하지 않아도 되겠지요?

비 ⇨ 8(비교하는 양/전항) : 3(기준량/후항)

읽기 ⇨ 1) 8 대 3

2) 8와 3의 비

3) 8의 3에 대한 비

4) 3에 대한 8의 비

위에서 보듯이 비를 읽는 방법은 여러 가지인데 '~에 대한'이라는 말이 붙은 것을 제외하고는 모두 수를 순서대로 읽고 있다. 비는 대개 비율(분수)로 바꾸고 나서 실생활에 적용하게 된다. 그런데 비율에서 기준량과 비교하는 양을 구분하는 것은 중요한 일이다. 앞으로 좀 더 다루겠지만, 6학년에서 비율에 관한 대부분의 문제에서 기준이 무엇인지를 찾아야만 문제를 풀 수 있을 것이다. 고등학교에서도 '직선 $y=x+3$의 그래프를 직선 $y=x$에 대하여 대칭이동 한 직선의 관계식은?'란 문제가 있을 때, 어느 직선을 대칭이동 하라는지 헷갈려하는 경우가 많다. 누가 기준이라고요? '~에 대하여'

가 붙은 직선 $y=x$가 기준이고 이것을 기준으로 직선 $y=x+3$를 대칭이동 하라는 말이다. 대칭이동 하는 방법이야 나중에 배우겠지만 기준이 무엇인지는 앞으로도 가르치지 않으니 지금 배워야 한다는 말이다.

5-3
여러 가지 비율

교과서는 비를 배우고 곧장 비를 분수로 바꾸며 비율이라고 한다. 이후 비율의 하나인 백분율을 배운다. 각각의 배운 것을 모르는 것이 아니라 아이들은 이들의 관계가 헷갈린다.

〈초등수학교과서〉

기준량에 대한 비교하는 양의 크기를 비율이라고 합니다.
(비율)=(비교하는 양)÷(기준량)=$\frac{(비교하는 양)}{(기준량)}$

〈조소장의 한줄개념 90〉

비율이란 비를 $\frac{(비교하는 양)}{(기준량)}$로 나타내면서 기준량을 다양하게 한 것이다.

우선 비는 수가 아니다. 비를 수로 바꾸면 분수가 되고 이것이 비의 값이며 기준이 1인 비율이다. 예를 들어 2 : 5이라는 비가 있을 때, 이것을 비의 값으로 나타내면 $\frac{2}{5}$라는 분수가 된다. 이 분수를 분수의 기준이 원래 1이니 '기준이 1인 비율'로 볼 수도 있고, 기준인 분모가 5인 비율이 될 수 있다. 당연히 분수의 위대한 성질을 이용하여 분수의 분모를 얼마든지 바꿀 수 있으니 얼마든지 다양한 비율로도 만들 수 있다. 그러니 한마디로 말하면, 비율이란 비의 값과 비의 값을 다양한 기준으로 표현한 것이라고 할 수 있다. 기준을 바꿔서 일상생활에 좀 더 편리하게 만든 비율에는 백분율, 할푼리, 농도, 속도 등이 있다.

분수를 비라 할 수 없지만, 비를 항상 분수 꼴로 바꿀 수는 있다

비는 앞서 설명했듯이 상대적 비교라서 전항과 후항에 모두 0이 올 수 없다. 따라서 비를 비율로 바꾸면 항상 분수의 꼴이 된다. 그에 반해서 분수는 $\frac{0}{3}$처럼 분모와 달리 분자에는 0이 올 수 있기에 분수를 모두 비로 바꿀 수는 없다. 따라서 비와 분수가 같지는 않다. 그러나 비를 항상 분수의 꼴로 바꾸어야 계산이 가능하고 여러 가지 분수의 성질을 이용하게 된다. 참고로 분수라고 하지 않고 분수의 꼴이라고 한 것은 전항과 후항에 정수만 오라는 법이 없기 때문이다.

비율과 비의 값의 관계

비를 비율로 바꾸면 분수가 되는데 이 분수를 약분을 하면 '비의 값'이 된다. 그런데 많은 아이들이 비율과 비의 값에서 혼동을 일으킨다. 예를 들어 2 : 4라는 비를 비율로 바꾸면 $\frac{2}{4}$이고 이것도 기준이 4인 비율이다. 그런데 $\frac{2}{4}$를 약분하면 비로소 기준이 1인 비의 값은 $\frac{1}{2}$이 된다. 앞서 분수에서 $\frac{2}{4}$와 $\frac{1}{2}$은 달라서 약분을 하지 않으면 틀린다고 하였다. $\frac{2}{4}$는 4를 곱해서 2가 되는 수이고 $\frac{1}{2}$은 2를 곱해서 1이 되는 수라서 그렇다고 했는데 이제 이해가 되나요? 이렇게 보면 그동안 보아왔던 분수는 기준이 1일 때의 비율이다. 그래서 아무 말이 없을 때 항상 분수의 기준은 1이고 그것이 전체가 된다. 비율을 기준이 1인 수로 나타내는 것을 '비의 값'이라고 하고 기준이 100인 수로도 나타낼 수도 있는데 다시 다루겠지만 이때를 백분율이라고 한다.

(비율의 여러가지 표현) ⇨ ① 비의 값   (기준이 1일때)

                                 ② 할   (기준이 10일때)

                                 ③ 푼, 백분율 (기준이 100일때)

                                 ④ 리   (기준이 1000일때)

3 : 6의 비율은 $\frac{3}{6}$, 5 : 10의 비율은 $\frac{5}{10}$, 20 : 50의 비율은 $\frac{20}{50}$, …등 약분하지 않은 상태가 비율이며 이때의 기준은 각각의 분모인 6, 10, 50 등이 기준량이 된다. 각각이 모두 기준량이다 보니 기준량이 많아서 쓰임새가 적으니 이런 비율을 그대로 사용하지 않고 '비의 값'으로 나타내야 그 쓰임새가 높게 된다. 그래서 대부분의 문제에서는 비율로 바꾸고 곧 약분을 하여 '비의 값'으로 표현하게 되는 것이다. 그런데 위에서 보면 비율을 기준이 1, 10, 100, 1000 등으로 다양하게 바꾸어서 표현하고 있는 이유는 무엇 때문일까? 실생활의 편리함에 따라서 바꿔 쓰기 위함이다.

5-4
비의 성질은 '분수의 위대한 성질'로 대체하라

교과서는 비의 성질을 두 개로 나누고, 전항과 후항에 0이 아닌 같은 수를 곱하거나 나누어도 같다고 마치 새로운 것을 배우는 듯이 한다. 이것은 만약 비를 분수로 바꿨다면, 분수의 위대한 성질이다. 분수에서 약분과 배분을 1년 내내 연습해서 이미 잘하고 있는 것을 버리고 새롭게 배우는 것은 비효율이다. 중고등에서도 비의 성질을 다시 다루거나 확장을 시키지 않는다. 따라서 '비의 성질'을 '분수의 위대한 성질'로 대체해서 중요한 것을 더 강화하는 편이 좋아 보인다.

〈초등수학교과서〉

비의 전항과 후항에 0이 아닌 같은 수를 곱하여도 비의 값은 같다.

비의 전항과 후항에 0이 아닌 같은 수를 나누어도 비의 값은 같다.

〈조소장의 한줄개념 91〉

비를 모두 분수의 꼴로 바꿀 수 있으니 '분수의 위대한 성질'을 사용할 수 있다.

- 선생님, 2 : 0은 4 : 0과 같지요?
- 뭐라고? 그건 아니지.
- 수학 시간에, 비는 양쪽 수에 같은 수를 곱해도 된다고 배웠는데요.

상대적 비교인 비는 2:0과 같이 어느 한쪽이 0인 것은 비가 아니다. 따라서 비가 아닌 것은 당연히 비의 성질을 이용할 수 없다. 비의 개념을 배우지 못했거나 분수와의 관계를 이해하지 못해서이다. 비를 비율로 바꾸면 모두 분수가 된다. 그러면 분수에서 '분수의 위대한 성질' 즉 배분과 약분이 적용되는데 이것이 '비의 성질'이다. 예를 들어 비의 성질을 외워서 18 : 30의 전항과 후항에 최대공약수 6을 나누어 18÷6 : 30÷6로 만드는 연습을 하는 대신에 18 : 30 = $\frac{18}{30}$ = $\frac{3}{5}$으로 약분하는 것을 보여주는 편이 이해가 빠르다. 같은 방법으로 소수나 분수는 배분의 성질을 따르는데, 역시 분수에서 연습했던 최소공배수를 곱하여야 한다. 0.3 : 0.7 = $\frac{0.3}{0.7}$로 분모와 분자에 10을 곱하면 된다. 그런데 $\frac{1}{3} : \frac{1}{5}$에서 $\frac{1}{3}$이 분자이고 $\frac{1}{5}$이 분모인 것이 아이들의 눈에 잘 안 들어올 수 있다. 그러면 비록 '번분수'(403쪽 참조)이지만, $\frac{\frac{1}{3}}{\frac{1}{5}}$로 보여주어야 비의 성질을 이용하여 최소공배수 15를 곱하기를 하는데 의심이 들지 않게 된다. 아이들이 가장 혼동하는 것은 '$5 : \frac{1}{7}$'과 같은 비를 가장 작은 자연수의 비로 만드는 문제이다. 이런 문제에서 전항과 후항에 각각 7을 곱하지 못하고 힘들어 하면, 몇 번을 통분시키라고 주문하는 것도 좋다. 몇 번은 $5 : \frac{1}{7} = \frac{5}{1} : \frac{1}{7} = \frac{35}{7} : \frac{1}{7}$로 바꾸고 나서 7을 곱하게 시키면 귀찮아서라도 기억하게 된다. 다음 문제를 보자.

Q $\frac{5}{14} : \frac{10}{21}$을 가장 간단한 자연수의 비로 나타내어라.

답: 3 : 4

먼저 각 항에 분모의 최소공배수 42를 곱하여 15:20으로 나타낸다. 그 다음 15와 20의 최대공약수 5로 각각을 나누면 가장 간단한 자연수의 비 3:4가 된다. 곱하기와 나누기가 모두 사용되었다. 초등학생들이 처음에는 어려워는 하지만 곧잘 한다. 그런데 이 문제는 중학교에 가서 다음과 같이 비틀어진다.

Q $\frac{5}{14} : \frac{10}{21}$을 가장 간단한 자연수의 비로 나타내기 위하여 곱해야 하는 기약분수는?

답: $\frac{42}{5}$

바로 위 문제처럼 아이가 초등에서 이미 풀었던 문제이지만, 답이 아니라 중간의 과정을 물었다. 즉 생각의 논리구조를 묻는 것에 아이들은 어려워한다. $\frac{5}{14}$: $\frac{10}{21}$를 3 : 4로 만드는 중간과정에 '×42 ÷5'가 있었는데 이를 분수로 나타내면 '×$\frac{42}{5}$'이다. 이때도 대부분의 중학교의 문제집들에서는 $\frac{(분모의\ 최소공배수)}{(분자의\ 최대공약수)}$을 곱해야 한다고 기술을 알려준다. 아이들이 이해하지 못해도 문제를 풀어야 하기 때문이다. 이처럼 모든 어려운 문제들에는 대개 기술이 있지만, 그 기술들은 실력으로 형성되기 어렵다. 하나하나 문제에 사용된 개념은 무엇인지를 생각하는 것이 이해와 정리에 훨씬 도움이 된다. 이뿐만 아니라 정의를 외워가지 않는 아이들은 심지어는 기약분수를 진분수와 헷갈려 $\frac{42}{5}$가 기약분수가 아니라고까지 한다.

Q $\frac{5}{14}$: $\frac{10}{21}$을 비의 값으로 나타내어라.

답: $\frac{3}{4}$

자연수의 비로 만들고 비의 값으로 나타내면 된다. 그런데 아이가 $\frac{5}{14}$: $\frac{10}{21}$를 분수로 바꿔서 하려면 번분수를 알아야 된다. 아이가 '비'와 '비율' 그리고 '비의 값'을 구분하나요? 위 문제를 주관식으로 내면, 비로 나타내어 놓고도 '비의 값'이 무엇인지를 몰라서 분수로 답을 쓰지 못하는 아이도 있다. 아이들이 어려워하는 문제를 하나만 더 풀어보자!

Q 형과 동생의 용돈의 비가 3 : 2인데, 형은 용돈의 $\frac{1}{6}$을 썼고 동생은 용돈의 $\frac{1}{5}$을 썼다. 형과 동생의 남은 용돈의 비를 자연수의 비로 나타내어라.

답: 25 : 16

형이 용돈의 $\frac{1}{6}$을 썼다면 $1-\frac{1}{6}$로 남은 돈은 용돈의 $\frac{5}{6}$이다. 전체를 1로 보는 것은 쉽지 않겠지만, 반드시 항상 정리하고 있어야 한다. 동생도 같은 방법으로 하여 비례식을 만들면 $3 \times \left(1-\frac{1}{6}\right) : 2 \times \left(1-\frac{1}{5}\right) \Rightarrow 3 \times \frac{5}{6} : 2 \times \frac{4}{5} \Rightarrow \frac{5}{2} : \frac{8}{5}$에서 분모의 최소공배수 10을 각각 곱하면 25 : 16이다.

5-5
기준량과 비교하는 양의 관계_
아이들이 어려워해요!

비와 비율의 문제는 대부분 문장제 문제로 나오는 경우가 많아서 아이들에게 가장 어려운 것은 문제를 읽었을 때 기준량과 비교하는 양이 무엇인지를 구분하는 것이다. 백분율과 할푼리를 다루기에 앞서 이 부분부터 정리해야 문제를 잘 풀 수 있게 된다. '비 읽기'에서 보듯이 '기준량(후항)'에 대하여 '비교하는 양'이 전항이 된다. 아이들이 '~에 대하여'라는 말을 찾아서 이것이 기준량이고 나머지는 비교하는 양이라고 생각하여 문제를 푼다. 그런데 '~에 대하여'라는 말이 나오지 않으면 당황을 하게 된다. 또 다르게 기준량을 나타내는 방법으로는 '~의 몇 분의 몇'이라는 표현이 있다.

〈조소장의 한줄개념 92〉
기준량에 '비의 값'을 곱하면 비교하는 양이 된다.

수학교과서에는 언급이 없지만 보통 학원 등의 선생님들이 편법으로 '의'가 나오면 '곱하기'를 하라고 가르친다. 예를 들어 '20의 $\frac{3}{5}$'이라고 하면 무조건 '20 × $\frac{3}{5}$'으로 바꾸라고 한다. 설명할 수 없거나 설명해도 아이가 이해하지 못하기 때문이다. 이것은 분수의 갖는 여러 가지 의미 중 '기준값에 대한 비교하는 양의 의미'인데, 현 교육에서 가장 취약한 부분이 아닌가 싶다. 필자가 초등분수의 정의를 '분모만큼 나누어 분자만큼 표시한 수'라고 했다. '20의 $\frac{3}{5}$'에서 분모만큼 나누라고 했으니 20÷5이고 분자만큼 표시하라고 했는데, 같은 수의 더하기이니 곱하기를 사용해서 20÷5×3이다. 분수의 나눗셈을 배웠다면 $20 \times \frac{1}{5} \times 3$로 이해할 수 있다. 그런데 이것은 이해를 하는 것이고 매번 이렇게 풀 수는 없다. 이렇게 하다 보면 일부 기준량에 비의 값을 곱하여 비교하는 양을 구하는 감각이 생긴다. 또한 직접적으로 알게 해주려고 다음처럼 식을 변형을 한다.

$$\frac{(비교하는 양)}{(기준량)} = (비율)$$

위 식의 양변에 (기준량)을 곱하면 (비교하는 양)=(기준량)×(비율)이 된다. 그런데 이때의 비율은 반드시 비의 값 즉 분수여야만 한다. 만약 문제에서 비율이 분수가 아니라면 스스로 아무 말이 없어도 분수로 바꿔야 한다는 말이다. 왜냐하면 비율 중에서 수는 비의 값인 분수뿐이고 또 수학은 수만이 계산되기 때문이다. 예를 들어 2 : 3에서 기준량 3이 비교하는 양 2가 되려면, 기준량 3에 비의 값인 $\frac{2}{3}$를 곱해야 한다. 즉 3(기준량)×$\frac{2}{3}$(비율 중에서 비의 값)=2(비교하는 양)이다. 그런데 다시 (비교하는 양)=(기준량)×(비의 값)의 양변을 (비의 값)으로 나누면 (기준량)=(비교하는 양)÷(비의 값)이 된다. 이런 설명이 아이에게 어려울 수 있는데 '등식의 성질'을 가르치고 나서야 이해될 것이다. 이런 식 변형을 여러 번 하면 아이가 중학교에서 배워야 할 또 다른 비율인 농도나 속력 등의 식의 변형에서 유용하게 된다.

기준량과 비교하는 양의 구분

비율의 문제에서는 어떤 양을 기준으로 할 건지를 구분하는 것이 중요한 포인트로 '~에 대한'과 '~의 몇 분의 몇'에서 각각 '~'이 기준량이다.

1) 수백이가 가진 돈에 대한(기준량) 수천이가 가진 돈의 비율은 …

비 읽기에서 보듯이 '~에 대한'이라는 말이 붙은 것이 기준량이다. 수백이가 가진 돈이 기준이니 수천이가 가진 돈이 비교하는 양이 된다.

2) 수천이가 가진 돈의 수만이가 가진 돈에 대한(기준량) 비율은 …

수만이가 가진 돈이 기준이니 수천이가 가진 돈이 비교하는 양이 된다.

3) 수만이가 가진 돈은 <u>수억이가 가진 돈</u>(기준량)의 $\frac{2}{3}$인데, …

'~의 몇 분의 몇', '~의 몇 배'의 꼴로 되어있을 때는 '~'이 기준량이 된다. 수억이가 가진 돈이 기준량이니 수만이가 가진 돈이 비교하는 양이다.

5-6
백분율: 기준이 100인 비율

백분율은 기준을 100으로 놓았을 때의 비율이고 퍼센트(%)를 사용한다. 간혹 부모님들이 '프로'라는 말을 사용하는데 이것은 일본이 네덜란드로부터 받아들여서 한국에 전해준 것이다. 필자도 '프로'라는 말을 자제하려고 하는데, 종종 튀어나온다.

〈초등수학교과서〉

기준량을 100으로 할 때의 비율을 백분율이라고 한다. 배분율은 기호 %를 사용하여 나타냅니다. 비율 $\frac{85}{100}$를 85%라 쓰고 85퍼센트라고 읽습니다.

〈조소장의 한줄개념 93〉

백분율은 기준이 100인 비율이기 때문에 분수에 100을 곱하고 %를 붙인 것이다.

하나하나 알아보자. **첫째, 퍼센트(%)는 100라는 각각의 숫자들에서 1을 떼어내고 다시 0과 0 사이에 넣어서 만든 것이라고 이해해야 한다.** 이렇게 생각하니 %와 100이 같아 보이지 않나요?

둘째, 분수나 소수를 백분율로 바꾸는 것이다. 분수나 소수는 기준이 1이고 백분율은 기준이 100이다. 따라서 상대적 기준이 1이 100으로 바뀌니 100을 곱해야 한다. 그런데 본래의 수에다 100을 곱했으니 기준이 달라졌음을 의미하는 %를 붙여주어야 한다.

셋째, 백분율은 수가 아니다. 앞서 배웠다. 원주율을 제외하고 모든 수는 자연수, 분수, 소수, 정수 등 모두 끝에 '수'가 붙는다. 백분율은 '수'자로 끝나지 않았고 예외에도 없으니 수가 아니다. 수가 아니니 계산되지 않는다.

넷째, 계산하려면 백분율을 분수로 바꿔야 한다. 필자가 분수에 100을 곱해서 백분율을 만들었음을 강조하는 이유는 다시 분수로 바꾸어야 하기 때문이다. 아이들은 백분율을 분수로 바꾸는 것을 못하는 것이 아니라, 아이들은 백분율이 수가 아닌 줄도 모르고 분수로 바꿔야 한다는 사실 자체를 모르는 것이 문제다.

예를 들어 0.375를 백분율로 고치면 100을 곱하여 37.5를 쓰고 100을 곱해서 만들었다는 표시인 %를 붙여서 37.5%라 쓴다. 역으로 37.5%를 수로 바꾸려면 100으로 나누어주고 %를 제거하면 된다. 많은 아이들이 기준이라는 것을 머리에 새겨두지 않고 100을 곱할 때도 있고 나눌 때도 있다는 생각만 있는 경우가 많다. 그래서 숫자가 크면 100을 나누고 숫자가 작으면 곱하는 것을 본다. 예를 들어 0.015%를 수로 바꾸라고 하면 수가 너무 작으니 아이가 100을 곱해서 1.5라고 틀리게 하는 것이다. 기준을 명확히 해야 흔들림 없이 사용하게 된다. 다음은 필자가 아이들에게 백분율과 할푼리를 가르치면서 다음처럼 쓰면서 물어본다.

$$\frac{3}{8} = 0.3(할)7(푼)5(리) \cdots\cdots 1(기준)$$
백분율 ⋯⋯⋯⋯⋯⋯⋯⋯ 100(기준)

🧑‍🏫 소수나 분수의 기준은 뭐야?
🧒 1이요.
🧑‍🏫 백분율의 기준은 뭐야?
🧒 100이요.
🧑‍🏫 소수나 분수를 백분율로 바꾸려면 어떻게 해?
🧒 100을 곱해요.
🧑‍🏫 왜?
🧒 기준이 1에서 100으로 바뀌었잖아요?
🧑‍🏫 그럼 백분율을 분수나 소수로 바꾸려면 어떻게 해?
🧒 100으로 나누어요.
🧑‍🏫 왜?

🧒 100을 곱해서 만들었으니 원래대로 되려면 100을 나누어야죠.

👦 '기준'이라는 말을 사용해서 다시 말해볼래?

🧒 알았어요. 기준이 100에서 1로 바뀌니까요.

👦 그런데 이 중에 수가 뭘까? 백분율이 수니?

🧒 아니요.

👦 그럼 할푼리가 수니?

🧒 아니요.

👦 그럼 분수나 소수가 수니?

🧒 예.

👦 참고로 모든 수는 자연수, 분수, 소수, 정수, 유리수, 무리수, 실수 등 끝에 '수'자가 붙는단다. 그리고 수학에서는 수만이 +, −, ×, ÷와 같은 계산을 할 수 있단다. 만약 백분율이 나왔는데 계산하려면 어떻게 해?

🧒 백분율을 수로 바꿔야 해요.

👦 모든 문제는 수로 바꾸라는 말이 없겠지만, 그래도 수로 바꾸어야 계산할 수 있단다.

🧒 옛 썰!

왜, 백분율을 사용하는가?

백분율은 하나의 비율로 현실 생활 속에서 많이 사용한다. 예를 들어 철수가 수학 시험에서 20문제 중에서 19문제를 맞혔다고 해보자!

철수: 엄마, 나 학교에서 수학 17점 받았어.
엄마: 몇 점이 만점인데?
철수: 20점이 만점이야.
엄마: 고생했다. 밥 먹자!

보통 이런 상황이면 아이는 집에 와서 85점이라고 했을 것이다. 그런데 아이가 17점 받았다고 할 때, 차분하게 "몇 점이 만점이야?"라고 물어볼 수 있나요? ㅎ 만약 백분율이 없었다면 위의 표현이 맞는 것이고 매번 위처럼 기준을 물어봐야 하니 무척 불편할 것이다. 그래서 만든 것이 백분율이다. 20개에 대하여 17개이니 비로 나타내면 17 : 20이고 비율로 나타내면 $\frac{17}{20}$ 또는 0.85이다. 철수가 수학시험을 보고 엄마에게 17점 또는 $\frac{17}{20}$이나 0.85의 비율이라고 해도 틀리지 않는다. 그런데 이런 숫자가 너무 작아서 일상에서 표현하기에는 불편함이 있다. 그래서 적당하게 수를 크게 만들려는 필요에 의하여 백분율이 만들어졌다. 기준이 20인 점수를 기준이 100인 점수로 바꾸려면 기준인 20에다 5를 곱해야 한다. 따라서 17에다 5를 곱한 85를 수학점수로 사용한다. 물론, 실생활에서는 대부분의 아이들이 100점에서 틀린 점수 15점을 빼서 85점으로 계산할 것이다. 정의에 의하면 백분율은 기준이 100일 때의 비율로 %를 붙여야 한다. 따라서 85점이 아니라 85%라고 하는 것이 올바른 표현이다. 따라서 우리나라에서 사용하는 점수는 85점과 같은 것은 우리나라의 문화에 맞춰 표현하는 것이니 틀렸다고 할 수는 없지만, 85%를 맞추었다는 것으로 이해해야 한다.

백분율과 관련하여 몇 문제만 풀어보자! 주로 기준량과 비교하는 양의 관계를 이해하고 백분율을 수로 바꿀 수 있어야 문제를 풀게 될 것이다.

Q '가'에 대한 '나'의 비율이 99%라고 한다. □ 안에 등호(=) 또는 부등호(>, <)를 알맞게 넣어라.

$$ 가 \;\square\; 나 $$

답: >

'~에 대한'이 '가'에 붙어있으니 '가'가 기준이라는 것은 잘 알지만 수가 아니라 '가와 나'와 같이 미지수라서 아이들이 이것을 비율 즉 분수로 바꾸지 않기 때문에 어려워한다. 마찬가지로 99%도 수로 바꾸어야 한다. 비를 분수로 바꾸고 백분율을 수로 바꾸면 $\frac{나}{가} = \frac{99}{100}$이다. 그런데 $\frac{99}{100}$든 소수로 바꾼 0.99이든 이것은 1보다 작은 수이다. 그렇다면 분수에서 1보다 작은 수는 '진분수'로 분모가 더 큰 수, 즉 '**가**'가 더 크다.

Q 어느 극장의 좌석 수가 600석이라고 한다. 전체의 75%에 해당하는 자리에 사람들이 앉아서 영화를 보고 있다. 영화를 좌석에 앉아서 보고 있는 사람은 모두 몇 명인가?

답: 450명

'전체의 75%'로 볼 때, 전체인 600명이 '기준량'이고 여기에 비율을 곱하고 있으니 구하라고 하는 것은 '비교하는 양'이다. 그런데 문제의 어디에도 75%를 수로 바꾸어서 계산하라는 말이 없다. 기준량에 비율 75%를 분수로 바꾸어서 곱해야 하니 답은 $600 \times \frac{3}{4}$ =450(명)이다. 백분율을 분수로 바꿀 줄 알고 또 분수의 계산을 할 줄 아는 아이들이 처음에 어려워하는 이유는 '수로 바꾼다.'라는 생각이 아예 없기 때문이다. 문제를 계속 풀면 마치 아는 것처럼 이런 문제를 어려워하지 않겠지만 처음에 수를 바꾸라는 말을 해주는 것이 문제를 풀면서 이를 계속 강화시킬 수 있는 계기가 된다.

Q 수영이네 반의 전체 학생 수는 50명이다. 이 중에서 23명이 남학생이다. 남학생의 수는 전체의 몇 %인가?

답: 46%

문제에서 '전체의 몇 %'를 묻고 있으니 기준량은 반 전체인 50명이고 구하려고 하는 것은 비율이다. 이런 관점에서 보면 비교하는 양은 23명이니 비율은 $\frac{23}{50}$이다. 그런데 비율 중에 백분율을 물어보고 있으니 100을 곱하면 46%가 된다.

Q 어느 가게에서 만 원짜리 상품을 30% 할인하여 팔려고 한다. 얼마에 팔면 되겠는가?

답: 7,000원

많은 아이들이 풀이 과정 없이 답이 나올 것이지만 설명한다. 30%를 수로 바꾸면 $\frac{30}{100} = \frac{3}{10}$이고 (만 원)$\times \frac{3}{10}$=3,000원이다. 만 원에서 3,000원이 할인이 되었으니 10000−3000=7,000원이 된다. 이것을 좀 더 빨리 계산하려면 (만 원)$\times \left(1 - \frac{3}{10}\right)$=7,000원이라는 식을 사용할 수 있다. 이것은 어찌 보면 작은 차이처럼 보이겠지만, 식이 복잡해지면 무척 유용한 것이니 익혀두기를 바라는 마음에서 이 문제를 다루었다. 마지막으로 좀 더 어려운 문제를 풀어보자!

Q 어떤 상점의 금년 매출액은 작년의 매출액에 비해서 $\frac{1}{9}$만큼 감소하였다. 작년 매출은 올해의 매출보다 몇 % 많은가?

답: 12.5%

작년 매출을 1로 보면 올해의 매출액은 $1-\frac{1}{9}=\frac{8}{9}$이다. 다시 금년 매출액 $\frac{8}{9}$을 기준량, 작년 매출액을 1을 비교하는 양으로 보면

$1 \div \frac{8}{9} = 1 \times \frac{9}{8} = \frac{9}{8} = 1\frac{1}{8} = 1.125$이다. 다시 올해를 기준량으로 보고 기준량인 1을 빼면 $1.125 - 1 = 0.125$인데 백분율로 표시하면 12.5%이다. 이 문제는 기준량이 변하는 데 따른 비율의 변화를 묻는 문제라서 쉽지가 않은 문제이다. 이런 문제는 물건값의 할인 등 실생활 문제로 변형의 가능성이 높은 문제라서 중고등학교에서도 종종 출제가 되는데, 아이들이 많이 어려워하니 시간을 투자하는 것도 좋을 것이다.

5-7
할푼리: 기준이 다른 여러 개가 모였다

최근 할푼리는 교육과정에서 빠졌지만, 일상에서는 사용하기에 상식으로 알아두기를 바란다. 백분율이 소수나 분수가 작아서 적당하게 크게 만들어 사용하기 위했던 반면, 할푼리는 소수에서만 사용한다. 소수인 상태를 그대로 유지하면서 기준이 서로 다른 것을 조합한 것이다. 할푼리에서 '할'의 기준량은 10, '푼'의 기준량은 100, '리'의 기준량은 1000이다. 기준량이 각각 달라서 설명이 어려워 보이겠지만 소수에서는 자리만 기억하면 된다. 소수점 아래 첫 번째 자리를 '할', 두 번째 자리를 '푼', 세 번째 자리를 '리'라고만 기억하면 되니 아이들이 어렵지 않아 할 것이다.

1) 0.375 ⇨ 3할 7푼 5리
2) 11.375 ⇨ 113할 7푼 5리 (소수점 아래 첫 자리 이상에 있는 수

는 모두 할로 처리한다.)

3) 0.305 ⇨ 3할 5리 (3할 0푼 5리에서 0푼을 읽지 않아도 된다.)

4) 1 ⇨ 10할 (100푼/1000리)

할푼리는 소수에서 사용되는 것이니, 할푼리로 표현하려면 백분율이나 분수가 나올 때 소수로 고쳐야 한다. 172쪽에서 언급한 7개의 분수와 소수의 교환을 잘 연습했다면 백분율이나 할푼리를 분수나 소수로 바꾸는 것이 어렵지 않을 것이다. 그렇다면 여전히 기준량과 비교하는 양의 관계만이 문제가 될 것이다.

Q '을'에 대한 '갑'의 비율이 10할일 때, 다음 중 맞는 것은?
① (갑)=(을) ② (갑)>(을) ③ (갑)<(을) ④ 알 수 없다.

답: ①

을에 대한 갑의 비율이니 분수로 바꾸면 $\frac{(갑)}{(을)}$이다. 그런데 10할을 수로 바꾸면 1.0이고 1.0은 1과 같다. 분수가 1이 되려면 분모와 분자가 같은 수이다. 따라서 갑과 을은 같다.

Q 어떤 수의 25%와 2할의 차가 4이다. 어떤 수를 구하면?

답: 80

먼저 25%와 2할을 모두 수로 바꾸어서 0.25와 0.2로 바꾸면, 비율 즉 비의 값은 0.05 즉 $\frac{1}{20}$이다. 그다음 부모의 눈에는 □×0.25−□×0.2=4에서 □를 구하기만 하면 된다고 생각할지도 모르겠다. 그러나 아이들이 이 식을 □×(0.25−0.2)=4라는 식으로 변형하기는 어렵다. 처음부터 0.25−0.2=0.05를 구하고 (비교하는 양)=(기준량)×(비의 값) 또는 (비교하는 양)÷(비의 값)=(기준량)을 이용하여 $4 \div 0.05 = 4 \div \frac{1}{20} = 4 \times 20 = 80$으로 구하는 것이 더 이해가 빠를 수도 있다.

5-8
원리합계: (원금)+(이자)

백분율이나 할푼리는 실생활의 필요에 따라서 만들어진 비율이라고 하였다. 이 설명을 들은 아이들이 어느 때 쓰이냐고 물어보기도 한다. 가능하면 백분율은 은행의 이자 계산이나 옷 가게의 할인율로, 할푼리는 야구의 타율 등으로 알려주어 많이 쓴다는 것을 알려주면 좋다. 이 책에서는 원리합계를 통해서 백분율이나 할푼리의 쓰임새를 보여주려고 한다. 이 문제를 다루는 것은 돈과 관련된 실생활 문제는 보다 아이에게 감정이입이 잘될 거라는 순전히 필자의 독자적인 판단 때문이다. 그런데 아이가 저금 통장을 가지고 있다면 훨씬 이해가 빠를 것이다. 또한 고등수학에서 원리합계를 아이들이 아는 줄로 착각하고 실생활 문제들로 나온다.

〈조소장의 한줄개념 94〉
원리합계는 원금과 이자를 합한 것이다.

아이들에게 원리합계는 이름이 무서워 보이는데 알고 보면 간단하다. 많은 아이들은 은행에 돈을 맡기면 이자를 주는 것도 모르는 경우가 많다. 은행에 맡기는 돈을 원금(원래의 금액)이라고 하고, 원금에 대하여 사용한 대가를 은행이 지불하는 돈을 이자라고 한다. 원리합계에서 '원'은 원금, '리'는 이자를 의미하며 '합계'는 합한다는 것이니 간단히 (원금)+(이자)라고 보면 된다. 이자를 구하기 위해서는 이자율이라는 것을 알아야 하는데, 원금에 대한 이자의 비율을 이자율 또는 이율이라고 한다. 이자율로는 주로 백분율이나 할푼리를 사용하게 된다. 또한 이자율을 다시 기간에 따라 분류하면 한 달을 기준으로 하는 월이율과 1년을 기준으로 하는 연이율이 있다. 물론 이자를 계산하기 위해서 사용하는 이율은 다시 비의 값 즉 분수로 바꾸어서 곱해야 한다. 그러나 평상시에는 은행의 이율을 백분율이나 할푼리로 얘기한다. 하나하나 설명하다 보니 복잡해 보이니 정리해 본다.

(원리합계)=(원금)+(이자)
(이자)=(원금)×(월이율 또는 연이율에 대한 비의 값)×(기간)
(이율)　① 월이율 : 한 달을 기준으로 하는 이자율
　　　　② 연이율 : 일년을 기준으로 하는 이자율

🧑 네가 만약 은행에 100만 원을 예금하고 1년이 되었다고 해보자!

🧑 그러면 이자가 붙었겠지요.

🧑 그래. 그런데 통장에 이자만 있을까?

🧑 장난하세요? 이자와 100만 원이 같이 있겠지요.

🧑 통장에 있는 돈은 원래 금액 100만 원과 이자를 더한 것이니 이때 통장에 있는 돈이 바로 원리합계야.

🧑 원리합계라고 해서 뭔가 했더니 별거 아니네요.

🧑 수학에서 알고 보니 어려운 것도 있었니?

🧑 그러네요.

Q 100만원을 월이율 0.7%로 3개월간 예금하였을 때의 원리합계를 구하면?

답: 1021000원

먼저 비율인 월이율 0.7%를 수로 바꾸어 $0.7 \div 100 = 0.007$로 만들고 이자를 구해야 한다. (이자)=(원금)×(월이율 또는 연이율에 대한 비의 값)×(기간)을 이용하여 계산하면 (100만 원)×0.007×3으로 이자는 $100 \times 70 \times 3 = 21000$(원)이다. 원리합계는 (원금)+(이자)이니 (100만 원)+(21000원)=1021000원이다.

Q 100만원을 연이율 1할 2푼으로 2년간 예금하였을 때의 원리합

계를 구하면?

> 답: 124만원

연이율 1할 2푼을 수로 바꾸면 0.12이다. 먼저 이자를 구하면 (100만원)×0.12×2=24만 원 이다. 따라서 원리합계는 (100만 원)+(24만 원)=124만 원이다. 원금과 이자를 한꺼번에 계산하려면 (원금)×{1+(이자율)×(기간)}이라는 방법 즉 (100만 원 원금)×{1+0.12×2}으로 구하면 된다.

이자율 계산 방식에는 단리법과 복리법이 있다. 단리법은 기간에 따라서 단순히 원금에 대한 이자만을 더하는 것이다. 그에 반해서 복리법은 이자를 원금과 더해서 이것을 다시 원금으로 산정하는 방식이다. 한마디로 말하면 이자에 이자가 붙는 방식이다. 말은 안 했지만 위 원리합계 문제는 모두 단리법으로 풀었다. 그렇지만 현실적으로 단리법을 이용하는 은행이 없으니 그런 관점에서 보면 이 문제는 사실 잘못 낸 문제이다. 그럼에도 불구하고 문제를 낸 것은 (원금)×{1+(이자율)}에 대해서 이해시키기 위해서다. 복리법은 고등학교에서 설명 없이 (원금)×{1+(이자율)}$^{(기간)}$이라는 공식으로 사용되는데, 아이들이 {1+(비율)}에 대한 개념 부족과 이자율에 대한 상식 부족으로 어려워하기에 다룬 것이다. 경제생활을 하려면 경제에서 가장 기준이 되는 금리에 대한 어느 정도의 상식은 알아야 하지 않을까요? 요즘 시대엔 "너는 돈 신경 쓰지 말고 공부만 해라."가 아니라 어려서부터 정기적으로 주는 용돈을 관리하게 하는 경제교육도 조기교육이 필요하다고 생각한다.

미지수를 포함하는 백분율과 할푼리

미지수를 포함하는 백분율과 할푼리를 다루는 중학교에서 별도로 설명하지 않으니 미리 한 번쯤 보는 것도 괜찮겠지요?

$$a\% \quad \Rightarrow \quad \frac{a}{100}$$
$$a할 \quad \Rightarrow \quad \frac{a}{10}$$
$$a할\ b푼\ c리 \quad \Rightarrow \quad \frac{a}{10}+\frac{b}{100}+\frac{c}{1000}$$

$\frac{a}{10}$나 $\frac{b}{100}$ 등을 소수 나타낼 때는 주의하여야 할 것이 있다. $0.a$나 $0.0b$로 쓸 수 없다는 것이다. $\frac{a}{10}$는 $\frac{1}{10}\times a=0.1\times a$이고 $\frac{b}{100}$는 $\frac{1}{100}\times b=0.01\times b$이다.

5-9
비례식을 방정식으로 만들기

2 : 3을 수로 나타내면 $\frac{2}{3}$이다. 이 분수에 '분수의 위대한 성질'을 이용하여 분모와 분자에 2를 곱하면 $\frac{4}{6}$이다. 그러니 $\frac{2}{3} = \frac{4}{6}$가 되는데, 이것을 다시 비로 바꾸면 2 : 3＝4 : 6이다. 이렇게 하면 새로운 것을 아무것도 배우지 않아도 된다고 생각한다. 그런데 교과서는 중간에 분수를 사용하지 않고, 설명 없이 전항에 2를 곱했으면 후항에도 2를 곱해도 된다는 '비의 성질'을 외운다. 이후 '비의 성질'로 만들어진 두 비를 등호로 연결한 와 같은 식을 비례식이라고 한다. 정의부터 보자.

〈초등수학교과서〉

비율이 같은 두 비를 기호 '＝'를 사용하여 6 : 4＝18 : 12와 같이 나타낼 수 있습니다. 이와 같은 식을 비례식이라고 합니다. 비례식 6 : 4=18 : 12에서 바깥쪽에 있는 6과 12를 외항, 안쪽에 있는 4와 18을 내항이라고 합니다.

$$2 : 3 = 4 : 6$$

(내항: 3, 4 / 외항: 2, 6)

〈초등수학교과서에서 비례식의 성질〉

비례식에서 외항의 곱과 내항의 곱은 같습니다. 2 : 5=8 : 20에서 외항의 곱 2×20과 내항의 곱 5×8은 같습니다.

〈조소장의 한줄개념 95〉

비례식은 두 비를 등호로 연결한 식이다. 두 비를 분수로 만들고, 등식이니 등식의 성질을 이용한다.

〈조소장의 한줄개념 96〉

항은 수나 문자 또는 괄호가 곱하기로 뭉쳐진 덩어리다.

교과서는 항을 설명하는 대신 비에서 쓰인 두 수를 전항, 후항이라고 하고 또 비례식에서 내항과 외항이라는 것만 언급한다. 항이란 말이 처음 나왔으니 가르쳐야 한다. 무엇이든 처음 나왔을 때 제대로 가르치지 않으면 낯익은 것이나 궁금하지 않은 용어가 된다. 항은 중고등학교에서 사용하게 다항식, 다항방정식, 다항함수의 기본

단위이고 중요하다. 조금만 더 정확하게 잡아보자. '수나 문자 또는 괄호가 곱하기로 뭉쳐진 덩어리'라는 말을 정확하게 이해하려면 372쪽의 '또는'이라는 말을 잘 이해해야 한다. 그렇지 않으면 이 말을 논리적으로 이해하기가 어려울 수 있다. 간단히 말해 무엇이든지 곱하기로 뭉쳐진 덩어리는 모두 하나의 항이라고 본다. 항과 항 사이에는 더하기로, 항의 내부에는 곱하기로 연결되어 있다는 것은 식을 보는 관점이기 때문에 무척 중요하다. 예를 들어 2, x, 2×3, $2 \times x$, $2 \times 3 \times 5$, $2 \times (3+5)$, $2 \times 3 \times 5 \times 7 \times 11$ 등 곱하기로 연결된 것은 아무리 길더라도 하나의 항이다.

교과서는 3 : 4 = 6 : 8과 같은 비례식에서 외항의 곱 $3 \times 8 = 24$과 내항의 곱 $4 \times 6 = 24$은 같으니, 비례식의 성질인 '내항의 곱과 외항의 곱은 같다.'고 한다. 처음에는 '왜, 곱하나?', '항상 곱이 같을까?'란 의문이 들기도 하지만, 그렇게 하면 문제가 풀리니 곧 "그런가 보다!"라며 넘어간다. 이유를 모르고 외워도 당장은 잘 외워지지만 오래가지는 않는다. 그래서 많은 중학생들이 '비의 성질'은 기억하지만, '비례식의 성질'은 기억하지 못한다. 비의 성질은 나름 분수와 연결 지어 기억하는 듯이 보이지만 비례식은 무작정 외웠기 때문에 많이 잊어버린다. 어차피 중고등학교에 비의 성질이나 비례식의 성질이 많이 나오지도 않는다. 비의 성질이나 비례식의 성질은 이름이 꼭 개념처럼 보이지만, 오히려 기술에 가깝다. 그나마 기술이나 공식은 많이 나올 때 잊어버리지 않는데, 이처럼 사용의 빈

도수가 적으면 아이들로서는 기억하기가 더 어렵다. 조금 귀찮아도 분수의 위대한 성질이나 등식의 성질로 이해해서 기술이 기억나지 않으면 사용하도록 하는 것이 좋다고 생각한다.

좀 귀찮아도 등식이니 등식의 성질로 풀어보자. 앞서 필자가 모든 등식은 등식의 성질로 푼다고 했다. '3 : 4＝6 : 8'은 등호가 있으니 등식이지만 비는 수가 아니라서 등식의 성질을 적용할 수 없다. 두 비를 비의 값으로 나타내면 $\frac{3}{4} = \frac{6}{8}$으로 양변이 모두 수가 되었으니 등식의 성질을 이용할 수 있게 되었다. 양변의 항들을 모두 자연수로 나타내기 위해서 분모의 최소공배수를 곱해야 맞지만, 과정이 보이도록 분모의 곱인 4×8을 $\frac{3}{4} = \frac{6}{8}$의 양변에 곱하겠다. $\frac{3}{4}$×4×8＝$\frac{6}{8}$×4×8 ⇨ 3×8＝6×4으로 교과서가 말한 '내항의 곱과 외항의 곱은 같다.'라는 식이 되었다. 귀찮았을지는 몰라도 수학에서 가장 중요한 등식의 성질을 연습하였고 비례식의 성질을 이해하게 된 것이다. 이처럼 비례식의 성질에는 등식의 성질이 숨어 있고 학생들이 어려울까 봐서 쉽게 가르치려고 외우라고 한 것이다. 백번 양보하여 비례식의 성질이라는 기술을 사용하더라도 잊어버리면 등식의 성질로 풀 수 있도록 해야 할 것이다. 특히 필자는 중학교의 정비례와 반비례의 관계식을 비례식으로부터 추출한다. 늘 어렵더라도 제대로 된 공부를 추구하여야 한다고 생각한다. 많은 사람이 쉬운 수학을 추구하는데, 쉬운 수학이 개념을 가르치는 것은 아니다. 개념을 쉽도록 변형하는 것이 아니라 정해진 개념을 최대한 쉽게 이해시키는 노력을 해야 수학의 특성을 살리게 된다고 믿는다.

비례식 풀기

비례식은 비의 성질에 따라 만들어졌고 각각의 비는 분수로 만들 수 있다. 또한 비례식은 등식으로 되어 있다. 필자의 마음은 이미 등식의 성질을 추천하지만, 개념을 알고 있는 개수만큼 문제풀이의 방법이 있다는 것을 보여주려고 아래와 같이 소개한다.

1) '비의 성질'을 이용하는 방법

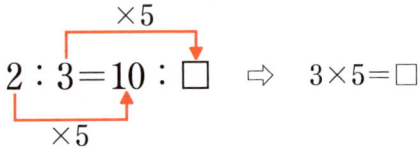

비의 전항과 후항에 0이 아닌 같은 수를 곱하여도 비율은 같다는 비의 성질이다.

2) '분수의 위대한 성질'을 이용하는 방법

$2:3=10:□$에서 비를 분수로 바꾸면 $\frac{2}{3}=\frac{10}{□}$이다. 분수들이니 분수의 위대한 성질을 활용해서 분자에 5를 곱했으니 분모에도 5를 곱해서 $3\times5=□$이다.

3) '비례식의 성질'로 푸는 방법

2 : 3 = 10 : □   ⇨   2×□ = 3×10

교과서대로 '내항과 외항의 곱이 같다.'를 적용하면 중간식이 생략되었기 때문에 이해는 어렵지만, 가장 빨리 풀린다.

4) 등식의 성질로 푸는 방법

2 : 3 = 10 : □에서 비를 분수로 바꾸면 $\frac{2}{3} = \frac{10}{□}$이다. 등식이니 등식의 성질을 적용해서 양변에 3×□를 곱하면 $\frac{2}{3}$×3×□ = $\frac{10}{□}$×3×□ ⇨ 2×□ = 3×10

답을 구하는 방법으로 보면, 위 방법 중에 어느 것을 사용하여도 된다. 다만 답이 분수가 나올 때는 1)과 2)의 사용은 어려워진다. 또한 보다시피 가장 빠른 방법은 비례식을 이용하는 방법이다. 그러나 앞으로 등식만 보면 등식의 성질을 이용해야 하는 중고등수학을 위해서 귀찮겠지만 4)를 추천하는 것이다. 미지수를 x로 놓고 비례식의 성질을 이용하면 방정식이 되는 데 이것은 다음 단원에서 다시 다룬다.

비례식 만들기

비례식을 풀 수도 있어야겠지만 역으로 비례식을 푸는 것은 어렵지 않다. 그래서 문장제 문제에서 비례식으로 바르게 만드는 방법에 좀 더 힘을 쏟아야 한다. 직접 문제를 통해서 보자!

Q 같은 굵기의 철사의 길이 $250cm$의 무게가 $350g$일 때, 이 철사 $14kg$의 길이는 몇 m인가?

답: $100m$

기준이 같아야 계산된다. 비는 전항과 후항을 정확하게 배열해야 하고, 단위를 같게 해야 한다. 우선 비를 맞춰보면 (짧은 거) : (가벼운 거)=(긴 거x) : (무거운 거)이다. 그런데 알려준 것의 단위가 cm이고 물어본 단위는 m이다. 될 수 있으면 물어본 단위인 m로 비를 세우는 것이 오답을 내지 않는 방법이다. 나머지 무게의 단위를 g이나 kg이나 편한 것으로 단위를 같게 하면 된다. $250cm$ ⇨ $2.5m$, $14kg$ ⇨ $14000g$이니 $2.5 : 350 = x : 14000$이다. 분수로 바꾸면 $\frac{2.5}{350} = \frac{x}{14000}$이다. 수가 크니 우선 양변에 700을 곱하면 $5 = \frac{x}{20}$이고, 다시 양변에 20을 곱하면 $x = 100(m)$이다.

비례식을 방정식으로 만들기

중학교 1, 2학년의 방정식 단원에서 뜬금없이 비례식이 나온다. 중학교 수학선생님들은 "아이들보고 너희들이 초등학교에서 배운 것이다."라고 말하고, 아이들은 "비례식을 방정식으로 바꾸는 방법을 배운 적이 없다."고 항변한다. 많은 아이가 비례식의 성질을 잊어 버렸고 설사 기억하는 아이들도 '내항의 곱과 외항의 곱은 같다.'를 실행하면 방정식이 되는 줄 모르기 때문에 벌어지는 해프닝이다. 2 : 3=□ : 6라는 비례식의 □를 x로 놓으면 2 : 3=x : 6이다. 이후 많은 아이들은 비의 성질로 풀려고 한다. x가 자연수이면 다행이지만 자칫 분수가 되면 아이들의 생각은 삼천포로 빠진다. 필자는 '수가 아니면 수로 바꾸고, 등식이면 등식의 성질을 사용하는 것이 가장 먼저 고려 대상'이라고 생각한다.

방정식으로 만들어 푸는 것은 '4 : 3=x : 2'처럼 x의 값이 분수인 것이 연습용으로 알맞다. $\frac{4}{3}=\frac{x}{2}$ ⇨ $\frac{4}{3}\times 6=\frac{x}{2}\times 6$ ⇨ 8=$x\times 3$ ⇨ $\frac{8}{3}$=$\frac{x\times 3}{3}$ ⇨ $x=2\frac{2}{3}$(중학교에 올라가기 전까지는 대분수로 바꿔야 하지만 중학교에서는 가분수인 상태로 놔두어도 된다.) 문제를 만들 때는 분자에 x가 오도록 해야 하지만, 마지막으로는 분모에 x가 있는 문제도 한두 문제 푸는 것이 좋다. 분모에 x가 오는 것은 아이들에게 많이 어렵게 느껴진다. '$\frac{3}{4}=\frac{2}{x}$'에서 분모의 최소공배수는 $4\times x$인데, 알려주기 전까지는 못 한다고 할 것이다. $\frac{3}{4}\times 4\times x=\frac{2}{x}\times 4\times x$에서 $3\times x=8$로 하면 좋겠지만, 이때도 아이가 x를 약분하지 못할지도 모른다. $\frac{x}{x}=1$처럼 모르는 수도 분모와 분자가 같은 수라면 약분이 가능함을 알려주자.

Q 다음 비례식을 방정식으로 바꾸어라.

(1) $4 : 5 = x : 7$ (2) $0.2 : 5 = 3 : x$ (3) $x : \frac{7}{12} = 4 : \frac{1}{15}$

답: (1) $5 \times x = 28$ (2) $0.2 \times x = 15$ (3) $\frac{12 \times x}{7} = 60$

앞서 방정식, 항등식, 말도 안 되는 등식 등 모든 등식은 등식의 성질로 푼다고 했다. 그리고 방정식 푸는 방법을 등식의 성질로 풀어 봤다. 중학교에 가면 방정식이 연산이다. 엄청 푸니 걱정하지 말고 지금은 오로지 등식의 성질로 비례식을 방정식으로 만드는 데만 집중하는 것이 좋다. (1) $4 : 5 = x : 7$ ⇨ $\frac{4}{5} = \frac{x}{7}$(양변에 35를 곱하면) ⇨ $28 = 5 \times x$이다. 그런데 좌변에 x가 있도록 고쳐주는 것이 나중에 방정식을 푸는 데 편리하다. (2) $0.2 : 5 = 3 : x$ ⇨ $\frac{0.2}{5} = \frac{3}{x}$(양변에 $5 \times x$를 곱하면) ⇨ $0.2 \times x = 15$ (3) $x : \frac{7}{12} = 4 : \frac{1}{15}$ ⇨ $x \times 12 : 7 = 60 : 1$ (그냥 분수로 만들면 번분수가 되니 먼저 비의 성질을 이용했다.) ⇨ $\frac{12 \times x}{7} = 60$

5-10
비례의 반대는 반비례가 아니다

비례한다는 것은 무엇일까? '비례한다.'는 규칙을 식으로 보여주는 것이 '비례식을 방정식으로 고친 것'이다. 이때 만들어지는 방정식은 무엇이고 그 쓰임새를 알아보려고 한다. 지금 다루는 정비례는 함수에서 직선의 기본형이고, 반비례는 분수함수의 기본형이다. 귀찮아 보이겠지만, 함수의 그래프의 바탕이 되는 부분이니 중요하다는 말이다. 교과서는 정비례와 반비례를 실생활의 예를 들어가며 마치 새로운 영역인 것처럼 다루고 있다. 가장 좋은 방법은 새롭게 가르치는 것이 아니라 아는 것에 덧붙이는 방법이다. 정비례와 반비례를 필자는 아이들이 알고 있는 비례식으로부터 연결을 모색한다. 다만 정비례와 반비례는 서로에게 영향을 미치는 두 양의 관계이기 때문에 미지수가 2개다.

〈중학수학교과서〉

x의 값이 2배, 3배, 4배, …로 변함에 따라 y의 값도 2배, 3배, 4배, …로 변할 때, y는 x에 정비례한다고 한다. x와 y 사이의 관계식은 $y=a \times x \ (a \neq 0)$이다.

〈조소장의 한줄개념 97〉

정비례 $y=a \times x (a \neq 0)$는 x의 값이 커짐에 따라 y의 값이 비례해서 커지거나 작아진다.

위 설명을 들은 많은 아이들은 많은 학생들이 "아~ x의 값이 커지면, y의 값도 커지는구나!"라고 잘못 정리해서 틀리는 경우가 너무도 많다. 원래 이 내용은 초6과 중1과정에서 왔다 갔다 하다가 요즘은 중1에서 다루고 있다. 그러니 중1에서 다루자고 하는 분들이 있을지도 모른다. 초6이나 중1이나 어디에서 다루어도 좋은데, 다음의 필자의 설명을 가르쳐야 할 것이다. 참고로 필자는 30년간 스스로 연구해서 만든 것이기 때문에 다른 사람들의 책에서는 볼 수 없는 것이 많다. 중학교과서는 정비례가 무엇인지, 초등에서 배운 비례와 정비례는 어떤 차이가 있는지, $y=a \times x$라는 식이 어떻게 나왔는지 어떤 것도 설명하지 않는다. 정비례라고 하면 무조건 $y=a \times x$를 사용하라는 말이다. 필자가 고1에서 비례하는 식을 $y=a \times x+b$로 사용하다가 틀린 기억이 있다. 자칫 아이들에게 생길 수 있는 오류들을 잡아보자.

첫째, 정비례 관계식은 비례식으로부터 만들어졌다.

정비례도 비례이니 비례식으로부터 나왔다. 어떤 두 수 x, y의 상대적 비교를 나타내는 비례식 $x:y=2:3$을 방정식으로 바꾸고 y에 대하여 정리하면 $y=\frac{3}{2}\times x$이다. 이런 식이 나오니 $\frac{3}{2}$을 a로 바꾸면 $y=a\times x$이다. 이때, x, y는 변수이고, a는 상수이다. 그런데 비의 항에는 0이 없으니 a가 0이 아니어야 한다.

둘째, 정비례는 비례의 좁은 의미이다. 보통 비례한다고 하면 정비례를 의미하니 $y=a\times x$라는 식을 사용해야 한다.

셋째, 정비례 관계식은 변수를 포함하는 항만이 있어야 한다. 관계식을 만들다 보면 깨달을 수도 있을지 모르겠지만, 상수로만 이루어진 항은 나올 수가 없다. 역으로 만약 나온다면 정비례가 아니다.

넷째, a가 양수이면 x의 값이 커질 때 y의 값도 커지지만, a가 음수이면 x의 값이 커질 때 y의 값은 작아진다. $y=a\times x$에서 a가 음수라면 x의 값이 커질 때 y의 값은 비례해서 작아진다. 양수만을 다뤄온 초등학생이나 신입 중학생은 자꾸 a가 양수인 것처럼 생각된다고 한다. 비에서 항이 0일 수 없다는 것이지 음수이면 안 된다는 것은 아니기 때문에 a가 음수일 수 있다.

Q 다음 중 정비례 관계식을 모두 고르면?

① $y=2\times x$ ② $y=2\times x+1$ ③ $x\times y=1$
④ $y=\frac{1}{2}\times x$ ⑤ $y=\frac{2}{x}$

답: ①, ④

정비례 관계식을 고르라고 했으니 $y=a\times x$의 꼴만 찾으면 된다. 보기에 나와있는 반비례를 가르치지 않아도 문제를 낼 수 있다는 말이다. 이 문제는 곱하기를 생략하기만 하면 곧바로 중학교의 문제이다. 정비례의 꼴 $y=a\times x$를 기억한다면 답에서 제외되고, ①과 ④를 찾는 데는 어려움이 없었을 것이다. 문제는 ② $y=2\times x+1$가 비례이냐는 것이 관건이다. $y=2\times x+1$에서 x가 1일 때 y는 3이고, x가 2일 때 y는 5이니 잘못하여 비례라고 생각할 수 있다. 그런데 <mark>비례를 무조건 x의 값이 커질 때 y의 값이 커진다고만 생각하면 안 된다. 커지기도 해야겠지만 비례해서 커져야 한다.</mark> x가 1일 때 y는 3이고, 가 2일 때 는 5라는 것을 비례식으로 만들면 $1:3\neq 2:5$ 즉 $\frac{1}{3}\neq\frac{2}{5}$이다. 즉 $y=2\times x+1$는 비례하지 않는다는 말이다. 이제 반비례를 다뤄보자.

〈중학수학교과서〉

x의 값이 2배, 3배, 4배, …로 변함에 따라 y의 값도 $\frac{1}{2}$배, $\frac{1}{3}$배, $\frac{1}{4}$배, …로 변할 때, y는 x에 반비례한다고 한다. x와 y 사이의 관계식은 $y=\frac{a}{x}(a\neq 0)$이다.

아이들은 위 설명을 보고 "정비례와 달리 반비례는 x의 값이 커지면 y이 작아지는구나!"라고 잘못된 생각을 하는 경우가 많다. 교과서는 역시 정비례가 무엇인지, 정비례와 반비례는 어떤 차이가 있는지, $y=\frac{a}{x}$라는 식이 어떻게 나왔는지 어떤 것도 설명하지 않는다. 마찬가지로 자칫 반비례에서 생길 수 있는 오류들을 잡아보자.

첫째, 반비례는 비례의 일종이다. 많은 학생이 비례의 반대가 반비례인 줄로만 안다. 사랑의 반대가 증오가 아니라 무관심이듯이 비례의 반대는 반비례가 아니라 안 비례이다. 비례에는 정비례와 반비례가 있는 것이고 이 중에 좁은 의미에서 비례는 정비례를 의미한다고 했다. 반비례식도 비례식으로부터 나왔다. $x:y=2:3$에서 y와 3의 위치를 바꾸면 $x:3=2:y \Rightarrow \frac{x}{3}=\frac{2}{y} \Rightarrow x \times y = 6 \Rightarrow y=\frac{6}{x}$이다. 6을 a로 바꾸면 반비례관계식 $y=\frac{a}{x}$가 나왔다.

둘째, 정비례와 마찬가지로 상수항이 있어서는 안 된다. $y=\frac{6}{x+1}$이나 $y=\frac{6}{x}+1$ 등처럼 $y=\frac{a}{x}$의 꼴이 아니면 반비례가 아니다. 나중에 고등학교에 가면 이런 것을 분수함수라고 한다.

셋째, 변형식 $xy=a$로부터 양의 약수, 음의 약수가 생각나야 한다. $x \times y = 6$이면 곱해서 6이 되는가보다 라고 미지근하게 받아들이면 안 된다. 곱해서 6이 되었다면 6의 약수이고 특히 음의 약수를 기억해야 한다.

넷째, a가 양수이면 x의 값이 커질 때 y의 값이 작아지지만, a가 음수이면 x의 값이 커질 때 y의 값은 커진다. 이 말을 나중에 그래프를 그리기까지는 분수 $\frac{6}{x}$와 $\frac{-6}{x}$의 분모를 변화시켜 가며 커지는지, 작아지는지를 비교해 가며 이해해야 한다. 반비례 관계식과 관련된 문제는 중학교에 가서 풀어보도록.

비례식으로 만든 방정식을 다시 비례식으로 만들기

앞서 확인하였듯이 $y=2\times x+1$와 같은 꼴은 비례식으로 만들 수 없다. 그러나 비례식으로 만들어진 방정식 $y=2\times x$나 $y=\frac{1}{2}\times x$와 같은 것은 다시 비례식으로 만들 수 있다. 이 부분을 설명하기 위해서 많이도 돌아왔지만 학생들이 알았으면 하는 것이다. $y=2\times x$나 $y=\frac{1}{2}\times x$를 다시 비례식으로 만들어보자! 먼저 비례식은 항 4개이어야 하니 $y=2\times x$는 $y\times 1=2\times x$로 바꾼다. $y\times 1$에서 y와 1을 각각 내항에 놓고, $2\times x$의 2와 x를 각각 외항에 놓으면 $2:y=1:x$이 된다. 물론 y와 1을 외항에, 2와 x를 내항에 놓아도 된다. $2:y=1:x$에서 다시 내항끼리 외항끼리 바꿀 수 있으니 $x:y=1:2$가 된다. $y=\frac{1}{2}\times x$를 설명 없이 과정 나열해도 이해하겠지요? $y=\frac{1}{2}\times x \Rightarrow y\times 1=\frac{1}{2}\times x \Rightarrow \frac{1}{2}:y=1:x \Rightarrow x:y=1:\frac{1}{2}$이다. 다음은 6학년 과정의 문제인데, 방정식을 비례식으로 만드는 과정에 대한 설명없이 다른 선생님들은 어떻게 가르치는지 궁금하다.

Q 원 가와 나의 일부분이 겹쳐 있습니다. 겹친 부분의 넓이가 가의 넓이의 $\frac{2}{3}$이고 나의 넓이의 $\frac{1}{5}$일 때, 가와 나의 넓이의 비를 자연수의 비로 나타내면?

답: 3 : 10

먼저 방정식부터 만들어야겠지요? 방정식은 변수가 있는 등식으로 반드시 같은 것이 있다고 했다. 겹친 부분이 같으니 가 $\times \frac{2}{3}$ = 나 $\times \frac{1}{5}$ 이다. 비례식으로 만들면 가 : 나 = $\frac{1}{5}$: $\frac{2}{3}$ 인데 자연수의 비로 만들면 3 : 10이다. 이런 문제의 대표적인 유형은 톱니바퀴의 톱니의 수와 회전비의 관계를 묻는 문제이다.

5-11
연비: 3개 이상 연속된 비

연비를 아빠가 봤다면 휘발유 1리터당 자동차 주행거리라고 생각할지도 모르겠다. ㅎ 지금 우리가 다루려는 것은 그 비가 아니다. 비가 두 수 사이의 관계였다면 연비는 세 수 이상의 수(양)를 비로 나타낸 것이다. 연비에서 연이 잇따를 연(聯)자이니 연속으로 되어 있는 비라고 생각해도 된다. 연비는 교과서에 있다가 없어졌다. 교과서에 다루지 않으면 당장 초등학교의 시험문제로는 나오지 않는다. 그러나 교과서에 없어졌다고 일상생활에서 사용하지 않거나 중고등의 수학문제에서 빠지는 것은 아니라 상식으로 쓰인다.

연비도 비이니 비의 성질을 그대로 가지고 있어서 각 항을 0이 아닌 같은 수로 곱하거나 나누어서 간단한 자연수로 비로 나타낸다든지 하는 것을 똑같이 할 수 있다. 다만 비는 두 수의 관계이니 비의 변형에서 두 수의 최대공약수나 최소공배수를 필요로 한다. 그에 반해 연비는 세 수 이상의 최대공약수나 최소공배수를 구해야 한다는 부담감이 있지만, 이것을 제외한다면 다음의 것들만 이해한다면 큰 어려움이 없이 잘할 것이다.

공통인 항이 있을 때, 두 비를 연비로 만들기

항이 3개인 연비를 3개의 비로 만들 수 있다. 가 : 나 : 다＝3 : 4 : 5라는 연비가 있을 때, 가 : 나＝3 : 4 , 나 : 다＝4 : 5, 가 : 다＝3 : 5라는 세 개의 비를 만들 수 있다. 이 3개의 비 중에 2개가 있다면 역으로 연비를 만들 수 있다. 예를 들어 가 : 나＝3 : 4, 나 : 다＝4 : 5라는 두 비가 주어진다면 다음처럼 가, 나, 다를 겹치게 써놓으면 된다.

$$
\begin{array}{ccc}
가 & : 나 & : 다 \\
3 & : 4 & \\
  & 4 & : 5 \\
3 & : 4 & : 5
\end{array}
$$

그런데 위 두 비에서 항 나가 모두 4라서 그냥 써주기만 해도 되었다. 그런데 만약 가 : 나＝3 : 4, 나 : 다＝6 : 7처럼 공통인 항이 서로 다르다면 어떻게 할 것인가?

```
가 : 나 : 다                                    가 : 나 : 다
3 : 4        (각 항에 3을 곱한다.)  ⇨    9 : 12
    6 : 7    (각 항에 2를 곱한다.)           12 : 14
3 : 4 : 5                                      9 : 12 : 14
```

다르다면 같게 하면 된다. 공통인 항인 나의 4와 6을 최소공배수인 12가 되도록 '비의 성질'(분수의 위대한 성질)로 같게 한다.

Q 다음 두 비의 관계를 연비로 나타내는 방법으로 맞지 않는 것은?

```
가  나  다
2 : 1        …… ㉠
3  :  4      …… ㉡
```

① 공통인 항을 찾는다.
② 공통인 항의 수를 같게 만든다.
③ ㉠과 ㉡에 각각 6을 곱한다.
④ ㉠에 3을 ㉡에 2를 각각 곱한다.
⑤ 연비는 6 : 3 : 8이다.

답: ③

최소공배수로 같게 한다는 것이지 최소공배수를 곱한다는 것이 아니다. 조금 어려운 문제를 풀어보자!

Q 가의 $\frac{1}{2}$과 나의 $\frac{1}{3}$이 같고, 나가 다의 40%와 같을 때, 세 수의 비 가 : 나 : 다를 구하면?

답: 4 : 6 : 15

두 비를 구하여 세 개의 연비 '가 : 나 : 다'를 구하면 된다. 가$\times\frac{1}{2}$ =나$\times\frac{1}{3}$을 비로 바꾸면 가 : 나=$\frac{1}{3}$: $\frac{1}{2}$로 각 항에 6을 곱하면 가 : 나=2 : 3이다. 나=다$\times\frac{40}{100}$ ⇨ 나=다$\times\frac{2}{5}$ (양변에 5를 곱하면) ⇨ 나$\times$5=다$\times$2를 비로 바꾸면 나 : 다=2: 5이다. 왜 비례식으로 만든 방정식을 다시 비례식으로 바꾸는 연습을 시켰는지 이해가 가지요? 이제 공통인 항 나를 같게 하면 가 : 나 : 다=4 : 6 : 15이다.

5-12
비례배분: 배분이 뭘까요?

아이들은 '비례배분'이라는 말 자체가 무서워 보인다고 한다. 비례배분이란 '비례적인 배분'을 줄인 말로 수나 양을 주어진 비로 나누는 것이다. 비례라는 말은 아니까 배분이란 말을 생각해 보자. 배분은 정치나 경제 등에 종종 쓰이는 말이니 기회에 아는 것도 필요하다.

〈초등수학교과서〉
전체를 주어진 비로 배분하는 것을 비례배분이라고 합니다.

〈조소장의 한줄개념 98〉
비례배분은 전체를 각 항의 합만큼의 개수로 만들고 비에 맞게 나누는 것이다.

🧒 선생님, 배분이 나눠주는 거죠? 그냥 나눠준다고 하면 되지 왜 어렵게 말해요?

👨‍🏫 나눠주는 것은 맞는데, 똑같이 나눠주는 것은 아니고 뭔가를 고려해서 나눠주는 것을 말해.

🧒 예를 들어 설명해 주세요.

👨‍🏫 응. 너희 반 아이들 중 몇 명이 각자 텐트를 집에서 가져와서 캠핑을 갔다고 하자. 캠프 본부에서 그날 먹을 피자를 나눠주기 위해서 각 텐트마다 텐트장을 불렀어. 그리고 본부 선생님이 "너희 캠프 몇 명이야?", "혹시 그 텐트에 밥 많이 먹은 사람이 있어?" 등을 물어서 피자의 양을 조절해서 주었어. 이처럼 본부 선생님이 각 텐트의 사정을 고려해서 나눠주는 것을 배분이라고 하는 거야.

🧒 각 텐트마다 사정이 있으니 이를 고려했다는 거군요.

👨‍🏫 맞아. 이렇게 텐트장이 받은 피자를 텐트원에게 하나씩 나눠주는 것은 등분이라고 하지 배분이라고 하지는 않는다는 거지.

🧒 우리도 피자 사 먹어요, 선생님.

👨‍🏫 선생님의 배분을 고려해 주겠니?

🧒 그럼요.

100원짜리 5개를 가지고 유치원 아이에게 3 대 2로 나눠보라고 하면, 아마도 비가 무엇인지 비례식이 무엇인지 비례배분이 무엇인지도 모르면서 심지어는 '대'라는 말이 무엇인지도 물어보지 않고 300원과 200원으로 갈라놓을 것이다. 사탕 7개를 가지고도 4 : 3으로 가를 수 있다. 이처럼 비례배분은 쉬운 것이다. 그런데 초등 고학년이나 심지어 중학생들 중에 비례배분의 문제를 틀리는 아이도 많다. 왜 그럴까?

유치원생이 쉬워했던 이유는 3 대 2로 나눌 때 5개였고, 4 : 3으로 나눌 때 7개였기 때문이다. 초등 고학년이나 심지어 중학생도 유치원생과 똑같이 나누는 비의 전항과 후항의 합이 전체의 개수와 같았다면 잘했을 것이다. 문제는 이것이 다르다는 것이고 이것이 다르면 같게 하면 된다. 만약 가르는 것의 합과 총 개수가 같게 만드는 것을 배우면 비례배분은 쉬운 것이 된다.

🧑 100원짜리로 된 700원을 2 : 3으로 가를 수 있니?
🧒 못 가르는데요.
🧑 왜?
🧒 5개가 아니라서요.
🧑 그럼 5개로 만들면 되잖니?
🧒 그러게요. 그러려면 저울과 백 원짜리를 자를 도구가 필요하겠군요.
🧑 진짜로 100원짜리를 자르려고? 너 나눗셈을 배운 애 맞니? 700÷5가 뭐니?

- 😊 $\frac{700}{5}$요. 오호 그러네. 직접 동전을 나누지 않아도 되네요.
- 🧑‍🦳 고맙다. 이해해 줘서. $\frac{700}{5}+\frac{700}{5}+\frac{700}{5}+\frac{700}{5}+\frac{700}{5}$는 뭐니?
- 😊 $\frac{700}{5} \times 5 = 700$요.
- 🧑‍🦳 뭐하니? 700을 5개로 나누었다가 다시 모두 더하면 700일 것 같지 않니?
- 😊 그러네요.
- 🧑‍🦳 그럼 700을 다섯 개로 나누었으니 2:3으로 가를 수 있니?
- 😊 이제 알았어요. $\frac{700}{5} \times 2 : \frac{700}{5} \times 3$요.
- 🧑‍🦳 잘했어. 이제 분수를 배웠으니 몇 개로 나누든지 어렵지 않게 할 수 있어.
- 😊 이제 비례배분은 뭐가 나와도 껌이에요. 다시 문제를 내보세요.
- 🧑‍🦳 싫어. 나중에 잊어버리면 다시 물어볼 거야.

비례배분과 관련된 문제들이 '2000원을 2 : 3으로 나누기' 등처럼 나누어떨어지는 수로 연습하기 때문에 임팩트가 없는 것이다. 차라리 안 나눠지는 것을 몇 개만 푸는 것이 낫다. 나눠지는 문제를 많이 풀면 그냥 비례배분의 실력보다는 연산의 실력만이 증강된다. 처음에는 오히려 안 나누어떨어지는 것을 연습하다가 나누어지는 문제로 옮아가면 된다.

🧑‍🏫 밀가루 한 봉지가 있다고 하자. 이 밀가루를 선생님과 네가 3 : 2로 나누어 가지려고 해. 어떻게 하면 될까?

🧑 잘 나누면 돼요.

🧑‍🏫 그래, 그러니까 어떻게?

🧑 일단 반으로 나누고 선생님에게 조금 더 줘요.

🧑‍🏫 밀가루니까 별거 아니라고 생각되어서지 만일 귀중한 거라면 그렇게 했다가 싸움 나겠다. 정확하게 나누려면 어떻게 해야 할까?

🧑 그러면 정확하게 무게를 재서 나누어요.

🧑‍🏫 무게를 정확하게 재어서 만약 600g이 되었다고 해도 마찬가지야. 어떻게 나누어줄래? 그래도 나누는 방법을 알아야 하지 않니?

🧑 그러네.

🧑‍🏫 아주 쉬운 방법이 있어. 일단 밀가루를 5등분을 하는 거야. 그런 다음 네가 2무더기를 갖고 나머지 3무더기를 나한테 주면 되잖아.

🧑 아, 알았어요. 쉽네요.

🧑‍🏫 쉽다고? 그럼, 너는 전체 밀가루의 얼마나 갖게 되니?

🧑 알아요. 5개로 나누어 2개니 $\frac{2}{5}$이고 선생님은 $\frac{3}{5}$이잖아요.

🧑‍🏫 어쭈, 잘하는데. 그럼 5 : 7로 나누려면 어떻게 하니?

🧑 12개로 나누면 되잖아요. 이해했다니까요.

🧑‍🏫 만약 600g을 5 : 7로 나누고 네가 7을 가지려면 어떻게 하니?

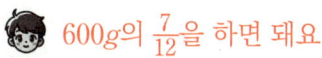 $600g$의 $\frac{7}{12}$을 하면 돼요.

잘하는데. 그럼 무게를 정확하게 재는 기구가 없을 때 안 싸우고 나누는 방법만 더 얘기해줄게. 12개의 무더기로 나누는 것은 네가 하고, 5개를 선택할 때는 내가 하면 불만 없겠지? 그러면 나누는 사람이 좀 더 똑같이 나누려 하지 않겠니? 동생하고 먹을 거 나눌 때도 한번 사용해 봐라.

분수에서 전체와 부분의 의미를 잘 알고 있는 아이는 위처럼 쉽게 이해된다. 그러나 분수의 의미를 잘 모르게 되면 비례배분을 알려주는데 더 오래 걸리지도 모른다. 비례배분은 중고등학교에서 대체로 도형의 문제로 많이 나온다. 각을 비례배분하거나 선분을 비례배분 하는 것으로 항상 분수를 염두에 두어서 오답이 나오는 일을 막아야 할 것이다.

Q 4000원을 형과 동생에게 3 : 2로 비례배분하려 할 때, 형과 동생은 각각 얼마를 갖게 되나요?

답: 형: 2400원, 동생: 1600원

형은 4000원의 $\frac{3}{5}$이니 2400원, 동생은 4000원의 $\frac{2}{5}$으로 1600원이다. 형이 갖는 2400원과 동생의 1600원을 더하면 4000원인 것을 확인시켜 주면 더 좋다. 조금만 꼬아볼까요? 위 문제를 많이 연습한 뒤에 해야 한다.

Q 둘레의 길이가 80cm인 직사각형이 있는데 가로의 길이가 세로의 길이의 3배라고 한다. 이 직사각형의 가로의 길이는?

답: 30cm

이 문제를 직관적으로 이해한다면 좋겠지만, 그렇지 않다면 몇 가지를 설명해야 한다. 첫째, 비가 아니라 몇 배라는 말로 알려주어도 이것이 비인 줄 알아야 한다. 비는 상대적 비교이기 때문이다. 아이가 문제를 읽고 비를 곧장 만드는 경우도 많겠지만, 만들지 못한다면 방정식을 만든 뒤에 다시 비로 만드는 설명을 해야 한다. 이미 설명했다. (가로)=(세로)×3 ⇨ (가로)×1=(세로)×3 ⇨ (가로) : (세로)=3 : 1이다. 둘째, 직사각형의 가로와 세로 길이의 합은 전체 둘레 길이의 반이다. 전체가 80cm이니 가로와 세로의 합은 전체의 반인 40cm이다. 묻는 것이 가로의 길이이니 답은 40의 $\frac{3}{4}$으로 30(cm)이다. 그런데 이것을 아는 아이가 간혹 직사각형의 가로는 2개니 60cm라고 잘못 답하는 경우가 있다. 아이 말대로 직사각형의 가로는 2개 있고 그 길이는 같다. 문제가 가로 길이의 합이라고 하기 전까지는 하나의 길이를 가로라고 보아야 한다. 조금만 더 비틀어 본다.

Q 둘레의 길이가 50cm인 직사각형이며 가로의 길이가 세로의 길

이의 3배보다 $3cm$ 짧다고 한다. 이 직사각형의 가로의 길이는?

답: $18cm$

둘레가 $50cm$이니 가로와 세로 길이의 합은 전체의 반인 $25cm$이다. 그런데 (가로) : (세로)=3 : 1가 되려면 $25cm$에 $3cm$를 더한 $28cm$가 되어야 한다. 28의 $\frac{3}{4}$이니 $21(cm)$가 되지만 이제 짧다고 했으니 $3cm$를 빼주면 $18cm$가 된다. 조금 더 꼬아 '같은 문제의 조건에서 이 직사각형의 가로와 세로의 길이의 차이는?'이라고 묻는다면, 세로의 길이인 $7cm$를 빼서 $11cm$가 된다.

'비례배분' 단원은 중요하다. 이 단원은 중고등학교 과정에서 어떤 설명도 없이 종종 문제로 나오게 되니, 중학교 예습이라 생각하고 집중해서 공부하도록 도와주자. 다음은 비례배분을 문자를 사용하여 정리하였다.

x를 $a:b$로 비례배분 ⇨ $x \times \frac{a}{a+b}, x \times \frac{b}{a+b}$

x를 연비 $a:b:c$로 비례배분 ⇨ $x \times \frac{a}{a+b+c}, x \times \frac{b}{a+b+c}, x \times \frac{c}{a+b+c}$

⟨에필로그⟩
수학에도 통역이 필요하다

수학은 그 이름에 '학'이라는 말이 들어가 있다. 필자는 수학을 국어, 영어와 마찬가지로 언어라는 관점에서 보고 있다. 이런 관점에서 볼 때 "수학이 아니라 '수어'라고 해야 맞지 않을까?"라는 생각마저 든다. 국어나 영어는 대학에 가서야 비로소 '학'이라는 말이 사용되어 국문학, 영문학 등이 사용되는 데 수학만 유독 처음 배우는 초등학교에서부터 이 말을 사용하느냐는 것이다. 혹시 수학은 수를 다루는 학문이고 이 '학문'이란 이름에 걸맞게 배워야 한다고 생각하기 때문에 하나하나 가르쳐야 할 초등학생에게 발견하라고 출력을 강요하는 것은 아닐까? 수학이든 수어이든 이름을 바꾸자는 것이 아니고, 왜 초등수학이 가르치는 것에 불친절하냐는 것이고 바로 그 '학'이라는 말이 원흉이 아닐까 라는 푸념이 들어서다.

생각하는 것만이 수학이다

수학은 논리를 가르치는 학문이다. 그런데 아이들에게 어렵다면서 계속 덜어내는 초중고수학의 내용이 기수법, 집합, 증명 등 논리를 다루는 부분이다. 논리를 다루는 과목에서 논리를 거둬내며 논리가 사용되는 문제는 여전히 남아있다. 수학은 갈수록 쉬워지고 있는데, 쉬워졌다는 아이가 없는 이유다. 세상의 논리는 모두 인과관계로 되어있고, 인과관계는 귀납법과 연역법이 전부다. 이 중에 귀납법은 자연스럽게 경험을 통해서 생성되는 인문, 예체능, 사회, 문화, 과학 등 대다수 과목이 이에 해당한다. 그에 반해 연역법은 자연스럽게 배우는 것이 아니라 강제로 습득해야 하는 영역이다. 현재 교과목 중에 연역법을 가르칠 수 있는 과목은 수학이 유일하다. 그런데 인간은 경험을 통해서 얻는 것이 아닌 것은 모두 낯설다. 그래서 개념과 같은 진리를 먼저 받아들이고 이것을 이용해야 하는 수학은 초중등학생이나 경험적 사고체계에서 벗어나지 못한 사람에게 낯설다. 그러나 이미 세상은 연역법적 체계로 돌아가고 있다. 선택의 여지가 없다. 언론의 기사들이 대부분 연역법적 논리로 되어있고, 대학시험의 대부분의 지문도 두괄식의 연역적 논리이다. 수학의 목적은 계산이나 하자는 것이 아니라 인류의 위대한 유산인 연역법적 논리체계를 가르치려는 데 있다. 이것이 필자가 연산과 개념을 가지고 연역적 사고를 하는 것만이 수학이라고 주장하는 이유다.

수학은 국민 통합의 학문이다

간혹 "국민 모두가 수학을 잘해야 하는 것은 아니지 않은가?"라고 하시는 분들이 있다. 맞다. "국민 모두가 국어를 잘해야 하는 것이 아닌 이유와 같다." 또 "수학적 재능이 없는 아이는 일찌감치 다른 과목을 공부하는 것이 낫지 않나?"라고 하는 분들이 있다. 그렇다면 필자가 "국어에 재능이 없는 아이는 일찌감치 국어를 때려치울까요?"라고 반문하고 싶다. 국어가 단순히 대학만을 위해 공부하는 것이 아닌 것처럼 수학도 마찬가지다. 수학을 가르치는 것은 논리를 가르치기 위함이고, 논리가 서로 어긋나면 일상에서도 상대를 이해할 수 없게 된다.

학교선생님: 너, 왜 지각했어?
아이: 제가 일찍 오려고 했거든요. 그런데 어젯밤에 공부를 하는데 진짜로 잘되는 거예요.... 두 시쯤인가 엄마가 거실에 나오시는 거예요. 우리 엄마는 초저녁 잠이 많아서...
학교선생님: 한마디로 하면 안 되겠니?
아이: 제 얘기를 끝까지 들어야 이해할 거예요. 제가 어디까지 얘기했죠?

학교선생님: 그만!
아이: 선생님은 왜 제 말을 끝까지 듣지를 않아요?

설사 10분 동안 아이의 얘기를 다 들어봐도 늦잠 자서 늦었다는 내용이다. 연역적 사고를 갖추지 못한 아이는 결국 "자신의 말을 들어주지 않는 선생님"으로 오해했다는 것이다.

회사 사장님: 내가 시간이 없으니 1분 내로 보고해 주겠나?
직원: 최소 30분은 걸리는데요.
회사 사장님: 안 되겠네. 엘리베이터를 타고 내려가는 동안만 보고해 주게.

직원의 속마음이 "내가 이 보고를 하려고 얼마나 고생했는데", "30분은 보고해야 제대로 보고 하는데", "그럼 30분의 시간이 있을 때 보고 하겠다고 할까?", "이렇게 짧게 말하라는 걸 보니 사장님은 정이 없는 분 아닐까?" 등으로 흐른다면 연역적 논리를 갖추지 않은 것이다.

천천히 시간의 순서대로 경험하고 발견하고 창의적인 귀납적 세계도 있지만, 바쁘고 역동적이며 연역적인 세계가 있다. 무엇이 옳고 그르다는 것이 아니라 수학을 통해서 연역적 사고체계를 갖추길 바라는 것이다. 그래서 함께 사는 세상, 상대의 사고체계를 받아들이고 수학에서만 기를 수 있는 최소한의 연역적 사고를 장착하길 바라는 마음이다.

수학에도 통역이 필요하다

어느 수학선생님이 필자에게 한 말이다. "아이가 문제를 잘 풀지 못하면 설명은 해야겠지만, 수학을 가르치면서 무슨 할 말이 그리 많으냐?" 필자의 초등수학책들의 두께를 보고는 "무슨 초등학교의 수학에서 가르칠 게 이렇게 많냐?"라고도 한다. 글쎄 필자는 왜 그렇게 말이 많을까요?

필자가 말이 많은 가장 큰 이유는 필자가 점차 늙어가며 노파심이 많아지기 때문이다. 중고등수학은 수식의 전개를 통한 풀이과정이 언어라서 이것을 보면 생각의 흐름을 이해할 수 있다. 그런데 초등수학은 중고등수학과 달리 대부분이 머릿속에서 풀이과정 없이 암산으로 답이 나오는 경우가 많기에 맞아도 제대로 알고 맞았는지가 필자는 궁금하다. 틀린 것도 설명하지만 맞은 것도 다시 확인하다 보니 말이 많은 것이다. 수학을 언어로 보았을 때, 수식에 익숙하지 않은 아이들이 수학문제를 푸는 것은 외계인과의 대화를 하는 것과 같다. 대화가 안 통하는 상태에서 공부만 하라고 할 것이 아니라 선생님이나 부모는 통역자의 역할을 해야 한다고 본다. 수학용어의 정의, 생각을 따라가다 보면 한계에 봉착하는 공리, 충분히 연습해야 하는 수식 등이 익숙해지는 시점이 오면 아이가 스스로 수학과의 대화에 임하게 될 것이다. 그날이 오기 전까지는 많은 책임이 통역자의 역할에 있다고 본다. 예전에 세계를 제패한 나폴레옹은 '1%의 지시와 99%의 확인'이라는 말을 남겼다. 아이에게 올바른 개념을 알려주어 바르게 통역을 하였다 해도 지속적인 확인이 필요하지 않을까란 생각이다.